Hochschultext

Gerd Kaerlein · Karl Ringwald

Einführung in die Mathematik für Ökonomen

Mit 168 Abbildungen

Springer-Verlag
Berlin Heidelberg New York
London Paris Tokyo

Dr. Gerd Kaerlein, Markstraße 268, D-4630 Bochum

Professor Dr. Karl Ringwald, Berufsakademie Ravensburg,
Marktstraße 28, D-7980 Ravensburg

ISBN-13:978-3-540-18262-7   e-ISBN-13:978-3-642-61602-0
DOI: 10.1007/978-3-642-61602-0

CIP-Kurztitelaufnahme der Deutschen Bibliothek

Kaerlein, Gerd: Einführung in die Mathematik für Ökonomen
Gerd Kaerlein ; Karl Ringwald.
- Berlin ; Heidelberg ; New York ; London ; Paris ; Tokyo : Springer, 1987
(Hochschultext)
ISBN-13:978-3-540-18262-7
NE: Ringwald, Karl:

Dieses Werk ist urheberrechtlich geschützt. Die dadurch begründeten Rechte, insbesondere die der Übersetzung, des Nachdrucks, des Vortrags, der Entnahme von Abbildungen und Tabellen, der Funksendung, der Mikroverfilmung oder der Vervielfältigung auf anderen Wegen und der Speicherung in Datenverarbeitungsanlagen, bleiben, auch bei nur auszugsweiser Verwertung, vorbehalten. Eine Vervielfältigung dieses Werkes oder von Teilen dieses Werkes ist auch im Einzelfall nur in den Grenzen der gesetzlichen Bestimmungen des Urheberrechtsgesetzes der Bundesrepublik Deutschland vom 9. September 1965 in der Fassung vom 24. Juni 1985 zulässig. Sie ist grundsätzlich vergütungspflichtig. Zuwiderhandlungen unterliegen den Strafbestimmungen des Urheberrechtsgesetzes.

© Springer-Verlag Berlin Heidelberg 1987

Die Wiedergabe von Gebrauchsnamen, Handelsnamen, Warenbezeichnungen, usw. in diesem Werk berechtigt auch ohne besondere Kennzeichnung nicht zu der Annahme, daß solche Namen im Sinne der Warenzeichen- und Markenschutz-Gesetzgebung als frei zu betrachten wären und daher von jedermann benutzt werden dürften.

2142/7130 – 543210

Vorbemerkung

Das vorliegende Lehrbuch ist aus Veranstaltungen an der Universität-Gesamthochschule Duisburg entstanden. Es enthält ungefähr den Stoff einer zweisemestrigen zweistündigen Vorlesung und soll das für wirtschaftswissenschaftliche Anwendungen wichtigste mathematische Instrumentarium auf einem anschaulichen Niveau vermitteln.

Zwangsläufig bleiben bei dieser Zielsetzung Lücken sowohl bezüglich der abgedeckten Gebiete als auch in der Herleitung der Aussagen. Anstatt formaler Beweise geben wir weitgehend anhand von Beispielen Plausibilitätsüberlegungen für die Gültigkeit mathematischer Sätze. Die angesprochenen Lücken können bei vorhandenem Interesse aus der im Text bzw. im Verzeichnis am Ende des Buches angegebenen Literatur geschlossen werden.

Wir haben versucht, möglichst wenig Vorkenntnisse vorauszusetzen. Sollte sich bei dem einen oder anderen Leser dennoch während der Lektüre des Buches herausstellen, daß bestimmtes Vorwissen fehlt, so müßte dieses Problem mit Hilfe eines aus der Schulzeit noch vorhandenen Lehrbuches oder einer Sammlung elementarer Formeln zu lösen sein.

An dieser Stelle sei all denen gedankt, die an der Erstellung des Manuskriptes beteiligt waren, insbsondere Frau Sabine Häußler für Ihre Geduld und Ausdauer beim Schreiben, Herrn Wolfgang Hilgenhaus für die sorgfältige und kritische Hilfe bei der Durchsicht, sowie Herrn Edgar Stein für das Anfertigen der Computerzeichnungen.

Inhaltsverzeichnis

Vorbemerkung V

Inhaltsverzeichnis VII

I   EINFÜHRUNG UND GRUNDLAGEN   1

    §1. Mathematik als Hilfsmittel der Wirtschaftswissenschaften:
        Das Beispiel der Konsumfunktion   1
    §2. Grundbegriffe der Mengenlehre   7
        2.a Definition und Beschreibung von Mengen, Bezeichnungen   7
        2.b Mengenoperationen   9
        2.c Produkte von Mengen   14
        2.d Übungsaufgaben   16
    §3. Vollständige Induktion   17
        Übungsaufgaben   21
    §4. Abbildungen   22
        Übungsaufgaben   33
    §5. Ungleichungen und beschränkte Mengen   34
        5.a Die Zahlengerade   34
        5.b Intervalle   38
        5.c Schranken, Grenzen   40
        5.d Ungleichungen   41
        5.e Konvexe Mengen   45
        5.f Übungsaufgaben   47

II   LINEARE ALGEBRA   49

    §6. Lineare Gleichungssysteme I   49
        6.a Geradengleichungen in der Ebene   49
        6.b Ebenengleichungen im Raum   54
        6.c Geometrische Interpretation von Gleichungssystemen   56
        6.d Bemerkung zum Gauß-Algorithmus   58
        6.e Gleichungssysteme mit 2 Unbekannten   58
        6.f Lineare Gleichungssysteme mit 3 Unbekannten   63
        6.g Zum Begriff des linearen Gleichungssystems   67
        6.h Weitere Beispiele und eine Definition   71
        6.i Übungsaufgaben   75
    §7. Lineare Räume   77
        7.a Der n-dimensionale Lineare Raum $\mathbb{R}^n$ 77

	7.b Unterräume	80
	7.c Linearkombination	82
	7.d Lineare Unabhängigkeit	85
	7.e Dimension	87
	7.f Übungsaufgaben	89
§8.	Matrizen	91
	8.a Einführung	91
	8.b Grundbegriffe und Bezeichnungen	98
	8.c Elementare Matrizenrechnung	101
	8.d Rang einer Matrix, Elementaroperationen	110
	8.e Inverse Matrizen	116
	8.f Determinanten	125
	8.g Übungsaufgaben	131
§9.	Lineare Gleichungssysteme II	136
	9.a Allgemeine Problemstellung und Begriffe	136
	9.b Das Lösungsverfahren	139
	9.c Beispiele	141
	9.d Anmerkung zum Invertieren einer Matrix	145
	9.e Die Cramersche Regel	146
	9.f Übungsaufgaben	148
§10.	Lineare Optimierung	151
	10.a Einführende Beispiele und graphische Lösung	151
	10.b Allgemeine Form eines Maximierungsproblems, weitere Beispiele	156
	10.c Erster Lösungsversuch: Eckpunkte	159
	10.d Simplexverfahren	161
	10.e Übungsaufgaben	173

III ANALYSIS 175

§11.	Folgen und Reihen	175
	11.a Definition und grundlegende Eigenschaften von Zahlenfolgen	175
	11.b Konvergenz und Zahlenfolge	184
	11.c Rechenregeln für konvergente Folgen	190
	11.d Reihen	194
	11.e Übungsaufgaben	205
§12.	Funktionen einer unabhängigen Veränderlichen	208
	12.a Grundbegriffe und Beispiele	208
	12.b Elementare Funktionen	216
	12.c Grenzwerte und Stetigkeit von Funktionen	227

	12.d Übungsaufgaben	242
§13.	Ableitung von Funktionen einer unabhängigen Veränderlichen	245
	13.a Definition und Beispiele	245
	13.b Ableitungsregeln	249
	13.c Ergänzungen	256
	13.d Übungsaufgaben	261
§14.	Kurvendiskussion	264
	Übungsaufgaben	287
§15.	Ökonomische Anwendungen	288
	15.a Der Marginalbegriff	288
	15.b Wachstumsraten	289
	15.c Elastizitäten	291
	15.d Übungsaufgaben	294
§16.	Funktionen mehrerer Veränderlicher	296
	16.a Partielle Ableitung	297
	16.b Extremwerte bei Funktionen mehrerer Veränderlicher	304
	16.c Extremwerte mit Nebenbedingungen	308
	16.d Das Kleinstquadrate-Problem	315
	16.e. Übungsaufgaben	319
§17.	Integralrechnung	321
	17.a Das bestimmte Integral	321
	17.b Die Integralfunktion	321
	17.c Stammfunktion und unbestimmtes Integral	330
	17.d Berechnung bestimmter Integrale mit Hilfe einer Stammfunktion	332
	17.e Zur Technik des Integrierens	333
	17.f Uneigentliche Integrale	339
	17.g Ökonomische Anwendungen der Integralrechnung	341
	17.h Beispiele aus der Statistik: Dichte- und Verteilungsfunktionen	345
	17.i Numerische Integration	350
	17.j Übungsaufgaben	357
Literatur		359
Schlagwortverzeichnis		361

I EINFÜHRUNG UND GRUNDLAGEN

§ 1   Mathematik als Hilfsmittel der Wirtschaftswissenschaften:
Das Beispiel der Konsumfunktion

Mathematik wird hier als Instrument der Wirtschaftswissenschaften verstanden; im Hinblick auf diese Funktion ist das vorliegende Lehrbuch konzipiert. Wir werden versuchen, die verschiedenen Methoden mit Hilfe ökonomischer Anwendungsbeispiele zu veranschaulichen.

Die Entwicklung der Methoden selbst wird allerdings in der Regel auf einer abstrakteren Ebene erfolgen, um ihre Anwendungsfähigkeit möglichst allgemein zu halten. Die Arbeitsweise des Wirtschaftswissenschaftlers ist heute in vielen Bereichen dadurch gekennzeichnet, daß er sich zwischen der inhaltlichen und einer formalen (Hilfs-) Ebene hin- und herbewegt. Dieser Prozeß soll hier am Beispiel der

<u>Konsumfunktion</u>

in seinen wesentlichen Zügen dargestellt werden. Wir unterscheiden dabei zwischen der Theoriebildung und der empirischen Überprüfung der Theorie. Die einzelnen Schritte der Theoriebildung sind auf der folgenden Seite schematisch aufgeführt. Dabei wird vereinfachend das Einkommen als einzige Variable zur Erklärung der Konsumausgaben herangezogen. Zur Darstellung verschiedener Theorien des privaten Verbrauchs siehe z. B. Richter, Schlieper, Friedmann (1981).

Im Verlauf dieses Prozesses wurde als Funktionsform für die Konsumfunktion eine Geradengleichung gewählt (vgl. Abbildung 1.1). Diese Wahl ist willkürlich, ebenso wie die Tatsache, daß als "erklärende Variable" allein das Einkommen erscheint, nicht aber z. B. die Preise oder das Zinsniveau.

Dabei sollten wir uns darüber im klaren sein, daß jede ökonomische Theorie von bestimmten Aspekten der Wirklichkeit abstrahiert; wichtig ist die Erfassung der wesentlichen Aspekte eines Problems. Wie "gut" die Theorie die Wirklichkeit

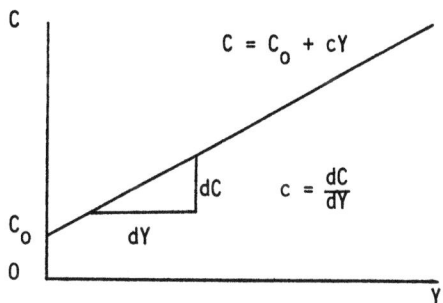

Abb. 1.1: Konsumfunktion als Gerade

Wirtschaftstheorie

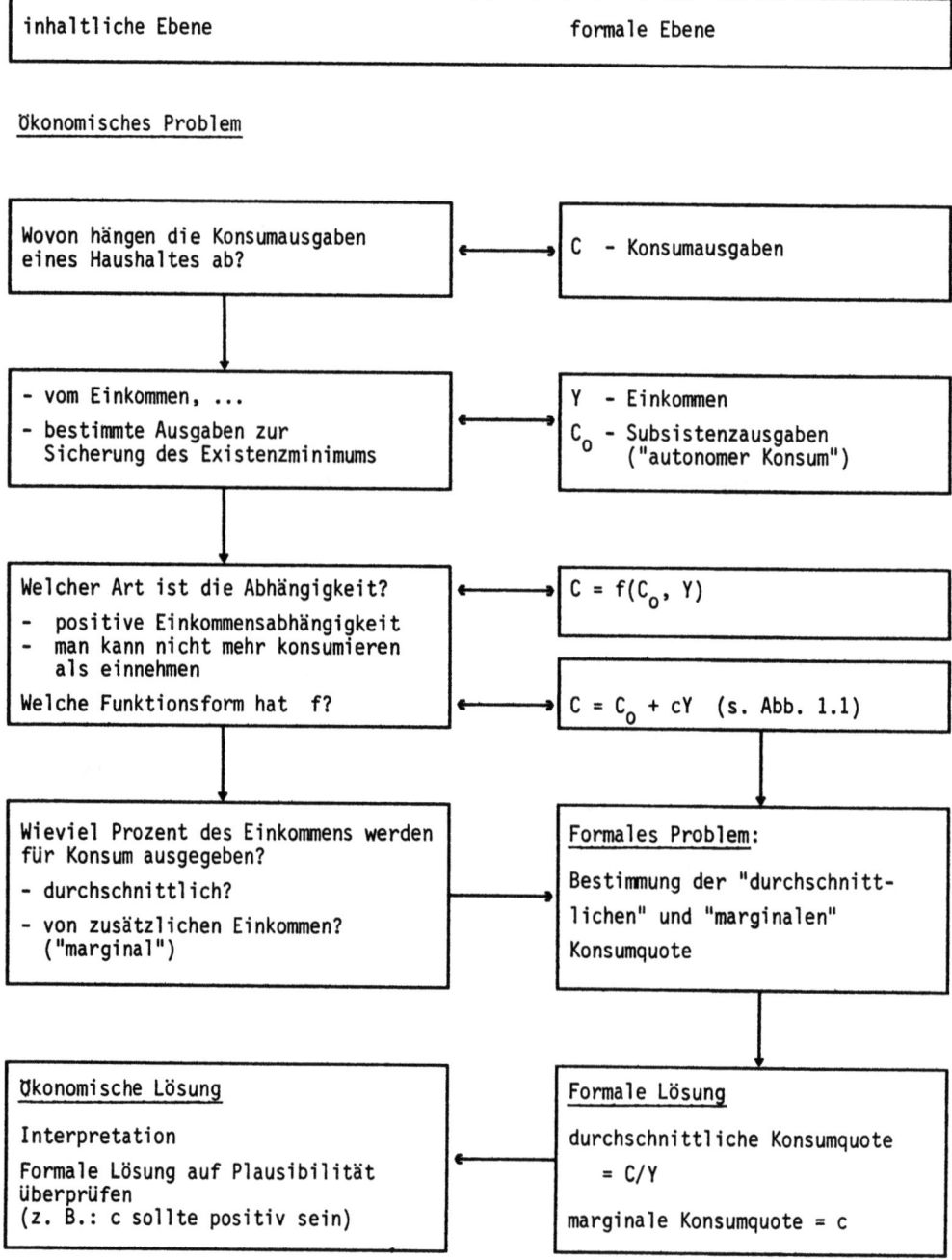

annähert, wird durch eine

<u>empirische Überprüfung</u>

festgestellt. Die Verfahren für diese Überprüfung werden von der <u>Ökonometrie</u> bereitgestellt. Sie bestehen im wesentlichen aus statistischem Instrumentarium und sind nicht Gegenstand dieses Lehrbuchs. Andererseits greift die Statistik auf mathematische Konzepte zurück. Von diesem Standpunkt aus setzen wir nun das Beispiel fort, indem wir uns überlegen, wie die Theorie anhand von Daten überprüft werden kann. Dabei klammern wir bewußt einige Probleme aus. Um im Schema von Seite 2 zu bleiben: Wir befinden uns momentan auf der formalen Ebene; dabei sollten wir bei formalen Antworten soweit wie möglich deren inhaltliche Bedeutung hinterfragen.

Wir wollen zunächst versuchen, in der Konsumfunktion

$$C = C_0 + cY$$

die Parameter C_0 (autonomer Konsum) und c (marginale Konsumquote) numerisch zu bestimmen. Aus der Schule wissen wir (?), daß eine Geradengleichung aus zwei Punkten bestimmt werden kann, wie sie in Tabelle 1.1 für die Bundesrepublik Deutschland gegeben sind:

<u>Tabelle 1.1</u>: Konsumausgaben und reales Volkseinkommen in der Bundesrepublik Deutschland, 1962 und 1980, in Mrd. DM

	Konsumausgaben	Volkseinkommen
1962	414.25	558.63
1980	840.78	1148.60

Die Zweipunktform der Geradengleichung (vgl. eine Formelsammlung) ergibt:

$$\frac{C - 414.25}{Y - 558.63} = \frac{840.78 - 414.25}{1148.60 - 558.63}$$

Durch Umformen dieser Gleichung ergibt sich:

$$C = 10.38 + 0.72Y. \qquad (1.1)$$

Offensichtlich ist dieses Vorgehen nicht sehr befriedigend, denn statt der Einkommens- und Konsumgrößen für die Jahre 1962 und 1980 könnten wir genausogut die Zahlen für jedes beliebige andere Paar von Jahren aus Tabelle 1.2 wählen und würden dann andere Werte für C_0 und c als in (1.1) erhalten, z. B. für die Zahlen von

1962 und 1970:

$$C = 56.89 + 0.64Y$$

Tabelle 1.2: Volkseinkommen, Konsumausgaben und Preisindex für die Lebenshaltung, Bundesrepublik Deutschland, 1962 - 1984, in Mrd. DM

(1) Jahr	(2) Ausgaben für den privaten Verbrauch in Preisen von 1980 (Mrd. DM)	(3) Volkseinkommen in jeweiligen Preisen (Mrd. DM)	(4) Preisindex für die Lebenshaltung (1980 = 100)	(5) Volkseinkommen in Preisen von 1980 (Mrd. DM)
1962	414.25	282.11	50.5	558.63
1963	425.84	297.80	52.1	571.59
1964	448.22	327.25	53.3	613.98
1965	479.02	358.45	55.1	650.54
1966	493.66	379.78	57.0	666.28
1967	498.87	380.74	57.8	658.72
1968	522.51	418.09	58.6	713.46
1969	564.14	462.94	59.8	774.15
1970	606.81	530.40	61.7	859.64
1971	638.14	588.19	64.8	907.70
1972	666.60	645.34	68.3	944.86
1973	686.98	721.89	72.9	990.25
1974	691.49	772.96	77.9	992.25
1975	713.88	803.57	82.6	972.85
1976	740.35	882.15	86.3	1022.19
1977	771.83	938.33	89.3	1050.76
1978	801.45	1010.24	91.6	1102.88
1979	830.41	1087.92	95.0	1145.18
1980	840.78	1148.60	100.0	1148.60
1981	836.38	1187.25	106.3	1116.89
1982	825.23	1223.52	112.0	1092.43
1983	834.36	1282.41	115.6	1109.35
1984	839.56	1343.07	118.4	1134.35

Quelle: Sachverständigenrat (1986); Spalte (2): S. 245; Spalte (3): S. 240; Spalte (4): S. 304; Spalte (5): Spalte (3)*100/Spalte (4)

Bedeuten diese widersprüchlichen Ergebnisse nun schon, daß unsere Theorie nichts taugt?

Daß sie so schlecht nicht ist, legt das <u>Streudiagramm</u> in Abbildung 1.2 nahe, in dem Wertepaare (Y,C), d. h. (Spalte (5), Spalte (2)), als Punkte eingetragen sind. Jeder Punkt repräsentiert also ein Jahr. Die Punkte liegen zwar nicht exakt, aber doch "fast" auf einer Geraden. Man stellt sich nun das Ziel, eine Gerade <u>möglichst gut</u> an die vorgegebenen Datenpunkte anzupassen.

Zu diesem Zweck legt man fest, was "möglichst gut" heißt; dies geschieht mit Hilfe einer sogenannten Zielfunktion, die in diesem Fall ausdrücken wird, daß die Abstände der Punkte von der zu berechnenden Geraden möglichst klein sein sollen. Die Lösung des Problems resultiert in der Minimierung einer mathematischen Funktion von mehreren Veränderlichen, die mit den Mitteln der Differentialrechnung vonstatten geht (Vgl. § 16). In diesem Fall erhält man z.B.:

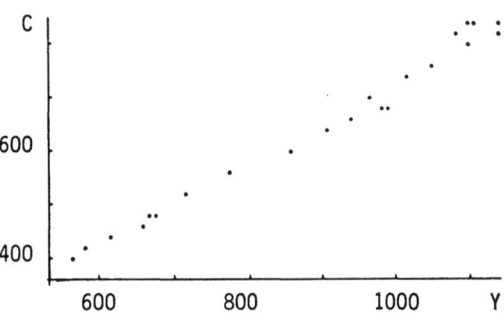

Abb. 1.2: Konsumausgaben (C) und Volkseinkommen (Y), BR Deutschland 1962 bis 1984, Mrd DM

C = 1.83 + 0.73Y. (1.2)

Gleichung (1.2) gibt Auskunft über den (angenäherten) Zusammenhang zwischen Volkseinkommen und Konsum. Gleichungen dieser Art werden auch für Prognosezwecke verwendet. Kennt man z. B. das Volkseinkommen für 1985, so läßt sich mit (1.2) die Höhe der Konsumausgaben prognostizieren:

Konsum 1985 = 1.83 + 0.73 · Volkseinkommen 1985.

Wir wollen nun den wirtschaftstheoretischen Aspekt unseres Beispieles noch etwas fortführen. Wir erweitern das Modell, indem wir Investitionen (I) mit einbeziehen; das Volkseinkommen setze sich aus Konsum und Investitionen zusammen:

$$C = C_0 + cY \quad 0 < c < 1 \quad (a)$$
$$Y = C + I. \quad (b)$$
(1.3)

Das ökonomische Problem, das uns nun interessiert, ist:
Welche Auswirkung hat eine Erhöhung der Investitionen (z. B. ein Beschäftigungsprogramm) auf das Einkommen? Den Zusammenhang der Gleichungen (1.3) können wir anhand der Abbildung 1.3 verfolgen.

Wir gehen von einem einmaligen Investitionsstoß ΔI aus, der zunächst durch (1.3 b) eine Erhöhung des Volkseinkommens in derselben Höhe bewirkt. Mittels (1.3 a) erhöhen sich dann die Konsumausgaben um $c \cdot \Delta I$. Daraufhin erhöht sich das Einkommen um ebendiesen Betrag, was wiederum die Konsumausgaben und damit dann das Einkommen um

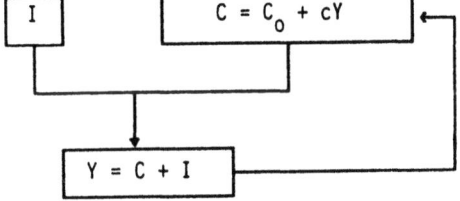

Abb. 1.3: Konsum, Investitionen und Volkseinkommen im Modell (1.3)

$c(c \cdot \Delta I)$ erhöht, usw. Wir haben die sukzessiven Einkommenserhöhungen in Abb. 1.4 zusammengestellt.

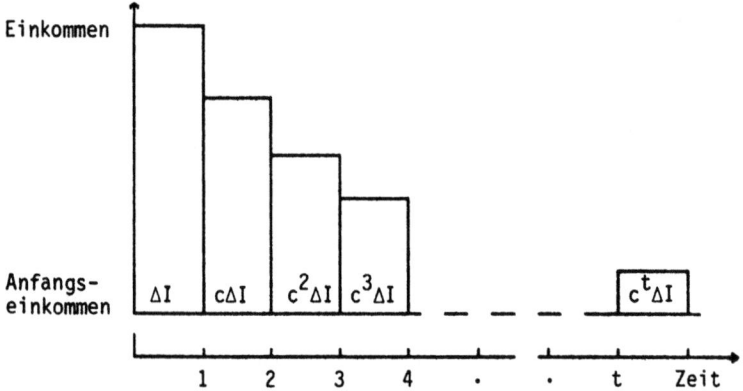

Abb. 1.4: Einkommenserhöhung im Modell (1.3)

Wir sehen, daß die Einkommenswirkung mit zunehmender Zeitdauer schwächer wird und allmählich verpufft. Die gesamte Einkommenswirkung ist:

$$\begin{aligned}\Delta Y &= \Delta I + c\Delta I + c^2\Delta I + c^3\Delta I + \ldots \\ &= \Delta I \, (1 + c + c^2 + c^3 + \ldots) \\ &\stackrel{!}{=} \Delta I \, \frac{1}{1-c} \, .\end{aligned} \qquad (1.4)$$

In der letzten Zeile haben wir die Formel für eine geometrische Reihe verwendet, die wir in Abschnitt 12 ausführlich behandeln werden. Der Ausdruck $\frac{1}{1-c}$ heißt aus naheliegenden Gründen "Multiplikator"; (1.3) wird als einfaches Multiplikatormodell bezeichnet. (1.4) gibt an, daß bei einer Konsumquote von z. B. 0.75 die Einkommenswirkung das Vierfache des ursprünglichen Investitionsanstoßes beträgt.

Es sei noch angemerkt, daß der Multiplikator auch auf andere Weise bestimmt werden kann (Wer den Begriff der "Ableitung" noch nie gehört hat, überliest die nächsten Zeilen.): Wir setzen (1.3 a) in (1.3 b) ein, lösen die dadurch entstandene Gleichung nach Y auf und erhalten:

$$Y = \frac{1}{1-c} \, C_o + \frac{1}{1-c} \, I.$$

"Ableiten" (vgl. Abschnitt 13) ergibt den Multiplikator:

$$\frac{dY}{dI} = \frac{1}{1-c} \, .$$

Zwar mag diese Art der Herleitung einfacher erscheinen; aus Abbildung 1.4 läßt sich jedoch über die Funktionsweise des Modells mehr lernen.

§ 2 Grundbegriffe der Mengenlehre

2.a Definition und Beschreibung von Mengen, Bezeichnungen

Die im folgenden eingeführten Begriffe der Mengenlehre sind im Rahmen dieses Buches in erster Linie Hilfsmittel für eine übersichtliche Darstellung bestimmter Sachverhalte.

2.1. Definition (Cantor)

Eine Menge ist eine Zusammenfassung bestimmter wohlunterschiedener Objekte unseres Denkens oder unserer Anschauung zu einem Ganzen. Die Objekte werden Elemente der Menge genannt.

Cantors Definition impliziert: Ein Element ist in einer Menge nur einmal enthalten, und die Reihenfolge der Elemente ist irrelevant.

Beispiele:

- Die Menge aller Studenten in der Bundesrepublik Deutschland
- Die Menge aller natürlichen Zahlen von 1 bis 4
- Die Menge, die aus der Zahl 23, diesem Buch und dem Wort "Mathematik" besteht.

Wir können eine Menge grundsätzlich auf zwei Arten beschreiben:

(1) Durch Aufzählen der Elemente, z. B. $M = \{1, 2, 3, 4\}$.
(2) Durch Angabe von Eigenschaften, die die Elemente der Menge charakterisieren, z. B. $M = \{x \mid x \text{ ist eine ganze Zahl und } 1 \leq x \leq 4\}$.

Weitere Beispiele für Mengen sind:

$A = \{x \mid x + 4 = 10\} = \{6\}$

$B = \{x \mid x^2 - 4 = 0\} = \{-2, 2\}$

$C = \{1, 2, 3, 4, 5, 6\}$ = Menge der Zahlen, die bei einem Würfelspiel vorkommen können.

Die obige Definition einer Menge ist die Grundlage der "naiven" Mengenlehre und genügt für unsere Zwecke. Sie kann jedoch zu Widersprüchen führen, wie das folgende Beispiel zeigt.

Wir teilen die Männer eines Dorfes ein in solche, die sich selbst rasieren, und solche, die sich nicht selbst rasieren. Der Dorfbarbier ist der Mann, der (genau) alle Männer rasiert, die sich nicht selbst rasieren. Gehört er zu denen, die sich selbst rasieren oder zu den anderen?

2.2. Bezeichnungen

Eine Reihe von Zahlenmengen wird in der Mathematik mit einheitlichen Symbolen bezeichnet:

$\mathbb{N}$ = Menge der natürlichen Zahlen = $\{1, 2, 3, 4, ...\}$
$\mathbb{Z}$ = Menge der ganzen Zahlen = $\{... -2, -1, 0, 1, 2, ...\}$
$\mathbb{Q}$ = Menge der rationalen Zahlen = $\{x | x = \frac{p}{q}; p, q \in \mathbb{Z}; q \neq 0\}$
$\mathbb{R}$ = Menge der reellen Zahlen, $\mathbb{R}_+ = \{x | x \in \mathbb{R}, x \geq 0\}$, $\mathbb{R}_{++} = \{x | x \in \mathbb{R}, x > 0\}$
$\mathbb{R}_- = \{x | x \in \mathbb{R}, x \leq 0\}$, $\mathbb{R}_{--} = \{x | x \in \mathbb{R}, x < 0\}$, $\mathbb{R}^* = \{x | x \in \mathbb{R}, x \neq 0\}$

Generell bezeichnen wir im folgenden Mengen mit Großbuchstaben, ihre Elemente mit Kleinbuchstaben:

$x \in M$ wird gelesen: x ist Element von M.
$a \notin A$ wird gelesen: a ist nicht Element von A.

Allerdings ist z. B. auch die folgende Konstruktion einer Menge M möglich:

$A = \{1\}, B = \{2\}, M = \{A,B\}$.

Die Elemente der Menge M sind also selbst Mengen.

Oft kommt es vor, daß es gar keine Objekte gibt, wie sie in der Definition einer bestimmten Menge beschrieben werden, z. B.:
A = Menge aller schwarzen Schimmel, $B = \{x | x \in \mathbb{Z}, x^2 = 2.25\}$. Die Menge, die kein Element enthält, heißt <u>leere Menge</u> und wird mit ϕ bezeichnet.

An dieser Stelle seien einige Symbole aus der Logik eingeführt, die beim Vermeiden von Schreibarbeit hilfreich sind:

∀ für <u>a</u>lle (umgedrehtes A)
∃ <u>e</u>s gibt (umgedrehtes E)
∧ <u>und</u>. Man sagt, die Aussage A ist wahr <u>und</u> die Aussage B ist wahr, wenn sowohl A als auch B wahr sind - abgekürzt: $A \wedge B$.
∨ <u>oder</u>. Man sagt, die Aussage A ist wahr <u>oder</u> die Aussage B ist wahr, wenn A wahr ist oder B wahr ist. Dabei ist "oder" nicht ausschließlich gemeint: $A \vee B$ ist auch wahr, wenn A wahr ist und B wahr ist.
⇒ <u>daraus folgt</u>. z. B. $A \wedge B \Rightarrow A \vee B$, aber $A \vee B \not\Rightarrow A \wedge B$.
⇔ <u>genau dann, wenn</u>. Die Aussage $A \Leftrightarrow B$ ist wahr, wenn die Aussage $(A \Rightarrow B \wedge B \Rightarrow A)$ wahr ist.

Z. B. läßt sich die Aussage

"Für alle von null verschiedenen reellen Zahlen a und b hat die Gleichung ax = b stets eine von null verschiedene reelle Lösung x."

abkürzen zu

$\forall\, a, b \in \mathbb{R}^* \ \exists\, x \in \mathbb{R}^*: ax = b$.

2.b   <u>Mengenoperationen</u>

2.3. Definition

A und B seien Mengen.

(a) A heißt <u>Teilmenge</u> von B, $A \subset B$, wenn gilt: Jedes Element von A ist auch Element von B, abgekürzt $a \in A \Rightarrow a \in B$.

(b) Zwei Mengen heißen <u>gleich</u>, $A = B$, wenn $A \subset B$ und $B \subset A$.

(c) <u>Potenzmenge</u> $\mathbb{P}(A) := \{B \mid B \subset A\}$

(d) <u>Durchschnitt</u> $A \cap B := \{x \mid x \in A \wedge x \in B\}$

(e) <u>Vereinigung</u> $A \cup B := \{x \mid x \in A \vee x \in B\}$

(f) <u>Differenz</u> $A \setminus B := \{x \mid x \in A \wedge x \notin B\}$

(g) Es sei $A \subset B$. Dann ist das <u>Komplement</u> von A bzgl. B: $\overline{A}_B := B \setminus A$.

(h) A und B heißen disjunkt, wenn $A \cap B = \phi$.

(i) Sei $A^* := \{A_1, A_2, \ldots, A_n\}$, wobei die A_i (i = 1, 2, ..., n) Mengen sind. A^* heißt eine <u>Klasseneinteilung</u> (Partition, Zerlegung) von A, wenn gilt:

    (1) $\phi \neq A_i \subset A$ i = 1, 2, ..., n

    (2) $A_i \cap A_j = \phi$ i,j = 1, 2, ..., n; $i \neq j$

    (3) $A_1 \cup A_2 \cup \ldots \cup A_n = A$

Der Doppelpunkt im Symbol ":=" soll verdeutlichen, daß der links davon stehende Ausdruck durch den rechts davon stehenden - bekannten - Ausdruck erklärt wird.

Im folgenden werden uns <u>Venn-Diagramme</u> (auch: Euler-Venn-Diagramme) nützlich sein, in denen Mengen graphisch durch ein Gebiet in der Ebene dargestellt werden:

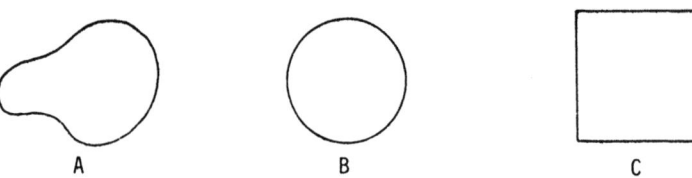

Abb. 2.1

<u>Beispiele und Kommentare zu Definition 2.3</u>

(a) <u>Teilmenge</u>

   (1) $A = \{a\}$, $B = \{a,b\}$, $C = \{b,c,d\}$
      Hier ist: $A \subset B$, $A \not\subset C$, $B \not\subset C$

   (2) $\{1,2,3\} \subset \mathbb{N}$, $\{0,1,2,3\} \not\subset \mathbb{N}$

   (3) $\mathbb{N} \subset \mathbb{Z} \subset \mathbb{Q} \subset \mathbb{R}$

   (4) Aus der Definition ergibt sich sofort, daß für jede Menge A gilt:
      $A \subset A$ und $\phi \subset A$.

   (5)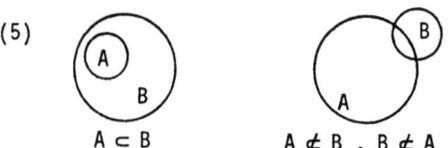

      $A \subset B$ $A \not\subset B$, $B \not\subset A$ Abb. 2.2

   (6) Das oft verwendete Symbol $\subseteq$ hat die gleiche Bedeutung wie $\subset$. Wenn man ausdrücken will, daß eine Menge A Teilmenge einer Menge B, nicht aber dieser Menge gleich ist, schreibt man $A \subsetneq B$ und sagt, A sei eine <u>echte Teilmenge</u> von B.

(b) <u>Gleichheit von Mengen</u>

   (1) Zwei Mengen sind gleich, wenn sie dieselben Elemente enthalten. Auf den ersten Blick könnte diese Festlegung trivial erscheinen. Wie das folgende einfache Beispiel zeigt, ist es aber durchaus nicht immer auf den ersten Blick erkennbar, ob zwei Mengen dieselben Elemente haben oder nicht.

   (2) $\{x \mid x^2 - 3x + 2\} = \{x \mid x \in \mathbb{N} \wedge x < 3\} = \{1,2\} = \{2,1\}$
      Ein und dieselbe Menge kann also auf ganz verschiedene Arten dargestellt werden. (Die Möglichkeiten sind in diesem Beispiel bei weitem nicht ausgeschöpft.)

(c) **Potenzmenge**

(1) $\mathbb{P}(\{0\}) = \{\phi, \{0\}\}$

(2) $\mathbb{P}(\{1,2\}) = \{\phi, \{1\}, \{2\}, \{1,2\}\}$

(3) $A = \{a, b, c, d\}$
$\mathbb{P}(A) = \{\phi, \{a\}, \{b\}, \{c\}, \{d\}, \{a,b\}, \{a,c\}, \{a,d\}, \{b,c\}, \{b,d\}, \{c,d\},$
$\{a,b,c\}, \{a,b,d\}, \{a,c,d\}, \{b,c,d\}, A\}$

(4) In den Beispielen (1), (2), (3) haben die Ausgangsmengen 1 Element, 2 bzw. 4 Elemente; die zugehörigen Potenzmengen haben 2^1, 2^2 bzw. 2^4 Elemente. Allgemein hat die Potenzmenge einer n-elementigen Menge 2^n Elemente. Diese Aussage läßt sich mit Hilfe der vollständigen Induktion (s. § 3) beweisen. Beachten Sie, daß die Elemente einer Potenzmenge Mengen sind.

(5) **Experiment:** Würfeln mit einem Würfel. Ereignisse lassen sich mit Hilfe von Mengen beschreiben:

$\{1\}, \{2\}, \{3\}, \{4\}, \{5\}, \{6\}$ "Elementarereignisse"
$\{1, 3, 5\}$ "ungerade Zahl"
$\{1, 2\}, \{2, 3\}, \{3, 4, 5\}, \ldots$

Die Potenzmenge ist hier die Menge aller möglichen Ereignisse.

(d) **Durchschnitt**

(1) $A = \{-1, 0, 1, 2\}$, $A \cap \mathbb{N} = \{1, 2\}$

(2) $\mathbb{R}_+ \cap \mathbb{R}_- = \{0\}$

(3) Ist $A \subset B$, so ist $A \cap B = A$

(4) Für jede Menge A gilt: $A \cap A = A$, $A \cap \phi = \phi$

(5) **Würfelexperiment:**

$A = \{5, 6\}$ "mindestens eine 5"
$B = \{1, 3, 5\}$ "ungerade Zahl"
$A \cap B = \{5\}$ Beide Ereignisse treten ein.

(6)

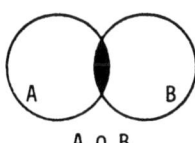
$A \cap B$
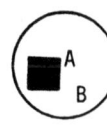
$A \cap B = A$
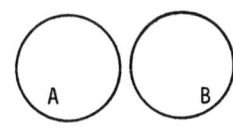
$A \cap B = \phi$ Abb. 2.3

(e) **Vereinigung**

(1) $A = \{-1, 0, 1, 2\}$, $B = \{1, 2, 3\}$: $A \cup B = \{x \mid x \in \mathbb{Z} \text{ und } -1 \leq x \leq 3\}$. Das "oder" in der Definition ist also kein ausschließliches.

(2) $\mathbb{R}_+ \cup \mathbb{R}_- = \mathbb{R}$

(3) Ist $A \subset B$, so ist $A \cup B = B$

(4) Für jede Menge A gilt: $A \cup A = A$, $A \cup \phi = A$

(5) <u>Würfelexperiment</u>: $A = \{1\}$, $B = \{6\}$
 $A \cup B = \{1, 6\}$ "1 oder 6"

(6)
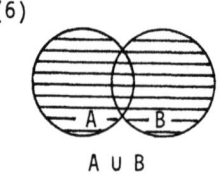 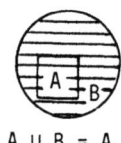 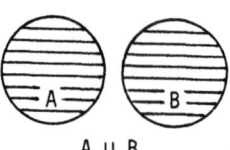

$A \cup B$ $\quad\quad A \cup B = A \quad\quad A \cup B$ <u>Abb. 2.4</u>

(f) <u>Differenz</u>

(1) $A = \{-1, 0, 1, 2\}$, $B = \{1, 2, 3\}$: $A \setminus B = \{-1, 0\}$, $B \setminus A = \{3\}$

(2) $\mathbb{R} \setminus \mathbb{R}_- = \mathbb{R}_{++}$, $\mathbb{R} \setminus \{0\} = \mathbb{R}^*$

(3) Ist $A \subset B$, so ist $A \setminus B = \phi$.

(4)
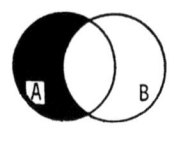 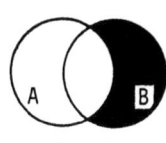 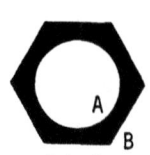

$A \setminus B$ $\quad\quad B \setminus A \quad\quad A \setminus B$ <u>Abb. 2.5</u>

(g) <u>Komplement</u>

(1) Ist aus dem Zusammenhang klar, bezüglich welcher Menge das Komplement gebildet wird, läßt man den Index B weg und schreibt z. B. statt $\overline{A}_B$ einfach $\overline{A}$.

(2) In der dritten Figur in Abb. 2.5 ist $B \setminus A = \overline{A}_B$.

(3) $\overline{\mathbb{R}_-} = \mathbb{R}_{++}$ (Komplementbildung bzgl. $\mathbb{R}$)

(4) <u>Würfelexperiment</u>:

 $S = \{1, 2, 3, 4, 5, 6\}$ "sicheres Ereignis"
 $U = \{1, 3, 5\}$ "ungerade Augenzahl"
 $G = \{2, 4, 6\}$ "gerade Augenzahl"
 $\overline{U}_S = G$, $\overline{G}_S = U$

(h) disjunkte Mengen

(1) $A \cap B = \phi$ in der dritten Figur von Abb. 2.3 und Abb. 2.4.

(2) Im Beispiel (g4) gilt: $U \cap G = \phi$. Die beiden Ereignisse schließen sich gegenseitig aus.

(3) $\mathbb{R}_{++} \cap \mathbb{R}_{-} = \phi$

(i) Partitionen

(1) Im Würfelbeispiel ist $\{U,G\}$ eine Partition von S, eine andere ist $\{\{1\}, \{2\},\{3\}, \{4\}, \{5\}, \{6\}\}$. Es gibt insgesamt 203 Partitionen von S.

(2) Will man eine Volkswirtschaft in verschiedene Sektoren einteilen, geht es darum, eine geeignete Partition zu finden: Alle Sektoren müssen erfaßt werden, und kein Sektor darf mehrfach gezählt werden (vgl. Tabelle 8.4 mit 14 Sektoren).

(3)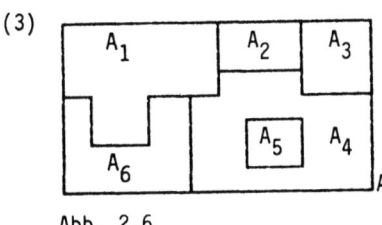

Abb. 2.6

2.4. Satz (Rechenregeln für Mengen)

(a) $A \cap B = B \cap A$ \hfill Kommutativität
    $A \cup B = B \cup A$

(b) $(A \cap B) \cap C = A \cap (B \cap C)$ \hfill Assoziativität
    $(A \cup B) \cup C = A \cup (B \cup C)$

(c) $(A \cap B) \cup C = (A \cup C) \cap (B \cup C)$ \hfill Distributivität
    $(A \cup B) \cap C = (A \cap C) \cup (B \cap C)$

Es seien $A \subset C$, $B \subset C$; Bezeichnung: $\bar{A} = \bar{A}_C$, $\bar{B} = \bar{B}_C$

(d) $A \subset B \rightarrow \bar{B} \subset \bar{A}$

(e) $\bar{\bar{A}} = A$

(f) $\overline{A \cup B} = \bar{A} \cap \bar{B}$ \hfill de Morgansche Gesetze
    $\overline{A \cap B} = \bar{A} \cup \bar{B}$

Veranschaulichen Sie sich diese Regeln mit Hilfe von Venn-Diagrammen!

2.c   Produkte von Mengen

2.5. Definition

(a) $a_1, a_2, \ldots, a_n$ seien (nicht notwendig verschiedene) Elemente gewisser Mengen. $(a_1, a_2, \ldots, a_n)$ heißt <u>n-Tupel</u> (n-Vektor); a_i heißt i-te <u>Koordinate</u> des n-Tupels. (n = 2: Paar, n = 3: Tripel, n = 4: Quadrupel, ...)

(b) Zwei n-Tupel $(a_1, a_2, \ldots, a_n)$ und $(b_1, b_2, \ldots, b_n)$ heißen <u>gleich</u>, wenn $a_1 = b_1, a_2 = b_2, \ldots, a_n = b_n$.

(c) Gegeben seien die Mengen $A_1, A_2, \ldots, A_n$. Die Menge von n-Tupeln

$$A_1 \times A_2 \times \ldots \times A_n := \{(a_1, a_2, \ldots, a_n) \mid a_1 \in A_1, a_2 \in A_2, \ldots, a_n \in A_n\}$$

heißt <u>kartesisches Produkt</u> von $A_1, A_2, \ldots, A_n$. Ist $A_1 = A_2 = \ldots = A_n$, so schreibt man $A \times A \times \ldots A = A^n$.

<u>Beispiele</u>

(1) Die Stammdatei eines Unternehmens enthält Informationen über die Arbeitnehmer, z. B.

Pers.-Nr.	Familien-stand	Kinder-zahl	Nationa-lität	Beschäfti-gungsart	Abt.	Lohn-/Geh.-Gruppe	Eintritts-datum
1165	le	0	D	Ang.	I	06	01.04.84
0921	v	1	I	Arb.	IV	07	01.05.76
0007	le	3	D	Ang.	II	07	15.03.79
⋮	⋮	⋮	⋮	⋮	⋮	⋮	⋮

In der Notation von Definition 2.5 sind die Daten für einen Arbeitnehmer in einem 8-Tupel

$(p, f, k, n, b, a, l, e) \in P \times F \times K \times N \times B \times A \times L \times E$

zusammengefaßt mit:

$P \subset \mathbb{N}$, F = {ledig, verheiratet, verwitwet, geschieden}, $K \subset \mathbb{N} \cup \{0\}$, N = {Nationalitäten}, B = {Arbeiter, Angestellter}, A = {I, II, III, IV},

$L = \{x \mid x \in \mathbb{Z} \land 1 \le x \le 12\}$, $E = \{x \mid x = a.b.c, a \in \{1,...,31\}, b \in \{1,...,12\},$
$c \in \{1930, ..., 1984\}\}\}$

(2) <u>Schachbrett</u>: $\{a,b,c,d,e,f,g,h\} \times \{1,2,3,4,5,6,7,8\}$

(3) $\mathbb{R} \times \mathbb{R} = \{(x,y) \mid x, y \in \mathbb{R}\}$: Paare reeller Zahlen. Graphisch wird diese Menge im bekannten kartesischen Koordinatensystem veransachaulicht: Jeder Punkt in der Ebene repräsentiert ein Punktepaar der Menge $\mathbb{R} \times \mathbb{R} = \mathbb{R}^2$. Die Menge $\{(x,y) \mid x=2\} \subset \mathbb{R}^2$ wird in der graphischen Darstellung durch eine Gerade repräsentiert. (Vgl. Abb. 2.7)

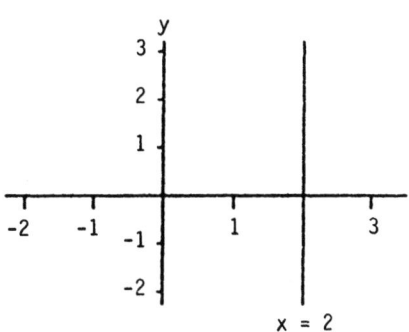

Abb. 2.7: Die Gerade $x = 2$ im $\mathbb{R}^2$

(4) <u>Würfelexperiment</u>:
Mit zwei Würfeln würfeln:
Mit $S = \{1,2,3,4,5,6\}$ (s. 2.3, Bsp. g4) ist die Ergebnismenge dieses Experimentes:

$S \times S = \{(x,y) \mid x,y \in S\}$
$= \{(1,1), (1,2), ..., (6,6)\}$.

S^2 hat 36 Elemente, bzw. das Experiment hat 36 Elementarereignisse.

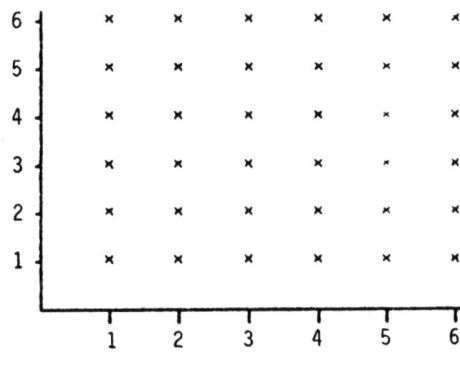

Abb. 2.8

(5) Beachten Sie insbesondere auch Teil (b) der Definition 2.5: Während z. B. die <u>Mengen</u> $\{1, 2\}$ und $\{2, 1\}$ gleich sind, sind die <u>Paare</u> $(1, 2)$ und $(2, 1)$ voneinander verschieden.

(6) § 7 behandelt <u>Vektoren</u> im $\mathbb{R}^n$ - das sind n-Tupel.

2.d Übungsaufgaben

1. Gegeben seien die Mengen $A = \{x \mid x \in \mathbb{R} \land x^2 \geq 1\}$, $B = \{x \mid x \in \mathbb{R} \land x \geq 1\}$, $C = \{x \mid x \in \mathbb{R} \land x^2 - 1 = 0\}$, $D = \{x \mid x \in \mathbb{R} \land x > 1\}$

   a. Untersuchen Sie die Teilmengenbeziehungen für diese Mengen.
   b. Welche der Mengen sind disjunkt?
   c. Bilden Sie $\mathbb{P}(C)$.
   d. Bilden Sie $A \cup B$, $A \cap B$, $A \cup C$, $A \cap C$.

2. Finden Sie alle Partitionen von $\{1, 2, 3, 4\}$.

3. In einer Umfrage werden bei jedem Befragten u. a. erfragt:

   A. verheiratet   ja - nein
   B. weiblich   ja - nein
   C. Abitur   ja - nein

   Es gibt keine(n) Befragte(n), die (der) bei allen drei Fragen mit "nein" antwortet. Das Ergebnis der Umfrage wird durch folgende Tabelle wiedergegeben; dabei sei A die Menge der Personen, die verheiratet sind, B die Menge der weiblichen Befragten, C die Menge der Befragten mit Abitur.

	A	B	C	A∩B	A∩C	B∩C	A∩B∩C
Anzahl Personen	23	25	26	10	7	11	4

   a) Wieviel Personen wurden befragt?
      (Anleitung: Werten Sie die Angaben in einem Venn-Diagramm aus.)
   b) Schraffieren Sie die folgenden Mengen jeweils in einem Venn-Diagramm und bestimmen Sie jeweils die Anzahl der Elemente in diesen Mengen:
      $A \cup B \cup C$, $(A \cap B) \cup C$, $A \cap (B \cup C)$, $(A \cup B) \cap C$,
      $A \cup (B \cap C)$, $\overline{A \cup B}$, $\overline{A} \cup \overline{B}$, $\overline{A} \cap \overline{B} \cap \overline{C}$.

4. Aus dem "Zeitmagazin": Logelei von Zweistein

   Die meisten Fernsehzuschauer haben das Gefühl, den Programm-Machern sei es völlig egal, was die Leute gern sehen möchten oder nicht.

   In Wahrheit aber wird sehr genau registriert, welche Programme von wie vielen Zuschauern betrachtet werden. Einem sich hartnäckig haltenden Gerücht zufolge gilt ein Programm bei unseren Anstalten als besonders gut, wenn es von besonders wenigen Zuschauern gesehen wird.

Sollte dies zutreffen, wäre am letzten Donnerstag das Dritte Programm das beste gewesen. Denn eine Umfrage unter 100 Fernsehzuschauern hatte ergeben, daß nur 28 am Abend jenes Tages das Dritte Programm gesehen haben. 43 hatten Abendsendungen des ZDF und 44 solche des Ersten Programms betrachtet. Nur 23 der Befragten hatten es über sich gebracht, die Glotze erst gar nicht anzuschalten.

Aus den Zahlen geht klar hervor, daß einige der hundert Leute an dem Abend Programme von zwei oder gar allen drei Anstalten angeschaut hatten. Sowohl Sendungen des Ersten als auch des Dritten Programms hatten 17 der hundert Personen gesehen. Programme sowohl des ersten Programms als auch des ZDF hatten sich 13 der Befragten angesehen. Ebenfalls 13 der hundert Leute hatten sich an dem Abend sowohl eine ZDF-Sendung als auch eine des Dritten Programms zu Gemüte geführt.

Intendant Dr. Teevau fand dieses Ergebnis "hochinteressant", doch fehlte ihm die interessanteste Information. Wieviel Befragte hatten sich am Donnerstagabend Programme aller drei Anstalten angeschaut? Just diese Zahl hatte der Leiter der Befragung irgendwo versäumt. Entsprechend dick war die Luft im Zimmer des Intendanten.

Dabei hätte er sich gar nicht aufzuregen brauchen. Denn aus den gegebenen Angaben läßt sich die gewünschte Zahl schnell errechnen.

5. Stellen Sie die Produktmenge A × B und B × A graphisch dar mit
$A = \{1, 2, 3, 4, 5, 6\}$, $B = \{x | x \in \mathbb{R} \wedge 1 \leq x \leq 4\}$.

§ 3   Vollständige Induktion

3.1. Problemstellung und Motivierung

Wir werden in diesem Lehrbuch bei vielen Aussagen auf ausführliche und exakte Beweise verzichten. Das nun zu behandelnde Beweisprinzip der vollständigen Induktion ist jedoch von so allgemeiner Bedeutung, daß wir ihm ein eigenes Kapitel widmen wollen. Die vollständige Induktion kommt als Methode immer dann in Frage, wenn wir eine Aussage über natürliche Zahlen beweisen wollen.

Es soll z. B. die Gleichung

(*) $1 + 2 + \ldots + n = \frac{1}{2} n (n+1)$

für jede natürliche Zahl n, also für jedes $n \in \mathbb{N}$, gezeigt werden. Diese Gleichung kann man leicht nachprüfen für die Fälle n = 1, 2, 3, 4:

$$1 = 1 = \tfrac{1}{2} \cdot 1 \cdot (1+1)$$

$$1 + 2 = 3 = \tfrac{1}{2} \cdot 2 \cdot (2+1)$$

$$1 + 2 + 3 = 6 = \tfrac{1}{2} \cdot 3 \cdot (3+1)$$

$$1 + 2 + 3 + 4 = 10 = \tfrac{1}{2} \cdot 4 \cdot (4+1) \ .$$

Aber man kann auch folgendes leicht einsehen: Wenn die Gleichung (*) für n = 17 richtig ist, dann gilt sie auch für n = 18:

$$1 + 2 + \ldots + 18 = (1+2+\ldots+17) + 18$$

$$= \frac{17(17+1)}{2} + 18 = \frac{17 \cdot 18 + 2 \cdot 18}{2}$$

$$= \frac{18(17+2)}{2} = \tfrac{1}{2} \cdot 18 \cdot (18+1) \ .$$

Genau so einfach sieht man ein: Wenn die Gleichung (*) für n = 3243 richtig ist, dann gilt sie auch für n = 3244. Wir zeigen nun allgemein:

Wenn die Gleichung

$$1 + 2 + \ldots + n = \tfrac{1}{2} n (n+1)$$

richtig ist für die natürliche Zahl n, dann gilt auch die Gleichung

$$1 + 2 + \ldots + (n+1) = \tfrac{1}{2}(n+1)((n+1) + 1) \ [= \tfrac{1}{2}(n+1)(n+2)] \ .$$

Denn es gilt ja:

$$1 + 2 + \ldots + (n+1) = (1+2+\ldots+n) + (n+1)$$

$$= \frac{n(n+1)}{2} + (n+1) = \frac{n(n+1) + 2(n+1)}{2}$$

$$= \frac{(n+1)(n+2)}{2} = \frac{(n+1)((n+1) + 1)}{2} \ .$$

Wir können nun sukzessive (induktiv) schließen:

Die Gleichung (*) ist richtig für n = 1;
da sie richtig ist für n = 1, gilt sie auch für n = 1 + 1 = 2;
da sie richtig ist für n = 2, gilt sie auch für n = 2 + 1 = 3;
da sie richtig ist für n = 3, gilt sie auch für n = 3 + 1 = 4;
⋮
da sie richtig ist für n = 17, gilt sie auch für n = 17 + 1 = 18;
⋮

⋮
da sie richtig ist für n = 7863545, gilt sie auch für n = 7863546;
⋮
Also ist die Gleichung (*) richtig für alle natürlichen Zahlen n. Dieser letzte Schluß, nämlich daß nun die Gleichung (*) für alle natürlichen Zahlen bewiesen ist, wird das Beweisprinzip der vollständigen Induktion genannt.

Für die natürlichen Zahlen n sei $\alpha(n)$ die Aussage:

$$1 + 2 + \ldots + n = \frac{1}{2} n (n+1).$$

Wir haben nun gezeigt:

1. Es gilt $\alpha(1)$.
2. Wenn $\alpha(n)$ für eine beliebige natürliche Zahl n gilt, dann gilt auch $\alpha(n+1)$;

und wir haben geschlossen:

Es gilt $\alpha(n)$ für jede natürliche Zahl n.

3.2. Das Prinzip der vollständigen Induktion

Es sei $\alpha(n)$ eine Aussage über die natürliche Zahl n; $\alpha(n)$ sei erklärt für alle $n \in \mathbb{N}$.

Wird nun gezeigt:

1. Es gilt $\alpha(1)$ und
2. Wenn $\alpha(n)$ für eine beliebige natürliche Zahl n gilt, dann gilt auch $\alpha(n+1)$,

dann ist $\alpha(n)$ für alle natürlichen Zahlen n richtig.

Man kann dieses Prinzip kurz so formulieren:

Gilt 1. $\alpha(1)$
     2. $\alpha(n) \Rightarrow \alpha(n+1)$ für alle $n \in \mathbb{N}$,
dann gilt $\alpha(n)$ für alle $n \in \mathbb{N}$.

Es heißt der Beweis von $\alpha(1)$ der Induktionsanfang [die Induktionsverankerung]; der Beweis von "$\alpha(n) \Rightarrow \alpha(n+1)$" heißt der Induktionsschluß ["von n auf n + 1"], dabei heißen $\alpha(n)$ die Induktionsvoraussetzung und $\alpha(n+1)$ die Induktionsbehauptung.

3.3. Beispiele:

(1) Für alle $n \in \mathbb{N}$ gilt:

$$1 + 3 + 5 + \ldots + (2n-1) = n^2.$$

Beweis:

n = 1 (Induktionsanfang): $1 = 1^2$ ist ganz offensichtlich richtig.

n → n + 1 (Induktionsschluß): Es gilt die Induktionsvoraussetzung

$$1 + 3 + 5 + \ldots + (2n-1) = n^2;$$

die Induktionsbehauptung ist

$$1 + 3 + 5 + \ldots + (2(n+1) - 1) = (n+1)^2 \ .$$

Nun folgt aber

$$1 + 3 + 5 + \ldots + (2(n+1) - 1)$$
$$= [1 + 3 + 5 + \ldots + (2n-1)] + (2(n+1) - 1)$$
$$= n^2 + (2n+1) = (n+1)^2 \ .$$

(2) Für alle $n \in \mathbb{N}$ gilt:

$$1^2 + 2^2 + \ldots + n^2 = \frac{n(n+1)(2n+1)}{6} \ .$$

Beweis:

n = 1: Es gilt $1^2 = 1 = \frac{1 \cdot 2 \cdot 3}{6}$.

n → n + 1: $1^2 + 2^2 + \ldots + (n+1)^2 = (1^2 + 2^2 + \ldots + n^2) + (n+1)^2$

$$= \frac{n(n+1)(2n+1)}{6} + (n+1)^2 = \frac{n(n+1)(2n+1) + 6(n+1)^2}{6}$$

$$= \frac{(n+1)(n+2)(2n+3)}{6} = \frac{(n+1)((n+1) + 1)(2(n+1) + 1)}{6} \ .$$

(3) Für alle $n \in \mathbb{N}$ gilt:

$$\frac{1}{1 \cdot 3} + \frac{1}{3 \cdot 5} + \frac{1}{5 \cdot 7} + \ldots + \frac{1}{(2n-1)(2n+1)} = \frac{n}{2n+1} \ .$$

Beweis:

n = 1: Es gilt $\frac{1}{1 \cdot 3} = \frac{1}{3}$.

n → n + 1:
$$\frac{1}{1 \cdot 3} + \frac{1}{3 \cdot 5} + \ldots + \frac{1}{[2(n+1)-1] \cdot [2(n+1)+1]}$$

$$= \left[\frac{1}{1 \cdot 3} + \frac{1}{1 \cdot 5} + \ldots + \frac{1}{(2n-1)(2n+1)}\right] + \frac{1}{[2(n+1)-1][2(n+1)+1]}$$

$$= \frac{n}{2n+1} + \frac{1}{(2n+1)(2n+3)} = \frac{n(2n+3) + 1}{(2n+1)(2n+3)}$$

$$= \frac{2n^2 + 3n + 1}{(2n+1)(2n+3)} = \frac{(2n+1)(n+1)}{(2n+1)(2n+3)} = \frac{n+1}{2n+3} = \frac{n+1}{2(n+1)+1} \ .$$

3.4. Übungsaufgaben

1. $1^3 + 2^3 + \ldots + n^3 = \dfrac{n^2(n+1)^2}{4}$

2. $1^2 + 3^2 + 5^2 + \ldots + (2n-1)^2 = \dfrac{n(2n-1)(2n+1)}{3}$

3. Für ein $n \in \mathbb{N}$ sei
$$s_n = \frac{1}{1 \cdot 2} + \frac{1}{2 \cdot 3} + \frac{1}{3 \cdot 4} + \ldots + \frac{1}{n(n+1)} \ .$$
Berechne s_n für $n = 1, 2, 3, 4$. Finde eine Formel für s_n und beweise sie durch vollständige Induktion.

4. $\dfrac{1}{1 \cdot 4} + \dfrac{1}{4 \cdot 7} + \dfrac{1}{7 \cdot 10} + \ldots + \dfrac{1}{(3n-2)(3n+1)} = \dfrac{n}{3n+1}$

5. Sei $n \in \mathbb{N}$ und a eine Zahl mit $a \neq 0, -1, -2, \ldots, -n$; dann gilt
$$\frac{1}{a(a+1)} + \frac{1}{(a+1)(a+2)} + \ldots + \frac{1}{(a+n-1)(a+n)} = \frac{n}{a(a+n)} \ .$$

6. Berechne die Summe
$$\frac{1}{1 \cdot 11} + \frac{1}{11 \cdot 21} + \frac{1}{21 \cdot 31} + \ldots + \frac{1}{9991 \cdot 10001} \ .$$

7. Für welche $n \in \mathbb{N}$ gilt $2^n > n^3$?

8. Seien a_n, b_n ($n \in \mathbb{N}$) die Zahlen, für die gilt:
$$\left.\begin{array}{l} a_1 = 11 \quad\quad b_1 = 3 \\ a_{n+1} = 11a_n + 39b_n \\ b_{n+1} = 3a_n + 11b_n \end{array}\right\} \quad (n \in \mathbb{N}) \ .$$

a) Berechnen Sie a_3 und b_3.

b) Zeigen Sie für alle $n \in \mathbb{N}$
$$a_n^2 - 13b_n^2 = 2^{2n} \ .$$

§ 4 Abbildungen

<u>4.1.</u> Man trifft oft auf Situationen, in denen Zuordnungen zwischen Elementen bestimmter Mengen eine Rolle spielen.

<u>Beispiele:</u>

1. Ein Unternehmen ist projektorientiert strukturiert: Jeder (nichtleitende) Mitarbeiter ist an der Durchführung genau eines Projektes beteiligt. Zuordnung von 7 Mitarbeitern zu 5 Projekten:

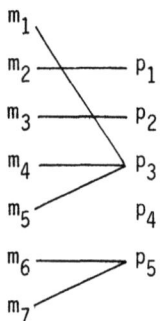

2. Temperaturskala der Kleinstadt Berlinghausen im Monat Mai 1973

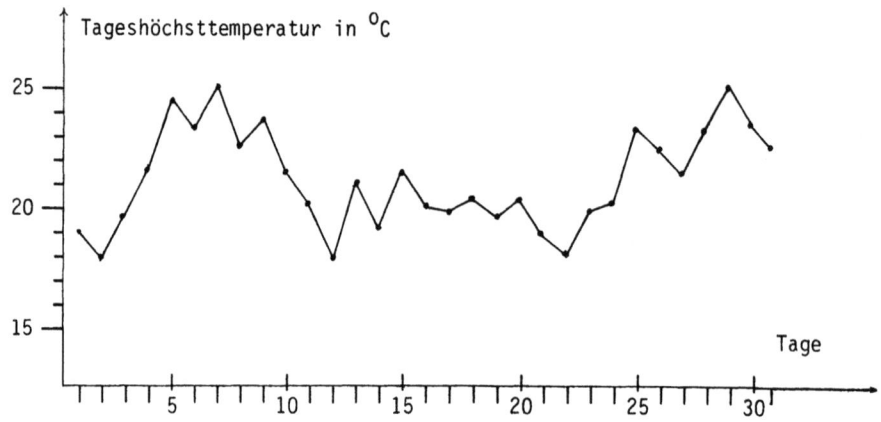

Abb. 4.1

3. Jeder Zahl $x \in \mathbb{R}^*$ wird durch

$$x \longmapsto y = \frac{1}{x}$$

genau eine Zahl y aus $\mathbb{R}$ zugeordnet.

4.2. Definition. Es seien D und W Mengen.
Eine Vorschrift f, die jedem Element x aus D genau ein Element y aus W zuordnet, heißt eine Abbildung von D nach W; man schreibt dafür: $f: D \longrightarrow W$.
D heißt dann der Definitionsbereich der Abbildung f und W ein Wertebereich von f.
Wird dem Element $x \in D$ durch die Abbildung $f: D \longrightarrow W$ das Element $y \in W$ zugeordnet, dann schreibt man $f(x) = y$ [oder $x \overset{f}{\longmapsto} y$ oder einfach $x \longmapsto y$] und sagt: y ist das Bild (oder: der Bildpunkt) von x unter (der Abbildung) f.
Ist $f: D \longrightarrow W$ eine Abbildung mit $W \subset \mathbb{R}$, so nennt man f auch eine Funktion.

Bemerkung:
Ist $f: D \longrightarrow W$ eine Abbildung und $W \subset W_1$, dann ist f auch eine Abbildung von D nach W_1: $f: D \longrightarrow W_1$.

Im Beispiel 4.1.1 wird die Vorschrift f durch das angegebene Diagramm erklärt; dabei ist

$D = \{m_1, m_2, m_3, m_4, m_5, m_6, m_7\}$ $W = \{p_1, p_2, p_3, p_4, p_5\}$

und

$f(m_1) = p_3$ $f(m_2) = p_1$ $f(m_3) = p_2$ $f(m_4) = p_3$
$f(m_5) = p_3$ $f(m_6) = p_5$ $f(m_7) = p_5$

4.3. Weitere Beispiele:

1. Sei $D = W = \mathbb{R}$.
   $f: \mathbb{R} \longrightarrow \mathbb{R}$ wird erklärt durch: $f(x) = x^2$ $(x \in \mathbb{R})$.

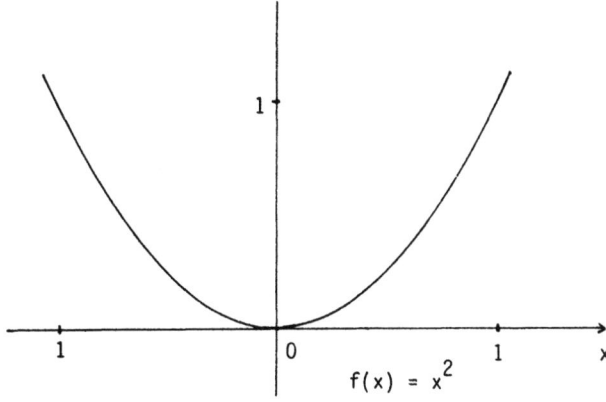

Abb. 4.2

2. Sei $D = W = \mathbb{R}$.

   $f: \mathbb{R} \to \mathbb{R}$ wird erklärt durch $f(x) = \frac{1}{2}x$ $(x \in \mathbb{R})$.

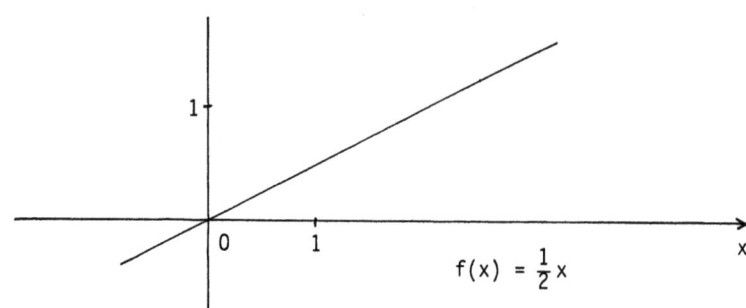

Abb. 4.3

3. Nicht jede Beziehung ("Relation") zwischen den Elementen zweier Mengen führt auf eine Abbildung. Es seien a_1, a_2, a_3, a_4, a_5 5 und b_1, b_2, b_3, b_4 4 Personen; $a_i - b_j$ bedeutet: a_i war oder ist mit b_j verheiratet. Für die erwähnten Personen besteht das folgende Diagramm:

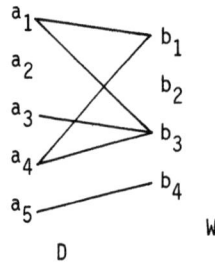

   Die Relation $a_i - b_j$ beschreibt keine Abbildung von D nach W, aus 2 Gründen: Einmal steht das Element a_2 mit keinem Element aus W in Relation, zum anderen stehen die Elemente a_1 und a_4 mit jeweils 2 Elementen aus W in Beziehung. Aus denselben Gründen erklärt die obige Relation auch keine Abbildung von W nach D. Wird aus D das Element a_2 und aus W das Element b_1 entfernt, dann erhält man eine Abbildung von $\{a_1, a_3, a_4, a_5\}$ nach $\{b_2, b_3, b_4\}$.

4. Der monatliche Stromverbrauch der Stadt Braunschweig für die Jahre 1962 bis 1975. Vgl. Abb. 4.4: Hier ist $D = \{\text{Jan. 62, Feb. 62, ..., Dez. 75}\}$ und $W = \mathbb{R}_+$. Man beachte, daß jedem Monat genau eine Zahl zugeordnet ist, was durch genau einen Punkt im Koordinatensystem veranschaulicht wird. In Abb. 4.4 sieht man jedoch eine durchgezogene Linie, die die einzelnen Punkte für die verschiedenen Monate miteinander verbindet. Diese Linie hat nur Hilfscharakter und soll der besseren optischen Erfassung der zeitlichen Entwicklung dienen.

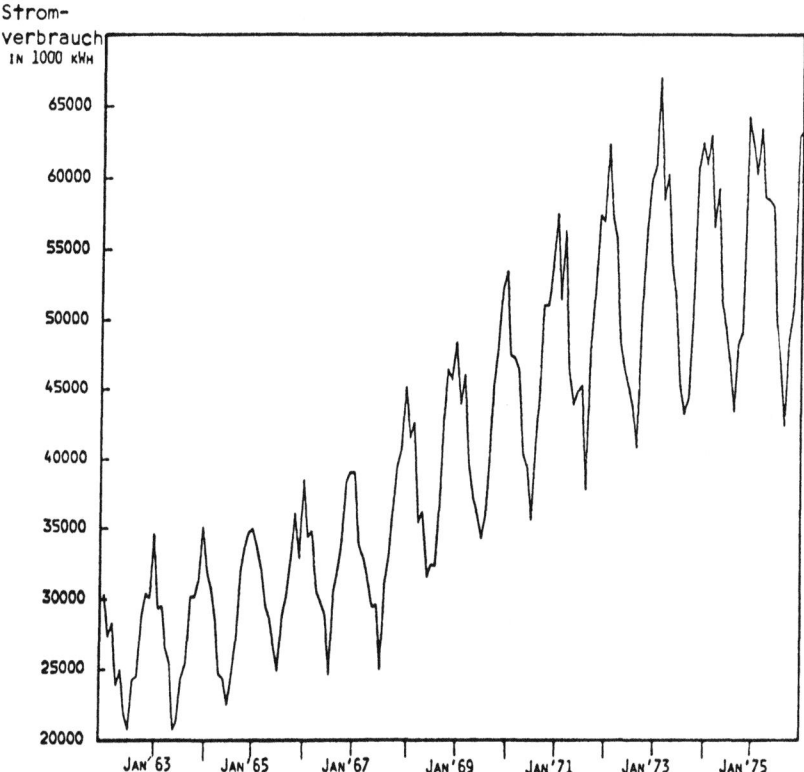

Abb. 4.4: Monatlicher Stromverbrauch der Stadt Braunschweig 1962 - 1975

      Quelle: Schwarze, J., E. Gaus-Faltings und J. Kaapke, 1981, Statistik, Kurseinheit 4: Zeitabhängige Merkmale. Materialien der Fernuniversität-GH Hagen, FB Wirtschafts- und Rechtswissenschaften.

5. Das Warensortiment eines Kaufhauses umfaßt 23517 Waren im Jahr 1987. Die Menge der Waren sei $D = \{w_1, w_2, \ldots, w_{23517}\}$. u_i sei der prozentuale Anteil der Ware w_i am Umsatz im Jahre 1987.

$$w_i \longmapsto u_i \quad (i = 1, 2, \ldots, 23517)$$

definiert eine Abbildung $D \longrightarrow W := \{x \in \mathbb{R} \mid 0 \leq x \leq 100\}$.

Ist p_i der Preis der Ware w_i, so ist die Preisliste eine Abbildung $w_i \longmapsto p_i$ $(i = 1, 2, \ldots, 23517)$

mit $\quad D \longrightarrow W = \mathbb{R}_{++}$.

6. Die folgenden Länder und Ländergruppen hatten im Jahr 1982 folgenden Anteil an der Ausfuhr der Bundesrepublik Deutschland in Prozent.

Hier ist D = Menge der Länder und Ländergruppen, $W = \{x \in \mathbb{R} \mid 0 \leq x \leq 100\}$ und $f: D \longrightarrow W$ wird durch nachfolgende Tabelle erklärt.

Tabelle 4.1: Anteile verschiedener Länder und Ländergruppen an der Ausfuhr der Bundesrepublik Deutschland 1982

Länder/Ländergruppen	Ausfuhr in Prozent
Industrialisierte westliche Länder	77,8
USA	6,6
Japan	1,2
EG (der Neun)	47,0
Frankreich	14,1
Italien	7,6
Großbritannien	7,3
Niederlande	8,5
Belgien/Luxemburg	7,3
Schweiz	5,1
Österreich	4,8
Staatshandelsländer	4,8
OPEC (13 Länder)	8,9
12 weitere Länder	7,8
übrige Länder	0,7

Quelle: Institut der deutschen Wirtschaft, 1983, Zahlen zur Entwicklung der Bundesrepublik Deutschland

---

4.4. Definition   Sei $f: D \longrightarrow W$ eine Abbildung.

a) Für $A \subset D$ heißt

   $f[A] := \{f(x) | x \in A\}$

   die <u>Bildmenge</u> (oder: das Bild) von A unter f. $f[D]$ heißt auch das Bild (oder: der Bildbereich) von f.

b) Für $U \subset W$ heißt

   $f^{-1}[U] := \{x \in D | f(x) \in U\}$

   die <u>Urbildmenge</u> (oder: das Urbild) von U unter f.

Im Beispiel 4.1.1 ist

$f[\{m_1, m_2\}] = \{p_1, p_3\}$ $f^{-1}[\{p_1\}] = \{m_2\}$

$f[\{m_4\}] = \{p_3\}$ $f^{-1}[\{p_3\}] = \{m_1, m_4, m_5\}$

$f[\{m_1, m_4, m_5\}] = \{p_3\}$ $f^{-1}[\{p_2, p_4\}] = \{m_3\}$

$f[\{m_2, m_3, m_4\}] = \{p_1, p_2, p_3\}$ $f^{-1}[\{p_4\}] = \phi$

Im Beispiel 4.3.1 gilt mit

A = [-2,2], B = [0,2]
C = [0,4] , D = [-2,4]:

$f[A] = C = f[B]$

$f^{-1}[C] = A = f^{-1}[D]$

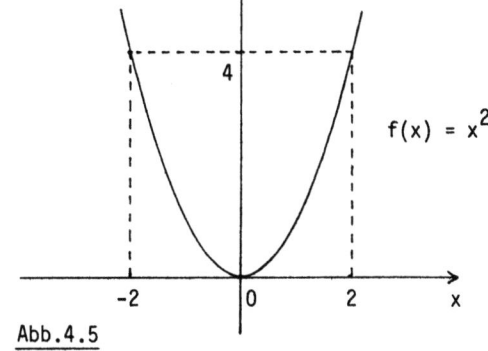

Abb.4.5

4.5. Definition. Sei $f:D \longrightarrow W$ eine Abbildung.

a) $f:D \longrightarrow W$ heißt <u>injektiv</u>, wenn stets

$x_1 \neq x_2 \Rightarrow f(x_1) \neq f(x_2) \qquad (x_1, x_2 \in D)$

gilt; also wenn jeder Bildpunkt genau einen Urbildpunkt besitzt.

b) $f:D \longrightarrow W$ heißt <u>surjektiv</u>, wenn $f[D] = W$ gilt.

c) $f:D \longrightarrow W$ heißt <u>bijektiv</u>, wenn $f:D \longrightarrow W$ injektiv und surjektiv ist.

Im Beispiel 4.1.1 ist f weder injektiv noch surjektiv.
Die Abbildung im Beispiel 4.1.3 ist injektiv aber nicht surjektiv; dagegen ist die Abbildung $(x \mapsto \frac{1}{x}) : \mathbb{R}^* \longrightarrow \mathbb{R}^*$ bijektiv.
Die Abbildung $(x \mapsto x^2) : \mathbb{R} \longrightarrow \mathbb{R}$ (Beispiel 4.3.1) ist weder injektiv noch surjektiv; dagegen ist

$(x \mapsto x^2) : \mathbb{R}_+ \longrightarrow \mathbb{R}$ injektiv, nicht sujektiv

$(x \mapsto x^2) : \mathbb{R} \longrightarrow \mathbb{R}_+$ nicht injektiv, surjektiv

$(x \mapsto x^2) : \mathbb{R}_+ \longrightarrow \mathbb{R}_+$ bijektiv.

Die Abbildung $(x \mapsto \frac{1}{2}x) : \mathbb{R} \longrightarrow \mathbb{R}$ (Beispiel 4.3.2) ist bijektiv.

<u>Bemerkung</u>:

Für jede Abbildung $f:D \longrightarrow W$ ist $f:D \longrightarrow f[D]$ eine surjektive Abbildung; ist insbesondere $f:D \longrightarrow W$ injektiv, so ist $f:D \longrightarrow f[D]$ bijektiv.

4.6. Definition Seien f:A ⟶ B und g:C ⟶ D Abbildungen.

Man sagt: f ist in g einsetzbar, wenn f[A] ⊂ C gilt. Im Falle der Einsetzbarkeit wird durch

$$(g \circ f)(x) = g(f(x)) \qquad (x \in A)$$

eine Abbildung g∘f:A ⟶ D erklärt.

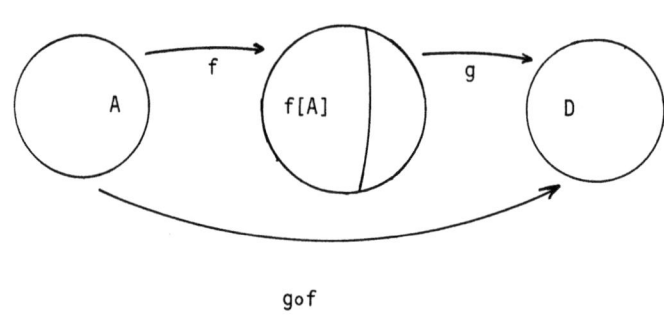

4.7. Beispiele:

1. Sei g die durch das Diagramm

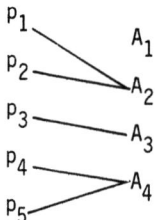

erklärte Funktion $g:\{p_1,p_2,p_3,p_4,p_5\} \to \{A_1,A_2,A_3,A_4\}$; Interpretation von $g:p_i \mapsto A_j$: Das Projekt p_i wird in der Abteilung A_j organisiert. Sei f nun die Abbildung aus 4.1.1; also

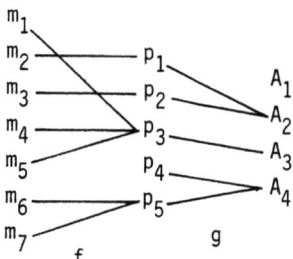

Für die Abbildung g∘f gilt nun

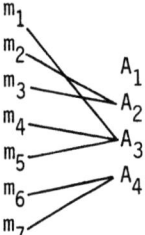

Interpretation von g∘f: $m_i \mapsto A_j$: Der Mitarbeiter m_i gehört der Abteilung A_j an.
In diesem Fall ist f∘g nicht erklärt.

2. Seien $f: \mathbb{R} \to \mathbb{R}$ und $g: \mathbb{R} \to \mathbb{R}$ die durch

$$f(x) = 3x + 2 \qquad g(x) = \frac{1}{2}x^3 \qquad (x \in \mathbb{R})$$

erklärten Funktionen. Es ist

$$(f \circ g)(x) = f(g(x)) = 3 \cdot \frac{1}{2}x^3 + 2 = \frac{3}{2}x^3 + 2$$

$$(g \circ f)(x) = g(f(x)) = \frac{1}{2}(3x + 2)^3 = \frac{27}{2}x^3 + 27x^2 + 18x + 4.$$

4.8. Definition

Die Abbildung $f: D \to W$ heißt <u>umkehrbar</u>, wenn es genau eine Abbildung $g: f[D] \to D$ gibt mit $f(g(y)) = y$ für alle $y \in f[D]$.

Es sei angemerkt, daß es für jede Abbildung $f: D \to W$ stets (mindestens) eine Abbildung $g: f[D] \to D$ mit $f(g(y)) = y$ für alle $y \in f[D]$ gibt.
Eine Abbildung $f: D \to W$ ist also genau dann umkehrbar, wenn jede Gleichung

$$f(x) = y \quad \text{mit} \quad y \in f[D]$$

<u>eindeutig</u> nach x "aufgelöst" werden kann.
Damit hat man den folgenden Satz.

4.9. Satz

Für jede Abbildung $f: D \to W$ gilt:
    f ist umkehrbar ⟺ f ist injektiv.

4.10. Definition

Für die injektive (umkehrbare) Abbildung $f: D \to W$ sei $f^{-1}: f[D] \to D$ die nach Satz 4.9 und Definition 4.8 eindeutig bestimmte Abbildung mit $f(f^{-1}(y)) = y$ für alle $y \in f[D]$. f^{-1} heißt die Umkehrabbildung von f.

Im Fall $D, W \subset \mathbb{R}$ spricht man auch von einer Umkehrfunktion.

4.11. Satz

Sei $f: D \to W$ eine injektive (umkehrbare) Abbildung. Für die Umkehrabbildung $f^{-1}: f[D] \to D$ von f gelten:

1. $f(f^{-1}(y)) = y$ $(y \in f[D])$
2. $f^{-1}(f(x)) = x$ $(x \in D)$
3. $f(x) = y \leftrightarrow x = f^{-1}(y)$ $(x \in D, y \in f[D])$
4. $f^{-1}: f[D] \to D$ ist bijektiv.
5. f ist die Umkehrabbildung von f^{-1}, also $(f^{-1})^{-1} = f$.

4.12. Beispiele:

1. Sei $f: \{1,2,3,4\} \to \{2,5,6,8,10,11\}$ die durch

   $1 \mapsto 5 \quad 2 \mapsto 6 \quad 3 \mapsto 10 \quad 4 \mapsto 2$

   erklärte Funktion. Es ist $D = \{1,2,3,4\}$, $f[D] = \{2,5,6,10\}$ und f ist injektiv (umkehrbar). Für die Umkehrfunktion $f^{-1}: f[D] \to D$ gilt:

   $f^{-1}(2) = 4 \quad f^{-1}(5) = 1 \quad f^{-1}(6) = 2 \quad f^{-1}(10) = 3$.

2. $f: \mathbb{R} \to \mathbb{R}$ mit $f(x) = \frac{1}{2}x$ $(x \in \mathbb{R})$ ist eine bijektive Abbildung. Man findet die Umkehrfunktion von f durch Auflösen der Gleichung $f(x) = y$ (mit $y \in f[D] = \mathbb{R}$) nach x (mit $x \in D = \mathbb{R}$):

   $f(x) = y \leftrightarrow \frac{1}{2}x = y \leftrightarrow x = 2y$ $(x, y \in \mathbb{R})$

   also gilt: $f^{-1}(x) = 2x$ $(x \in \mathbb{R})$ für die Umkehrfunktion f^{-1} von f. Das Auflösen der Gleichung $f(x) = y$ nach x ist aber nicht immer mit algebraischen Methoden möglich, siehe Beispiel 4.

3. Es ist $f: \mathbb{R}_+ \to \mathbb{R}$ mit $f(x) = x^2$ $(x \in \mathbb{R}_+)$ injektiv mit $f[\mathbb{R}_+] = \mathbb{R}_+$; es gilt:

$$f(x) = y \leftrightarrow x^2 = y \leftrightarrow x = \sqrt{y} \quad (x, y \geq 0)$$

und $f^{-1}: \mathbb{R}_+ \to \mathbb{R}_+$ mit $f^{-1}(x) = \sqrt{x}$ $(x \in \mathbb{R}_+)$ ist die Umkehrfunktion von f. Dagegen ist die Funktion $(x \mapsto x^2) : \mathbb{R} \to \mathbb{R}$ nicht umkehrbar.

4. Die Abbildung $f: \mathbb{R} \to \mathbb{R}$ mit $f(x) = 3^x$ $(x \in \mathbb{R})$ ist injektiv mit $f[\mathbb{R}] = \mathbb{R}_{++}$. Die Gleichung $3^x = y$ kann mit algebraischen Methoden nicht nach x aufgelöst werden, obwohl doch für jedes positive y die Gleichung $3^x = y$ genau eine Lösung x besitzt (z. B. ist $x = 2$ die Lösung von $3^x = 9$, $x = 4$ die von $3^x = 81$ und $x = -1$ die von $3^x = \frac{1}{3}$). Das für jedes positive y eindeutig bestimmte x mit $3^x = y$ wird mit $\log_3(y)$ bezeichnet; damit gilt:

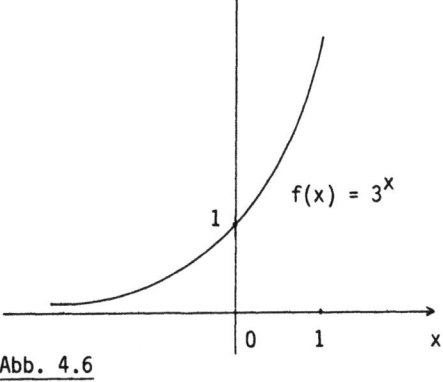

Abb. 4.6

$$3^{\log_3(y)} = y \quad \text{für alle} \quad y > 0.$$

Die Funktion $(x \mapsto \log_3(x): \mathbb{R}_{++} \to \mathbb{R}$ ist also die Umkehrfunktion der Funktion $f = (x \mapsto 3^x): \mathbb{R} \to \mathbb{R}$. $\log_3$ heißt die Logarithmusfunktion zur Basis 3 und $\log_3(x)$ mit $x > 0$ heißt der Logarithmus von x zur Basis 3; häufig wird für $\log_3(x)$ auch $\log_3 x$ geschrieben. Es gelten

$$\log_3(3^x) = x \quad (x \in \mathbb{R})$$
$$y = \log_3(x) \leftrightarrow 3^y = x \quad (x, y \in \mathbb{R}, x > 0).$$

Zum Beispiel gilt:

$$3^2 = 9, \text{ also } \log_3(9) = 2$$
$$3^4 = 81, \text{ also } \log_3(81) = 4$$
$$3^{-1} = \frac{1}{3}, \text{ also } \log_3\left(\frac{1}{3}\right) = -1.$$

Genauso sieht man $\log_3(1) = 0$, $\log_3(3) = 1$, $\log_3\left(\frac{1}{59049}\right) = -10$, $\log_3(\sqrt{3}) = \frac{1}{2}$, $\log_3\left(\frac{1}{\sqrt[3]{243}}\right) = -\frac{5}{3}$ ein.

Logarithmusfunktionen werden in § 12 ausführlicher behandelt.

<u>4.13.</u> Im Fall, daß $D \subset \mathbb{R}$ gilt und $f: D \to \mathbb{R}$ eine injektive Funktion ist (das gilt gerade in den vorangegangenen Beispielen 2., 3., 4.), kann man sich über den

Verlauf der Umkehrfunktion f^{-1} leicht
ein Bild machen, vorausgesetzt man kennt
den Verlauf von f.
Ist (a,b) ein Punkt der Kurve $y = f(x)$,
gilt also $f(a) = b$, dann gilt (siehe
Satz 4.11.3) $a = f^{-1}(b)$ und also ist
(b,a) ein Punkt der Kurve $y = f^{-1}(x)$.
Man muß also nur die Kurve $y = f(x)$ an
der Geraden $y = x$ spiegeln, um die Kurve
$y = f^{-1}(x)$ zu erhalten.

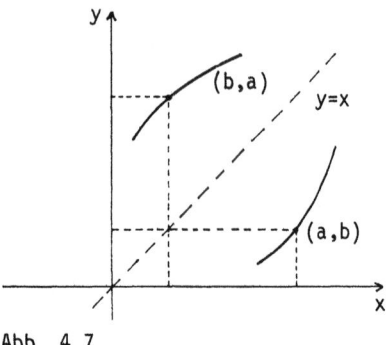

Abb. 4.7

Dies wird nun an den Beispielen 2., 3., 4. aus 4.12. demonstriert.

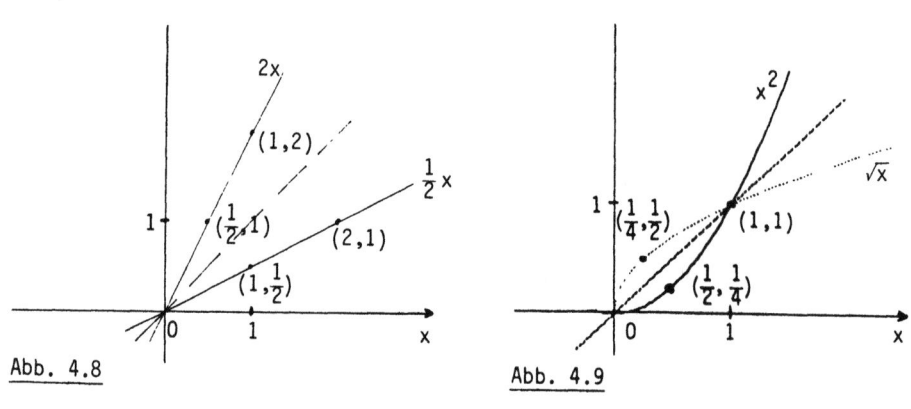

Abb. 4.8

Abb. 4.9

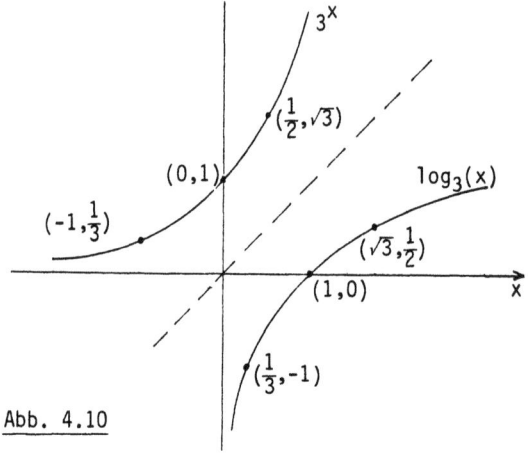

Abb. 4.10

4.14. Übungsaufgaben

1. Seien $f,g : \mathbb{R} \to \mathbb{R}$ Funktionen mit
   $$f(x) = 3x^2 - 12 \quad g(x) = -x^3 + 1 \quad (x \in \mathbb{R}).$$
   Bestimmen Sie die Mengen $f[A]$, $f^{-1}[B]$, $g[C]$, $g[D]$ für

A = (-1,2]	B = {0}	C = (0,1)	D = {0}
A = (1,2]	B = {-20}	C = (0,2)	D = {-7,28,126}
A = [-2,1]	B = (-9,15)	C = {-2,-1,3}	D = [1,∞)
A = [-2,-1)	B = [-16,-9]	C = (0,∞)	D = [-7,9).

2. Seien $f,g : \mathbb{R} \to \mathbb{R}$ die Funktion mit
   $$f(x) = \tfrac{1}{3}x + 2 \quad g(x) = x^2 - 3x - 4 \quad (x \in \mathbb{R}).$$
   Zeigen Sie: f ist bijektiv; g ist weder injektiv noch surjektiv.

3. Bei sechs Würfen mit einem Würfel fallen die folgenden Augenzahlen

   1. Wurf: 4   3. Wurf: 1   5. Wurf: 3
   2. Wurf: 2   4. Wurf: 2   6. Wurf: 4

   Damit ist eine Abbildung $w: \{1,2,3,4,5,6\} \to \{1,2,3,4,5,6\}$ erklärt.
   Bestimme $w^{-1}[w[\{2,6\}]]$ und $w[w^{-1}[\{1,5,6\}]]$.

4. Seien $f(x) = x^3 - 1$, $g(x) = x^2 + 1$ $(x \in \mathbb{R})$. Bestimmen Sie $(f \circ g)(x)$ und $(g \circ f)(x)$.

5. Seien $f(x) = 3^{x-2}$, $g(x) = \log_3(x)$ $(x \in \mathbb{R})$. Bestimmen Sie $(f \circ g)(x)$ und $(g \circ f)(x)$.

6. Für $x \in \mathbb{R}$ sei $[x]$ die größte ganze Zahl, die kleiner oder gleich x ist, also
   $$[x] = n \Leftrightarrow n \le x < n+1 \quad (x \in \mathbb{R}, n \in \mathbb{Z}).$$
   Sei $f(x) = 2 \cdot [x] - x$ $(x \in \mathbb{R})$. Zeigen Sie: f ist umkehrbar. Geben Sie die Umkehrfunktion mit Hilfe einer einfachen Funktionsgleichung an.

7. Gegeben seien die folgenden Abbildungen von D nach $W (D, W \subset \mathbb{R})$:
   a) $f(x) = a + bx$ $\quad b \ne 0$ $\qquad$ c) $f(x) = \dfrac{1}{x}$
   b) $f(x) = ax^2$ $\quad a > 0$ $\qquad$ d) $f(x) = |x|$

   Bestimmen Sie die Mengen D und W so, daß für die Abbildungen in (a) - (d) jeweils die Umkehrabbildung existiert. Ermitteln Sie diese Umkehrabbildungen. Skizzieren Sie f und f^{-1}.

§ 5 Ungleichungen und beschränkte Mengen

5.a Die Zahlengerade

5.1. Die Menge $\mathbb{R}$ der <u>reellen Zahlen</u> bildet die Zahlengerade:

$-2\frac{2}{5}$ $-\frac{9}{7}$ $-0{,}7$ $\frac{3}{4}$ $\sqrt{2}$ e π

```
——•——————•————•—•————|————•——•—•———•——•—•———
   -3     -2   -1    0    1   2      3
```

Es gibt zwei ausgezeichnete Zahlen:

    Die <u>Null</u>: 0   und die <u>Eins</u>: 1

Die <u>natürlichen Zahlen</u>: 1, 2, 3, 4, ...
die <u>ganzen Zahlen</u>   : 1, 2, 3, 4, ... 0, -1, -2, -3, -4, ...
die <u>rationalen Zahlen</u> : $\frac{m}{n}$ (m, n ganze Zahlen und n $\neq$ 0)
sind spezielle reelle Zahlen. Es gibt reelle Zahlen, die nicht rational sind:
$\sqrt{2}$, $2^{\sqrt{2}}$, e, π gehören dazu.
Jede reelle Zahl läßt sich als ein unendlicher Dezimalbruch schreiben, umgekehrt stellt jeder Dezimalbruch eine reelle Zahl dar. Eine reelle Zahl ist genau dann eine rationale Zahl, wenn ihre Dezimalbruchentwicklung periodisch ist.

5.2.

(a) Zwei reelle Zahlen a, b können addiert: a + b, subtrahiert: a - b und multipliziert werden: a·b; eine reelle Zahl a kann durch eine von Null verschiedene Zahl b dividiert werden: a : b (= $\frac{a}{b}$);

    a + b, a - b, a · b, a : b

sind wieder reelle Zahlen. Die Operationen +, -, ·, :, heißen der Reihe nach <u>Addition</u>, <u>Subtraktion</u>, <u>Multiplikation</u>, <u>Division</u>.

(b) Zu jeder reellen Zahl b gibt es die <u>zu b negative Zahl</u> -b und, falls b $\neq$ 0 ist, auch die <u>zu b inverse Zahl</u> b^{-1}.

Die unter 5.2(a) angegebenen vier Operationen nennt man zweistellig, die unter (b) angegebenen zwei Operationen nennt man einstellig. Für "reelle Zahl" sagen wir fortan meist nur "Zahl". Für a·b schreibt man oft auch nur ab : ab = a·b.

5.3. Für das Rechnen mit den in 5.2 angegebenen Operationen gelten die folgenden (Haupt-) Rechenregeln:

(A1)	$a+b = b+a$		(M1)	$a \cdot b = b \cdot a$
(A2)	$a+(b+c) = (a+b)+c$		(M2)	$a \cdot (b \cdot c) = (a \cdot b) \cdot c$
(A3)	$a+0 = a = 0+a$		(M3)	$a \cdot 1 = a = 1 \cdot a$
(A4)	$a+(-a) = 0 = (-a)+a$		(M4)	$a \cdot a^{-1} = 1 = a^{-1} \cdot a$, falls $a \neq 0$
(A5)	$a-b = a+(-b)$		(M5)	$a:b = a \cdot b^{-1}$, falls $b \neq 0$

(D1) $a \cdot (b+c) = a \cdot b + a \cdot c$

(D2) $(a+b) \cdot c = a \cdot c + b \cdot c$

5.4. Es seien hier noch einige einfache Regeln und Formeln angegeben, die sämtlich aus den Hauptrechenregeln leicht abgeleitet werden können.

(a) $a \cdot (-b) = -(a \cdot b) = (-a) \cdot b$ $(-1) \cdot a = -a$ $-(-a) = a$
   $(-a) \cdot (-b) = a \cdot b$ $(-1) \cdot (-1) = 1$ $(b^{-1})^{-1} = b$, falls $b \neq 0$
   $a \cdot (b-c) = a \cdot b - a \cdot c$
   $(a-b) \cdot c = a \cdot c - b \cdot c$ $a \cdot b = 0 \Rightarrow a = 0$ oder $b = 0$

(b) $(a+b)^2 = a^2 + 2ab + b^2$ $(a+b)^3 = a^3 + 3a^2b + 3ab^2 + b^3$
   $(a-b)^2 = a^2 - 2ab + b^2$
   $(a+b) \cdot (a-b) = a^2 - b^2$ $1 + a + a^2 + \ldots + a^m = \dfrac{1-a^{m+1}}{1-a}$ falls $a \neq 1$

5.5. Zwei Zahlen a, b können der Größe nach verglichen werden:

$a \leq b$ heißt: a ist <u>kleiner oder gleich</u> b
   [bzw.: a ist höchstens so groß wie b,
   bzw.: b ist größer oder gleich a]

Für die "Ordnungs"-Relation $\leq$ gelten folgende (Haupt-)Regeln:

(O1) $a \leq b$ oder $b \leq a$
(O2) $a \leq b$ und $b \leq c \Rightarrow a \leq c$
(O3) $a \leq b$ und $b \leq a \Rightarrow a = b$
(O4) $a \leq b \Rightarrow a + c \leq b + c$
(O5) $0 \leq a$ und $0 \leq b \Rightarrow 0 \leq a \cdot b$

Man schreibt noch:

$a < b$ für: $a \leq b$ und $a \neq b$ [a ist kleiner als b]
$a \geq b$ für: $b \leq a$ und $a > b$ für: $b < a$.

Ist $0 < a$, dann sagt man: a ist <u>positiv</u>;
Ist $a < 0$, dann sagt man: a ist <u>negativ</u>.

<u>5.6.</u> Außer den Hauptregeln über das Rechnen mit Ungleichungen gelten noch eine ganze Reihe weiterer solcher Regeln, die aus diesen abgeleitet werden können; einige davon seien hier notiert.

6. Für eine Zahl a gilt genau eine der drei Relationen
   $a < 0, \; a = 0, \; a > 0$.
7. $a \leq b \Rightarrow -b \leq -a$
8. $a \leq b, \; 0 \leq c \Rightarrow ac \leq bc$
9. $a < b, \; 0 < c \Rightarrow ac < bc$
10. $a \leq b, \; c \leq 0 \Rightarrow ac \geq bc$
11. $a < b, \; c < 0 \Rightarrow ac < bc$
12. Sind a,b positive [negative] Zahlen, dann ist auch $a+b$ positiv [negativ].
13. a,b beide positiv $\Rightarrow a \cdot b$ positiv
14. a positiv, b negativ $\Rightarrow a \cdot b$ negativ
15. a,b beide negativ $\Rightarrow a \cdot b$ positiv
16. Ist $a \cdot b$ positiv, dann sind a,b beide positiv oder beide negativ.
17. Ist $a \cdot b$ negativ, dann ist a positiv, b negativ oder es ist a negativ, b positiv.
18. Alle natürlichen Zahlen sind positiv.
19. Für jede Zahl $a \neq 0$ ist a^2 positiv.

<u>5.7. Definition</u>

Für die Zahlen a, b, c, sagt man: b liegt <u>zwischen</u> a und c, wenn $a < b < c$ gilt oder $c < b < a$.

Zum Beispiel liegt 3 zwischen -1 und 9; und $\frac{23}{25}$ liegt zwischen $\frac{25}{27}$ und $\frac{24}{27}$.

5.8. Definition

Der <u>Betrag</u> $|a|$ einer Zahl a wird erklärt durch

$$|a| := \begin{cases} a & a \geq 0 \\ & \text{falls} \\ -a & a < 0 \end{cases}$$

Zum Beispiel ist $|7| = 7$ und $|-3| = -(-3) = 3$.

<u>5.9.</u> Für den Betrag gelten folgende Regeln:

1. $0 \leq |a|$
2. $|0| = 0;\ |a| = 0 \Rightarrow a = 0$
3. $|a \cdot b| = |a| \cdot |b|$
4. (Dreiecksungleichung)
   $|a+b| \leq |a| + |b|$
5. $||a| - |b|| \leq |a \pm b| \leq |a| + |b|$
6. $|-a| = |a|$
7. $-|a| \leq a \leq |a|$
8. $|a| \leq b \Leftrightarrow a \leq b$ und $-a \leq b$
9. $|2ab| \leq a^2 + b^2$
10. $|a|^2 = a^2$.

Seien a, x zwei Zahlen; x liegt genau dann zwischen $a - \frac{1}{2}$ und $a + \frac{1}{2}$, wenn $|a-x| < \frac{1}{2}$ gilt:

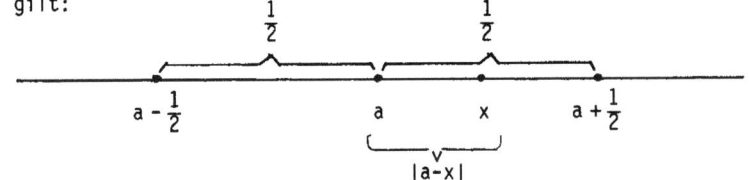

Als eine weitere Regel wird noch notiert:

<u>5.9.</u> 11. Für die Zahlen a, x, ε gilt: $a-\varepsilon < x < a+\varepsilon \Leftrightarrow |a-x| < \varepsilon$.

5.10. Definition

Sei a eine Zahl und ε eine positive Zahl; dann heißt die Menge

$$U_\varepsilon(a) := \{x \in \mathbb{R} \mid |a-x| < \varepsilon\}$$

die <u>ε-Umgebung</u> von a.

Beispiele:

Die Zahlen zwischen -1 und 1 bilden eine 1-Umgebung von 0.
Die Zahlen zwischen 3 und 4 bilden eine $\frac{1}{2}$-Umgebung von $\frac{7}{2}$.
Die Zahlen zwischen $\frac{7}{8}$ und $\frac{13}{8}$ bilden eine $\frac{3}{8}$-Umgebung von $\frac{5}{4}$.

5.11. Beispiel:

Ein Wirtschaftsforschungsinstitut prognostizierte folgende Arbeitslosenzahlen:

für 1983: 1,5 Mio.   für 1984: 2,5 Mio.

Tatsächlich wurden in beiden Jahren jeweils 2 Mio. Arbeitslose registriert. Die Prognosefehler waren also

1983: -0,5 Mio.   1984: 0,5 Mio.

Der mittlere Prognosefehler ist also gleich $\frac{1}{2}(-0,5 + 0,5) = 0$. Diese Zahl gibt allerdings kaum die gewünschte Information über die Güte der abgegebenen Prognosen. Sinnvoller ist es hier, den mittleren "absoluten" Prognosefehler anzugeben. Dieser ist

$$\frac{1}{2}(|-0,5| + |0,5|) = \frac{1}{2}(0,5 + 0,5) = 0,5$$

- und bezogen auf die tatsächlichen Werte - 25 %.

5.b   Intervalle

5.12. Definition

Eine Teilmenge $D \subset \mathbb{R}$ heißt ein **Intervall**, wenn gilt: Jede Zahl x aus $\mathbb{R}$, die zwischen zwei Zahlen aus D liegt, gehört auch zu D.

Ein Beispiel: Seien A, B die Mengen

$A = \{x \in \mathbb{R} \mid -2 \leq x \leq -1\}$
$B = \{x \in \mathbb{R} \mid 1 \leq x < 3\}$.

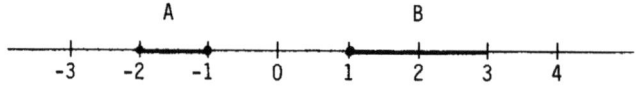

Beide Mengen A, B sind Intervalle, dagegen ist $C := A \cup B$ kein Intervall (denn -1 und 1 gehören zu C, 0 liegt zwischen -1 und 1 und gehört nicht zu C).

5.13. Es werden nun 11 Typen von Teilmengen von $\mathbb{R}$ erklärt:

1. $[a,b] := \{x \in \mathbb{R} | a \leq x \leq b\}$ mit $a < b$

   z.B. $[2, 4]$

2. $[a,b) := \{x \in \mathbb{R} | a \leq x < b\}$ mit $a < b$

   z.B. $[2, 4)$

3. $(a,b] := \{x \in \mathbb{R} | a < x \leq b\}$ mit $a < b$

   z.B. $(2, 4]$

4. $(a,b) := \{x \in \mathbb{R} | a < x < b\}$ mit $a < b$

   z.B. $(2, 4)$

5. $[a,\infty) := \{x \in \mathbb{R} | a \leq x\}$

   z.B. $[2, \infty)$

6. $(a,\infty) := \{x \in \mathbb{R} | a < x\}$

   z.B. $(2, \infty)$

7. $(-\infty,b] := \{x \in \mathbb{R} | x \leq b\}$

   z.B. $(-\infty,4]$

8. $(-\infty,b) := \{x \in \mathbb{R} | x < b\}$

   z.B. $(-\infty,4)$

9. $(-\infty,\infty) := \mathbb{R}$

10. $[a,a] := \{a\}$

11. $\emptyset$

5.14. Satz

Jede in 5.13 unter 1. bis 11. erklärte Teilmenge von $\mathbb{R}$ ist ein Intervall. Umgekehrt ist jedes Intervall von einer solchen Form.

Die ε-Umgebungen einer Zahl sind Intervalle vom Typ 4, es ist $U_\varepsilon(a) = (a-\varepsilon, a+\varepsilon)$.
Auch $\mathbb{R}_+$, $\mathbb{R}_{++}$, $\mathbb{R}_-$ sind Intervalle. Es ist $\mathbb{R}_+ = [0,\infty)$, $\mathbb{R}_{++} = (0,\infty)$, $\mathbb{R}_- = (-\infty,0]$.

5.15. Die Intervalle werden eingeteilt in <u>beschränkte</u> (Typ 1, 2, 3, 4, 10, 11) und <u>unbeschränkte</u> (Typ 5, 6, 7, 8, 9) (siehe 5.16). Die Intervalle vom Typ 10 und 11 heißen trivial, die übrigen nicht trivial. Im weiteren verstehen wir unter einem Intervall stets ein nicht triviales Intervall.

5.c   <u>Schranken, Grenzen</u>

<u>5.16. Definition</u>

1. Sei $D \subset \mathbb{R}$, $r \in \mathbb{R}$. r heißt eine <u>obere</u> [bzw. <u>untere</u>] <u>Schranke</u> von D, wenn $x \leq r$ [bzw. $r \leq x$] gilt für alle $x \in D$.

2. $D \subset \mathbb{R}$ heißt <u>nach oben</u> [bzw. <u>unten</u>] <u>beschränkt</u>, wenn D eine obere [bzw. untere] Schranke besitzt.

3. $D \subset \mathbb{R}$ heißt <u>beschränkt</u>, wenn D eine obere und eine untere Schranke besitzt.

4. Sei $D \subset \mathbb{R}$, $r \in \mathbb{R}$. r heißt ein <u>größtes</u> [bzw. <u>kleinstes</u>] <u>Element</u> von D, wenn wenn $r \in D$ ist und $x \leq r$ [bzw. $r \leq x$] gilt für alle $x \in D$.

5. Sei $D \subset \mathbb{R}$, $r \in \mathbb{R}$. r heißt eine <u>obere Grenze</u> von D, wenn r eine kleinste obere Schranke von D ist. r heißt eine <u>untere Grenze</u> von D, wenn r eine größte untere Schranke von D ist.

<u>5.17. Bemerkungen</u>:

Ein größtes [kleinstes] Element von D heißt auch ein <u>Maximum</u> [<u>Minimum</u>] von D; eine obere [untere] Grenze von D heißt auch ein <u>Supremum</u> [<u>Infimum</u>] von D.
Ein Maximum ist immer auch ein Supremum, und ein Supremum ist immer auch eine obere Schranke (stets mit demselben D). Ist r ein Supremum oder auch nur eine obere Schranke von D mit $r \in D$, dann ist r ein Maximum von D.
Jede Menge $D \subset \mathbb{R}$ kann höchstens ein Supremum (also auch höchstens ein Maximum) besitzen; ist r ein Supremum bzw. Maximum von D, sagt man auch: r ist das Supremum bzw. das Maximum von D und schreibt:

$$r = \text{Sup } D \quad \text{bzw.} \quad r = \text{Max } D \; .$$

Alles gilt analog für Minimum, Infimum und untere Schranke.

5.18. Beispiele:

1. Sei $A = (-\infty, 3]$.
   4 ist eine obere Schranke von A. 3 ist Supremum von A. 3 ist Maximum von A. Also: Sup A = Max A = 3. Jede Zahl r mit $3 \leq r$ ist eine obere Schranke von A. A ist nicht beschränkt und nicht nach unten beschränkt. A besitzt keine untere Schranke, kein Infimum und kein Minimum.

2. Für $B = [-3, 5)$ gilt:
   -3 ist Minimum und Infimum von B. 5 ist Supremum von B. Also: Min B = Inf B = -3 und Sup B = 5. B besitzt kein Maximum. B ist beschränkt. 7 ist eine obere und -8 eine untere Schranke von B.

3. $\mathbb{N}$ ist nach unten beschränkt, aber nicht nach oben. 1 ist Minimum von $\mathbb{N}$: Min $\mathbb{N}$ = Inf $\mathbb{N}$ = 1.

4. $\mathbb{Z}$ ist weder nach oben noch nach unten beschränkt.

5. Ist $D \subset \mathbb{R}$ nicht leer und endlich, dann besitzt D stets ein größtes und ein kleinstes Element. Für $D = \{-3, 1, 6, 9\}$ gilt: -3 = Min D und 9 = Max D.

6. Für $C = (2, 7] \cup [9, 11]$ ist Inf C = 2 und Sup C = Max C = 11.

7. Sei $E = \{\frac{1}{2n} \mid n \in \mathbb{N}\}$, also $E = \{\frac{1}{2}, \frac{1}{4}, \frac{1}{6}, \frac{1}{8}, \ldots\}$. E besitzt kein Minimum, aber 0 ist das Infimum von E und $\frac{1}{2}$ das Maximum.

Zum Abschluß dieses Abschnittes seien noch zwei Sätze notiert.

5.19. Satz

Ist D eine nicht leere Teilmenge von $\mathbb{N}$, dann besitzt D ein Minimum.

5.20. Satz

Jede nicht leere und nach oben [unten] beschränkte Teilmenge von $\mathbb{R}$ besitzt ein Supremum [Infimum].

5.d   Ungleichungen

5.21. Wir untersuchen nun das folgende Problem:
Bestimme alle Zahlen x, so daß die Ungleichung

(1) $3x + 9 < 7x - 11$

gilt. Die Menge L = {x ∈ ℝ | 3x+9 < 7x-11}, also die Menge aller "Lösungen", heißt die Lösungsmenge der Ungleichung (1). Man löst das Problem, also man bestimmt die Lösungsmenge L, indem man die Ungleichung (1) mit Hilfe der unter 5.5 und 5.6 aufgeführten Regeln "nach x auflöst":

$$
\begin{aligned}
& 3x + 9 < 7x - 11 \\
\Leftrightarrow\ & (3x + 9) + (-3x) < (7x - 11) + (-3x) \\
\Leftrightarrow\ & 9 < 4x - 11 \\
\Leftrightarrow\ & 9 + 11 < (4x - 11) + 11 \\
\Leftrightarrow\ & 20 < 4x \\
\Leftrightarrow\ & 20 \cdot \tfrac{1}{4} < 4x \cdot \tfrac{1}{4} \\
\Leftrightarrow\ & 5 < x
\end{aligned}
$$

Man überzeuge sich, daß aus jeder Ungleichung die darunter stehende folgt und daß auch umgekehrt aus jeder Ungleichung die darüber stehende folgt. Bei der Umformung ist zu beachten, daß $\tfrac{1}{4}$ und 4 positive Zahlen sind. Damit ist gezeigt: Für die Zahl x gilt die Ungleichung (1) genau dann, wenn x größer als 5 ist; also gilt für die Lösungsmenge L:

$$L = \{x \in \mathbb{R} \mid 5 < x\} = (5,\infty)$$

Die Lösungsmenge ist ein Intervall vom Typ 6.

5.22. Bestimme nun alle Zahlen x, so daß die Ungleichung

(2) $2x-4 \leq 5x+17$

gilt; zu bestimmen ist also die Lösungsmenge

$$L = \{x \in \mathbb{R} \mid 2x-4 \leq 5x+17\}.$$

Methode: Löse (2) nach x auf:

$2x-4 \leq 5x+17 \ \Leftrightarrow\ -4 \leq 3x+17 \ \Leftrightarrow\ -21 \leq 3x \ \Leftrightarrow\ -7 \leq x$

Also ist L = $\{x \in \mathbb{R} \mid -7 \leq x\} = [-7,\infty)$.

5.23. Nun sollen alle Zahlen x bestimmt werden, so daß die Ungleichung

(3) $\frac{2}{x-2} \leq 3$ mit $x-2 \neq 0$

gilt. Zu bestimmen ist also die Lösungsmenge

$$L = \{x \in \mathbb{R} \mid x \neq 2,\ \tfrac{2}{x-2} \leq 3\}.$$

Das Auflösen der Ungleichung (3) erfordert eine Fallunterscheidung, je nachdem, ob x-2 negativ oder positiv ist:

1. Fall: x-2 < 0 (also x < 2)   2. Fall: x-2 > 0 (also 2 < x).

Seien noch L_1 = {x∈ℝ | x < 2, $\tfrac{2}{x-2} \leq 3$} und L_2 = {x∈ℝ | 2 < x, $\tfrac{2}{x-2} \leq 3$} die Lösungsmengen im 1. und 2. Fall. Es ist $L = L_1 \cup L_2$.

1. Fall: $x < 2$. Hier gilt:

$\frac{2}{x-2} \leq 3 \quad \Leftrightarrow \quad \frac{2}{x-2} \cdot (x-2) \geq 3 \cdot (x-2)$ [Es ist $x-2 < 0$]

$\Leftrightarrow \quad 2 \geq 3x - 6 \quad \Leftrightarrow \quad 8 \geq 3x \quad \Leftrightarrow \quad \frac{8}{3} \geq x$.

Also ist $L_1 = \{x \in \mathbb{R} \mid x < 2 \text{ und } x \leq \frac{8}{3}\} = \{x \in \mathbb{R} \mid x < 2\} = (-\infty, 2)$.

2. Fall: $2 < x$. Hier gilt:

$\frac{2}{x-2} \leq 3 \quad \Leftrightarrow \quad \frac{2}{x-2} \cdot (x-2) \leq 3 \cdot (x-2)$ [Es ist $x-2 > 0$]

$\Leftrightarrow \quad 2 \leq 3x - 6 \quad \Leftrightarrow \quad 8 \leq 3x \quad \Leftrightarrow \quad \frac{8}{3} \leq x$.

Also ist $L_2 = \{x \in \mathbb{R} \mid 2 < x \text{ und } \frac{8}{3} \leq x\} = \{x \in \mathbb{R} \mid \frac{8}{3} \leq x\} = [\frac{8}{3}, \infty)$.

Damit hat man $L = L_1 \cup L_2 = (-\infty, 2) \cup [\frac{8}{3}, \infty)$, und die Lösungsmenge L ist die Vereinigung zweier Intervalle.

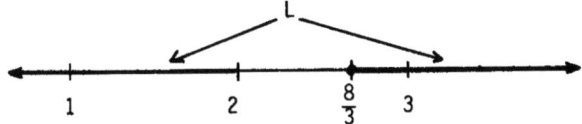

5.24. Ähnlich wie bei der Ungleichung (3) wird nun die Lösungsmenge der Ungleichung

(4) $\quad \frac{21}{2x+3} \geq 3 \quad$ mit $\quad 2x+3 \neq 0$

($x \in \mathbb{R}$) bestimmt. Zu bestimmen ist also

$L = \{x \in \mathbb{R} \mid x \neq -\frac{3}{2}, \frac{21}{2x+3} \geq 3\}$.

1. Fall: $x < -\frac{3}{2}$. Hier ist $2x+3 < 0$. Bestimme zunächst

$L_1 = \{x \in \mathbb{R} \mid x < -\frac{3}{2}, \frac{21}{2x+3} \geq 3\}$:

$\frac{21}{2x+3} \geq 3 \quad \Leftrightarrow \quad \frac{21}{2x+3} \cdot (2x+3) \leq 3 \cdot (2x+3)$

$\Leftrightarrow \quad 21 \leq 6x + 9 \quad \Leftrightarrow \quad 12 \leq 6x \quad \Leftrightarrow \quad 2 \leq x$

und es ist $L_1 = \{x \in \mathbb{R} \mid x < -\frac{3}{2} \text{ und } 2 \leq x\} = \emptyset$; das heißt: Im Fall 1 besitzt (4) keine Lösung.

2. Fall: $-\frac{3}{2} < x$. Hier ist $0 < 2x+3$. Bestimme nun

$L_2 = \{x \in \mathbb{R} \mid -\frac{3}{2} < x, \frac{21}{2x+3} \geq 3\}$:

$\frac{21}{2x+3} \geq 3 \quad \Leftrightarrow \quad \frac{21}{2x+3} \cdot (2x+3) \geq 3 \cdot (2x+3)$

$\Leftrightarrow \quad 21 \geq 6x + 9 \quad \Leftrightarrow \quad 12 \geq 6x \quad \Leftrightarrow \quad 2 \geq x$

Es folgt $L_2 = \{x \in \mathbb{R} \mid -\frac{3}{2} < x \text{ und } x \leq 2\} = (-\frac{3}{2}, 2]$.

Also ist $L = L_1 \cup L_2 = (-\frac{3}{2}, 2]$.

5.25. Schließlich soll noch die Ungleichung

(5) $\quad \frac{-4}{3x+2} < \frac{-1}{x-3} \quad$ (mit $x \neq -\frac{2}{3}$, $x \neq 3$)

($x \in \mathbb{R}$) gelöst werden. Zu bestimmen ist also

$$L = \{x \in \mathbb{R} \mid x \neq -\frac{2}{3}, x \neq 3, \frac{-4}{3x+2} < \frac{-1}{x-3}\}.$$

1. Fall: $x < -\frac{2}{3}$. Bestimme zunächst $L_1 = \{x \in \mathbb{R} \mid x < -\frac{2}{3}, \frac{-4}{3x+2} < \frac{-1}{x-3}\}$.

Aus $x < -\frac{2}{3}$ folgen $x < 3$ und $3x+2 < 0$, $x-3 < 0$ und somit $(3x+2)\cdot(x-3) > 0$. Es folgt nun

$$\frac{-4}{3x+2} < \frac{-1}{x-3} \Leftrightarrow \frac{-4}{3x+2} \cdot (3x+2)(x-3) < \frac{-1}{x-3} \cdot (3x+2)(x-3) \Leftrightarrow$$

$(-4)(x-3) < (-1)(3x+2) \Leftrightarrow -4x+12 < -3x-2 \Leftrightarrow 12 < x-2 \Leftrightarrow 14 < x$

Also gilt $L_1 = \{x \in \mathbb{R} \mid x < -\frac{2}{3} \text{ und } 14 < x\} = \emptyset$.

2. Fall: $-\frac{2}{3} < x < 3$. Bestimme nun $L_2 = \{x \in \mathbb{R} \mid -\frac{2}{3} < x < 3, \frac{-4}{3x+2} < \frac{-1}{x-3}\}$.

Es ist $0 < 3x+2$, $x-3 < 0$ und $(3x+2)(x-3) < 0$, also:

$$\frac{-4}{3x+2} < \frac{-1}{x-3} \Leftrightarrow \frac{-4}{3x+2} \cdot (3x+2)(x-3) > \frac{-1}{x-3} \cdot (3x+2)(x-3)$$

$$\Leftrightarrow \quad 14 > x \quad \text{(siehe 1. Fall)}$$

Es gilt $L_2 = \{x \in \mathbb{R} \mid -\frac{2}{3} < x < 3 \text{ und } x < 14\} = (-\frac{2}{3}, 3)$.

3. Fall: $3 < x$. Bestimme $L_3 = \{x \in \mathbb{R} \mid 3 < x, \frac{-4}{3x+2} < \frac{-1}{x-3}\}$.

Es ist $-\frac{2}{3} < x$ und $0 < 3x+2$, $0 < x-3$, also $(3x+2)(x-3) > 0$ und wie im 1. Fall gilt auch hier:

$$\frac{-4}{3x+2} < \frac{-1}{x-3} \Leftrightarrow 14 < x,$$

sodaß nun $L_3 = \{x \in \mathbb{R} \mid 3 < x \text{ und } 14 < x\} = (14, \infty)$ gilt.

Damit hat man die Lösungsmenge L der Ungleichung (5) bestimmt:

$$L = L_1 \cup L_2 \cup L_3 = (-\frac{2}{3}, 3) \cup (14, \infty).$$

5.e   Konvexe Mengen

Konvexe Mengen spielen in der mathematischen Wirtschaftstheorie eine wichtige Rolle.

Seien $x, y \in \mathbb{R}$ zwei Zahlen. Für jede Kombination z der Art
$$z = \alpha x + (1-\alpha)y \text{ und } \alpha \in \mathbb{R}, 0 \leq \alpha \leq 1$$
gilt: z liegt zwischen x und y ($0 < \alpha < 1$) oder $z = x$ ($\alpha=1$) oder $z = y$ ($\alpha=0$). Jedes z mit z zwischen x und y oder $z=x$ oder $z = y$ ist auch eine solche Kombination. Solche Kombinationen heißen Konvexkombinationen von x und y. Damit gilt: M ist genau dann ein Intervall, wenn jede Konvexkombination zweier Zahlen aus M in M liegt.

5.26. Definition

(a) Seien $x, y, z \in \mathbb{R}^n$; z heißt eine <u>Konvexkombination</u> der Punkte x und y, wenn eine Darstellung

$z = \alpha x + (1-\alpha)y$ mit $\alpha \in \mathbb{R}, 0 \leq \alpha \leq 1$

möglich ist.

(b) $M \subset \mathbb{R}^n$ heißt <u>konvex</u>, wenn jede Konvexkombination zweier Punkte aus M in M liegt.

Wegen der Skalarmultiplikation αx ($\alpha \in \mathbb{R}, x \in \mathbb{R}^n$) siehe Definition 7.3.

Beispiele:

1. Konvexkombinationen in $\mathbb{R}^2$:
   Genau die Punkte der Verbindungsstrecke von x und y sind die Konvexkombinationen von x und y.

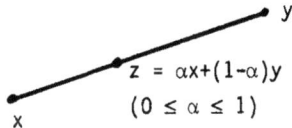

2. Konvexe Mengen:

nicht konvexe Mengen:

  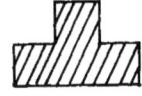   (chinesisches Zeichen für konvex)

> **5.27. Satz**
>
> Der Durchschnitt konvexer Mengen ist konvex.

Bemerkung

1. Der Begriff Konvexkombination kann auf m (statt 2) Punkte verallgemeinert werden:
   $z \in \mathbb{R}^n$ ist eine Konvexkombination der Punkte $x^1, \ldots, x^m \in \mathbb{R}^n$, wenn eine Darstellung
   $$z = \alpha_1 x^1 + \ldots + \alpha_m x^m \quad \text{mit} \quad 0 \leq \alpha_i \leq 1 \ (i=1, \ldots, m) \ \text{und} \ \alpha_1 + \ldots + \alpha_m = 1$$
   möglich ist.

2. Ist $M \subset \mathbb{R}^n$ konvex, so liegt jede Konvexkombination von $x^1, \ldots, x^m \in M$ wieder in M.

3. Sind $x^1, \ldots, x^m$ Punkte aus $\mathbb{R}^n$, dann ist die Menge M aller Konvexkombinationen von $x^1, \ldots, x^m$ die kleinste konvexe Menge, die $x^1, \ldots, x^m$ enthält.

Beispiele:

3. Konvexkombinationen in $\mathbb{R}^2$:
   Genau die Punkte des Dreiecks x^1, x^2, x^3 sind die Konvexkombinationen von x^1, x^2, x^3.

   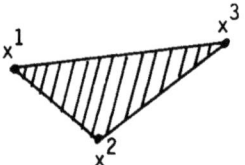

4. Eine Unternehmung produziert 2 Güter, die auf den Maschinen A und B bearbeitet werden. Die Bearbeitungszeiten je Stück und die verfügbaren Maschinenzeiten sind in der folgenden Tabelle wiedergegeben (Zeiten in Minuten):

	Gut 1	Gut 2	Verfügbare Zeit pro Woche
Maschine A	2	4	2400
Maschine B	6	2	2400

Die produzierbaren Mengen sind durch die verfügbare Zeit beschränkt.

Zulässige Produktionspläne sind dann z. B.:

	Gut 1	Gut 2
p_1 =	(0,	0)
p_2 =	(400,	0)
p_3 =	(0,	600)
p_4 =	(240,	480)

Es interessiert die Frage, welche Produktionspläne außerdem zulässig sind.
Antwort: Es sind gerade die Konvexkombinationen dieser 4 Punkte:

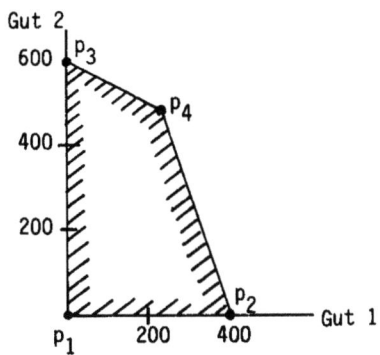

5.f Übungsaufgaben

1. Geben Sie die Lösungsmengen der Ungleichungen von a), b) und c) an.

   a) $|3x| + 4x - 14 \leq 0$ b) $|x^2-4| \cdot (x^2-2x+1) \leq 0$

   c) $\dfrac{1}{|4x+1|} \leq \dfrac{1}{|8x^2-2x-1|}$ ($4x+1 \neq 0 \neq 8x^2-2x-1$)

2. Bestimmen Sie die Lösungsmenge L jeder der folgenden Ungleichungen; untersuchen Sie L auf Beschränktheit und daraufhin, ob L ein Intervall ist; bestimmen Sie, falls es existiert, das Maximum von L, ebenso das Supremum, das Minimum und das Infimum von L.

   a) $(x-3) \cdot (x+5) < 0$ c) $\dfrac{(x+7)^2}{x-3} \geq 0$ ($x \neq 3$)

   b) $\dfrac{3-x}{x+1} \leq 0$ d) $\dfrac{x^2-4}{x-1} \leq 0$ ($x \neq 1$)

3. Aufgabentext wie Aufgabe 2.

   a) $\frac{4x+5}{2x-1} \geq 3$ $\quad(x \neq \frac{1}{2})$

   c) $\frac{-4}{3x+2} < \frac{1}{3-x}$ $\quad(x \neq -\frac{2}{3}, 3)$

   b) $\frac{3x-7}{2x+4} \leq \frac{1}{5}$ $\quad(x \neq -2)$

   d) $\frac{-2x+14}{3x+4} < \frac{x-7}{-x+5}$ $\quad(x \neq -\frac{4}{3}, 5)$

4. Aufgabentext wie Aufgabe 2.

   a) $\frac{2x-1}{x+1} < \frac{x+7}{x+5}$ $\quad(x \neq -1, -5)$

   b) $\frac{5x-18}{2x-1} \leq \frac{7x-33}{3x-1}$ $\quad(x \neq \frac{1}{3}, \frac{1}{2})$

5. Für eine Zahl a sei $L(a)$ die Lösungsmenge der Ungleichung
   $$\frac{2}{x-1} < \frac{1}{x-a} \quad (x \neq 1, a).$$
   Bestimmen Sie $L(a)$ für $a = -1$, $a = 1$ und $a = 2$.
   Bestimmen Sie alle Zahlen a, für die $L(a)$ ein Intervall ist. Zeigen Sie, daß die Menge A aller Zahlen a mit $3 \in L(a)$ ein Intervall vom Typ 4 (siehe 5.13) ist.

6. Für eine Zahl $a \neq 0$ sei $L(a)$ die Lösungsmenge der Ungleichung
   $$\frac{1}{a(x-1)} \leq \frac{1}{x^2-1} \quad (x \neq -1, 1).$$
   Bestimmen Sie die Menge M aller Zahlen x, die in keinem $L(a)$ liegen. (Sicherlich ist $\{-1,1\} \subset M$.) Bestimmen Sie die Menge A aller Zahlen $a \neq 0$ mit $7 \notin L(a)$.

7. Für alle $a, b \in \mathbb{R}$ gilt

   a) $|a| + |b| = \text{Max}\{|a+b|, |a-b|\}$

   b) $\text{Max}\{a,b\} = \frac{1}{2}(a + b + |a-b|)$.

8. Sei $x, y \in \mathbb{R}$. Zeigen Sie: $z \in \mathbb{R}$ ist eine Konvexkombination von x, y genau dann, wenn $x \leq z \leq y$ oder $y \leq z \leq x$ gilt.

9. Welche der folgenden Mengen ist konvex, welche nicht?

   $\mathbb{R}$ $\quad \{x \in \mathbb{R} \mid x < 5\} \quad \{x \in \mathbb{R} \mid |x| > 5\}$

10. Sei $a = \begin{bmatrix} 0 \\ 0 \end{bmatrix}$, $b = \begin{bmatrix} 3 \\ 0 \end{bmatrix}$, $c = \begin{bmatrix} 0 \\ 3 \end{bmatrix}$, $d = \begin{bmatrix} 3 \\ 3 \end{bmatrix}$ und $e = \begin{bmatrix} 1 \\ 1 \end{bmatrix}$.

    e ist eine Konvexkombination von a,b,c und von a,b,c,d. Geben Sie alle Konvexkombinationen von a,b,c bzw. a,b,c,d an, die e darstellen. Beschreiben Sie die Menge aller Konvexkombinationen von a,b,c bzw. a,b,c,d.

II   LINEARE ALGEBRA

§ 6   Lineare Gleichungssysteme I

6.a   Geradengleichungen in der Ebene

6.1. Wir legen in die Ebene ein rechtwinkliges Koordinatensystem mit einer x-Achse und einer y-Achse. Ein Punkt wird mit seinen Koordinaten identifiziert. Die Menge aller Punkte $\begin{bmatrix} x \\ y \end{bmatrix}$ mit

(1) $y = mx + n$

(m,n feste Zahlen) ist eine zur y-Achse nicht parallele Gerade;

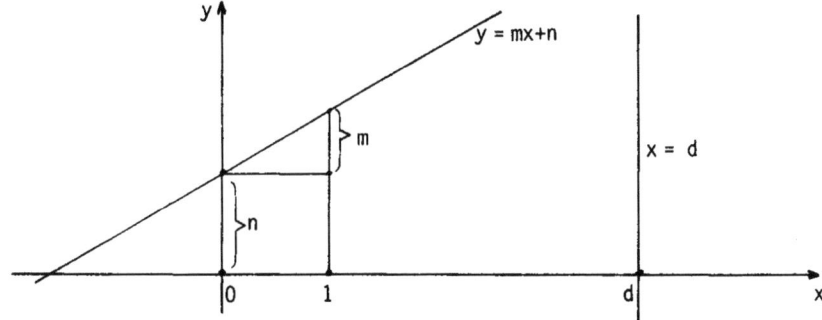

Abb. 6.1

m heißt die Steigung der Geraden. Eine zur y-Achse parallele Gerade ist die Menge aller Punkte $\begin{bmatrix} x \\ y \end{bmatrix}$ mit

(2) $x = d$

(d eine feste Zahl).
Die x-Achse ist eine Gerade vom Typ (1) mit der Gleichung $y = 0$ (es ist hier m = n = 0); die y-Achse ist eine Gerade von Typ (2) mit der Gleichung $x = 0$ (hier ist d = 0). Die allgemeine Form einer Geradengleichung ist

(3) $ax + by + c = 0$

mit festen Zahlen a,b,c mit $a \neq 0$ oder $b \neq 0$; die Menge aller Punkte mit (3) ist eine Gerade. Man sagt: (3) ist die Geradengleichung dieser Geraden, oder: (3) stellt diese Gerade dar.
(1) und (2) sind Spezialfälle von (3) [a = -m, b = 1, c = -n bzw. a = 1, b = 0, c = -d].
Ist $\lambda \neq 0$ eine feste Zahl, dann stellen die beiden Gleichungen

(4) $\begin{cases} ax + by + c = 0 \\ \lambda ax + \lambda by + \lambda c = 0 \end{cases}$

dieselbe Gerade dar; man sagt: Die beiden Formen sind äquivalent. Die Form (3) ist, je nachdem ob $b \neq 0$ oder $b = 0$ ist, äquivalent zu einer Form (1) oder einer Form (2) (man beachte, daß im Fall $b = 0$ a ungleich 0 ist):

$b \neq 0$: (3) ist äquivalent zu $b^{-1}ax + b^{-1}by + b^{-1}c = 0$, d.h. zu $y = -\frac{a}{b}x - \frac{c}{b}$

$b = 0$: (3) ist äquivalent zu $a^{-1}ax + a^{-1}by + a^{-1}c = 0$, d.h. zu $x = -\frac{c}{a}$.

Umgekehrt erhält man : Stellen zwei Geradengleichungen dieselbe Gerade dar, so sind sie äquivalent.

6.2. Satz

Seien a_i, b_i, c_i feste Zahlen mit $a_i \neq 0$ oder $b_i \neq 0$ ($i = 1, 2$).
Dann gilt: Die beiden Gleichungen

$$a_1 x + b_1 y + c_1 = 0 \quad \text{und} \quad a_2 x + b_2 y + c_2 = 0$$

stellen beide dieselbe Gerade dar genau dann, wenn es eine Zahl $\lambda \neq 0$ gibt mit

$$a_2 = \lambda a_1, \quad b_2 = \lambda b_1, \quad c_2 = \lambda c_1.$$

Zum Beispiel stellen die vier Gleichungen

$$y = \frac{4}{3}x + 4$$

$$-4x + 3y - 12 = 0$$

$$\frac{4}{5}x - \frac{3}{5}y + \frac{12}{5} = 0$$

$$\frac{1}{-3}x + \frac{1}{4}y = 1$$

jeweils dieselbe Gerade dar und es sind

$$-\frac{4}{3}x + y - 4 = 0$$

$$-4x + 3y - 12 = 0$$

$$\frac{4}{5}x - \frac{3}{5}y + \frac{12}{5} = 0$$

$$-\frac{1}{3}x + \frac{1}{4}y - 1 = 0$$

äquivalente Formen.

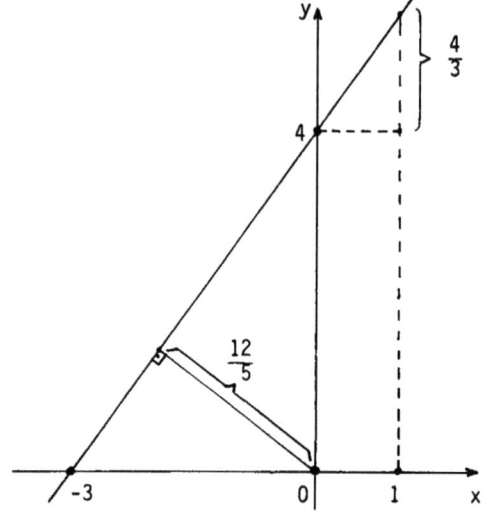

Abb. 6.2

__6.3.__ Die Form (3) einer Geradengleichung ist für eine bestimmte Gerade also nicht eindeutig bestimmt. Für jede Gerade gibt es andererseits genau eine Gleichung der Form (1) oder der Form (2), die diese Gerade beschreibt. Meist aber ist die "homogene" Form (3) vorzuziehen, da sie eine einheitliche Behandlung der Geraden ermöglicht und nicht zu Fallunterscheidungen zwingt. Dieser Gesichtspunkt wird bei höheren Dimensionen geradezu zwingend.
Ein Beispiel:

(5) $(b_2-b_1)x - (a_2-a_1)y + (a_2b_1-a_1b_2) = 0$

ist eine Gleichung der Geraden, die zwei verschiedene Punkte $p_1 = \begin{bmatrix} a_1 \\ a_2 \end{bmatrix}$ und $p_2 = \begin{bmatrix} a_2 \\ b_2 \end{bmatrix}$ verbindet. Ein Aufschreiben der Gleichung (5) in einer Form (1) oder (2) würde die Fallunterscheidung $a_2 \neq a_1$ und $a_2 = a_1$ erzwingen.

__6.4.__ Die Gerade G, die die beiden Punkte p_1 und p_2 verbindet, kann aber auch in ganz anderer Art beschrieben werden: Es ist nämlich G die Menge aller

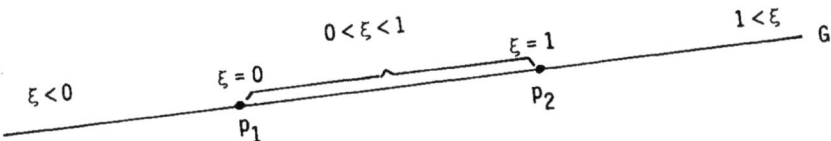

Abb. 6.3

Punkte $\begin{bmatrix} a_1 - \xi(a_2-a_1) \\ b_1 - \xi(b_2-a_1) \end{bmatrix}$ mit beliebigen ξ; mit $\xi = 0$ erhält man p_1, mit $\xi = 1$ p_2 und mit ξ, $0 < \xi < 1$, alle Punkte zwischen p_1 und p_2.

Zwei Geraden mit den Gleichungen

$y = mx + n_1$ und $y = mx + n_2$

sind parallel; umgekehrt sind die Geraden mit

$y = m_1x + n_1$ und $y = m_2x + n_2$

nur parallel, wenn $m_1 = m_2$ ist.

6.5. Satz

Seien a_i, b_i, c_i feste Zahlen mit $a_i \neq 0$ oder $b_i \neq 0$ ($i = 1,2$). Die beiden Gleichungen

$$a_1 x + b_1 y + c_1 = 0 \quad \text{und} \quad a_2 x + b_2 y + c_2 = 0$$

stellen parallele Geraden dar genau dann, wenn $a_2 = \lambda a_1$, $b_2 = \lambda b_1$ gilt für eine Zahl $\lambda \neq 0$.

Zwei nicht parallele Geraden haben genau einen gemeinsamen Punkt.

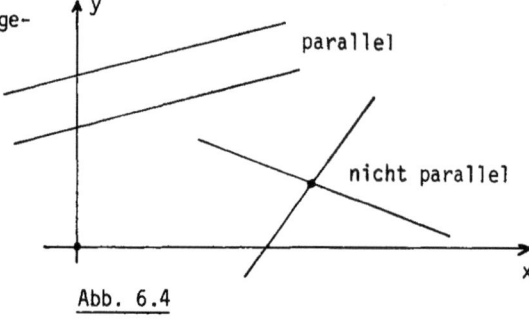

Abb. 6.4

6.6. Der euklidische Abstand d^* zweier Punkte $\begin{bmatrix} x_1 \\ y_1 \end{bmatrix}$ und $\begin{bmatrix} x_2 \\ y_2 \end{bmatrix}$ berechnet sich nach der Formel

(6) $d^* = \sqrt{(x_2 - x_1)^2 + (y_2 - y_1)^2}$.

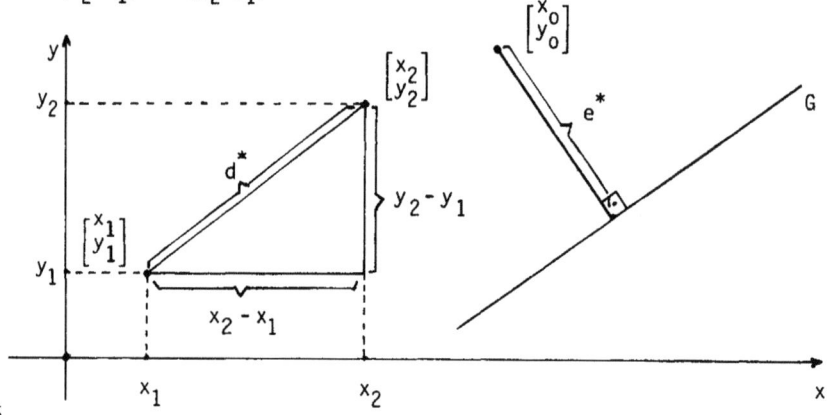

Abb. 6.5

Den euklidischen Abstand e^* eines Punktes $\begin{bmatrix} x_o \\ y_o \end{bmatrix}$ von einer Geraden G mit der Gleichung

$$ax + by + c = 0 \quad (a \neq 0 \text{ oder } b \neq 0)$$

erhält man durch die Formel

(7) $e^* = \dfrac{|ax_0 + by_0 + c|}{\sqrt{a^2 + b^2}}$.

6.7. Gegeben sei nun eine feste Gerade G mit der Gleichung

(8) $ax + by + c = 0$ ($a \neq 0$ oder $b \neq 0$) .

Setzt man einen beliebigen Punkt $\begin{bmatrix} x_0 \\ y_0 \end{bmatrix}$ in diese Form ein, so erhält man eine Zahl e:

(9) $e = ax_0 + by_0 + c$;

es ist $e = 0$, falls (x_0, y_0) ein Punkt der Geraden G ist, andernfalls ist $e \neq 0$. e läßt sich als "Abstand" des Punktes $\begin{bmatrix} x_0 \\ y_0 \end{bmatrix}$ von der Geraden G auffassen:

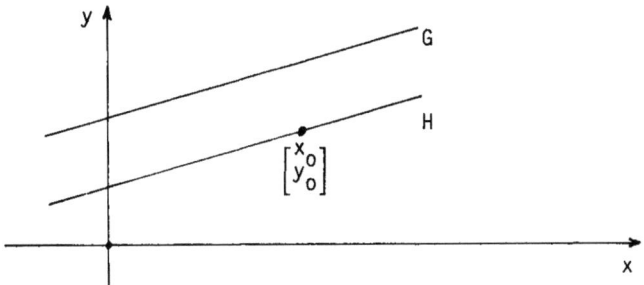

Abb. 6.6

Alle Punkte $\begin{bmatrix} x \\ y \end{bmatrix}$ mit demselben "Abstand" e, also alle Punkte $\begin{bmatrix} x \\ y \end{bmatrix}$ mit

   $ax + by + c - e = 0$

bilden eine zu G parallele Gerade H durch den Punkt $\begin{bmatrix} x_0 \\ y_0 \end{bmatrix}$.

Der "Abstand" e des Punktes $\begin{bmatrix} x_0 \\ y_0 \end{bmatrix}$ kann Null sein, er kann positiv, aber auch negativ sein: Ist aber der "Abstand" eines Punktes positiv, so sind die "Abstände" aller Punkte auf derselben Seite der Geraden auch positiv, die "Abstände" der Punkte auf der anderen Seite sind dann negativ.

Je größer der absolute Betrag e ist, umso weiter ist der Punkt $\begin{bmatrix} x_0 \\ y_0 \end{bmatrix}$ auch von der Geraden G entfernt.

54

Beispiel.

G : x - 2y + 2   = 0
H : x - 2y + 2 - e = 0

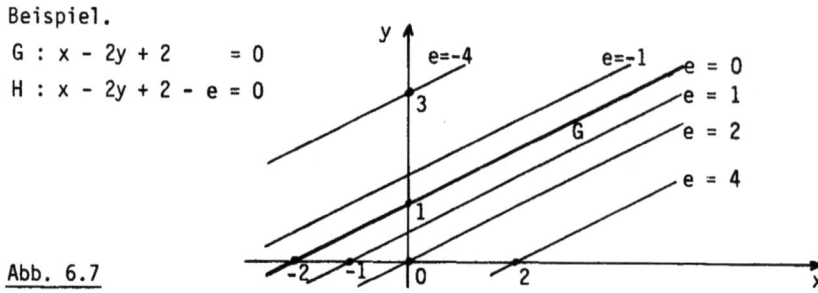

Abb. 6.7

Bei einer gegebenen Geradengleichung kann man also von einer positiven und einer negativen Seite einer Geraden sprechen. Die Definitionen des "Abstandes" und der positiven negativen Seite aber ist abhängig von der Gleichung einer Geraden, z. B. stellt $-x + 2y - 2 = 0$ dieselbe Gerade G wie im obigen Beispiel dar; bezüglich dieser Form sind aber positive und negative Seiten gerade vertauscht.

6.b   Ebenengleichungen im Raum

6.8. Nun liege der 3-dimensionale Raum mit einem rechtwinkligen Koordinatensystem mit der x-Achse, der y-Achse und der z-Achse zugrunde. Die Punkte werden wieder mit ihren Koordinaten identifiziert.

Die allgemeine Form einer Ebenengleichung ist

(10) $ax + by + cz + d = 0$

mit festen Zahlen a,b,c,d und $a \neq 0$ oder $b \neq 0$ oder $c \neq 0$.

Die Menge aller Punkte $\begin{bmatrix} x \\ y \\ z \end{bmatrix}$ mit (10) ist eine Ebene.

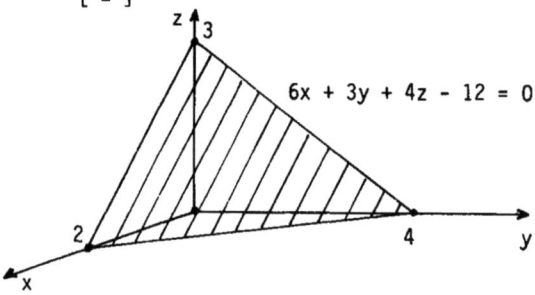

Abb. 6.8

Alle Überlegungen aus 6.a gelten hier analog.
Seien die Gleichungen zweier Ebenen gegeben:

(11) $\begin{cases} a_1x + b_1y + c_1z + d_1 = 0 \\ a_2x + b_2y + c_2z + d_2 = 0 \end{cases}$

Die beiden Gleichungen stellen dieselbe Ebene dar genau dann, wenn

$$a_2 = \lambda a_1, \quad b_2 = \lambda b_1, \quad c_2 = \lambda c_1, \quad d_2 = \lambda d_1$$

für ein $\lambda \neq 0$ gilt.

Im 3-dimensionalen Raum gilt:

6.9. Satz

Zwei nicht parallele Ebenen im Raum haben eine gemeinsame Gerade.

6.10. Den euklidischen Abstand d^* zweier Punkte $\begin{bmatrix} x_1 \\ y_1 \\ z_1 \end{bmatrix}$ und $\begin{bmatrix} x_2 \\ y_2 \\ z_2 \end{bmatrix}$ berechnet man durch

(12) $\qquad d^* = \sqrt{(x_2-x_1)^2 + (y_2-y_1)^2 + (z_2-z_1)^2}$;

der euklidische Abstand e^* eines Punktes $\begin{bmatrix} x_0 \\ y_0 \\ z_0 \end{bmatrix}$ von einer Ebene (10) ist

(13) $\qquad e^* = \dfrac{|ax_0 + by_0 + cz_0 + d|}{\sqrt{a^2 + b^2 + c^2}}$.

Auch kann wieder die Größe e mit

$$e = ax_0 + by_0 + cz_0 + d$$

als "Abstand" des Punktes $\begin{bmatrix} x_0 \\ y_0 \\ z_0 \end{bmatrix}$ von der durch (10) dargestellten Ebene E aufgefaßt werden. Alle Punkte $\begin{bmatrix} x \\ y \\ z \end{bmatrix}$ mit demselben "Abstand" e, also alle Punkte $\begin{bmatrix} x \\ y \\ z \end{bmatrix}$ mit

$$ax + by + zy + d - e = 0$$

bilden eine zu E parallele Ebene durch den Punkt $\begin{bmatrix} x_0 \\ y_0 \\ z_0 \end{bmatrix}$.

6.c Geometrische Interpretation von Gleichungssystemen

6.11. Wir betrachten nun das Gleichungssystem

$$(14) \quad \begin{cases} 3x + 5y = -1 \\ 2x + 5y = 1 \end{cases}$$

Gesucht sind alle Punkte $\begin{bmatrix} x \\ y \end{bmatrix}$, für die beide Gleichungen (14) gelten; geometrisch formuliert, lautet das Problem: Suche den Schnittpunkt der beiden durch die Gleichungen (14) dargestellten (nicht parallelen) Geraden. Man erhält hier sofort: $x = -2$ und $y = 1$.

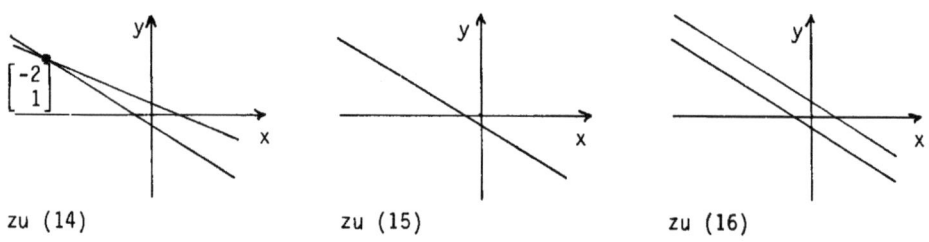

zu (14)   zu (15)   zu (16)

Abb. 6.9

Beim Gleichungssystem (15)

$$(15) \quad \begin{cases} 3x + 5y = -1 \\ 6x + 10y = -2 \end{cases}$$

stellen beide Gleichungen dieselbe Gerade dar: Alle Punkte $\begin{bmatrix} x \\ y \end{bmatrix}$ dieser Geraden sind Lösungspunkte von (15).
Im Gleichungssystem (16)

$$(16) \quad \begin{cases} 3x + 5y = -1 \\ 3x + 5y = 1 \end{cases}$$

stellen die Gleichungen parallele aber verschiedene Geraden dar: Das Gleichungssystem (16) besitzt keine Lösung.

6.12. Betrachten wir nun das Gleichungssystem (17).

$$(17) \quad \begin{cases} 3x + 5y - z = 7 \\ 6x + 10y - 2z = 14 \end{cases}$$

Beide Gleichungen von (17) stellen dieselbe Ebene dar: Alle Punkte $\begin{bmatrix} x \\ y \\ z \end{bmatrix}$ dieser Ebene sind Lösungspunkte von (17).

Beim Gleichungssystem (18)

(18) $\begin{cases} 3x + 5y - z = 7 \\ 3x + 5y - z = 8 \end{cases}$

werden durch die Gleichungen verschiedene parallele Ebenen dargestellt; sie haben keinen gemeinsamen Punkt. Algebraisch gesprochen: das Gleichungssystem (18) ist nicht lösbar.

Dagegen ist das Gleichungssystem (19)

(19) $\begin{cases} 3x + 5y - z = 7 \\ x + 2y - z = 0 \end{cases}$

lösbar: Die Ebenen der Gleichungen (19) sind nicht parallel, haben also eine gemeinsame Gerade; die Punkte dieser Gerade sind genau die Lösungspunkte von (19).

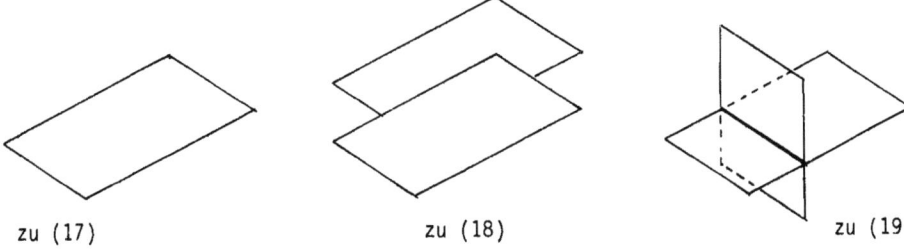

zu (17) zu (18) zu (19)

Abb. 6.10

Auch das Gleichungssystem (20)

(20) $\begin{cases} 3x + 5y - z = 7 \\ x + 2y - z = 0 \\ x + y + z = 7 \end{cases}$

hat dieselbe Lösung wie (19). Die neu hinzugekommene dritte Gleichung ist eine "Linearkombination" der beiden anderen: Gleichung 2 zweimal von Gleichung 1 subtrahiert ergibt Gleichung 3. Geometrisch lautet das: die gemeinsame Gerade der ersten beiden Ebenen liegt auch in der dritten Ebene. (Abb. 6.11.b) In der Regel wird eine dritte Gleichung keine Kombination der ersten beiden sein, sie ist dann "unabhängig" von ihnen; die Lösungsmenge ist dann in der Regel ein einziger Punkt (Abb. 6.11.e) oder in Sonderfällen leer (Abb. 6.11.c und d).

Gegeben sei ein Gleichungssystem mit drei Gleichungen und drei Unbekannten. Sind die drei zugehörigen Ebenen nicht alle verschieden, so tritt einer der Fälle aus Abb. 6.10 ein; sind sie verschieden, so gibt es die fünf in Abb. 6.11 dargestellten Fälle.

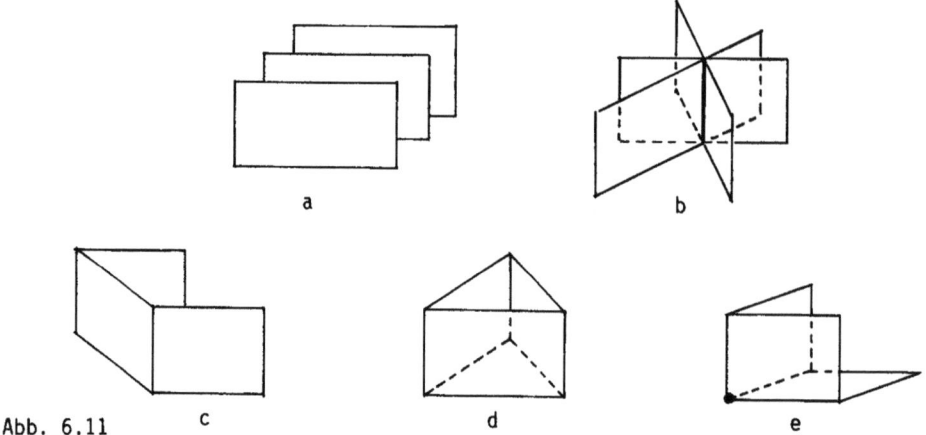

Abb. 6.11

6.d Bemerkung zum Gauß-Algorithmus

<u>6.13.</u> Wir wollen nun ein allgemeines Verfahren entwickeln, Gleichungssysteme mit 2 und 3 Unbekannten, wie sie z. B. in 6.11 und 6.12 vorkamen, zu lösen (später auch mit mehr Gleichungen und mehr Unbekannten). Dieses Verfahren wird dergestalt sein, daß es bei Vorgabe eines beliebigen Gleichungssystems ganz schematisch angewandt nach einer beschränkten Anzahl von Schritten die Lösungsmenge des Gleichungssystems liefert. Man kann die elementaren Schritte als Anweisungen einer Programmiersprache schreiben und erhält ein Programm, das nach Eingabe der Gleichungen die Lösungsmenge ausgibt. Ein solches Verfahren nennt man allgemein einen Algorithmus; unser Verfahren heißt Gauß-Algorithmus, benannt nach dem Mathematiker C.F. Gauß (1777 - 1855).

Es kann bei einem konkret vorgegebenen Gleichungssystem (besonders bei einem mit wenigen Gleichungen und Unbekannten) vorkommen, daß auf andere Weise schneller die Lösungsmenge gefunden wird. Es kommt uns hier jedoch vornehmlich darauf an, das Gaußsche Lösungsverfahren (den Gauß-Algorithmus) vorzustellen.

6.e Gleichungssysteme mit 2 Unbekannten

<u>6.14.</u> Wir betrachten das Gleichungssystem (21).

$$(21) \quad \begin{cases} 3x + y = -3 \\ 2x - y = -7 \end{cases}$$

Schritt 1.1 des Verfahrens:

Der 1. Koeffizient der 1. Gleichung soll durch eine Umformung des Gleichungssystems 1 werden.

Dies kann erreicht werden z. B. durch Subtraktion der 2. Gleichung von der 1., wir erhalten:

Z_1' : x + 2y = 4 .

Schritt 1.2 des Verfahrens:

Der 1. Koeffizient der zweiten Gleichung soll durch Umformung des Gleichungssystems 0 werden.

Dies wird erreicht durch die Subtraktion des 2-fachen der soeben erhaltenen Gleichung Z_1' von der zweiten Gleichung:

Z_2' : 0 − 5y = −15 .

Durch diese einfachen Umformungen haben wir ein neues Gleichungssystem (22) (Tableau) erhalten:

$$(22) \quad \begin{cases} Z_1' = Z1 - Z2 : & x + 2y = 4 \\ Z_2' = Z2 - 2 \cdot Z1' : & 0 - 5y = -15 \end{cases}$$

Z mit einer Zahl ohne Strich bezeichnet immer die entsprechende Gleichung (Zeile) im darüberstehenden (alten) (Tableau); Z mit einer Zahl mit Strich bezeichnet immer die entsprechende Gleichung des nebenstehenden (neuen) Gleichungssystems (Tableau).

Man überzeugt sich leicht davon, daß beide Gleichungen (21) und (22) dieselben Lösungen besitzen: Das Gleichungssystem (21) kann durch ebenso einfache Umformungen aus (22) erhalten werden. Durch

$$\begin{cases} 3 \cdot Z1 + Z2 \\ 2 \cdot Z1 + Z2 \end{cases}$$

angewandt auf (22) erhält man (21) zurück.

Schritt 2.1 des Verfahrens:

Der 2. Koeffizient der 2. Gleichung soll 1 werden.

Dies wird erreicht durch die Multiplikation der 2. Gleichung von (22) mit $-\frac{1}{5}$:

$Z_2' = \left(-\frac{1}{5}\right) \cdot Z2$: 0 + y = 3 .

Schritt 2.2 des Verfahrens:

Der 2. Koeffizient der 1. Gleichung soll 0 werden.

Dies wird erreicht durch Subtraktion des zweifachen der neuen Gleichung Z2' von der 1. Gleichung aus (22)

$$Z_1' = Z1 - 2 \cdot Z_2' : \quad x + 0 = -2$$

Damit haben wir das neue Gleichungssystem (23) erhalten:

(23) $\begin{cases} Z1' = Z1 - 2\ Z2 : & x\ (+\ 0) = -2 \\ Z2' = (-\frac{1}{5}) \cdot Z2 : & (0\ +)\ y = 3 \end{cases}$

Also ist $x = -2$, $y = 3$ die einzige Lösung des Gleichungssystems (21) [und auch von (22) und auch von (23)].

A,B seien die durch (21) dargestellten Geraden, C,D die durch (22) und E,D die durch (23) dargestellten Geraden. $\binom{-2}{3}$ ist der Schnittpunkt sowohl von A,B als auch von C,D und von E,D.

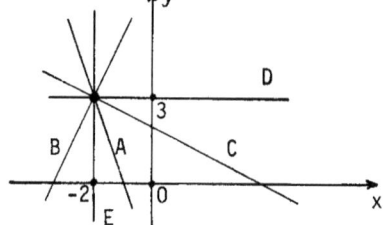

Abb. 6.12

Bemerkung zu Schritt 1.1: Das Ziel dieses Schrittes (1. Koeffizient der 1. Gleichung gleich 1 wird auch erreicht durch Multiplikation der 1. Gleichung von (21) mit $\frac{1}{3}$; nach Schritt 1.2 sieht das Tableau so aus;

$\begin{cases} \frac{1}{3} \cdot Z1 : & x + \frac{1}{3}y = -1 \\ Z2 - 2 \cdot Z1 : & -\frac{5}{3}y = -5 \end{cases}$

und nach den Schritten 2.1 und 2.2 erhält man

$\begin{cases} Z1 - \frac{1}{3} \cdot Z2' : & x = -2 \\ -\frac{3}{5} \cdot Z2 : & y = 3\ . \end{cases}$

Das Gleichungssystem (24)

(24) $\begin{cases} 3x + y = -3 \\ 3x + y = 1 \end{cases}$

ist ganz offensichtlich nicht lösbar (geometrische Argumentation: Zwei verschiedene parallele Geraden haben keinen gemeinsamen Punkt; algebraische Argumentation: Jede Lösung würde auf $-3 = 1$ führen). Das oben erklärte Verfahren auf (24) angewandt, führt schon nach Schritt 1.2 zu einem Wiederspruch:

$\begin{cases} \frac{1}{3} \cdot Z1 : & x + \frac{1}{3}y = -1 \\ Z2 - Z1 : & 0 = 4\ , \end{cases}$

der zum Abbruch des Verfahrens führt und die Unlösbarkeit des Gleichungssystems (24) zeigt.

Wir betrachten nun das Gleichungssystem (25)

(25) $\begin{cases} 3x + y = -3 \\ 6x + 2y = -6 \end{cases}$

Die zweite Gleichung ist das 2-fache der ersten, sie enthält also keine neuen Informationen, sie stellt dieselbe Gerade dar wie die erste. Eine solche Gleichung kann natürlich weggelassen werden. Als Lösungsmenge von (25) erhalten wir gerade die Punkte der durch die erste Gleichung dargestellten Geraden. Wenden wir trotzdem einmal das oben erläuterte Verfahren auf (25) an; wir erhalten nach den Schritten 1.1 und 2.1:

$\begin{cases} \frac{1}{3} \cdot Z1 : \quad x + \frac{1}{3}y = -1 \\ Z2 - 2 \cdot Z1 : \quad\quad 0 = 0 \end{cases}$

Eine Gleichung $0 = 0$ kann stets weggelassen werden, wir erhalten

$x + \frac{1}{3}y = -1$.

Wird für y eine beliebige Zahl a eingesetzt:

$y = a$ (z. B. $a = 0$ oder $a = 3$)

so ist

$x = -1 - \frac{1}{3}a$

und $x_1 = -1$, $y_1 = 0$ und $x_2 = -2$, $y_2 = 3$ sind zwei verschiedene Lösungen von (25). Das Gleichungssystem (25) besitzt die unendlich vielen Lösungen (Lösungspunkte)

$x = -1 - \frac{1}{3}a$
$y = \quad\quad a$,

für jede Zahl a ergibt sich eine Lösung.

<u>6.15.</u> Wir wenden das Verfahren auf drei weitere Gleichungssysteme an.

Wir lösen das Gleichungssystem (26).

(26) $\begin{cases} 3x + 5y = -13 \\ 6x + 3y = 9 \end{cases}$

Wir fassen die Schritte 1.1 und 1.2 zu einem Schritt 1 zusammen:

Der 1. Koeffizient der 1. Zeile soll 1 werden, der Koeffizient darunter gleich 0.

$\begin{cases} \frac{1}{3} \cdot Z1 : \quad x + \frac{5}{3}y = -\frac{13}{3} \\ Z2 - 2 \cdot Z1 : \quad\quad -7y = 35 \end{cases}$

Ebenso fassen wir die Schritte 2.1 und 2.2 zu dem Schritt 2 zusammen:

Der 2. Koeffizient der 2. Zeile soll 1 werden, der Koeffizient darüber gleich 0.

$$\begin{cases} Z1 - \frac{5}{3} \cdot Z2' : & x \quad = 4 \\ \quad -\frac{1}{7} \cdot Z2 : & \quad y = -5 \end{cases}$$

Also ist $\begin{bmatrix} 4 \\ -5 \end{bmatrix}$ die einzige Lösung von (26). Gegeben sei nun das Gleichungssystem (27).

$$(27) \quad \begin{cases} \quad 3y = 15 \\ x - 2y = -7 \end{cases}.$$

Natürlich sieht man hier sofort $x = 3$, $y = 5$. Bei Anwendung des Standardverfahrens ist es zweckmäßig, die beiden Gleichungen zunächst zu vertauschen.

$$\begin{cases} x - 2y = -7 \\ \quad 3y = 15 \end{cases}$$

Das erhaltene Gleichungssystem liegt schon in der Form nach Schritt 1 vor, so daß nun sogleich Schritt 2 durchgeführt wird:

$$\begin{cases} Z1 + 2 \cdot Z2' : & x \quad = 3 \\ \quad \frac{1}{3} \cdot Z2 : & \quad y = 5 \end{cases}$$

Man kann beim Lösen des Gleichungssystems (27) auch so vorgehen: Vertausche die Reihenfolge von x und y in beiden Gleichungen:

$$\begin{cases} 3y \quad\quad = 15 \\ -2y + x = -7 \end{cases}$$

Man nennt diese Umformung eine Spaltenvertauschung. Nun formen wir wie gewohnt weiter um:

$$\begin{cases} \frac{1}{3} \cdot Z1 : & y \quad = 5 \\ Z2 + 2 \cdot Z1' : & \quad x = 3 \end{cases}$$

und wir haben die Endform erreicht.

Im Gleichungssystem (28)

$$(28) \quad \begin{cases} \quad\quad 3y = 21 \\ -5x + 8y = -9 \end{cases}$$

vertauschen wir im 1. Schritt beide Gleichungen und führen eine einfache

Umformung durch:

$$\begin{cases} -\frac{1}{5} \cdot Z2 : & x - \frac{8}{5}y = \frac{9}{5} \\ Z1 : & 3y = 21 \end{cases}$$

Der 2. Schritt

$$\begin{cases} Z1 + \frac{8}{5} \cdot Z2' : & x = 13 \\ \frac{1}{3} \cdot Z2 : & y = 7 \end{cases}$$

führt wie gewohnt zum Ergebnis.

Man kann im 1. Schritt auch eine Spaltenvertauschung durchführen:

$$\begin{cases} \frac{1}{3} \cdot Z1 : & y = 7 \\ Z2 - 8 \cdot Z1' : & -5x = -65 \end{cases}$$

2. Schritt:

$$\begin{cases} Z1 : & y = 7 \\ -\frac{1}{5} \cdot Z2 : & x = 13 \end{cases}$$

6.f Lineare Gleichungssysteme mit 3 Unbekannten

<u>6.16.</u> Das in 6.e dargestellte Verfahren zur Lösung von Gleichungssystemen mit 2 Unbekannten läßt sich fast unverändert auf Gleichungssysteme mit beliebig vielen Unbekannten und Gleichungen anwenden. Begnügen wir uns zunächst mit den 3 Unbekannten x_1, x_2, x_3.

Wir lösen das Gleichungssystem (29)

(29) $\begin{cases} 3x_1 + 2x_2 + x_3 = 8 \\ 2x_1 - x_2 - 2x_3 = 2 \\ x_1 + x_2 = 1 \end{cases}$

Schritt 1: Der erste Koeffizient der 1. Zeile soll 1 werden, alle anderen 1. Koeffizienten darunter gleich 0.

Mit Vertauschung der Zeilen 1 und 3 und einfachen Umformungen erhalten wir:

$$\begin{cases} Z3 : & x_1 + x_2 = 1 \\ Z2 - 2 \cdot Z3 : & -3x_2 - 2x_3 = 0 \\ Z1 - 3 \cdot Z3 : & -x_2 + x_3 = 5 \end{cases}$$

Schritt 2: Der zweite Koeffizient der 2. Zeile soll 1 werden, alle anderen 2. Koeffizienten sollen 0 werden.

Mit Vertauschung der 2. und 3. Zeile erhalten wir

$$\left\{\begin{array}{l} Z1 + Z3 : \quad x_1 \quad + x_3 = 6 \\ \quad - Z3 : \quad \quad x_2 - x_3 = -5 \\ Z2 - 3 \cdot Z3 : \quad \quad \quad - 5x_3 = -15 \end{array}\right.$$

Schritt 3: Der 3. Koeffizient der 3. Zeile soll 1 werden, alle anderen 3. Koeffizienten darüber sollen 0 werden.

$$\left\{\begin{array}{l} Z1 - Z3' : \quad x_1 \quad\quad\quad = 3 \\ Z2 + Z3' : \quad\quad x_2 \quad\quad = -2 \\ -\frac{1}{5} \cdot Z3 : \quad\quad\quad x_3 = 3 \end{array}\right.$$

Also ist $\begin{bmatrix} 3 \\ -2 \\ 3 \end{bmatrix}$ die einzige Lösung von (29).

6.17. Wir betrachten nun die beiden Gleichungssysteme (30a) und (30b):

(30) $\left\{\begin{array}{l} 3x_1 - 4x_2 - 18x_3 = 7 \mid 7 \\ -2x_1 + 5x_2 + 19x_3 = -7 \mid -7 \\ 4x_1 - 3x_2 - 17x_3 = 8 \mid 7 \end{array}\right.$ a) b)

Wir lösen beide Gleichungssysteme "simultan".

1. Schritt:
$$\left\{\begin{array}{l} Z1 + Z2 : \quad x_1 + x_2 + x_3 = 0 \mid 0 \\ Z2 + 2 \cdot Z1' : \quad\quad 7x_2 + 21x_3 = -7 \mid -7 \\ Z3 - 4 \cdot Z1' : \quad\quad -7x_2 - 21x_3 = 8 \mid 7 \end{array}\right.$$
a) b)

2. Schritt:
$$\left\{\begin{array}{l} Z1 - Z2' : \quad x_1 \quad\quad - 2x_3 = 1 \mid 1 \\ \frac{1}{7} \cdot Z2 : \quad\quad x_2 + 3x_3 = -1 \mid -1 \\ Z3 + Z2 : \quad\quad\quad\quad 0 = 1 \mid 0 \end{array}\right.$$
a) b)

Im Fall a) führt das Verfahren auf den Widerspruch 0 = 1, also ist das Gleichungssystem (30a) nicht lösbar.

Im Fall b) ist das Gleichungssystem lösbar, wir hatten erhalten:

$$\begin{cases} x_1 - 2x_3 = 1 \\ x_2 + 3x_3 = -1 \end{cases}$$

die Zeile $0 = 0$ ist hier weggelassen. Setzt man für x_3 eine beliebige Zahl a ein, so erhält man:

(31) $\quad \begin{cases} x_1 = 1 + 2a \\ x_2 = -1 - 3a \\ x_3 = a \end{cases}$

Umgekehrt erhält man so für jedes a auch eine Lösung von (30b), z. B. erhält man

für $a = 0 \quad x_1 = 1 \qquad$ für $a = 1 \quad x_1 = 3 \qquad$ für $a = -1 \quad x_1 = -1$
$ x_2 = -1 \qquad x_2 = -4 \qquad x_2 = 2$
$ x_3 = 0 \qquad x_3 = 1 \qquad x_3 = -1$

3 verschiedene Lösungen. Das Gleichungssystem (30b) besitzt unendlich viele Lösungen, alle von der Form (31), für jede Zahl a eine.

Zu Abb. 6.13: E_1, E_2, E_{3a}, E_{3b} sind die Ebenen der vier Gleichungen in (30) und L die Lösungsgerade im Fall b (siehe auch Abb. 6.11).

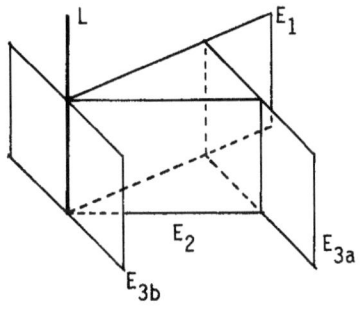

Abb. 6.13

Es fällt auf, daß in (30b) die 3. Zeile eine Kombination der Zeilen 1 und 2 ist, es gilt nämlich

(32) $\quad Z3 = 2 \cdot Z1 + Z2$

Geometrische Bedeutung: Die durch Z1 und Z2 dargestellten Ebenen sind nicht parallel und haben eine Gerade L gemeinsam. Die Gerade liegt wegen der Abhängigkeit auch in der dritten Ebene und L ist die Lösungsmenge von (30b).
Ebenso ist auch Z1 bzw. Z2 jeweils abhängig von den anderen beiden.
Im Fall a) gilt die Kombination (32) noch auf der linken Seite:

$$Z3_{links} = 2 \cdot Z1_{links} + Z2_{links} \; ,$$

während dieselbe Kombination auf der rechten Seite falsch ist:

$$8 \neq 2 \circ 7 + (-7) \; .$$

6.18. Betrachten wir noch das einfache Gleichungssystem (33).

$$(33) \quad \begin{cases} x_1 + 2x_2 + 3x_3 = 6 \\ 2x_1 + 4x_2 + 6x_3 = 12 \\ -3x_1 - 6x_2 - 9x_3 = -18 \end{cases}$$

Lösung nach dem Standartverfahren:

1. Schritt:

$$\begin{cases} Z1: \quad x_1 + 2x_2 + 3x_3 = 6 \\ Z2 - 2 \cdot Z1: \quad 0 = 0 \\ Z3 + 3 \cdot Z1: \quad 0 = 0 \end{cases}$$

Als Lösungsmenge erhalten wir hier alle Punkte $\begin{bmatrix} x_1 \\ x_2 \\ x_3 \end{bmatrix}$ der durch

$$x_1 + 2x_2 + 3x_3 = 6$$

dargestellten Ebene; es ist das die Ebene durch die Punkte $\begin{bmatrix} 6 \\ 0 \\ 0 \end{bmatrix}, \begin{bmatrix} 0 \\ 3 \\ 0 \end{bmatrix}, \begin{bmatrix} 0 \\ 0 \\ 2 \end{bmatrix}$.

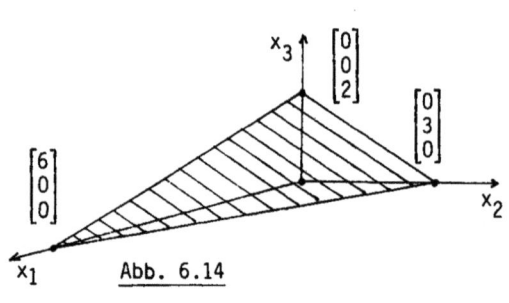

Abb. 6.14

Beim Lösen der Gleichungssysteme sind wir schrittweise vorgegangen.

6.19. Das Ziel des n-ten Schrittes ist:

Der n-te Koeffizient der n-ten Zeile wird 1, alle anderen n-ten Koeffizienten darüber und darunter werden 0.

Bei der Durchführung des n-ten Schrittes ist darauf zu achten, daß man das bisher Erreichte nicht zerstört. Dies ist aber gewährleistet, wenn zur Umformung nur Zeilen Zi mit $i \geq n$ benutzt werden.

6.20. Für die Durchführung eines Schrittes wurden nur die 4 elementaren Umformungen I, II, III, I' angewandt; außerdem konnte eine Zeile aus lauter Nullen (d. h. die Gleichung 0 = 0) weggelassen werden.

I   Vertauschung zweier Gleichungen.
II Multiplikation (bzw. Division) einer Gleichung mit einer Zahl $k \neq 0$.
III Addition (bzw. Subtraktion) des k-fachen einer Gleichung zu einer anderen.
I' Vertauschung zweier Spalten (d. h. Vertauschung der Reihenfolge zweier Unbekannten einschließlich ihrer Koeffizienten).

6.g   Zum Begriff des linearen Gleichungssystems

6.21. Gegeben seien die 12 Zahlen

$$\begin{array}{cccc} a_{11} & a_{12} & a_{13} & b_1 \\ a_{21} & a_{22} & a_{23} & b_2 \\ a_{31} & a_{32} & a_{33} & b_3 \end{array}$$

wie zum Beispiel im Gleichungssystem (29), bei dem

$$\begin{array}{cccc} a_{11} = 3 & a_{12} = 2 & a_{13} = 1 & b_1 = 8 \\ a_{21} = 2 & a_{22} = -1 & a_{23} = -2 & b_2 = 2 \\ a_{31} = 1 & a_{32} = 1 & a_{33} = 0 & b_3 = 1 \end{array}$$

gilt. Dann heißt das System der 3 Gleichungen

$$(34) \quad \begin{cases} a_{11}x_1 + a_{12}x_2 + a_{13}x_3 = b_1 \\ a_{21}x_1 + a_{22}x_2 + a_{23}x_3 = b_2 \\ a_{31}x_1 + a_{32}x_2 + a_{33}x_3 = b_3 \end{cases}$$

ein lineares Gleichungssystem mit 3 Gleichungen und 3 Unbekannten.

Das Gleichungssystem (34) heißt homogen, wenn $b_1 = b_2 = b_3 = 0$ ist.

Das Gleichungssystem

$$(35) \quad \begin{cases} a_{11}x_1 + a_{12}x_2 + a_{13}x_3 = 0 \\ a_{21}x_1 + a_{22}x_2 + a_{23}x_3 = 0 \\ a_{31}x_1 + a_{32}x_2 + a_{33}x_3 = 0 \end{cases}$$

heißt das zum Gleichungssystem (34) gehörende homogene Gleichungssystem. Zum Beispiel ist

$$\begin{cases} 3x_1 - 4x_2 - 18x_3 = 0 \\ -2x_1 + 5x_2 + 19x_3 = 0 \\ 4x_1 - 3x_2 - 17x_3 = 0 \end{cases}$$

das zu (30a) und (30b) gehörende homogene Gleichungssystem.

Ein Tripel $\begin{bmatrix} c_1 \\ c_2 \\ c_3 \end{bmatrix}$ von Zahlen heißt eine Lösung von (34), wenn die Gleichungen

$$\begin{cases} a_{11}c_1 + a_{12}c_2 + a_{13}c_3 = b_1 \\ a_{21}c_1 + a_{22}c_2 + a_{23}c_3 = b_2 \\ a_{31}c_1 + a_{32}c_2 + a_{33}c_3 = b_3 \end{cases}$$

gelten.

Zum Beispiel ist
$\begin{bmatrix} 3 \\ -2 \\ 3 \end{bmatrix}$ eine Lösung von (29) (die einzige); (30a) besitzt keine Lösung und das Gleichungssystem (30b) hat die Lösungen $\begin{bmatrix} 1 + 2a \\ -1 - 3a \\ a \end{bmatrix}$ mit beliebigem a.

6.22. Sei L_0 die Lösungsmenge des zu (34) homogenen Gleichungssystems (35), also

$$L_0 = \left\{ \begin{bmatrix} c_1 \\ c_2 \\ c_3 \end{bmatrix} \;\middle|\; \begin{bmatrix} c_1 \\ c_2 \\ c_3 \end{bmatrix} \text{ ist Lösung von (35)} \right\}$$

Für das zu (30) gehörende homogene System gilt

$$L_0 = \left\{ \begin{bmatrix} 2a \\ -3a \\ a \end{bmatrix} \;\middle|\; a \in \mathbb{R} \right\}$$

und bei (29) hat man

$$L_0 = \left\{ \begin{bmatrix} 0 \\ 0 \\ 0 \end{bmatrix} \right\} .$$

6.23. Für die Lösungsmenge L_0 des homogenen Gleichungssystems (35) gelten (1), (2) und (3).

(1) Es ist stets $\begin{bmatrix} 0 \\ 0 \\ 0 \end{bmatrix}$ eine Lösung von (35).

(2) Sind $\begin{bmatrix} c_1 \\ c_2 \\ c_3 \end{bmatrix}$ und $\begin{bmatrix} d_1 \\ d_2 \\ d_3 \end{bmatrix}$ Lösungen von (35), so auch $\begin{bmatrix} c_1+d_1 \\ c_2+d_2 \\ c_3+d_3 \end{bmatrix}$.

(3) Ist $\begin{bmatrix} c_1 \\ c_2 \\ c_3 \end{bmatrix}$ eine Lösung von (35) und $r \in \mathbb{R}$ eine Zahl, so ist auch $\begin{bmatrix} rc_1 \\ rc_2 \\ rc_3 \end{bmatrix}$ eine Lösung von (35).

Zur bequemeren Schreib- und Sprechweise führt man folgende Definitionen ein.

a) Es ist $\underline{o} := \begin{bmatrix} 0 \\ 0 \\ 0 \end{bmatrix}$ der Nullpunkt.

b) Addition zweier Punkte:

$$\begin{bmatrix} c_1 \\ c_2 \\ c_3 \end{bmatrix} + \begin{bmatrix} d_1 \\ d_2 \\ d_3 \end{bmatrix} := \begin{bmatrix} c_1+d_1 \\ c_2+d_2 \\ c_3+d_3 \end{bmatrix}.$$

c) Multiplikation eines Punktes mit einer Zahl:

$$r \cdot \begin{bmatrix} c_1 \\ c_2 \\ c_3 \end{bmatrix} = \begin{bmatrix} rc_1 \\ rc_2 \\ rc_3 \end{bmatrix}.$$

Zum Beispiel ist

$$\begin{bmatrix} 3 \\ -7 \\ 2 \end{bmatrix} + \begin{bmatrix} -4 \\ 5 \\ -3 \end{bmatrix} = \begin{bmatrix} -1 \\ -2 \\ -1 \end{bmatrix} \quad \text{und} \quad (-3) \cdot \begin{bmatrix} 5 \\ -2 \\ 4 \end{bmatrix} = \begin{bmatrix} -15 \\ 6 \\ -12 \end{bmatrix}$$

In § 7 wird auf diese Definitionen noch ausführlich eingegangen.

Man kann die obigen Aussagen über die Lösungsmenge L_0 nun auch so aussprechen:

(1) $\underline{o} \in L_0$.

(2) Für alle $\underline{c}, \underline{d} \in L_0$ gilt $\underline{c} + \underline{d} \in L_0$.

(3) Für alle $\underline{c} \in L_0$ und $r \in \mathbb{R}$ gilt $r \cdot \underline{c} \in L_0$.

__6.24.__ Sei nun L die Lösungsmenge des linearen Gleichungssystems (34), also

$$L = \left\{ \begin{bmatrix} c_1 \\ c_2 \\ c_3 \end{bmatrix} \Bigg| \begin{bmatrix} c_1 \\ c_2 \\ c_3 \end{bmatrix} \text{ ist Lösung von (34)} \right\}$$

Für das Gleichungssystem (30b) hat man

$$L = \left\{ \begin{bmatrix} 1+2a \\ -1-3a \\ a \end{bmatrix} \Bigg| a \in \mathbb{R} \right\} .$$

Wegen $\begin{bmatrix} 1+2a \\ -1-3a \\ a \end{bmatrix} = \begin{bmatrix} 1 \\ -1 \\ 0 \end{bmatrix} + \begin{bmatrix} 2a \\ -3a \\ a \end{bmatrix}$ kann man L auch so schreiben:

$$L = \left\{ \begin{bmatrix} 1 \\ -1 \\ 0 \end{bmatrix} + \begin{bmatrix} 2a \\ -3a \\ a \end{bmatrix} \Bigg| a \in \mathbb{R} \right\} = \begin{bmatrix} 1 \\ -1 \\ 0 \end{bmatrix} + \left\{ \begin{bmatrix} 2a \\ -3a \\ a \end{bmatrix} \Bigg| a \in \mathbb{R} \right\}$$

also

$$L = \begin{bmatrix} 1 \\ -1 \\ 0 \end{bmatrix} + L_0 .$$

Damit hat man für das Gleichungssystem (30b):

1.: $\underline{a}_0 = \begin{bmatrix} 1 \\ -1 \\ 0 \end{bmatrix}$ ist eine spezielle Lösung;

und 2.: ist $\underline{a}$ eine Lösung des zugehörigen homogenen Systems, dann ist $\underline{a}_0 + \underline{a}$ eine Lösung des Gleichungssystems (30b); und jede Lösung von (30b) erhält man auf diese Weise.

__6.25.__ Dieser Sachverhalt gilt allgemein:
Ist $\underline{a}_0$ eine (spezielle) Lösung von (34), dann gilt $L = \underline{a}_0 + L_0$.

Anders formuliert: Besitzt (34) eine Lösung $\underline{a}_0$, so erhält man die Gesamtheit aller Lösungen von (34) indem man zu $\underline{a}_0$ die sämtlichen Lösungen des zugehörigen homogenen Gleichungssystems (35) addiert.

__6.26.__ Wir führen noch eine Kurzschreibweise für lineare Gleichungssysteme ein. Für das Gleichungssystem (34) schreiben wir auch

$$(36) \quad \left\{ \begin{array}{ccc|c} a_{11} & a_{12} & a_{13} & b_1 \\ a_{21} & a_{22} & a_{23} & b_2 \\ a_{31} & a_{32} & a_{33} & b_3 \end{array} \right. .$$

Zum Beispiel ist dann

$$\left\{\begin{array}{ccc|c} 3 & 2 & 1 & 8 \\ 2 & -1 & -2 & 2 \\ 1 & 1 & 0 & 1 \end{array}\right.$$

gerade das Gleichungssystem (29). Analoge Schreibweisen gelten für lineare Gleichungssysteme mit mehr oder weniger Gleichungen oder Unbekannten, zum Beispiel schreibt man für

$$\left\{\begin{array}{l} 6x_1 \quad\quad - 7x_3 + 5x_4 = 7 \\ \quad - x_2 \quad\quad + 2x_4 = 1 \end{array}\right. \text{kurz} \left\{\begin{array}{cccc|c} 6 & 0 & -7 & 5 & 7 \\ 0 & -1 & 0 & 2 & 1 \end{array}\right.$$

6.h Weitere Beispiele und eine Definition

6.27. Wir lösen das Gleichungssystem (37).

$$(37) \quad \left\{\begin{array}{ccc|c} 5 & 2 & -2 & -11 \\ 7 & -8 & 3 & -8 \\ 3 & -2 & 1 & -2 \end{array}\right.$$

1. Schritt:

$$\left\{\begin{array}{l} 2\cdot Z3 - Z1\ : \\ Z2 - 7\cdot Z1'\ : \\ Z3 - 3\cdot Z1'\ : \end{array}\right. \begin{array}{ccc|c} 1 & -6 & 4 & 7 \\ 0 & 34 & -25 & -57 \\ 0 & 16 & -11 & -23 \end{array}$$

2. Schritt:

$$\left\{\begin{array}{l} Z1 + 6\cdot Z2'\ : \\ \frac{1}{2}\cdot Z2 - Z3\ : \\ Z3 - 16\cdot Z2'\ : \end{array}\right. \begin{array}{ccc|c} 1 & 0 & -5 & -26 \\ 0 & 1 & -\frac{3}{2} & -\frac{11}{2} \\ 0 & 0 & 13 & 65 \end{array}$$

3. Schritt:

$$\left\{\begin{array}{l} Z1 + 5\cdot Z3'\ : \\ Z2 + \frac{3}{2}\cdot Z3'\ : \\ \frac{1}{13}\cdot Z3\ : \end{array}\right. \begin{array}{ccc|c} 1 & 0 & 0 & -1 \\ 0 & 1 & 0 & 2 \\ 0 & 0 & 1 & 5 \end{array}$$

Also ist $x_1 = -1$, $x_2 = 2$, $x_3 = 5$ die einzige Lösung von (37). Es ist

$$L = \left\{\begin{bmatrix} -1 \\ 2 \\ 5 \end{bmatrix}\right\} \quad \text{und} \quad L_0 = \left\{\begin{bmatrix} 0 \\ 0 \\ 0 \end{bmatrix}\right\}.$$

6.28. Als nächstes lösen wir (38).

$$(38) \quad \left\{ \begin{array}{ccc|c} 3 & 2 & 1 & 8 \\ -5 & -4 & 1 & -18 \\ 7 & 5 & 1 & 21 \end{array} \right.$$

1. Schritt:

$$\left\{ \begin{array}{l} 2 \cdot Z1 + Z2 \\ Z2 + 5 \cdot Z1' \\ Z3 - 7 \cdot Z1' \end{array} : \begin{array}{ccc|c} 1 & 0 & 3 & -2 \\ 0 & -4 & 16 & -28 \\ 0 & 5 & -20 & 35 \end{array} \right.$$

2. Schritt:

$$\left\{ \begin{array}{l} Z1 \\ -\frac{1}{4} \cdot Z2 \\ Z3 - 5 \cdot Z2' \end{array} : \begin{array}{ccc|c} 1 & 0 & 3 & -2 \\ 0 & 1 & -4 & 7 \\ 0 & 0 & 0 & 0 \end{array} \right.$$

Damit haben wir

$$\left\{ \begin{array}{l} x_1 + 3x_3 = -2 \\ x_2 - 4x_3 = 7 \end{array} \right.$$

erhalten, und mit $x_3 = a$, a eine beliebige Zahl, ist nun

$x_1 = -2 - 3a$

$x_2 = 7 + 4a$

$x_3 = a$

eine "allgemeine Lösung" von (38); hier ist

$$L = \left\{ \begin{bmatrix} -2 - 3a \\ 7 + 4a \\ a \end{bmatrix} \,\Big|\, a \in \mathbb{R} \right\} \text{ und } L_0 \left\{ \begin{bmatrix} -3a \\ 4a \\ a \end{bmatrix} \,\Big|\, a \in \mathbb{R} \right\}.$$

Mit $a = 0$ und $a = -1$ erhalten wir die Lösungen $\begin{bmatrix} -2 \\ 7 \\ 0 \end{bmatrix}$ und $\begin{bmatrix} 1 \\ 3 \\ -1 \end{bmatrix}$. Man überzeugt sich leicht, daß die Gleichungen

$$L = \begin{bmatrix} -2 \\ 7 \\ 0 \end{bmatrix} + L_0 = \begin{bmatrix} 1 \\ 3 \\ -1 \end{bmatrix} + L_0$$

gelten.

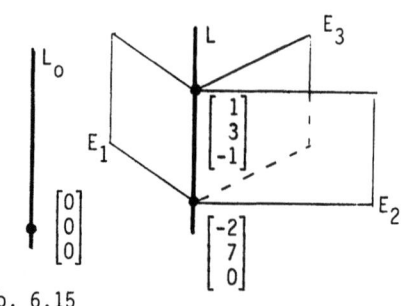

Abb. 6.15

6.29. Gegeben seien nun die festen Zahlen a,b und das Gleichungssystem

(39) $\quad \begin{cases} 2 & 1 & -2 & | & -5 \\ 1 & 0 & 2 & | & 7 \\ -3 & 1 & a & | & b \end{cases}$

Wir fragen nun: Für welche Zahlenpaare a,b ist (39) eindeutig lösbar, nicht lösbar bzw. mehrdeutig lösbar? Wir lösen (39) nach dem Standardverfahren:

1. Schritt:

$\begin{cases} Z2: & 1 & 0 & 2 & | & 7 \\ Z1 - 2 \cdot Z2: & 0 & 1 & -6 & | & -19 \\ Z3 + 3 \cdot Z2: & 0 & 1 & 6+a & | & 21+b \end{cases}$

2. Schritt:

$\begin{cases} Z1: & 1 & 0 & 2 & | & 7 \\ Z2: & 0 & 1 & -6 & | & -19 \\ Z3 - Z2: & 0 & 0 & 12+a & | & 40+b \end{cases}$

Damit haben wir das Gleichungssystem

$\begin{cases} x_1 + 2x_3 = 7 \\ x_2 - 6x_3 = -19 \\ (12+a)x_3 = 40+b \end{cases}$

erhalten und erkennen nun:

Im Fall $12+a \neq 0$ ist (39) eindeutig lösbar.
Im Fall $12+a = 0$ und $40+b \neq 0$ ist (39) nicht lösbar.
Im Fall $12+a = 0$ und $40+b = 0$ haben wir

$\begin{cases} x_1 + 2x_3 = 7 \\ x_2 - 6x_3 = -19 \end{cases}$

und (39) besitzt dann die unendlich vielen Lösungen

$\begin{cases} x_1 = 7 - 2c \\ x_2 = -19 + 6c \qquad \text{mit beliebigem c;} \\ x_3 = c \end{cases}$

zum Beispiel sind (c = 0 und c = 3) $\begin{bmatrix} 7 \\ -19 \\ 0 \end{bmatrix}$ und $\begin{bmatrix} 1 \\ -1 \\ 3 \end{bmatrix}$ Lösungen.

Im Fall $12 + a \neq 0$ wählen wir als Beispiel $a = -7$ und $b = -15$; damit ist dann

$$\left\{\begin{array}{ccc|c} 1 & 0 & 2 & 7 \\ 0 & 1 & -6 & -19 \\ 0 & 0 & 5 & 25 \end{array}\right. \qquad \left\{\begin{array}{l} Z1 - 2 \cdot Z3' : \\ Z2 + 6 \cdot Z3' : \\ \frac{1}{5} \cdot Z3 : \end{array}\right. \begin{array}{ccc|c} 1 & 0 & 0 & -3 \\ 0 & 1 & 0 & 11 \\ 0 & 0 & 1 & 5 \end{array}$$

und wir erhalten in diesem Fall $x_1 = -3$, $x_2 = 11$, $x_3 = 5$ als einzige Lösung.

6.30. Wir schließen diesen Paragraphen mit der noch ausstehenden allgemeinen Begriffsbildung, die nun aber ganz natürlich erscheint.

Gegeben seien die $m \cdot (n+1)$ Zahlen

$$\begin{array}{cccc} a_{11} & a_{12} & \cdots & a_{1n} & b_1 \\ a_{21} & a_{22} & \cdots & a_{2n} & b_2 \\ \vdots & \vdots & & \vdots & \vdots \\ a_{m1} & a_{m2} & \cdots & a_{mn} & b_m \end{array}.$$

Dann heißt das System der Gleichungen (40)

$$(40) \quad \left\{\begin{array}{l} a_{11}x_1 + a_{12}x_2 + \cdots + a_{1n}x_n = b_1 \\ a_{21}x_1 + a_{22}x_2 + \cdots + a_{2n}x_n = b_2 \\ \vdots \qquad\qquad \vdots \qquad\qquad\qquad \vdots \qquad\quad \vdots \\ a_{m1}x_1 + a_{m2}x_2 + \cdots + a_{mn}x_n = b_m \end{array}\right.$$

ein <u>lineares Gleichungssystem</u> mit n Unbekannten und m Gleichungen. Ein solches Gleichungssystem heißt <u>homogen</u>, wenn $b_1 = b_2 = \ldots = b_m = 0$ gilt. Das Gleichungssystem (41)

$$(41) \quad \left\{\begin{array}{l} a_{11}x_1 + a_{12}x_2 + \cdots + a_{1n}x_n = 0 \\ a_{21}x_1 + a_{22}x_2 + \cdots + a_{2n}x_n = 0 \\ \vdots \qquad\qquad \vdots \qquad\qquad\qquad \vdots \qquad\quad \vdots \\ a_{m1}x_1 + a_{m2}x_2 + \cdots + a_{mn}x_n = 0 \end{array}\right.$$

heißt das zu (40) gehörende homogene Gleichungssystem.

6.1 Übungsaufgaben

1. Lösen Sie die folgenden linearen Gleichungssysteme

   a) $3x_1 + 2x_2 = 1$
   $2x_1 + 3x_2 = 9$

   b) $3x_1 + 2x_2 = 1$
   $6x_1 + 4x_2 = 2$

   c) $3x_1 + 2x_2 = 1$
   $6x_1 + 4x_2 = -2$

2. Lösen Sie die folgenden linearen Gleichungssysteme

   a) $237x_1 + 154x_2 = 59$
   $20x_1 + 13x_2 = 8$

   b) $20220202x_1 + 20220x_2 = 1 \mid 0$
   $11111111x_1 + 11111x_2 = 0 \mid 1$

3. Lösen Sie die linearen Gleichungssysteme

   a)
   $$\begin{array}{rrr|r} 2 & -3 & 9 & 8 \\ -2 & 1 & -7 & -8 \\ 2 & 2 & 4 & 8 \end{array}$$

   b)
   $$\begin{array}{rrr|r} 3 & -2 & 2 & 35 \\ 5 & 8 & -1 & 38 \\ 2 & 7 & -2 & 5 \end{array}$$

4. Lösen Sie die linearen Gleichungssysteme

   a)
   $$\begin{array}{rrr|r} 22 & -17 & 75 & 213 \\ 39 & -27 & 47 & 126 \\ -135 & 88 & -13 & 2 \end{array}$$

   b)
   $$\begin{array}{rrr|r} 24 & -52 & 27 & 1 \\ 91 & 65 & -73 & 2 \\ -69 & -12 & 32 & 3 \end{array}$$

5. Für welche Zahlenpaare a,b ist das Gleichungssystem

   $2x_1 - 3x_2 = -5$
   $-3x_1 + 2x_2 + x_3 = -5$
   $4x_1 - x_2 + ax_3 = b$

   eindeutig lösbar, nicht lösbar bzw. mehrdeutig lösbar?
   Lösen Sie das Gleichungssystem für die Fälle

   $a = 2 \quad\quad a = -4 \quad\quad a = -2 \quad\quad a = -2$
   $b = -5 \quad\quad b = 5 \quad\quad b = 15 \quad\quad b \neq 15$

6. Für welche Zahlenpaare a,b ist das Gleichungssystem

   $5x_1 - x_2 + ax_3 = b$
   $3x_1 + x_3 = 0$
   $-2x_1 + x_2 - x_3 = 1$

   eindeutig lösbar, nicht lösbar bzw. mehrdeutig lösbar?

Lösen Sie das Gleichungssystem für die Fälle

| a = 4 | a = 5 | a = 2 | a = 2 |
| b = 5 | b = 8 | b = -1 | b ≠ -1 |

7. Gegeben ist das lineare Gleichungssystem

$$\begin{array}{rrr|r} 2 & 3 & -1 & 1 \\ 1 & -1 & 2 & 3 \\ 3 & 2 & 1 & 5 \end{array}$$

a) Zeigen Sie, daß das Gleichungssystem nicht lösbar ist.

b) Ändern Sie in der 1.[bzw. 2. bzw. 3] Zeile die Zahl auf der rechten Seite so, daß das Gleichungssystem lösbar wird. Bestimmen Sie sodann alle Lösungen.

8. Lösen Sie die folgenden linearen Gleichungssysteme.

a) $3x_1 - 5x_2 + 4x_3 = -23$
$5x_1 - 3x_2 + 23x_3 = -1$

b) $2x_1 + 3x_2 - 13x_2 = -2$
$3x_1 + 2x_2 = -4$
$4x_1 + 4x_2 + 26x_2 = -2$

c) $-2x_1 + 3x_2 - 2x_3 = 3$
$3x_1 - 2x_2 + 8x_3 = -2$
$4x_1 + x_2 + 18x_3 = 1$

Zeigen Sie aufgrund der gefundenen Lösungsmengen, daß $\begin{bmatrix} -3 \\ 3 \\ 1 \end{bmatrix}$ eine Lösung von a) und $\begin{bmatrix} 8 \\ 5 \\ -2 \end{bmatrix}$ eine Lösung von c) ist.

9. a) Lösen Sie das lineare Gleichungssystem

$$\begin{array}{rrr|r} 2 & -3 & 12 & -8 \\ 3 & 2 & 5 & 1 \\ 4 & 3 & 6 & 2 \end{array}$$

b) Bestimmen Sie die Lösungsmengen L und L_0.

c) Zeigen Sie, daß $\begin{bmatrix} -1 \\ 2 \\ 0 \end{bmatrix}$ und $\begin{bmatrix} 2 \\ 0 \\ -1 \end{bmatrix}$ Lösungen des Gleichungssystems sind.

d) Überzeugen Sie sich von der Richtigkeit der Gleichungen

$$L = \begin{bmatrix} -1 \\ 2 \\ 0 \end{bmatrix} + L_0 = \begin{bmatrix} 2 \\ 0 \\ -1 \end{bmatrix} + L_0 \ .$$

§ 7 Lineare Räume

7.a Der n-dimensionale Lineare Raum $\mathbb{R}^n$

7.1. Definition

n sei eine natürliche Zahl.

a) Ein n-Tupel $\begin{bmatrix} a_1 \\ a_2 \\ \vdots \\ a_n \end{bmatrix}$ von reellen Zahlen $a_1, a_2, \ldots, a_n$ heißt ein "Punkt" oder ein "Vektor"; dabei heißt a_i die i-te Komponente des Punktes (Vektors).

Es heißt $\underline{o} = \begin{bmatrix} 0 \\ 0 \\ \vdots \\ 0 \end{bmatrix}$ der Nullpunkt (Nullvektor).

b) Die Menge

$$\mathbb{R}^n = \left\{ \begin{bmatrix} a_1 \\ a_2 \\ \vdots \\ a_n \end{bmatrix} \,\middle|\, a_1, a_2, \ldots, a_n \in \mathbb{R} \right\}$$

aller n-Tupel reeller Zahlen heißt der n-dimensionale Vektorraum oder der n-dimensionale Lineare Raum. Die Elemente des $\mathbb{R}^n$ heißen Punkte oder Vektoren.

Vektoren werden hier meist mit unterstrichenen kleinen lateinischen Buchstaben bezeichnet:

$$\underline{a} = \begin{bmatrix} -3 \\ 2 \\ 0 \end{bmatrix} \qquad \underline{x} = \begin{bmatrix} x_1 \\ x_2 \\ \vdots \\ x_n \end{bmatrix} \qquad \underline{y} = \begin{bmatrix} z_1 \\ z_2 \\ \vdots \\ z_8 \end{bmatrix}$$

$$\underline{c} = \begin{bmatrix} a_1 \\ a_2 \end{bmatrix}$$

Der $\mathbb{R}^2$ ist das mathematische Modell der Ebene.

Der $\mathbb{R}^3$ ist das mathematische Modell des Raumes.

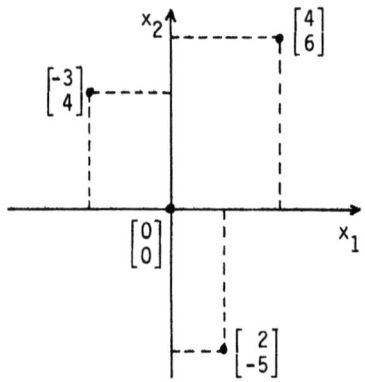

Abb. 7.1

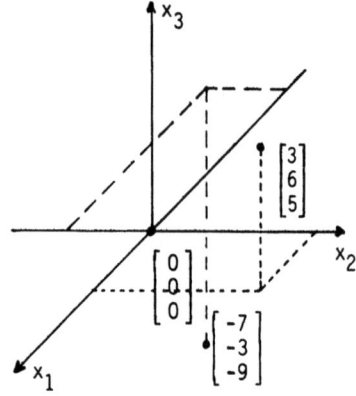

Abb. 7.2

7.2. Definition. Addition zweier Vektoren

Zwei Vektoren $\begin{bmatrix} a_1 \\ a_2 \\ \vdots \\ a_n \end{bmatrix}$ und $\begin{bmatrix} b_1 \\ b_2 \\ \vdots \\ b_n \end{bmatrix}$ werden nach der Regel

$$\begin{bmatrix} a_1 \\ a_2 \\ \vdots \\ a_n \end{bmatrix} + \begin{bmatrix} b_1 \\ b_2 \\ \vdots \\ b_n \end{bmatrix} = \begin{bmatrix} a_1 + b_1 \\ a_2 + b_2 \\ \vdots \\ a_n + b_n \end{bmatrix}$$

"komponentenweise" addiert und analog subtrahiert.

Die Summe $\underline{a} + \underline{b}$ zweier Vektoren $\underline{a}$ und $\underline{b}$ erhält man geometrisch durch die Ergänzung der Punkte $\underline{o}, \underline{a}, \underline{b}$ zu einem Parallelogramm.

Es ist $-\begin{bmatrix} a_1 \\ a_2 \\ \vdots \\ a_n \end{bmatrix} = \begin{bmatrix} -a_1 \\ -a_2 \\ \vdots \\ -a_n \end{bmatrix}$.

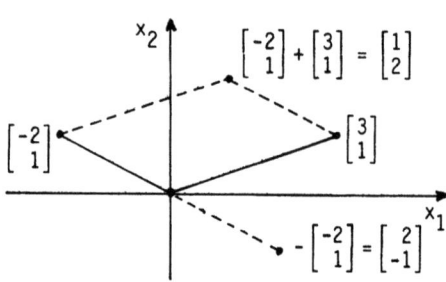

Abb. 7.3

7.3. Definition Multiplikation eines Vektors mit einer Zahl

a)

Ein Vektor $\begin{bmatrix} a_1 \\ a_2 \\ \vdots \\ a_n \end{bmatrix}$ wird mit einer Zahl r "komponentenweise" multipliziert:

$$r \cdot \begin{bmatrix} a_1 \\ a_2 \\ \vdots \\ a_n \end{bmatrix} = \begin{bmatrix} a_1 \\ a_2 \\ \vdots \\ a_n \end{bmatrix} \cdot r = \begin{bmatrix} ra_1 \\ ra_2 \\ \vdots \\ ra_n \end{bmatrix}.$$

b) Für einen Vektor $\underline{a} \in \mathbb{R}^n$ sei $\mathbb{R}\underline{a} := \{r \cdot \underline{a} \mid r \in \mathbb{R}\}$.

Für einen Vektor $\underline{a} \in \mathbb{R}^n$ mit $\underline{a} \neq \underline{o}$ ist die Menge $\mathbb{R}\underline{a}$ eine Gerade durch die Punkte $\underline{o}$ und $\underline{a}$.

Für $\underline{a} = \begin{bmatrix} 6 \\ 2 \end{bmatrix}$ ist

$\frac{1}{2} \cdot \underline{a} = \begin{bmatrix} 3 \\ 1 \end{bmatrix}$ $\frac{3}{2} \cdot \underline{a} = \begin{bmatrix} 9 \\ 3 \end{bmatrix}$

$(-1) \cdot \underline{a} = \begin{bmatrix} -6 \\ -2 \end{bmatrix}$ $2 \cdot \underline{a} = \begin{bmatrix} 12 \\ 4 \end{bmatrix}$

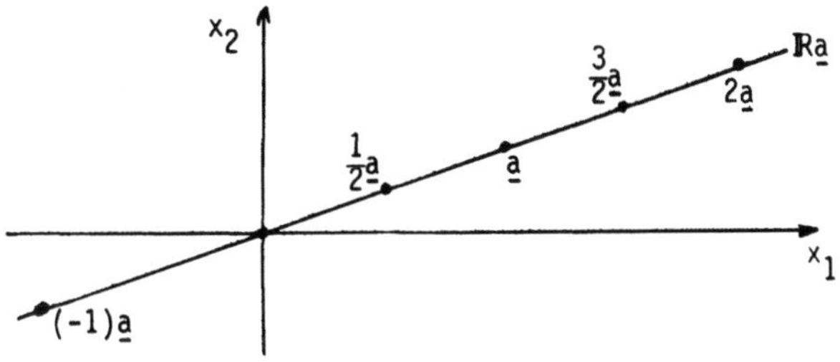

Abb. 7.4

Klar ist $1 \cdot \underline{a} = \underline{a}$, $0 \cdot \underline{a} = \underline{o}$, $(-1) \cdot \underline{a} = -\underline{a}$.

7.4. Beim Rechnen mit Vektoren gelten unter anderen die folgenden Regeln:

$$\underline{a} + \underline{b} = \underline{b} + \underline{a}$$
$$\underline{a} + (\underline{b} + \underline{c}) = (\underline{a} + \underline{b}) + \underline{c}$$
$$r \cdot (\underline{a} + \underline{b}) = r \cdot \underline{a} + r \cdot \underline{b}$$
$$(r + s) \cdot \underline{a} = r \cdot \underline{a} + s \cdot \underline{a}$$
$$r \cdot \underline{o} = \underline{o}$$
$$0 \cdot \underline{a} = \underline{o}$$

Man kann mit Vektoren nach den bekannten Regeln für reelle Zahlen rechnen; nur: zwei Vektoren können nicht miteinander multipliziert oder durcheinander dividiert werden.

7.b   Unterräume

7.5. Definition
Eine Teilmenge $U \subset \mathbb{R}^n$ heißt ein (linearer) Unterraum des $\mathbb{R}^n$, wenn gelten:

(U1) $\underline{o} \in U$
(U2) $\underline{a} + \underline{b} \in U$, wenn $\underline{a}, \underline{b} \in U$
(U3) $r \cdot \underline{a} \in U$, wenn $\underline{a} \in U$.

7.6. Beispiele:

Im $\mathbb{R}^2$: $\{\underline{o}\}$ und $\mathbb{R}^2$ sind Unterräume. Die Geraden durch $\underline{o}$ sind Unterräume (das sind genau die $\mathbb{R}\underline{a}$ mit $\underline{a} \in \mathbb{R}^2$, $\underline{a} \neq \underline{o}$).
(Es gibt keine weiteren Unterräume des $\mathbb{R}^2$.)

Im $\mathbb{R}^3$: $\{\underline{o}\}$ und $\mathbb{R}^3$ sind Unterräume. Die Geraden durch $\underline{o}$ sind Unterräume, die Ebenen durch $\underline{o}$ sind Unterräume.
(Es gibt keine weiteren Unterräume des $\mathbb{R}^3$.)
Die Lösungsmenge eines homogenen linearen Gleichungssystems mit 3 Unbekannten ist ein Unterraum des $\mathbb{R}^3$ (siehe § 6); eine solche Lösungsmenge ist also entweder der Nullraum $\{\underline{o}\}$, eine Gerade durch $\underline{o}$, eine Ebene durch $\underline{o}$ oder der ganze Raum $\mathbb{R}^3$.

Im $\mathbb{R}^n$: $\{\underline{o}\}$ und $\mathbb{R}^n$ sind Unterräume; die Geraden durch $\underline{o}$ sind Unterräume, die Ebenen durch $\underline{o}$ sind Unterräume.

Die Lösungsmenge eines homogenen linearen Gleichungssystems mit n Unbekannten ist ein Unterraum des $\mathbb{R}^n$. Und umgekehrt: Jeder Unterraum des $\mathbb{R}^n$ ist auch die Lösungsmenge eines geeigneten homogenen linearen Gleichungssystems mit n Unbekannten (dazu siehe § 9).

7.7. Satz
Der Durchschnitt von Unterräumen des $\mathbb{R}^n$ ist wieder ein Unterraum des $\mathbb{R}^n$.

7.8. Ist U eine Gerade durch $\underline{o}$ und ist ferner $\underline{a}$ ein fester Vektor, dann ist die Menge
$$\underline{a} + U := \{\underline{a} + \underline{x} \mid \underline{x} \in U\}$$
eine um den Vektor $\underline{a}$ parallel verschobene Gerade (eine zu U parallele Gerade durch $\underline{a}$).

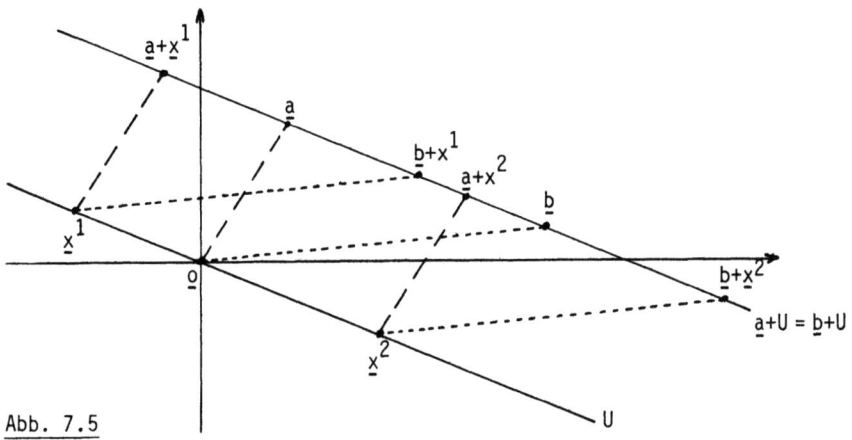

Abb. 7.5

Liegt auch $\underline{b}$ auf dieser Parallelen, also ist $\underline{b} \in \underline{a} + U$, so gilt $\underline{a} + U = \underline{b} + U$.

Ist U eine Ebene durch $\underline{o}$ und ist $\underline{a}$ wieder ein fester Vektor, dann ist

$$\underline{a} + U := \{\underline{a} + \underline{x} \mid \underline{x} \in U\}$$

eine um den Vektor $\underline{a}$ parallel verschobene Ebene (eine zu U parallele Ebene durch $\underline{a}$).

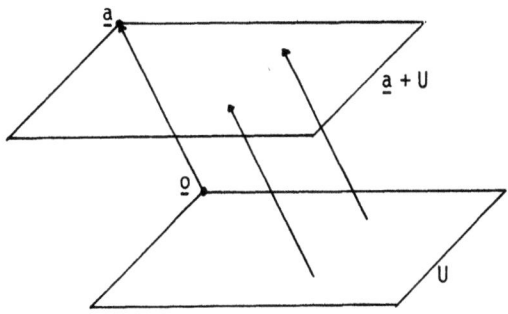

Abb. 7.6

Für einen Unterraum U des $\mathbb{R}^n$ und ein $\underline{a} \in \mathbb{R}^n$ ist

$$\underline{a} + U := \{\underline{a} + \underline{x} \mid \underline{x} \in U\}$$

ein um den Vektor $\underline{a}$ parallel verschobener Unterraum des $\mathbb{R}^n$. Ist $\underline{b} \in \underline{a} + U$, so gilt $\underline{a} + U = \underline{b} + U$.

7.c Linearkombination

7.9. Es gilt $\begin{bmatrix} 1 \\ -5 \end{bmatrix} = 3 \cdot \begin{bmatrix} 3 \\ -1 \end{bmatrix} - 2 \cdot \begin{bmatrix} 4 \\ 1 \end{bmatrix}$

und $\begin{bmatrix} 1 \\ 5 \\ 3 \end{bmatrix} = 2 \cdot \begin{bmatrix} 3 \\ 0 \\ 1 \end{bmatrix} + 3 \cdot \begin{bmatrix} -1 \\ 2 \\ 0 \end{bmatrix} - \begin{bmatrix} 2 \\ 1 \\ -1 \end{bmatrix}$.

Man sagt: $\begin{bmatrix} 1 \\ -5 \end{bmatrix}$ ist eine Linearkombination der Vektoren $\begin{bmatrix} 3 \\ -1 \end{bmatrix}$ und $\begin{bmatrix} 4 \\ 1 \end{bmatrix}$;

man sagt auch: $\begin{bmatrix} 1 \\ -5 \end{bmatrix}$ ist linear abhängig von $\begin{bmatrix} 3 \\ -1 \end{bmatrix}$ und $\begin{bmatrix} 4 \\ 1 \end{bmatrix}$.

Ebenso: $\begin{bmatrix} 1 \\ 5 \\ 3 \end{bmatrix}$ ist eine Linearkombination von (ist linear abhängig von)

$\begin{bmatrix} 3 \\ 0 \\ 1 \end{bmatrix}, \begin{bmatrix} -1 \\ 2 \\ 0 \end{bmatrix}, \begin{bmatrix} 2 \\ 1 \\ -1 \end{bmatrix}$.

Man kann nun fragen: Ist $\begin{bmatrix} 1 \\ -1 \\ 4 \end{bmatrix}$ eine Linearkombination von $\begin{bmatrix} 1 \\ 0 \\ 2 \end{bmatrix}, \begin{bmatrix} 1 \\ 1 \\ 0 \end{bmatrix}$?

Um diese Frage zu beantworten, muß geprüft werden, ob eine Darstellung

(1) $x_1 \cdot \begin{bmatrix} 1 \\ 0 \\ 2 \end{bmatrix} + x_2 \cdot \begin{bmatrix} 1 \\ 1 \\ 0 \end{bmatrix} = \begin{bmatrix} 1 \\ -1 \\ 4 \end{bmatrix}$

möglich ist. Die Gleichung (1) kann auch komponentenweise geschrieben werden:

(2) $\begin{cases} x_1 + x_2 = 1 \\ x_2 = -1 \\ 2x_1 = 4 \end{cases}$.

Man hat also zu prüfen, ob das lineare Gleichungssystem (2) lösbar ist oder nicht. Wenn ja, dann ist $\begin{bmatrix} 1 \\ -1 \\ 4 \end{bmatrix}$ eine Linearkombination von (linear abhängig von)

$\begin{bmatrix} 1 \\ 0 \\ 2 \end{bmatrix}, \begin{bmatrix} 1 \\ 1 \\ 0 \end{bmatrix}$; wenn nein, dann nicht. Man findet leicht: $2 \cdot \begin{bmatrix} 1 \\ 0 \\ 2 \end{bmatrix} - \begin{bmatrix} 1 \\ 1 \\ 0 \end{bmatrix} = \begin{bmatrix} 1 \\ -1 \\ 4 \end{bmatrix}$,

also ist $\begin{bmatrix} 1 \\ -1 \\ 4 \end{bmatrix}$ eine Linearkombination von (linear abhängig von) $\begin{bmatrix} 1 \\ 0 \\ 2 \end{bmatrix}, \begin{bmatrix} 1 \\ 1 \\ 0 \end{bmatrix}$.

7.10. Definition

Seien $\underline{b}, \underline{a}_1, \underline{a}_2, \ldots, \underline{a}_k \in \mathbb{R}^n$. $\underline{b}$ heißt eine <u>Linearkombination</u> von (<u>linear abhängig</u> von) $\underline{a}_1, \underline{a}_2, \ldots, \underline{a}_k$, wenn es Zahlen $x_1, x_2, \ldots, x_k \in \mathbb{R}$ gibt, so daß die Gleichung

(3) $\qquad x_1 \underline{a}_1 + x_2 \underline{a}_2 + \ldots + x_k \underline{a}_k = \underline{b}$

gilt; gibt es keine solche Zahlen, heißt $\underline{b}$ <u>linear unabhängig</u> von $\underline{a}_1, \underline{a}_2, \ldots \underline{a}_k$.

Sind a_{ij}, b_i ($1 \leq i \leq n, 1 \leq j \leq k$) die Komponenten der Vektoren $\underline{a}_1, \ldots, \underline{a}_k, \underline{b}$ also

$$\underline{a}_1 = \begin{bmatrix} a_{11} \\ a_{21} \\ \vdots \\ a_{n1} \end{bmatrix}, \ldots, \underline{a}_k = \begin{bmatrix} a_{1k} \\ a_{2k} \\ \vdots \\ a_{nk} \end{bmatrix}, \underline{b} = \begin{bmatrix} b_1 \\ b_2 \\ \vdots \\ b_n \end{bmatrix},$$

dann ist die Gleichung (3) identisch mit dem linearen Gleichungssystem

(4) $\qquad \begin{cases} a_{11} x_1 + \ldots + a_{1k} x_k = b_1 \\ \vdots \qquad \qquad \vdots \qquad \vdots \\ a_{n1} x_1 + \ldots + a_{nk} x_k = b_n \end{cases}$

Das heißt: $\underline{b}$ ist genau dann linear abhängig von $\underline{a}_1, \underline{a}_2, \ldots, \underline{a}_k$, wenn das Gleichungssystem (4) lösbar ist.

7.11. Bemerkungen

1. Seien $\underline{a}_1, \underline{a}_2, \ldots, \underline{a}_k \in \mathbb{R}^n$. Die Menge aller Linearkombinationen von $\underline{a}_1, \underline{a}_2, \ldots, \underline{a}_k$, also

$$\mathbb{R} \underline{a}_1 + \mathbb{R} \underline{a}_2 + \ldots + \mathbb{R} \underline{a}_k := \{r_1 \underline{a}_1 + r_2 \underline{a}_2 + \ldots + r_k \underline{a}_k | r_1, r_2, \ldots, r_k \in \mathbb{R}\}$$

ist ein Unterraum des $\mathbb{R}^n$; er ist der kleinste Unterraum, der $\underline{a}_1, \underline{a}_2, \ldots, \underline{a}_k$ enthält.

Zum Beispiel ist im $\mathbb{R}^3$ $\quad \mathbb{R} \cdot \begin{bmatrix} -3 \\ -8 \\ 4 \end{bmatrix} + \mathbb{R} \cdot \begin{bmatrix} -7 \\ 9 \\ 0 \end{bmatrix}$ eine Ebene durch $\underline{0}$.

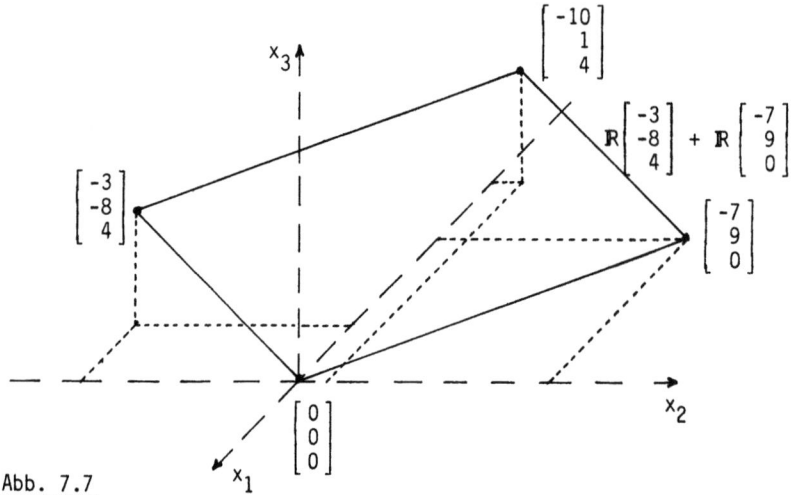

Abb. 7.7

2. Man kann die Tatsache, daß ein Vektor als Linearkombination von anderen Vektoren darstellbar ist, in bestimmten Situationen so interpretieren, daß dieser Vektor im Vergleich zur Gesamtheit der anderen Vektoren keine zusätzliche Information bringt. Ein Unternehmen habe z. B. n Güter in seinem Angebot; die Monatsverkäufe eines Jahres seien in den Vektoren $\underline{a}_i$ ($\in \mathbb{R}^n$), $i = 1,\ldots, 12$, zusammengefaßt. Damit wissen wir bereits, wieviel insgesamt verkauft wurde: Der Jahresverkauf $\underline{a}$ ist die Summe, also eine Linearkombination, der Monatsverkäufe:

$$\underline{a} = \underline{a}_1 + \underline{a}_2 + \ldots + \underline{a}_{12} \, .$$

3. Aus der wirtschaftspolitischen Diskussion in den Medien kennen wir die Frage nach dem Zusammenhang zwischen Investitionstätigkeit und Lohnhöhe. Um einer Antwort näherzukommen, erheben wir Daten zu z. B. n Beobachtungszeitpunkten (z. B. Monatsersten), die wir in zwei Beobachtungsvektoren

$$\underline{i} = \begin{bmatrix} i_1 \\ i_2 \\ \vdots \\ i_n \end{bmatrix} \quad \underline{l} = \begin{bmatrix} l_1 \\ l_2 \\ \vdots \\ l_n \end{bmatrix}$$

zusammenfassen.

Wir fragen nun: Ist die Höhe der Investitionen $\underline{i}$ darstellbar als Linearkombination des Lohnsatzes $\underline{l}$ und möglicher anderer Einflußgrößen (wie der Nachfrage nach den produzierten Gütern, dem Zinssatz usw.). Eine große Schwierigkeit liegt natürlich zum einen im Auffinden der korrekten Einflußgrößen und zum anderen darin, daß nicht zu erwarten ist, daß $\underline{i}$ exakt als Linearkombination dieser Einflußgrößen darstellbar ist. Mit Methoden der Statistik kann man Einflußgrößen überprüfen und die Frage untersuchen, ob der betreffende lineare Zusammenhang ungefähr besteht, und gegebenenfalls die Koeffizienten x_i der Linearkombination (ungefähr) bestimmen.

7.d   Lineare Unabhängigkeit

7.12. Definition

Es seien $\underline{a}_1, \underline{a}_2, \ldots, \underline{a}_k$ verschiedene Vektoren des $\mathbb{R}^n$. Es heißen $\underline{a}_1, \underline{a}_2, \ldots, \underline{a}_k$ <u>linear unabhängig</u>, wenn kein $\underline{a}_i$ von den übrigen linear abhängig ist; im anderen Fall heißen $\underline{a}_1, \underline{a}_2, \ldots, \underline{a}_k$ 'linear abhängig.

7.13. Beispiele:

1. $\begin{bmatrix} 3 \\ 1 \end{bmatrix}$ ist linear unabhängig von $\begin{bmatrix} 2 \\ 1 \end{bmatrix}$, $\begin{bmatrix} 2 \\ 1 \end{bmatrix}$ ist linear unabhängig von $\begin{bmatrix} 3 \\ 1 \end{bmatrix}$, also sind $\begin{bmatrix} 3 \\ 1 \end{bmatrix}$, $\begin{bmatrix} 2 \\ 1 \end{bmatrix}$ linear unabhängig.

2. $\begin{bmatrix} 4 \\ -8 \end{bmatrix}$, $\begin{bmatrix} -2 \\ 4 \end{bmatrix}$ sind linear abhängig, denn es gilt $\begin{bmatrix} 4 \\ -8 \end{bmatrix} = (-2) \cdot \begin{bmatrix} -2 \\ 4 \end{bmatrix}$.

3. $\begin{bmatrix} 2 \\ 1 \\ -2 \end{bmatrix}$, $\begin{bmatrix} -2 \\ 5 \\ -2 \end{bmatrix}$, $\begin{bmatrix} 1 \\ 2 \\ -2 \end{bmatrix}$ sind linear abhängig, denn es gilt

$$\begin{bmatrix} -2 \\ 5 \\ -2 \end{bmatrix} = -3 \cdot \begin{bmatrix} 2 \\ 1 \\ -2 \end{bmatrix} + 4 \cdot \begin{bmatrix} 1 \\ 2 \\ -2 \end{bmatrix}.$$

4. Sind $\begin{bmatrix} -3 \\ 0 \\ 1 \end{bmatrix}$, $\begin{bmatrix} 0 \\ 2 \\ -5 \end{bmatrix}$, $\begin{bmatrix} -4 \\ 3 \\ -6 \end{bmatrix}$ linear unabhängig? Man findet:

$\begin{bmatrix} -3 \\ 0 \\ 1 \end{bmatrix}$ ist unabhängig von $\begin{bmatrix} 0 \\ 2 \\ -5 \end{bmatrix}$, $\begin{bmatrix} -4 \\ 3 \\ -6 \end{bmatrix}$. $\begin{bmatrix} 0 \\ 2 \\ -5 \end{bmatrix}$ ist unabhängig von $\begin{bmatrix} -3 \\ 0 \\ 1 \end{bmatrix}$, $\begin{bmatrix} -4 \\ 3 \\ -6 \end{bmatrix}$.

$\begin{bmatrix} -4 \\ 3 \\ -6 \end{bmatrix}$ ist unabhängig von $\begin{bmatrix} -3 \\ 0 \\ 1 \end{bmatrix}$, $\begin{bmatrix} 0 \\ 2 \\ -5 \end{bmatrix}$.

Also sind die drei Vektoren linear unabhängig.

Der nächste Satz liefert ein Kriterium, das die Überprüfung der linearen Unabhängigkeit von Vektoren vereinfacht. (s. aber auch Satz 8.18.)

7.14. Satz

Es sind die Vektoren $\underline{a}_1, \underline{a}_2, \ldots \underline{a}_k \in \mathbb{R}$ genau dann linear unabhängig, wenn die Gleichung

$$x_1 \underline{a}_1 + x_2 \underline{a}_2 + \ldots + x_k \underline{a}_k = \underline{o}$$

nur die Lösung $x_1 = 0, x_2 = 0, \ldots, x_k = 0$ besitzt.

Nochmal zum obigen Beispiel 4:

Sind $\begin{bmatrix} -3 \\ 0 \\ 1 \end{bmatrix}, \begin{bmatrix} 0 \\ 2 \\ -5 \end{bmatrix}, \begin{bmatrix} -4 \\ 3 \\ -6 \end{bmatrix}$ linear unabhängig? Nach dem Satz hat man die Gleichung

$$x_1 \begin{bmatrix} -3 \\ 0 \\ 1 \end{bmatrix} + x_2 \begin{bmatrix} 0 \\ 2 \\ -5 \end{bmatrix} + x_3 \begin{bmatrix} -4 \\ 3 \\ -6 \end{bmatrix} = \begin{bmatrix} 0 \\ 0 \\ 0 \end{bmatrix}$$

bzw. das Gleichungssystem
$$\begin{array}{rrr|r} -3 & 0 & -4 & 0 \\ 0 & 2 & 3 & 0 \\ 1 & -5 & -6 & 0 \end{array} \quad \text{zu lösen;}$$

man findet nun $x_1 = 0, x_2 = 0, x_3 = 0$ als einzige Lösung des Gleichungssystems, also sind die drei Vektoren linear unabhängig.

7.15. Man kann sich auch auf folgende Weise von der linearen Unabhängigkeit der Vektoren $\underline{a}_1, \underline{a}_2, \ldots, \underline{a}_k \in \mathbb{R}^n$ überzeugen:

a) $k = 2$.

$\underline{a}_1, \underline{a}_2$ sind linear unabhängig

$\leftrightarrow \begin{cases} \underline{a}_1 \neq \underline{o} \\ \underline{a}_2 \notin \mathbb{R}\underline{a}_1 \end{cases}$

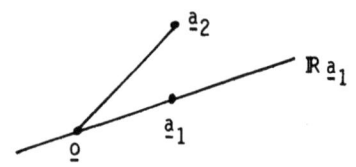

($\leftrightarrow \underline{a}_1, \underline{a}_2$ erzeugen einen "2-dimensionalen" Unterraum)

b) $k = 3$.

$\underline{a}_1, \underline{a}_2, \underline{a}_3$ sind linear unabhängig

$\leftrightarrow \begin{cases} \underline{a}_1 \neq \underline{o} \\ \underline{a}_2 \notin \mathbb{R}\underline{a}_1 \\ \underline{a}_3 \notin \mathbb{R}\underline{a}_1 + \mathbb{R}\underline{a}_2 \end{cases}$

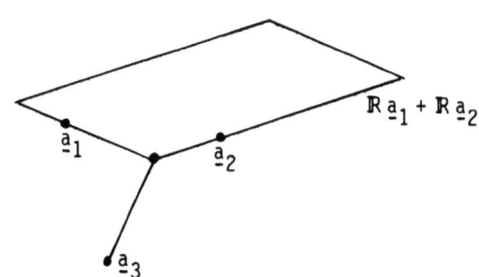

($\leftrightarrow \underline{a}_1, \underline{a}_2, \underline{a}_3$ erzeugen einen "3-dimensionalen" Unterraum)

c) k beliebig

$a_1, a_2, \ldots, a_k$ sind linear unabhängig

$$\Leftrightarrow \begin{cases} a_1 \neq 0 \\ a_2 \notin \mathbb{R}a_1 \\ a_3 \notin \mathbb{R}a_1 + \mathbb{R}a_2 \\ \vdots \\ a_k \notin \mathbb{R}a_1 + \mathbb{R}a_2 + \ldots + \mathbb{R}a_{k-1} \end{cases}$$

($\Leftrightarrow a_1, a_2, \ldots, a_k$ erzeugen einen "k-dimensionalen" Unterraum)

7.e Dimension

7.16. Satz

Wird der Unterraum U des $\mathbb{R}^n$ von den k linear unabhängigen Vektoren $a_1, a_2, \ldots, a_k$ erzeugt, also

$$U = \mathbb{R}a_1 + \mathbb{R}a_2 + \ldots + \mathbb{R}a_k,$$

und auch von den r linearen unabhängigen Vektoren $b_1, b_2, \ldots, b_r$, also

$$U = \mathbb{R}b_1 + \mathbb{R}b_2 + \ldots, + \mathbb{R}b_r,$$

dann gilt k = r.

Aufgrund dieses Satzes ist die folgende Definition sinnvoll.

7.17. Definition

Sei U ein Unterraum des $\mathbb{R}^n$. U heißt ein <u>k-dimensionaler Unterraum</u> des $\mathbb{R}^n$, wenn U von k linear unabhängigen Vektoren erzeugt wird (also wenn es linear unabhängige $a_1, a_2, \ldots, a_k \in \mathbb{R}^n$ gibt mit $U = \mathbb{R}a_1 + \mathbb{R}a_2 + \ldots + \mathbb{R}a_k$).
Ist U ein k-dimensionaler Unterraum, sagt man auch: U besitzt die <u>Dimension</u> k und schreibt dim U = k.

7.18. Beispiele:

1. $\mathbb{R}^2$ ist 2-dimensional, $\mathbb{R}^3$ ist 3-dimensional, $\mathbb{R}^n$ ist n-dimensional, denn für die Vektoren $\underline{e}_1 = \begin{bmatrix} 1 \\ 0 \\ 0 \\ \vdots \\ 0 \end{bmatrix}$, $\underline{e}_2 = \begin{bmatrix} 0 \\ 1 \\ 0 \\ \vdots \\ 0 \end{bmatrix}$, ..., $\underline{e}_n = \begin{bmatrix} 0 \\ 0 \\ \vdots \\ 0 \\ 1 \end{bmatrix}$ gilt: $\underline{e}_1, \underline{e}_2, ..., \underline{e}_n$ sind linear unabhängig; ferner ist jedes $\underline{a} = \begin{bmatrix} a_1 \\ a_2 \\ \vdots \\ a_n \end{bmatrix}$ eine Linearkombination dieser Vektoren: $\underline{a} = a_1 \cdot \underline{e}_1 + a_2 \cdot \underline{e}_2 + ... + a_n \cdot \underline{e}_n$; aus der letzten Gleichung folgt noch $\mathbb{R}^n = \mathbb{R}\underline{e}_1 + \mathbb{R}\underline{e}_2 + ... + \mathbb{R}\underline{e}_n$. Also wird $\mathbb{R}^n$ von den n linear unabhängigen Vektoren $\underline{e}_1, \underline{e}_2, ..., \underline{e}_n$ erzeugt.

2. $U = \mathbb{R}\begin{bmatrix} 3 \\ 1 \\ 5 \end{bmatrix}$ ist ein 1-dimensionaler Unterraum des $\mathbb{R}^3$.

3. $U = \mathbb{R}\begin{bmatrix} 3 \\ 2 \end{bmatrix} + \mathbb{R}\begin{bmatrix} 7 \\ 5 \end{bmatrix}$ ist ein 2-dimensionaler Unterraum des $\mathbb{R}^2$.

4. $U = \mathbb{R}\begin{bmatrix} 3 \\ 0 \\ 1 \\ -2 \end{bmatrix} + \mathbb{R}\begin{bmatrix} 0 \\ 0 \\ 4 \\ 1 \end{bmatrix} + \mathbb{R}\begin{bmatrix} 0 \\ 3 \\ 0 \\ 1 \end{bmatrix}$ ist ein 3-dimensionaler Unterraum des $\mathbb{R}^4$.

5. $U = \mathbb{R}\begin{bmatrix} 3 \\ 0 \\ 1 \\ -2 \end{bmatrix} + \mathbb{R}\begin{bmatrix} 0 \\ 1 \\ 4 \\ 1 \end{bmatrix} + \mathbb{R}\begin{bmatrix} 3 \\ 1 \\ 5 \\ -1 \end{bmatrix}$ ist ein 2-dimensionaler Unterraum des $\mathbb{R}^4$.

7.19. Satz

U sei ein k-dimensionaler Unterraum des $\mathbb{R}^n$ und $\underline{a}_1, \underline{a}_2, ..., \underline{a}_r$ seien linear unabhängige Vektoren aus U. Dann gilt

a) $r \leq k$.

b) $r = k \leftrightarrow U = \mathbb{R}\underline{a}_1 + \mathbb{R}\underline{a}_2 + ... + \mathbb{R}\underline{a}_r$.

Dieser letzte Satz (Teil b) hat die folgende Konsequenz: Sind $\underline{a}_1, \underline{a}_2 \in \mathbb{R}^2$ linear unabhängig, dann ist $\mathbb{R}^2 = \mathbb{R}\underline{a}_1 + \mathbb{R}\underline{a}_2$.

Z. B. sind $\begin{bmatrix} 3 \\ 2 \end{bmatrix}$, $\begin{bmatrix} 7 \\ 5 \end{bmatrix}$ linear unabhängig, also ist $\mathbb{R}^2 = \mathbb{R}\begin{bmatrix} 3 \\ 2 \end{bmatrix} + \mathbb{R}\begin{bmatrix} 7 \\ 5 \end{bmatrix}$ (= U; siehe obiges Beispiel 3); das aber heißt: die Gleichung $\begin{bmatrix} b_1 \\ b_2 \end{bmatrix} = x_1 \begin{bmatrix} 3 \\ 2 \end{bmatrix} + x_2 \begin{bmatrix} 7 \\ 5 \end{bmatrix}$ ist für beliebige Zahlen b_1, b_2 lösbar (es ist $x_1 = 5b_1 - 7b_2$, $x_2 = -2b_1 + 3b_2$).

Allgemein gilt: Sind $\underline{a}_1, \underline{a}_2, \ldots, \underline{a}_n \in \mathbb{R}^n$ linear unabhängig, dann ist
$\mathbb{R}^n = \mathbb{R}\underline{a}_1 + \mathbb{R}\underline{a}_2 + \ldots + \mathbb{R}\underline{a}_n$.

Teil a) des letzten Satzes hat zur Folge:

7.20. Satz

Sind $\underline{a}_1, \underline{a}_2, \ldots, \underline{a}_k$ Vektoren des $\mathbb{R}^n$ und ist $k > n$, dann sind diese Vektoren linear abhängig; d. h., es gibt Zahlen $x_1, x_2, \ldots, x_k$ mit
$x_1\underline{a}_1 + x_2\underline{a}_2 + \ldots + x_k\underline{a}_k = \underline{o}$ und nicht alle x_i sind Null.

Dieser Satz kann auch so ausgesprochen werden:

7.21. Satz

Ein lineares homogenes Gleichungssystem mit mehr Unbekannten als Gleichungen besitzt stets nicht triviale Lösungen (Lösungen, die von der Nullösung $x_1 = o, x_2 = o, \ldots$ verschieden sind).

7.f Übungsaufgaben

1. Zeigen Sie, daß
$\begin{bmatrix} 3 \\ -7 \\ 5 \\ 2 \end{bmatrix}$, $\begin{bmatrix} 4 \\ 8 \\ -1 \\ 0 \end{bmatrix}$, $\begin{bmatrix} 7 \\ -5 \\ 13 \\ 6 \end{bmatrix}$

   linear unabhängig sind.

2. Welche der Vektoren $\underline{b}_1, \underline{b}_2, \underline{b}_3$ sind linear abhängig von $\underline{a}_1, \underline{a}_2, \underline{a}_3$? Stellen Sie im Falle der Abhängigkeit $\underline{b}_i$ als Linearkombination von $\underline{a}_1, \underline{a}_2, \underline{a}_3$ dar.

   $\underline{b}_1 = \begin{bmatrix} -3 \\ 16 \\ 5 \end{bmatrix}$, $\underline{b}_2 = \begin{bmatrix} 1 \\ -8 \\ 3 \end{bmatrix}$, $\underline{b}_3 = \begin{bmatrix} 2 \\ 4 \\ -1 \end{bmatrix}$, $\underline{a}_1 = \begin{bmatrix} 3 \\ -4 \\ 2 \end{bmatrix}$, $\underline{a}_2 = \begin{bmatrix} 5 \\ 0 \\ 1 \end{bmatrix}$, $\underline{a}_3 = \begin{bmatrix} 7 \\ 4 \\ 0 \end{bmatrix}$

3. Für welche Zahlen a,b sind

$$\begin{bmatrix} 2 \\ -1 \\ 3 \end{bmatrix}, \begin{bmatrix} 1 \\ 0 \\ 2 \end{bmatrix}, \begin{bmatrix} a \\ 3 \\ b \end{bmatrix}$$

linear abhängig, für welche nicht?

4. Stellen Sie einen der Vektoren $\underline{a},\underline{b},\underline{c},\underline{d}$ als eine Linearkombination der übrigen dar.

$$\underline{a} = \begin{bmatrix} 3 \\ 4 \\ -5 \\ 0 \end{bmatrix}, \underline{b} = \begin{bmatrix} -5 \\ 1 \\ 1 \\ 5 \end{bmatrix}, \underline{c} = \begin{bmatrix} -1 \\ 6 \\ -1 \\ 5 \end{bmatrix}, \underline{d} = \begin{bmatrix} 2 \\ 7 \\ -4 \\ 3 \end{bmatrix}$$

Sind $\underline{a},\underline{b},\underline{c},\underline{d}$ linear unabhängig?

5. Gegeben sind die vier Vektoren

$$\underline{a} = \begin{bmatrix} 3 \\ 5 \\ 4 \\ 1 \end{bmatrix}, \underline{b} = \begin{bmatrix} -7 \\ -5 \\ 0 \\ 3 \end{bmatrix}, \underline{c} = \begin{bmatrix} -2 \\ 10 \\ 16 \\ 10 \end{bmatrix}, \underline{d} = \begin{bmatrix} 1 \\ -1 \\ 0 \\ 3 \end{bmatrix}.$$

Stellen Sie jeden dieser Vektoren, falls dies möglich ist, als eine Linearkombination der übrigen dar. Sind $\underline{a},\underline{b},\underline{c},\underline{d}$ linear unabhängig? Ist $\underline{d}$ linear abhängig von $\underline{a},\underline{b},\underline{c}$?

6. Sei U die Lösungsmenge des linearen Gleichungssystems

$$\begin{array}{rrr|r} 3 & -4 & -16 & 0 \\ 5 & -2 & 6 & 0 \\ 2 & -1 & 1 & 0 \end{array} .$$

Zeigen Sie:

$$U = \mathbb{R} \cdot \begin{bmatrix} -4 \\ -7 \\ 1 \end{bmatrix} = \mathbb{R} \cdot \begin{bmatrix} 12 \\ 21 \\ -3 \end{bmatrix}$$

7. Seien $\underline{a},\underline{b}$ linear unabhängige Vektoren des $\mathbb{R}^n$ und $r, s \in \mathbb{R}$. Es sind $r\underline{a} + \underline{b}$ und $\underline{a} + s\underline{b}$ genau dann linear abhängig, wenn $rs = 1$ ist.

8. Zeigen Sie

$$U := \mathbb{R} \begin{bmatrix} 1 \\ -2 \\ 0 \\ 3 \end{bmatrix} + \mathbb{R} \begin{bmatrix} 0 \\ 1 \\ 4 \\ -1 \end{bmatrix} + \mathbb{R} \begin{bmatrix} 3 \\ 5 \\ -2 \\ 3 \end{bmatrix}$$

$$= \mathbb{R} \begin{bmatrix} 1 \\ -1 \\ 4 \\ 2 \end{bmatrix} + \mathbb{R} \begin{bmatrix} 3 \\ 6 \\ 2 \\ 2 \end{bmatrix} + \mathbb{R} \begin{bmatrix} 4 \\ 3 \\ -2 \\ 6 \end{bmatrix} + \mathbb{R} \begin{bmatrix} 4 \\ 4 \\ 2 \\ 5 \end{bmatrix} .$$

Welche Dimension besitzt U ?

§ 8   Matrizen

8.a   Einführung

8.1.   Beispiele

Listen und Tabellen sind als übersichtliche Darstellungsformen für Zahlenmaterial aus dem Alltagsleben bekannt (vgl. Tabelle 8.1).

Wir werden in diesem Abschnitt sehen, daß sich solche Listen und Tabellen nicht nur zur Darstellung, sondern in kondensierter Form zur Weiterverarbeitung von Zahlen verwenden lassen.

Die in Tabelle 8.1 aufgeführten Preise lassen sich z. B. in einem Preisvektor zusammenfassen:

$$\underline{p} = \begin{bmatrix} 7,70 \\ 8,90 \\ 9,60 \\ 11,60 \\ 11,90 \\ 16,50 \end{bmatrix}$$

Wir bestellen nun 12 Flaschen Edelzwicker, 6 Flaschen Pinot, 6 Flaschen Riesling 1982 und 1 Flasche Gewürztraminer, d. h. wir bestellen folgende Mengen:

$$\underline{q} = \begin{bmatrix} 12 \\ 6 \\ 6 \\ 0 \\ 1 \\ 0 \end{bmatrix}.$$

Dabei wurde die Reihenfolge der Weinsorten beibehalten. Den Gesamtwert der Bestellung (215,30 DM) erhalten wir, indem wir die Mengen mit den jeweils zugehörigen Preisen multi-

Elsaß

1982 EDELZWICKER – Alsace A.C.   **Weißweine**
Ets. Ziegler, Sigolsheim
gefällig im Duft, ausgeglichene Säure, frisch, blumig, saftig
🍾 ⚑ 🍇 = Chassels, Sylvaner,   Nr. 30.084
Pinot-blanc; Rz.: 0,7 g/l.   DM 7,70

1981/2 PINOT BLANC DE BLANCS – Alsace A.C.
„Réserve", Ets. Ziegler, Sigolsheim
frisches Aroma, elegant, saftig, vollfruchtig,
🍾 ⚑ 🍇 = Pinot blanc;   Nr. 30.094
Rz.: 0,6 g/l.   DM 8,90

1982 RIESLING „Réserve – Alsace A.C.
Prod. Réunis de Hunawihr, *Mis à la Propriété*
frisch, duftiges Bukett, rassige Frucht, harmonisch
🍾 ⚑ 🍇 = Riesling;   Nr. 30.125
Rz.: 2,2 g/l.   DM 9,60

1978 MUSCAT „Réserve" – Alsace A.C.
Ets. Ziegler, Sigolsheim
reiches Muscatbukett, gut ausgereift, charaktervoll
🍾 ⚑ 🍇 = Muscat;   Nr. 30.110
Rz.: 1 g/l.   DM 11,60

1979 GEWÜRZTRAMINER – Alsace A.C.
„Réserve", Ets. Ziegler, Sigolsheim
kräftiges, fülliges Würzaroma, mundig, nachhaltig
🍾 ⚑ 🍇 = Gewürztraminer;   Nr. 30.130
Rz.: 0,8 g/l.   DM 11,90

1976 RIESLING „Réserve" – Alsace A.C.
Ets. Preiss-Henny, Mittelwihr
Spitzenjahrgang, volumig, reif, kräftig, nachhaltig   *Neu*
🍾 ⚑ 🍇 = Riesling;   Nr. 30.120
Rz.: ca. 2,0 g/l.   DM 16,50

Tabelle 8.1: Aus einem Weinkatalog

plizieren und die Resultate dann aufsummieren. Dies ist gerade das in 8.10 definierte Skalarprodukt der Vektoren p und q.

Eine weitere wohlbekannte Tabellenform ist als Tabelle 8.2 dargestellt.

Tabelle 8.2: Entfernungen in km

	Duisburg	Bremen	Konstanz
Duisburg	-	275	620
Bremen	275	-	830
Konstanz	620	830	-

Zu einer von der Form her ähnlichen Tabelle führt das folgende wichtige Beispiel aus der Volkswirtschaftslehre. Wir betrachten eine Volkswirtschaft mit den drei produzierenden Sektoren Landwirtschaft, Industrie und Dienstleistungen und dem Sektor "Endverbrauch" (z. B. private Haushalte). Zwischen diesen vier Sektoren bestehen die in Abb. 8.1 dargestellten Verflechtungen. Dabei bezeichnen die Pfeile die Richtung, die Zahlen den Wert der jeweiligen Lieferströme.

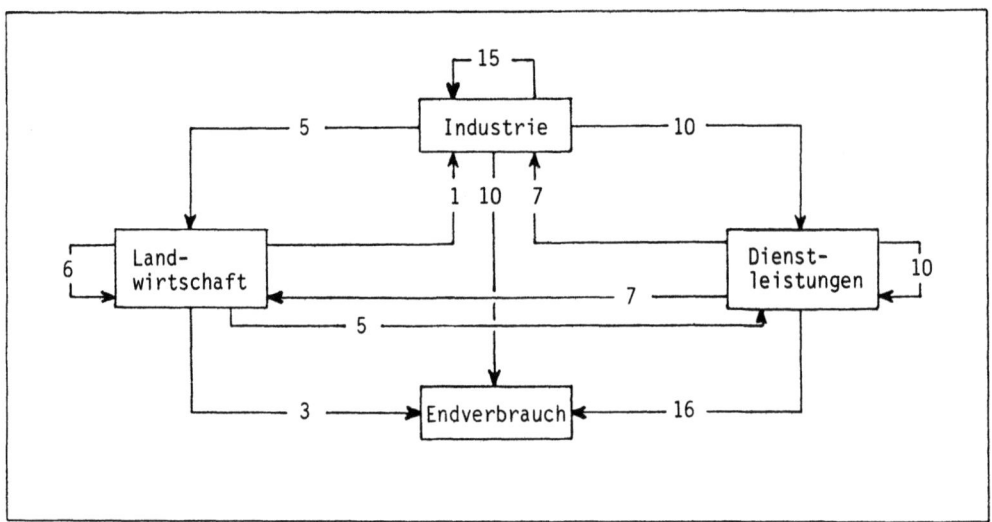

Abb. 8.1: Lieferverflechtungen

Derartige Lieferbeziehungen lassen sich - vor allem für mehr als drei bzw. vier Sektoren - übersichtlicher in Tabellenform darstellen:

Tabelle 8.3: Input-Output-Tabelle

	L	I	D	E	Gesamt-produktion
Landwirtschaft	6	1	5	3	15
Industrie	5	15	10	10	40
Dienstleistungen	7	7	10	16	40

Wegen ihres speziellen Inhaltes heißen Tabellen dieser Art Input-Output-Tabellen. Solche Tabellen werden für die Bundesrepublik Deutschland z. B. vom Deutschen Institut für Wirtschaftsforschung (DIW) in Berlin, dem Ifo-Institut in München, dem RWI in Essen und dem Statistischen Bundesamt in Wiesbaden für unterschiedliche Anzahlen von Sektoren (bis zu 60) erstellt. Als Beispiel wurde Tabelle 8.4 beigefügt (siehe folgende Seite)

Ähnlich wie in diesem volkswirtschaftlichen Beispiel lassen sich Verflechtungstabellen für Lieferströme zwischen einzelnen Betrieben oder innerhalb eines Betriebes erstellen.

8.2. Definition

Das rechteckige Zahlenschema

$$\begin{bmatrix} a_{11} & a_{12} & \cdots & a_{1j} & \cdots & a_{1n} \\ a_{21} & a_{22} & \cdots & a_{2j} & \cdots & a_{2n} \\ \vdots & \vdots & & \vdots & & \vdots \\ a_{i1} & a_{i2} & \cdots & a_{ij} & \cdots & a_{in} \\ \vdots & \vdots & & \vdots & & \vdots \\ a_{m1} & a_{m2} & \cdots & a_{mj} & \cdots & a_{mn} \end{bmatrix}$$

heißt Matrix mit m Zeilen und n Spalten oder mxn-Matrix. Die a_{ij} (i=1,2,...,m; j=1,2,...,n) heißen Elemente der Matrix. mxn heißt Ordnung (oder auch Dimension) der Matrix. Der erste Index an einem Element ist der Zeilenindex, der zweite der Spaltenindex.

Tabelle 8.4.: Input-Output-Tabelle für die Bundesrepublik Deutschland 1974, zu jeweiligen Preisen (Auszug)

IN MILL. DM

	1 LANDW	2 ENERG,BB	3 CHEM,STE	4 EISEN,NE	5 ST,MA,FZ	6 ELT,EBM	7 HOLZ,TEX	8 NAHRUNG
1 LANDW	278	71	467	36	100	80	2556	28075
2 ENERG,BB	1381	20108	7070	8254	2473	1694	1811	1298
3 CHEM,STE	4170	4472	61112	4027	13547	9584	12253	4099
4 EISEN,NE	963	1956	2598	26646	21830	14563	706	122
5 ST,MA,FZ	2341	2419	1684	3190	36734	2230	718	403
6 ELT,EBM	241	2296	4372	2957	14672	25094	2754	1487
7 HOLZ,TEX	227	1094	7837	978	3756	4675	31488	3362
8 NAHRUNG	4908	112	2577	294	967	670	730	33764
9 BAU	405	499	311	160	475	162	200	151
10 HANDEL	1256	943	7097	3013	5869	4274	4854	4193
11 VERKEHR	810	1988	9495	3957	3435	3093	3603	3090
12 DIENSTL	2419	2498	12110	3781	7451	5729	5108	5229
13 STAAT	600	322	503	255	507	402	452	797
14 PR.HH,PO	0	0	0	0	0	0	0	0

	9 BAU	10 HANDEL	11 VERKEHR	12 DIENSTL	13 STAAT	14 PR.HH,PO	ENDVERBRAUCH	GES.PROD.(brutto)
1 LANDW	45	182	31	2414	1028	78	35441	50140
2 ENERG,BB	457	886	1593	4228	3303	110	54666	79050
3 CHEM,STE	20455	2246	6214	4912	9648	584	157323	246723
4 EISEN,NE	4376	167	783	909	794	54	76467	113273
5 ST,MA,FZ	3675	1755	2931	2971	5754	251	67056	219908
6 ELT,EBM	3663	1232	1958	3633	4855	400	69614	153438
7 HOLZ,TEX	4025	2086	1791	9131	5930	633	76941	156939
8 NAHRUNG	160	691	173	18146	1676	579	65447	150688
9 BAU	3598	891	734	7985	5511	49	21131	125399
10 HANDEL	2900	13780	1216	2838	8203	374	60810	167846
11 VERKEHR	2835	13001	15246	4466	5744	244	71007	101811
12 DIENSTL	1358	8156	4179	35578	28788	2365	124749	268698
13 STAAT	476	946	696	4044	8950	84	19034	222240
14 PR.HH,PO	0	0	0	0	11780	0	11780	24480

Quelle: Deutsches Institut für Wirtschaftsforschung -Beiträge zur Strukturforschung- Heft 54, 1979

Beispiele:

(1) <u>Entfernungsmatrix</u> (vgl. Tabelle 8.2)

$$\begin{bmatrix} 0 & 275 & 620 \\ 275 & 0 & 830 \\ 620 & 830 & 0 \end{bmatrix} \quad \begin{array}{l} m = 3 \\ n = 3 \\ 3\text{x}3 \text{ - Matrix} \end{array}$$

(2) <u>Input-Output-Matrix</u> (vgl. Tabelle 8.3)

$$\begin{bmatrix} 6 & 1 & 5 & 3 & 15 \\ 5 & 15 & 10 & 10 & 40 \\ 7 & 7 & 10 & 16 & 40 \end{bmatrix} \quad \begin{array}{l} m = 3 \\ n = 5 \\ 3\text{x}5 \text{ - Matrix} \end{array}$$

<u>Bezeichnungen</u>

Matrizen werden im folgenden mit Großbuchstaben bezeichnet, deren Elemente (wie in Definition 8.2) mit Kleinbuchstaben und tiefgestellten Zeilen- und Spaltenindizes. Man schreibt z. B.:

$$A = \begin{bmatrix} a_{11} & \cdots & a_{1n} \\ \vdots & & \vdots \\ a_{m1} & \cdots & a_{mn} \end{bmatrix} = (a_{ij})_{mn} = \underset{m \times n}{A} = A_{mn} = (a_{ij})$$

8.3. Definition

Eine mx1-Matrix $(m \geq 2)$ heißt <u>Spaltenvektor</u>.
Eine 1xn-Matrix $(n \geq 2)$ heißt <u>Zeilenvektor</u>.
Eine Zahl heißt auch <u>Skalar</u>.

In § 7 haben wir Vektoren als Spaltenvektoren eingeführt; tatsächlich hätten wir dort alternativ auch mit Zeilenvektoren arbeiten können. Wenn im folgenden von einem "Vektor" die Rede ist, spielt die Ordnung keine Rolle, oder es geht aus dem Zusammenhang oder der Bezeichnung hervor, ob ein Spalten- oder ein Zeilenvektor gemeint ist.

Beispiele:

(1) Der Preisvektor p und der Mengenvektor q aus der Weinbestellung in 8.1.

(2) $\begin{bmatrix} 3 \\ 10 \\ 16 \end{bmatrix}$, der (Spalten-) Vektor des Endverbrauchs in Tabelle 8.3.

(3) (6,1,5,3,15), die erste Zeile in Tabelle 8.3.

Zur Schreibweise

Im folgenden werden Vektoren und deren Komponenten mit lateinischen Kleinbuchstaben bezeichnet; um Verwechslungen zu vermeiden, unterstreichen wir den Namen eines Vektors:

$$\underline{b} = (b_1, b_2, \ldots, b_n)$$

$$\underline{c} = \begin{bmatrix} c_1 \\ c_2 \\ \vdots \\ c_k \end{bmatrix}$$

Matrizen und Vektoren dienen der einfacheren Darstellung vor allem großer Zahlenfelder; darüber hinaus sind Rechenoperationen für Matrizen und Vektoren definiert, die uns das Leben vereinfachen. Eine wichtige Anwendung der Matrizenrechnung ist z. B. das Lösen von (großen) Gleichungssystemen. (Vgl. § 9)

Im Zusammenhang mit dem Rechnen mit Matrizen und Vektoren ist das Summenzeichen von Bedeutung, das auch in der Statistik häufig verwendet wird.

8.4. Definition: Summenzeichen

$$\sum_{i=m}^{n} a_i = a_m + a_{m+1} + \ldots + a_n \qquad (n \geq m)$$

i heißt <u>Laufindex</u>.

Beispiele:

(1) $a_1 = 4$, $a_2 = 3$, $a_3 = 1$, $a_4 = 2$.

$$\sum_{i=1}^{4} a_i = a_1 + a_2 + a_3 + a_4 = 4 + 3 + 1 + 2 = 10$$

$$\sum_{i=2}^{3} a_i = a_2 + a_3 = 3 + 1 = 4$$

$$\sum_{j=2}^{4} a_j^2 = a_2^2 + a_3^2 + a_4^2 = 3^2 + 1^2 + 2^2 = 14$$

$$\sum_{i=2}^{2} a_i = a_2 = 3 \qquad \sum_{k=1}^{4} k = 1 + 2 + 3 + 4 = 10$$

(2) $\sum_{i=1}^{4} i = 1 + 2 + 3 + 4 = 10 = \sum_{j=1}^{4} j = \sum_{a=1}^{4} a = \ldots$

Der <u>Name</u> des Laufindex spielt keine Rolle! Beachten Sie den Unterschied zwischen den Summanden und ihrer Nummer (vgl. Sie dazu $\sum_{i=1}^{4} i$ mit $\sum_{i=1}^{4} a_i$ in (1).

$\sum_{j=0}^{2} j^2 = 0^2 + 1^2 + 2^2 = 5, \quad \sum_{j=0}^{2} 2^j = 2^0 + 2^1 + 2^2 = 7.$

Rechenregeln:

(1) $\sum_{j=m}^{n} (a_j + b_j) = \sum_{j=m}^{n} a_j + \sum_{j=m}^{n} b_j$

(2) $\sum_{j=m}^{n} c a_j = c \sum_{j=m}^{n} a_j$ \qquad (c = konstant)

(3) $\sum_{j=m}^{n} c = (n - m + 1) \cdot c$

Beispiele:

zu (1) $a_1 = 4, \quad b_1 = 1, \quad a_2 = 3, \quad b_2 = 5$

$\sum_{i=1}^{2} (a_i + b_i) = 5 + 8 = 13, \quad \sum_{i=1}^{2} a_i + \sum_{i=1}^{2} b_i = 7 + 6 = 13$

zu (2) $a_1 = 4, \quad a_2 = 3$

$\sum_{i=1}^{2} 3 \cdot a_i = 3 \sum_{i=1}^{2} a_i = 3 \cdot 7 = 21$

zu (3) $\sum_{i=1}^{3} 2 = 2 + 2 + 2 = 3 \cdot 2 = 6 \qquad (a_1 = 2, a_2 = 2, a_3 = 2)$

$\sum_{i=3}^{6} 2 = 2 + 2 + 2 + 2 = (6 - 3 + 1) \cdot 2 = 4 \cdot 2 = 8$

Achten Sie bei Rechenvorschriften mit dem Summenzeichen streng auf die Reihenfolge der Ausführung!

Z. B. ist im allgemeinen $\left(\sum_{j=1}^{n} a_j \right)^2 \neq \sum_{j=1}^{n} a_j^2$.

8.5. Definition (Mehrfachsummen)

$$\sum_{i=1}^{m} \sum_{j=1}^{n} a_{ij} = a_{11} + a_{12} + \ldots + a_{1n} \quad \left(= \sum_{j=1}^{n} \sum_{i=1}^{m} a_{ij} \right)$$
$$+ a_{21} + a_{22} + \ldots + a_{2n}$$
$$+ \ldots\ldots\ldots\ldots\ldots$$
$$+ a_{m1} + a_{m2} + \ldots + a_{mn}$$

Beispiel

$$A = \begin{bmatrix} a_{11} & a_{12} & a_{13} \\ a_{21} & a_{22} & a_{23} \end{bmatrix}$$

$\sum_{j=1}^{3} a_{1j} = a_{11} + a_{12} + a_{13}$ \quad 1. Zeilensumme

$\sum_{i=1}^{2} a_{i2} = a_{12} + a_{22}$ \quad 2. Spaltensumme

8.b Grundbegriffe und Bezeichnungen

8.6. Definition

Es sei $A = (a_{ij})_{mn}$, $B = (b_{ij})_{mn}$.

a) $A = B :\Longleftrightarrow a_{ij} = b_{ij}$ \quad $i = 1, \ldots, m; j = 1, \ldots, n$

   (<u>Gleichheit</u> von Matrizen)

b) A heißt <u>Nullmatrix</u>, wenn $a_{ij} = 0$ \quad $i = 1, \ldots, m; j = 1, \ldots, n$

   Entsprechend heißt ein Vektor <u>Nullvektor</u>, wenn alle seine Komponenten gleich null sind.

c) A heißt <u>quadratisch</u>, wenn $m = n$.

   Die Elemente $\begin{matrix} a_{11} \\ \ddots \\ a_{nn} \end{matrix}$ bilden die <u>Hauptdiagonale</u> einer quadratischen Matrix.

d) A heißt <u>Diagonalmatrix</u>, wenn $a_{ij} = 0$ für $i \neq j$:

$$A = \begin{bmatrix} a_{11} & 0 & \cdots & 0 \\ 0 & a_{12} & & \vdots \\ \vdots & & \ddots & 0 \\ 0 & \cdots & 0 & a_{nn} \end{bmatrix}$$

Gilt bei einer Diagonalmatrix $a_{11} = a_{22} = \ldots = a_{nn}$, so heißt sie auch <u>skalare</u> Matrix.

e) Gilt bei einer quadratischen Matrix $a_{ii} = 1$ ($i = 1, \ldots, n$) und $a_{ij} = 0$ für $i \neq j$, so heißt diese Matrix Einheitsmatrix (n-ter Ordnung) und wird mit E bezeichnet.

$$E = \begin{bmatrix} 1 & 0 & \cdots & 0 \\ 0 & 1 & & \vdots \\ \vdots & & \ddots & 0 \\ 0 & \cdots & 0 & 1 \end{bmatrix}$$

Der Vektor, dessen i-te Komponente gleich 1 und dessen restliche Komponenten gleich null sind, heißt <u>i-ter Einheitsvektor</u>:

$$\underline{e}_i = \begin{bmatrix} 0 \\ \vdots \\ 0 \\ 1 \\ 0 \\ \vdots \\ 0 \end{bmatrix} \leftarrow \text{i-te Stelle}$$

Es gilt also: $E = (\underline{e}_1, \underline{e}_2, \ldots, \underline{e}_n)$.

f) Eine quadratische Matrix, bei der sämtliche Elemente auf einer Seite der Hauptdiagonalen gleich Null sind, heißt <u>Dreiecksmatrix</u>:

$$\begin{bmatrix} a_{11} & a_{12} & \cdots & a_{1n} \\ 0 & a_{22} & \cdots & a_{2n} \\ \vdots & 0 & \ddots & \vdots \\ 0 & 0 & \cdots & a_{nn} \end{bmatrix} \qquad \begin{bmatrix} a_{11} & 0 & \cdots & 0 \\ a_{21} & a_{22} & & \vdots \\ \vdots & \vdots & \ddots & 0 \\ a_{n1} & a_{n2} & \cdots & a_{nn} \end{bmatrix}$$

<u>obere Dreiecksmatrix</u>   <u>untere Dreiecksmatrix</u>

g) Die Matrix $(a_{ji})_{nm}$ heißt Transponierte (Matrix) zu $A = (a_{ij})_{mn}$ und wird mit A^T oder A' bezeichnet:

$$A = \begin{bmatrix} a_{11} & a_{12} & \cdots & a_{1n} \\ a_{21} & a_{22} & \cdots & a_{2n} \\ \vdots & \vdots & & \vdots \\ a_{m1} & a_{m2} & \cdots & a_{mn} \end{bmatrix} \Rightarrow A' = \begin{bmatrix} a_{11} & a_{21} & \cdots & a_{m1} \\ a_{12} & a_{22} & \cdots & a_{m2} \\ \vdots & \vdots & & \vdots \\ a_{1n} & a_{2n} & \cdots & a_{mn} \end{bmatrix}$$

Man sieht: die Zeilen (Spalten) von A sind die Spalten (Zeilen) von A', in der selben Reihenfolge.

h) Gilt $A = A'$, so heißt eine quadratische Matrix <u>symmetrisch</u>.

<u>Beispiele:</u>

zu a) $\begin{bmatrix} 2 & 3 \\ 3 & 4 \end{bmatrix} = (a_{ij})_{22}$ mit $a_{ij} = i + j \quad i,j = 1,2$

$\begin{bmatrix} 1 & 2 \\ 3 & 4 \end{bmatrix} \neq \begin{bmatrix} 1 & 3 \\ 2 & 4 \end{bmatrix}$, $\begin{bmatrix} 1 & 2 \\ 3 & 4 \end{bmatrix} = \begin{bmatrix} 1 & 3 \\ 2 & 4 \end{bmatrix}^T$

zu b) $\begin{bmatrix} 0 & 0 & 0 \\ 0 & 0 & 0 \end{bmatrix}$, $\begin{bmatrix} 0 \\ 0 \end{bmatrix}$, $(0 \ 0 \ 0)$

$\begin{bmatrix} 0 & 0 \\ 0 & 0 \\ 0 & 0 \\ 0 & 0 \end{bmatrix}$; $0_{5,6}$ bezeichnet die 5x6-Nullmatrix.

zu c) $\begin{bmatrix} 1 & 2 \\ 3 & 4 \end{bmatrix}$, $\begin{bmatrix} 1 & 2 & 3 \\ 4 & 5 & 6 \\ 7 & 8 & 9 \end{bmatrix}$, $\begin{bmatrix} a_{11} & \cdots & a_{1n} \\ \vdots & & \vdots \\ a_{n1} & \cdots & a_{nn} \end{bmatrix}$

sind quadratisch.

zu d) $\begin{bmatrix} 1 & 0 & 0 & 0 \\ 0 & 2 & 0 & 0 \\ 0 & 0 & 3 & 0 \\ 0 & 0 & 0 & 4 \end{bmatrix}$, $\begin{bmatrix} 1 & 0 & 0 \\ 0 & 0 & 0 \\ 0 & 0 & -1 \end{bmatrix}$ Diagonalmatrizen

$\begin{bmatrix} 3 & 0 & 0 \\ 0 & 3 & 0 \\ 0 & 0 & 3 \end{bmatrix}$ skalare Matrix

zu g) $\begin{bmatrix} 1 & 2 \\ 3 & 4 \\ 5 & 6 \end{bmatrix} = \begin{bmatrix} 1 & 3 & 5 \\ 2 & 4 & 6 \end{bmatrix}$

zu h) $\begin{bmatrix} 1 & 2 & 3 \\ 2 & 4 & 5 \\ 3 & 5 & 6 \end{bmatrix}$ ist symmetrisch.

Jede Diagonalmatrix ist symmetrisch.

8.c   Elementare Matrizenrechnung

Matrizenaddition und -subtraktion

Ein Betrieb produziert die Güter I und II und verkauft diese an die Kunden A,B,C wie folgt:

1. Halbjahr 1986			
Kunde: Gut	A	B	C
I	12	8	0
II	7	5	20

2. Halbjahr 1986			
Kunde: Gut	A	B	C
I	13	12	5
II	13	7	8

Die gesamten Verkäufe des Jahres 1984 erhalten wir durch Addition der entsprechenden Größen der beiden Halbjahre:

1986			
Kunde: Gut	A	B	C
I	25	20	5
II	20	12	28

Dieses Beispiel verallgemeinern wir wie folgt (vgl. auch Definition 7.2)

8.7. Definition

Zwei Matrizen gleicher Ordnung, $A = (a_{ij})_{mn}$ und $B = (b_{ij})_{mn}$ werden addiert (subbtrahiert), indem man die Elemente mit gleichen Indexpaaren addiert (subtrahiert):

$$A + B = (a_{ij}) + (b_{ij}) := (a_{ij} + b_{ij})$$

$$\begin{bmatrix} a_{11} & \cdots & a_{1n} \\ \vdots & & \vdots \\ a_{m1} & \cdots & a_{mn} \end{bmatrix} + \begin{bmatrix} b_{11} & \cdots & b_{1n} \\ \vdots & & \vdots \\ b_{m1} & \cdots & b_{mn} \end{bmatrix} = \begin{bmatrix} a_{11}+b_{11} & \cdots & a_{1n}+b_{1n} \\ \vdots & & \vdots \\ a_{m1}+b_{m1} & \cdots & a_{mn}+b_{mn} \end{bmatrix}$$

Weitere Beispiele:

(1) $\begin{bmatrix} 1 \\ 2 \\ 0 \end{bmatrix} + \begin{bmatrix} 0 \\ 1 \\ 2 \end{bmatrix} = \begin{bmatrix} 1 \\ 3 \\ 2 \end{bmatrix}$

(2) $\begin{bmatrix} 1 \\ 2 \\ 0 \end{bmatrix} + (0 \ 1 \ 2)$ ist nicht definiert.

(3) $A = \begin{bmatrix} 1 & 2 \\ 3 & 4 \\ 5 & 6 \end{bmatrix}$, $B = \begin{bmatrix} -3 & -2 \\ 1 & -5 \\ 4 & 3 \end{bmatrix}$, $A + B = \begin{bmatrix} -2 & 0 \\ 4 & -1 \\ 9 & 9 \end{bmatrix}$

(4) Bestimme C so, daß $A + B - C = 0$. Offensichtlich löst $C = A + B$ diese Gleichung.

Leicht nachprüfbar ist:

8.8. Satz

Für die Addition von Matrizen gilt:

(a) $A + B = B + A$ \qquad Kommutativgesetz

(b) $(A + B) + C = A + (B + C)$ \qquad Assoziativgesetz

Multiplikation einer Matrix mit einem Skalar

Die Außenhandelsbeziehungen dreier Länder A, B, C seien in den folgenden Tabellen dargestellt:

Werte in US $ Werte in DM

↑	A	B	C
A	0	12	5
B	6	0	4
C	3	16	0

↑	A	B	C
A	0	24	10
B	12	0	8
C	6	32	0

Bei einem Wechselkurs von 2 DM/$ ergibt sich die rechte Tabelle durch Multiplikation jedes einzelnen Elements der linken Tabelle mit 2.

Wir verallgemeinern (vgl. auch Definition 7.3):

8.9. Definition

Eine **Matrix A** wird mit einem **Skalar c multipliziert**, indem man jedes Element der Matrix mit c multipliziert:

$$cA = c(a_{ij}) := (ca_{ij})$$

Beispiel:

$$2 \cdot \begin{bmatrix} 1 & -4 \\ 2 & 0 \\ 3 & 1 \end{bmatrix} = \begin{bmatrix} 2 & -8 \\ 4 & 0 \\ 6 & 2 \end{bmatrix}$$

$$-\begin{bmatrix} 1 & -4 \\ 2 & 0 \\ 3 & 1 \end{bmatrix} = \begin{bmatrix} -1 & +4 \\ -2 & 0 \\ -3 & -1 \end{bmatrix}$$

Skalarprodukt von Vektoren

Wir erinnern uns an die Weinbestellung in 8.1.:

$$\underline{q} = \begin{bmatrix} 12 \\ 6 \\ 6 \\ 0 \\ 1 \\ 0 \end{bmatrix} \text{ Flaschen zu } \underline{p} = \begin{bmatrix} 7{,}70 \\ 8{,}90 \\ 9{,}60 \\ 11{,}60 \\ 11{,}90 \\ 16{,}50 \end{bmatrix} \text{ DM/Flasche.}$$

Gesamtwert der Bestellung:

12 · 7,70 + 6 · 8,90 + 6 · 9,60 + 0 · 11,60 + 1 · 11,90 + 0 · 16,50 = 215,30 DM

Wir verallgemeinern:

8.10. Definition (Skalarprodukt)

gegeben: $a = (a_1, \ldots, a_n)$, $b = \begin{bmatrix} b_1 \\ \vdots \\ b_n \end{bmatrix}$

$$ab := \sum_{i=1}^{n} a_i b_i$$

Beispiele:

(1) Weinbestellung: $\underline{q}'\underline{p} = (12\ \ 6\ \ 6\ \ 0\ \ 1\ \ 0) \begin{bmatrix} 7,70 \\ 8,90 \\ 9,60 \\ 11,60 \\ 11,90 \\ 16,50 \end{bmatrix} = 215,30$

(2) $(1\ \ 1\ \ 1\ \ 1\ \ 1\ \ 1) \begin{bmatrix} 7,70 \\ 8,90 \\ 9,60 \\ 11,60 \\ 11,90 \\ 16,50 \end{bmatrix} = 66,20$

Man beachte, daß der Vektor (1 1 1 1 1 1) gerade die Addition der Elemente eines 6x1-Spaltenvektors bewirkt.

Matrizenmultiplikation

8.11. Definition

Es seien $A = (a_{ij})_{mn}$, $B = (b_{jk})_{np}$

$$AB := \left(\sum_{j=1}^{n} a_{ij} b_{jk} \right)_{mp}$$

$$= \begin{bmatrix} \sum_{j=1}^{n} a_{1j} b_{j1} & \cdots\cdots & \sum_{j=1}^{n} a_{1j} b_{jk} \\ \vdots & & \vdots \\ \sum_{j=1}^{n} a_{mj} b_{j1} & \cdots\cdots & \sum_{j=1}^{n} a_{mj} b_{jk} \end{bmatrix}$$

Wir erläutern im folgenden diese Definition und geben einige Hilfen zum Einüben der Matrizenmultiplikation.

Sollen zwei Matrizen A, B miteinander multipliziert werden, muß zuerst überprüft werden, ob sie zueinander passen: Die obige Definition verlangt für die Bildung des Produktes AB, daß die Spaltenzahl von A und die Zeilenzahl von B übereinstimmen. Das Produkt hat dann so viele Zeilen wie A und so viele Spalten wie B:

$$C = \underset{m \times n}{A} \circ \underset{n \times p}{B}$$
$$= \underset{m \times p}{}$$

Das Element Nr. i, k ist:

$$c_{ik} = \sum_{j=1}^{n} a_{ij} b_{jk} = \underline{a}_{i.} \cdot \underline{b}_{.k} \quad ,$$

wobei $\underline{a}_{i.}$ die i-te Zeile von A und $\underline{b}_{.k}$ die k-te Spalte von B bezeichnet. Wir können dies wie folgt veranschaulichen:

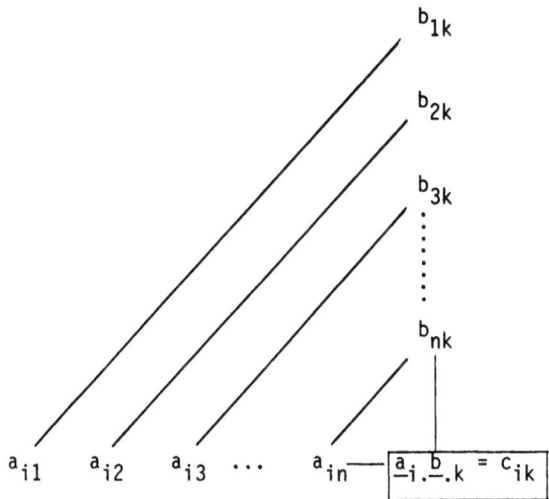

Wir erweitern dieses Schema zur Falkschen Anordnung, die für Anfänger die Multiplikation zweier Matrizen A und B erleichtern soll:

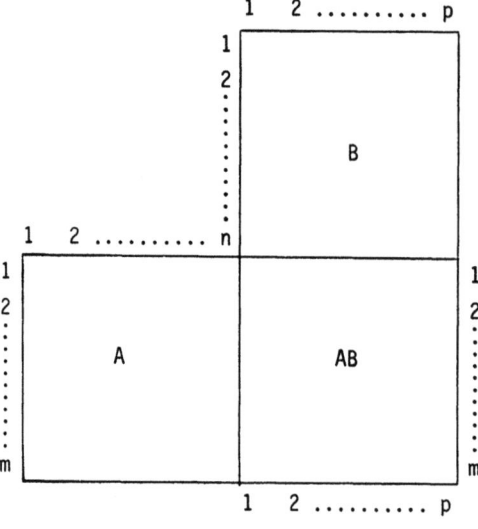

Anzahl Spalten in A
=
Anzahl Zeilen in B

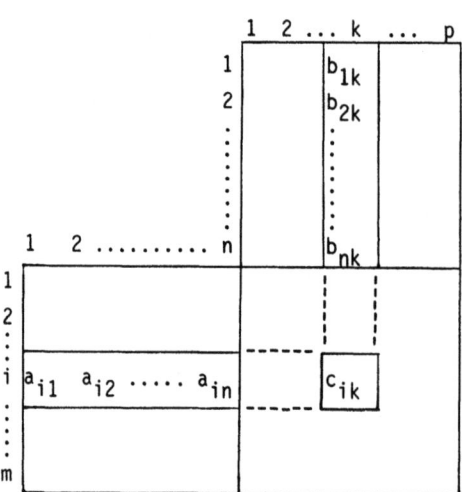

Dieses Schema läßt sich für die Multiplikation von mehr als drei Matrizen weiterführen, indem man das Ergebnis als linken Faktor benutzt und etwa eine dritte Matrix C rechts oben neben B anfügt:

```
                    ┌──────────┐
                    │          │
                    │          │
              ┌─────┤    D     │
              │  B  │          │
              │     │          │
        ┌─────┼─────┼──────────┤
        │     │     │          │
        │  A  │ AB  │   ABD    │
        │     │     │          │
        └─────┴─────┴──────────┘
```

Beispiele:

(1)

$$A = \begin{bmatrix} 1 & 0 \\ -2 & 1 \\ 3 & 1 \end{bmatrix} \quad B = \begin{bmatrix} 1 & 3 & 4 \\ 2 & 1 & 0 \end{bmatrix}$$

			1	1	3	4
		1	2	2	1	0
1	1	0		1	3	4
2	-2	1		0	-5	-8
3	3	1		5	10	12

$$AB = \begin{bmatrix} 1 & 3 & 4 \\ 0 & -5 & -8 \\ 5 & 10 & 12 \end{bmatrix}$$

(2) Ist $B = (\underline{b}_1, \underline{b}_2, \ldots, \underline{b}_n)$, so ist $AB = (A\underline{b}_1, A\underline{b}_2, \ldots, A\underline{b}_n)$, d. h. eine Spalte in der Produkt-Matrix ist das Produkt von A und der entsprechenden Spalte in B.

(3) In einem zweistufigen Produktionsprozeß werden in der ersten Stufe zwei Rohstoffe R1 und R2 zu drei Zwischenprodukten Z1, Z2, Z3 und diese in der zweiten Stufe zu zwei Endprodukten E1, E2 verarbeitet.

Die linke Tabelle gibt an, wieviel von jedem Rohstoff zur Produktion je einer Einheit des jeweiligen Zwischenproduktes benötigt wird; die rechte Tabelle gibt die pro Einheit Endprodukt benötigte Menge an Zwischenprodukten an.

1. Stufe

	Z1	Z2	Z3
R1	1	2	3
R2	6	5	4

R

2. Stufe

	E1	E2
Z1	1	0
Z2	4	2
Z3	2	3

Z

Wenn wir wissen wollen, welche Mengen an Rohstoffen zur Produktion einer Einheit der Endprodukte benötigt werden, bilden wir das Produkt RZ:

	E1	E2
R1	15	13
R2	34	22

Man beachte, daß die Einheiten, in denen die Größen gemessen sind, bei der Matrizenmultiplikation zusammenpassen; z. B. für das Element 2, 1 in der letzten Tabelle:

$$6 \cdot 1 + 5 \cdot 4 + 4 \cdot 2 = 34$$

$$\left[\frac{R2}{Z1}\right] \cdot \left[\frac{Z1}{E1}\right] + \left[\frac{R2}{Z2}\right] \cdot \left[\frac{Z2}{E1}\right] + \left[\frac{R2}{Z3}\right]\left[\frac{Z3}{E1}\right] = \left[\frac{R2}{E1}\right]$$

(4) $\underline{a} = \begin{pmatrix} 2 \\ 1 \end{pmatrix}$, $\underline{b}^T = (-1\ 3\ 2)$, $D = \begin{bmatrix} 0 & 4 & -2 \\ 1 & 2 & 1 \\ 0 & 0 & -3 \end{bmatrix}$

				0	4	-2
	-1	3	2	1	2	1
				0	0	-3
2	-2	6	4	6	4	-2
1	-1	3	2	3	2	-1

$\underline{a}$ $\underline{a}\underline{b}^T$ $\underline{a}\underline{b}^T D$

$$\underline{a}\underline{b}^T D = \begin{bmatrix} 6 & 4 & -2 \\ 3 & 2 & -1 \end{bmatrix}$$

Es gelten folgende Regeln für die Matrizenmultiplikation (vgl. auch Abschnitt 7.4):

8.12. Satz

Für Matrizen A, B, C von passender Ordnung gilt:

a) i. a. $AB \neq BA$

b) $A(BC) = (AB)C =: ABC$

c) $A(B+C) = AB + AC$
   $(A+B)C = AC + BC$

d) $(AB)' = B'A'$

e) $AE = EA = A$

f) $A0 = 0 \cdot A = 0$ mit Nullmatrix 0.

g) mit $A^n := \underbrace{A \cdot A \cdot \ldots A}_{n\text{-mal}}$ gilt:

$A^n A^m = A^{n+m}$

$(A^n)^m = A^{nm}$

Beachten Sie, daß die Rechenregeln für Matrizen zum größten Teil die gleichen sind wie für reelle Zahlen. Beachten Sie aber insbesondere auch die Unterschiede: zum Beispiel, daß die Matrizenmultiplikation nicht kommutativ ist (s. 8.12 a) und daß keine Matrizendivision erklärt ist.

Beispiele siehe Übungsaufgaben, Abschnitt 8.g.

8.d Rang einer Matrix, Elementaroperationen

Satz 7.11 sagt, daß die Frage, ob k Vektoren $\underline{a}_1, \underline{a}_2, \ldots, \underline{a}_k$ linear unabhängig sind, gleichbedeutend damit ist, ob das Gleichungssystem

$$x_1\underline{a}_1 + x_2\underline{a}_2 + \ldots + x_k\underline{a}_k = 0$$

nur die Lösung $x_i = 0$ ($i = 1, \ldots, k$) besitzt.

Mit

$$A = (\underline{a}_1, \ldots, \underline{a}_k) = \begin{bmatrix} a_{11} & \cdots & a_{1k} \\ \vdots & & \vdots \\ a_{n1} & \cdots & a_{nk} \end{bmatrix}, \quad \underline{x} = \begin{bmatrix} x_1 \\ x_2 \\ \vdots \\ x_k \end{bmatrix}$$

läßt sich dieses Gleichungssystem auch schreiben als:

$$A\underline{x} = \underline{0}.$$

Wir modifizieren das oben gestellte Problem etwas und fragen nun: Welches ist die größtmögliche Anzahl linear unabhängiger Spalten in A?

8.13. Definition

Die maximale Anzahl linear unabhängiger Spalten in einer Matrix A heißt <u>Spaltenrang</u>; die maximale Anzahl linear unabhängiger Zeilen heißt <u>Zeilenrang</u>.

Wir betrachten als Beispiel die 3x2-Matrix

$$\begin{bmatrix} 1 & 1 \\ 1 & 0 \\ 0 & 1 \end{bmatrix}$$

Es gilt: Zeile 1 = Zeile 2 + Zeile 3.
        Zeile 2 und Zeile 3 sind linear unabhängig.
        → Zeilenrang = 2.

Für die Spalten: Spalte 1 und Spalte 2 sind linear unabhängig
        → Spaltenrang = 2.

Ohne Beweis verallgemeinern wir dieses Beispiel:

8.14. Satz

Für jede Matrix A gilt: Spaltenrang = Zeilenrang. Man schreibt daher kurz Rang von A, rg A, r(A). Falls A = 0, setzen wir rg A = 0.

Hieraus folgt sofort:

8.15. Satz

Für eine mxn-Matrix A gilt: $r(A) \leq \min(m,n)$.

Im folgenden geht es um die Frage, wie die maximale Anzahl linear unabhängiger Spalten/Zeilen in einer Matrix bestimmt werden kann. Hierzu dient folgende Definition.

8.16. Definition

Unter elementaren Zeilenumformungen einer Matrix

$$A = \begin{bmatrix} \underline{a}_{1.} \\ \underline{a}_{2.} \\ \vdots \\ \underline{a}_{m.} \end{bmatrix}$$

versteht man die Operationen:

I. Addition des α-fachen einer Zeile von A zu einer anderen Zeile von A:

$$\begin{bmatrix} \vdots \\ \underline{a}_{k.} \\ \vdots \\ \underline{a}_{\ell.} \\ \vdots \end{bmatrix} \qquad \begin{bmatrix} \vdots \\ \underline{a}_{k.} + \alpha \underline{a}_{\ell.} \\ \vdots \\ \underline{a}_{\ell.} \\ \vdots \end{bmatrix}$$

II. Multiplikation einer Zeile von A mit einer Zahl $\alpha \neq 0$.

$$\begin{bmatrix} \vdots \\ \underline{a}_{k.} \\ \vdots \end{bmatrix} \qquad \begin{bmatrix} \vdots \\ \alpha \underline{a}_{k.} \\ \vdots \end{bmatrix}$$

III. Vertauschung zweier Zeilen von A:

$$\begin{bmatrix} \vdots \\ \underline{a}_{k.} \\ \vdots \\ \underline{a}_{\ell.} \\ \vdots \end{bmatrix} \qquad \begin{bmatrix} \vdots \\ \underline{a}_{\ell.} \\ \vdots \\ \underline{a}_{k.} \\ \vdots \end{bmatrix}$$

Entsprechend definiert man elementare Spaltenumformungen.

Beispiele:

$$A = \begin{bmatrix} 1 & 0 & -1 & 2 \\ 2 & 4 & 2 & 1 \\ 1 & 4 & 0 & 0 \end{bmatrix}$$

I. Zeile 2 + Zeile 3 ($\alpha = 1$):

$$A \longrightarrow \begin{bmatrix} 1 & 0 & -1 & 2 \\ 3 & 8 & 2 & 1 \\ 1 & 4 & 0 & 0 \end{bmatrix}$$

II. $2 \cdot$ Zeile 1 ($\alpha = 2$):

$$A \longrightarrow \begin{bmatrix} 2 & 0 & -2 & 4 \\ 2 & 4 & 2 & 1 \\ 1 & 4 & 0 & 0 \end{bmatrix}$$

III. Vertausche Zeile 1 und Zeile 2:

$$A \longrightarrow \begin{bmatrix} 2 & 4 & 2 & 1 \\ 1 & 0 & -1 & 2 \\ 1 & 4 & 0 & 0 \end{bmatrix}$$

Diese Operationen können auch als Matrizenmultiplikationen aufgefaßt werden:

I. $\begin{bmatrix} 1 & 0 & 0 \\ 0 & 1 & 1 \\ 0 & 0 & 1 \end{bmatrix} \begin{bmatrix} 1 & 0 & -1 & 2 \\ 2 & 4 & 2 & 1 \\ 1 & 4 & 0 & 0 \end{bmatrix} = \begin{bmatrix} 1 & 0 & -1 & 2 \\ 3 & 8 & 2 & 1 \\ 1 & 4 & 0 & 0 \end{bmatrix}$

II. $\begin{bmatrix} 2 & 0 & 0 \\ 0 & 1 & 0 \\ 0 & 0 & 1 \end{bmatrix} \begin{bmatrix} 1 & 0 & -1 & 2 \\ 2 & 4 & 2 & 1 \\ 1 & 4 & 0 & 0 \end{bmatrix} = \begin{bmatrix} 2 & 0 & -2 & 4 \\ 2 & 4 & 2 & 1 \\ 1 & 4 & 0 & 0 \end{bmatrix}$

III. $\begin{bmatrix} 0 & 1 & 0 \\ 1 & 0 & 0 \\ 0 & 0 & 1 \end{bmatrix} \begin{bmatrix} 1 & 0 & -1 & 2 \\ 2 & 4 & 2 & 1 \\ 1 & 4 & 0 & 0 \end{bmatrix} = \begin{bmatrix} 2 & 4 & 2 & 1 \\ 1 & 0 & -1 & 2 \\ 1 & 4 & 0 & 0 \end{bmatrix}$

8.17. Bemerkung

Jede mxn-Matrix A mit $m \leq n$ läßt sich durch (endliche viele) elementare Zeilenumformungen in eine mxn-Matrix der folgenden Form überführen:

$$B = \begin{bmatrix} b_{11} & b_{12} & \cdots\cdots & b_{1m} & \cdots\cdots & b_{1n} \\ 0 & b_{22} & & \vdots & & \vdots \\ \vdots & & \ddots & \vdots & & \vdots \\ \vdots & & & \vdots & & \vdots \\ 0 & \cdots\cdots & 0 & b_{mm} & \cdots\cdots & b_{mn} \end{bmatrix}$$

Beispiel:

$$\begin{bmatrix} 1 & 0 & -1 & 2 \\ 2 & 4 & 2 & 1 \\ 1 & 4 & 0 & 0 \end{bmatrix} \xrightarrow{Z3 \cdot (-1):} \begin{bmatrix} 1 & 0 & -1 & 2 \\ 2 & 4 & 2 & 1 \\ -1 & -4 & 0 & 0 \end{bmatrix} \xrightarrow{Z3 + Z1}$$

$$\xrightarrow{} \begin{bmatrix} 1 & 0 & -1 & 2 \\ 2 & 4 & 2 & 1 \\ 0 & -4 & -1 & 2 \end{bmatrix} \xrightarrow{-2 \cdot Z1} \begin{bmatrix} -2 & 0 & 2 & -4 \\ 2 & 4 & 2 & 1 \\ 0 & -4 & -1 & 2 \end{bmatrix} \xrightarrow{Z2 + Z1}$$

$$\xrightarrow{} \begin{bmatrix} -2 & 0 & 2 & -4 \\ 0 & 4 & 4 & -3 \\ 0 & -4 & -1 & 2 \end{bmatrix} \xrightarrow{Z3 + Z2} \begin{bmatrix} -2 & 0 & 2 & -4 \\ 0 & 4 & 4 & 3 \\ 0 & 0 & 3 & -1 \end{bmatrix}$$

Es gilt der folgende wichtige Satz:

8.18. Satz

a) Ist die Matrix B durch endlich viele elementare Zeilenumformungen und Spaltenumformungen aus der Matrix A entstanden, so gilt:

$\text{rg } A = \text{rg } B$.

b) Jede mxn-Matrix A mit rg (A) = k läßt sich durch endlich viele elementare Zeilen- und Spaltenumformungen auf folgende Form bringen:

$$B = \begin{bmatrix} b_{11} & \cdots\cdots\cdots\cdots & b_{1n} \\ 0 & \ddots & \vdots \\ \vdots & \ddots & \\ \vdots & \ddots b_{kk} & \cdots\cdots b_{kn} \\ 0 & \cdots 0 & \cdots\cdots 0 \\ \vdots & \vdots & \vdots \\ 0 & \cdots 0 & \cdots\cdots 0 \end{bmatrix}$$

mit $b_{ii} \neq 0$ für $i = 1, 2, \ldots, k$.

c) Jede mxn-Matrix A mit rg(A) = k läßt sich durch endlich viele elementare Zeilenumformungen und Spaltenvertauschungen auf folgende Form bringen:

$$C = \begin{bmatrix} 1 & 0 & \cdots & 0 & c_{1,k+1} & \cdots & c_{1n} \\ 0 & \ddots & \ddots & \vdots & \vdots & & \vdots \\ \vdots & \ddots & \ddots & 0 & \vdots & & \vdots \\ 0 & \cdots & 0 & 1 & c_{k,k+1} & \cdots & c_{kn} \\ 0 & \cdots\cdots & 0 & \cdots\cdots & 0 \\ \vdots & & \vdots & & \vdots \\ 0 & \cdots\cdots & 0 & \cdots\cdots & 0 \end{bmatrix}.$$

Satz 8.18 a,b liefert uns ein einfaches Rezept für die <u>Rangbestimmung einer Matrix A</u>:

‖ Bringe A durch elementare Zeilenumformungen und Spaltenvertauschungen auf die ‖
‖ Form B. Dann ist rg A = k. ‖

Dieses Verfahren ist als Gauß-Algorithmus bekannt.

<u>Beispiel 1</u>: (Vgl. Beispiel unter 8.17)

$$A = \begin{bmatrix} 1 & 0 & -1 & 2 \\ 2 & 4 & 2 & 1 \\ 1 & 4 & 0 & 0 \end{bmatrix}$$

$$B = \begin{bmatrix} -2 & 0 & 2 & -4 \\ 0 & 4 & 4 & -3 \\ 0 & 0 & 3 & -1 \end{bmatrix}$$

Rg B = 3, denn die ersten drei Spalten sind sicher linear unabhängig. D. h. also auch rg A = 3.

Das Ablaufschema auf der folgenden Seite soll die Rangbestimmung erleichtern. Beachten Sie, daß die dort unter I aufgeführte Operation "Mache Spalte 1 zur letzten Spalte" sich aus einer Reihe von Spaltenvertauschungen zusammensetzt.

<u>Beispiel 2</u>:

$$A = \begin{bmatrix} 3 & 2 & 0 \\ 1 & 1 & 2 \\ 1 & 2 & 3 \end{bmatrix} \xrightarrow{\begin{array}{c} -3 \cdot Z2 \\ -3 \cdot Z3 \end{array}} \begin{bmatrix} 3 & 2 & 0 \\ -3 & -3 & -6 \\ -3 & -6 & -9 \end{bmatrix} \xrightarrow{\begin{array}{c} Z2+Z1 \\ Z3+Z1 \end{array}} \begin{bmatrix} 3 & 2 & 0 \\ 0 & -1 & -6 \\ 0 & -4 & -9 \end{bmatrix} \longrightarrow$$

$$\xrightarrow{-4 \cdot Z2} \begin{bmatrix} 3 & 2 & 0 \\ 0 & 4 & 24 \\ 0 & -4 & -9 \end{bmatrix} \xrightarrow{Z3+Z2} \begin{bmatrix} 3 & 2 & 0 \\ 0 & 4 & 24 \\ 0 & 0 & 13 \end{bmatrix} \quad \text{rg A = 3}$$

<u>Beispiel 3</u>:

$$B = \begin{bmatrix} 0 & 0 & 4 & 0 & 8 \\ 0 & 3 & 1 & 0 & -3 \\ 0 & 3 & 3 & 0 & 1 \end{bmatrix} \xrightarrow{Sp1 \to Sp5} \begin{bmatrix} 0 & 4 & 0 & 8 & 0 \\ 3 & 1 & 0 & -3 & 0 \\ 3 & 3 & 0 & 1 & 0 \end{bmatrix} \xrightarrow{Z1 \leftrightarrow Z3}$$

$$\longrightarrow \begin{bmatrix} 3 & 3 & 0 & 1 & 0 \\ 3 & 1 & 0 & -3 & 0 \\ 0 & 4 & 0 & 8 & 0 \end{bmatrix} \xrightarrow{Z2-Z1} \begin{bmatrix} 3 & 3 & 0 & 1 & 0 \\ 0 & -2 & 0 & -4 & 0 \\ 0 & 4 & 0 & 8 & 0 \end{bmatrix} \xrightarrow{Z3+2 \cdot Z2}$$

$$\longrightarrow \begin{bmatrix} 3 & 3 & 0 & 1 & 0 \\ 0 & -2 & 0 & -4 & 0 \\ 0 & 0 & 0 & 0 & 0 \end{bmatrix} \quad \text{rg B = 2}$$

Rangbestimmung einer Matrix durch den Gauß-Algorithmus   (I)

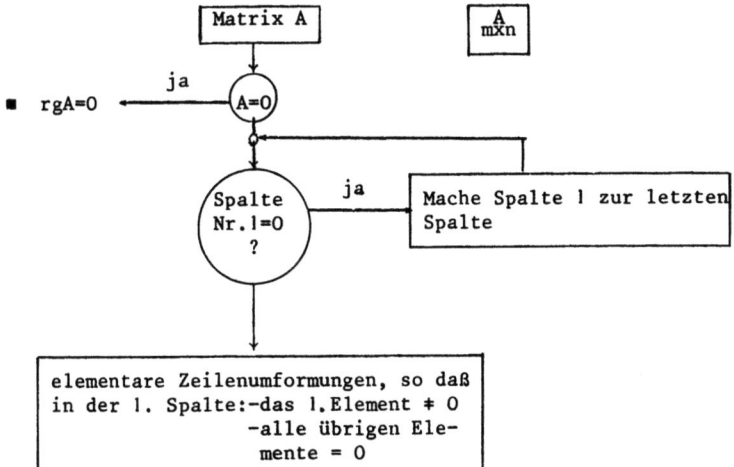

//

Die umgeformte Matrix hat folgendes Aussehen: (II)

$$\begin{bmatrix} \neq 0 & \vdots & \text{Zeile 1} \\ \cdots & \cdots & \cdots \\ 0 & \vdots & \\ \vdots & \vdots & \tilde{A} \\ 0 & \vdots & \end{bmatrix}_{mn}$$

Man läßt nun Zeile 1 und Spalte 1 unverändert und behandelt $\tilde{A}$ nach Schema (I).

Dabei: $\boxed{\text{rg } \tilde{A} = 0} \rightarrow \boxed{\text{rg } A = 1}$ ■

Die umgeformte Matrix hat folgendes Aussehen:

$$\begin{bmatrix} \boxed{\neq 0} & & \vdots & \text{Zeile 1} \\ 0 & \boxed{\neq 0} & \vdots & \text{Zeile 2} \\ \cdots & \cdots & \cdots & \cdots \\ 0 & 0 & \vdots & \\ \vdots & \vdots & \vdots & \tilde{\tilde{A}} \\ 0 & 0 & \vdots & \end{bmatrix}_{mn}$$

Man läßt nun die ersten 2 Zeilen und Spalten unverändert und behandelt $\tilde{\tilde{A}}$ nach

Schema (I). $\boxed{\text{rg } \tilde{\tilde{A}} = 0} \rightarrow \boxed{\text{rg } A = 2}$ ■

//

Analog (II) rechnet man solange, bis die Matrix auf folgender Form ist:

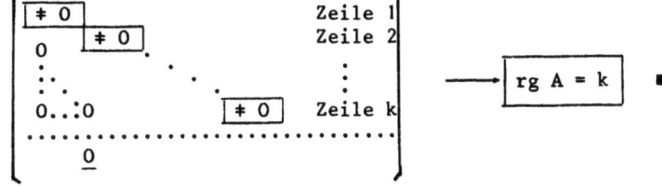

8.19. Definition

Hat eine mxn-Matrix Rang m, so sagt man, sie hat vollen <u>Zeilenrang</u>; ist ihr Rang gleich n, so sagt man, sie hat <u>vollen Spaltenrang</u>.
Hat eine quadratische nxn-Matrix Rang n, so heißt sie <u>regulär</u>; ist ihr Rang kleiner als n, heißt sie <u>singulär</u>.

8.e   Inverse Matrizen

8.20.   Problemstellung

Z. B. die Gleichung

$$5x = 10$$

lösen wir, indem wir beide Seiten durch 5 dividieren:

$$x = 2$$

ist die Lösung. Allgemein ist die Lösung einer Gleichung

$$ax = b \qquad (*)$$

mit $a \neq 0$:

$$x = a^{-1}b. \quad (\text{oder } x = \frac{b}{a})$$

<u>Lösungsprinzip</u>: Multipliziere die Gleichung (*) mit der Zahl, die mit dem Koeffizienten a multipliziert eins ergibt.

Wir betrachten nun eine Matrixgleichung

$$\underset{mxn}{A}\, \underline{x} = \underline{b} \qquad (**)$$

und fragen: Läßt sich diese Gleichung nach dem Vektor $\underline{x}$ auflösen? Entsprechend dem Lösungsverfahren wie in (*) können wir fragen: Gibt es eine Matrix B, so daß BA = E? Denn dann folgt aus (**):

$$BA\underline{x} = B\underline{b}$$
$$E\underline{x} = B\underline{b}$$
$$\underline{x} = B\underline{b}$$

Wir überlegen uns nun, daß es eine solche Matrix nicht immer gibt. Ein Beispiel für die Gleichung (**) ist

$$\begin{bmatrix} 4 & 3 \\ -1 & 6 \end{bmatrix} \begin{bmatrix} x_1 \\ x_2 \end{bmatrix} = \begin{bmatrix} 10 \\ 11 \end{bmatrix} \qquad (I)$$

Zeilenweise geschrieben, wird dies zu

$$4x_1 + 3x_2 = 10$$
$$-x_1 + 6x_2 = 11 \ .$$

Dieses Gleichungssystem hat eine eindeutige Lösung:

$$\begin{bmatrix} x_1 \\ x_2 \end{bmatrix} = \begin{bmatrix} 1 \\ 2 \end{bmatrix} \ .$$

Im Gegensatz dazu hat das Gleichungssystem

$$4x_1 + 3x_2 = 10$$
$$-10x_1 - 7{,}5x_2 = -25 \quad\quad\quad (II)$$

keine eindeutige Lösung. Dies hat seinen Grund darin, daß die zweite Gleichung ein Vielfaches der ersten ist und daher keine zusätzliche Information enthält. Dies bedeutet u. a., daß die Koeffizientenmatrix

$$\begin{bmatrix} 4 & 3 \\ -10 & -7{,}5 \end{bmatrix}$$

singulär ist. Im Fall (I) ist sie dagegen regulär.

<u>Allgemein gilt:</u>

8.21. Satz

Ist für eine nxn-Matrix A rg A = n, so existiert eine Matrix B, für die gilt

$$BA = E = AB$$

A heißt dann <u>invertierbar</u>, B heißt <u>inverse Matrix</u> zu A (kurz Inverse), wird mit A^{-1} bezeichnet und ist eindeutig bestimmt.

Berechnung der Inversen

Wir erinnern uns, daß elementare Zeilenumformungen mit Hilfe von Matrixmultiplikationen darstellbar sind. Die drei elementaren Zeilenumformungen in einer Matrix A sind gleichbedeutend mit der "<u>Prämultiplikation</u>" von A mit sogenannten <u>Elementarmatrizen</u>.

I. Addition von Zeile ℓ zu Zeile k:

$$\begin{array}{c} \\ k \\ \vdots \\ \ell \\ \\ \end{array} \begin{bmatrix} 1 & & & & & 0 \\ & \ddots & & & & \\ & & 1 \cdots 1 & & & \\ & & & \ddots & & \\ & & & & 1 & \\ & & & & & \ddots \\ 0 & & & & & 1 \end{bmatrix} \cdot A$$

$\;\;\;\;k\;\;\ell$

II. Multiplikation von Zeile k mit $\alpha \neq 0$:

$$k \begin{bmatrix} 1 & & & & 0 \\ & \ddots & & & \\ & & 1 & & \\ & & \alpha & & \\ & & & 1 & \\ & & & & \ddots \\ 0 & & & & 1 \end{bmatrix} \cdot A$$

III. Vertauschen von Zeile k mit Zeile ℓ:

$$\begin{array}{c} \\ k \\ \vdots \\ \ell \\ \\ \end{array} \begin{bmatrix} 1 & & & & & 0 \\ & \ddots & & & & \\ & & 1 & & & \\ & & 0 \cdots 1 & & & \\ & & \vdots & & & \\ & & 1 \cdots 0 & & & \\ & & & 1 & & \\ & & & & \ddots & \\ 0 & & & & & 1 \end{bmatrix} \cdot A$$

Dies machen wir uns zunutze, um die Inverse einer Matrix zu berechnen. Wir überlegen uns:

Gesucht ist die Inverse zur nxn-Matrix A(rg A = n). D. h. gesucht ist die Matrix A^{-1}, die multipliziert mit A, E ergibt:

$AA^{-1} = E$

Wir multiplizieren nun die rechte und die linke Seite der Gleichung solange mit Elementarmatrizen von links, d. h. wir führen in A und E solange elementare Zeilenumformungen durch, bis A zu Einheitsmatrix umgeformt ist. D. h.:

$$\begin{aligned} M_1 A A^{-1} &= M_1 E \\ M_2(M_1 A) A^{-1} &= M_2 M_1 \\ M_3(M_2 M_1 A) A^{-1} &= M_3 M_2 M_1 \\ &\vdots \\ \underbrace{M_k \cdots M_3 M_2 M_1 A}_{E} \, A^{-1} &= M_k \cdots M_3 M_2 M_1 \end{aligned}$$

d. h.: $\boxed{A^{-1} = M_k \ldots M_3 M_2 M_1}$ (*)

Dann hat man auf der rechten Seite die Inverse von A gefunden.

Ist A^{-1} nicht invertierbar, so stellen wir das im Verlaufe des Verfahrens fest: Satz 8.18. sichert, daß wir A auf die Form

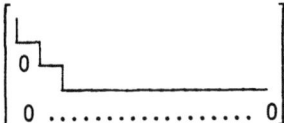

bringen können. Sobald sich (bei richtigem Rechnen) eine Nullzeile ergibt, heißt das, die Matrix ist singulär, also nicht invertierbar. Hat die Matrix A vollen Rang, so erhalten wir allein durch Zeilenoperationen:

$$\begin{bmatrix} b_{11} & b_{12} & \cdots & b_{1n} \\ 0 & b_{22} & & b_{2n} \\ \vdots & & \ddots & \vdots \\ 0 & \cdots & 0 & b_{nn} \end{bmatrix}$$

Durch entsprechende Zeilenumformungen transformieren wir diese Matrix nun so, daß auch oberhalb der Hauptdiagonalen nur Nullen stehen. (Vgl. die unter 8.22. folgenden Beispiele.)

8.22. Bestimmung der Inversen einer Matrix A

Lege folgende Matrix an:

(A | E)

Forme mit elementaren Zeilenoperationen diese Matrix solange um, bis in der linken Hälfte die Einheitsmatrix steht. Da wir in E dieselben Zeilenumformungen vorgenommen haben wie in A, steht nach (*) dann in der rechten Hälfte A^{-1}:

(E | A^{-1}).

Im Anschluß an die Rechnung machen wir die Probe: $A^{-1}A = E$ (oder $A A^{-1} = E$). Ist A nicht invertierbar, erkennen wir das im Laufe des Verfahrens daran, daß eine Nullzeile in der linken Hälfte entsteht.

Beispiel 1:

$$A = \begin{bmatrix} 4 & 3 \\ -1 & 6 \end{bmatrix}$$

Links verfahren wir nach dem im obigen Kasten angegebenen Schema.

	A		E		Zeilen-umform.
I	4	3	1	0	
II	-1	6	0	1	4 · II
I	4	3	1	0	
II	-4	24	0	4	II + I
I	4	3	1	0	9 · I
II	0	27	1	4	
I	36	27	9	0	I - II
II	0	27	1	4	
I	36	0	8	-4	1/36 · I
II	0	27	1	4	1/27 · II
I	1	0	8/36	-4/36	
II	0	1	1/27	4/27	
			A^{-1}		

$$A^{-1} = \frac{1}{27} \begin{bmatrix} 6 & -3 \\ 1 & 4 \end{bmatrix}$$

<u>Probe</u>: $A^{-1} \cdot A = \frac{1}{27} \begin{bmatrix} 27 & 0 \\ 0 & 27 \end{bmatrix}$

Rechts sehen wir noch einmal, daß die elementaren Zeilenumformungen gleichbedeutend sind mit Multiplikationen von Elementarmatrizen auf beiden Seiten des Gleichungssystems.

$$A\,A^{-1} = E$$

$$\begin{bmatrix} 4 & 3 \\ -1 & 6 \end{bmatrix} A^{-1} = \begin{bmatrix} 1 & 0 \\ 0 & 1 \end{bmatrix}$$

$$\begin{bmatrix} 1 & 0 \\ 0 & 4 \end{bmatrix}\begin{bmatrix} 4 & 3 \\ -1 & 6 \end{bmatrix} A^{-1} = \begin{bmatrix} 1 & 0 \\ 0 & 4 \end{bmatrix}\begin{bmatrix} 1 & 0 \\ 0 & 1 \end{bmatrix}$$

$$\begin{bmatrix} 1 & 0 \\ 1 & 1 \end{bmatrix}\begin{bmatrix} 4 & 3 \\ -4 & 24 \end{bmatrix} A^{-1} = \begin{bmatrix} 1 & 0 \\ 1 & 1 \end{bmatrix}\begin{bmatrix} 1 & 0 \\ 0 & 4 \end{bmatrix}$$

$$\begin{bmatrix} 9 & 0 \\ 0 & 1 \end{bmatrix}\begin{bmatrix} 4 & 3 \\ 0 & 27 \end{bmatrix} A^{-1} = \begin{bmatrix} 9 & 0 \\ 0 & 1 \end{bmatrix}\begin{bmatrix} 1 & 0 \\ 1 & 4 \end{bmatrix}$$

$$\begin{bmatrix} 1 & -1 \\ 0 & 1 \end{bmatrix}\begin{bmatrix} 36 & 27 \\ 0 & 27 \end{bmatrix} A^{-1} = \begin{bmatrix} 1 & -1 \\ 0 & 1 \end{bmatrix}\begin{bmatrix} 9 & 0 \\ 1 & 4 \end{bmatrix}$$

$$\begin{bmatrix} \frac{1}{36} & 0 \\ 0 & \frac{1}{27} \end{bmatrix}\begin{bmatrix} 36 & 0 \\ 0 & 27 \end{bmatrix} A^{-1} = \begin{bmatrix} \frac{1}{36} & 0 \\ 0 & \frac{1}{27} \end{bmatrix}\begin{bmatrix} 8 & -4 \\ 1 & 4 \end{bmatrix}$$

$$\begin{bmatrix} 1 & 0 \\ 0 & 1 \end{bmatrix} A^{-1} = \begin{bmatrix} \frac{8}{36} & \frac{4}{36} \\ \frac{1}{27} & \frac{4}{27} \end{bmatrix}$$

Beispiel 2:

$$A = \begin{bmatrix} 1 & 2 & -1 \\ 2 & 3 & 1 \\ 1 & 1 & -2 \end{bmatrix}$$

I	1	2	-1	1	0	0	
II	2	3	1	0	1	0	
III	1	1	-2	0	0	1	
I	1	2	-1	1	0	0	Notieren Sie die Zeilenumformungen, die Sie vornehmen!
II - 2·I	0	-1	3	-2	1	0	
III - I	0	-1	-1	-1	0	1	
I + 2·III	1	0	-3	-1	0	2	
II	0	-1	3	-2	1	0	
III - II	0	0	-4	1	-1	1	
I	1	0	-3	-1	0	2	Manchmal lieber ein Tableau mehr aufschreiben, als zuviel in einem Tableau machen. Das schützt vor Rechenfehlern.
- II	0	+1	-3	+2	-1	0	
$\frac{3}{4}$ · III	0	0	-3	$\frac{3}{4}$	$-\frac{3}{4}$	$\frac{3}{4}$	
I - III	1	0	0	$-\frac{7}{4}$	$\frac{3}{4}$	$\frac{5}{4}$	
II - III	0	1	0	$\frac{5}{4}$	$-\frac{1}{4}$	$-\frac{3}{4}$	
$-\frac{1}{3}$ · III	0	0	1	$-\frac{1}{4}$	$\frac{1}{4}$	$-\frac{1}{4}$	

Probe:

			1	2	-1
			2	3	1
			1	1	-2
$-\frac{7}{4}$	$\frac{3}{4}$	$\frac{5}{4}$	1	0	0
$\frac{5}{4}$	$-\frac{1}{4}$	$-\frac{3}{4}$	0	1	0
$-\frac{1}{4}$	$\frac{1}{4}$	$-\frac{1}{4}$	0	0	1

Es sei an dieser Stelle darauf hingewiesen, daß wir in § 8.f eine weitere Methode zur Berechnung der Inversen kennenlernen werden.

Wir notieren zum Schluß noch eine wichtige Eigenschaft invertierbarer Matrizen:

8.23. Satz

Sind zwei nxn-Matrizen A, B invertierbar, d. h. existieren A^{-1} und B^{-1}, so gilt:

$(AB)^{-1} = B^{-1}A^{-1}$.

8.24. Anwendungsbeispiel: Input-Output-Analyse

Das Ausgangsproblem dieses Abschnittes war, eine Lösung zu finden für die Matrixgleichung

$\underset{nxn}{A}\ x = b$.

Dieses Problem ist gelöst, wenn A invertierbar ist. Dann ist

$x = A^{-1}b$.

In Abschnitt 9 werden wir uns ausführlich mit der Lösung solcher Gleichungssysteme befassen; im folgenden soll ein ökonomisches Modell vorgestellt werden, in dem insbesondere die Inverse einer bestimmten Matrix eine wichtige Rolle spielt: das Leontief- oder Input-Output-Modell.

Die empirische Grundlage dieses Modells haben wir in § 8.1 bereits kennengelernt: Man hält die Verflechtungen zwischen den Sektoren einer Volkswirtschaft in einer "Input-Output-Tabelle" fest:

	Sektor 1 2 .... n	Endnachfrage	Bruttoproduktion (Gesamtoutput)
Sektor 1	x_{11} x_{12} ... x_{1n}	y_1	x_1
2	x_{21} x_{22} ... x_{2n}	y_2	x_2
⋮	⋮ ⋮ ⋮	⋮	⋮
n	x_{n1} x_{n2} ... x_{nn}	y_n	x_n

↑
Vorleistungsmatrix
x_{ij}: Lieferung von Sektor i an Sektor j

Beispiel:

	Sektor			E	Ges. prod.
	1	2	3		
Sektor 1	2	3	2	3	10
2	5	10	10	5	30
3	4	8	2	6	20

Man definiert nun sogenannte <u>Inputkoeffizienten</u>:

$$a_{ij} := \frac{x_{ij}}{x_j}$$

a_{ij} gibt an, wieviel vom Input i zur Produktion eines Stücks vom Output des Sektors j erforderlich ist.

Im Beispiel:

$$a_{12} = \frac{x_{12}}{x_2} = \frac{3}{30} = 0.1.$$

Man faßt die a_{ij} in der Inputkoeffizientenmatrix A zusammen:

$$A = (a_{ij})_{nn}.$$

Im Beispiel:

$$A = \begin{bmatrix} \frac{2}{10} & \frac{3}{30} & \frac{2}{20} \\ \frac{5}{10} & \frac{10}{30} & \frac{10}{20} \\ \frac{4}{10} & \frac{8}{30} & \frac{2}{20} \end{bmatrix} = \begin{bmatrix} 0.2 & 0.1 & 0.1 \\ 0.5 & 0.\overline{3} & 0.5 \\ 0.4 & 0.2\overline{6} & 0.1 \end{bmatrix}$$

Wir bezeichnen nun den Vektor der Gesamtproduktion mit $\underline{x} = (x_1, x_2, \ldots, x_n)^T$ und den Vektor der Endnachfrage mit $\underline{y} = (y_1, y_2, \ldots, y_n)^T$. Dann gilt:

$$x_{11} + x_{12} + \ldots + x_{1n} + y_1 = x_1$$
$$x_{21} + x_{22} + \ldots + x_{2n} + y_2 = x_2$$
$$\vdots \qquad \qquad \vdots$$
$$x_{n1} + x_{n2} + \ldots + x_{nn} + y_n = x_n$$

Durch Erweitern der einzelnen Summanden erhalten wir:

$$\frac{x_{11}}{x_1} \cdot x_1 + \frac{x_{12}}{x_2} \cdot x_2 + \ldots + \frac{x_{1n}}{x_n} \cdot x_n + y_1 = x_1$$
$$\vdots$$
$$\frac{x_{n1}}{x_1} \cdot x_1 + \frac{x_{n2}}{x_2} \cdot x_2 + \ldots + \frac{x_{nn}}{x_n} \cdot x_n + y_n = x_n$$

oder

$$A\underline{x} + \underline{y} = \underline{x}. \qquad (*)$$

Bis zu dieser Stelle haben wir nur den Zusammenhang aus der Ausgangstabelle (Gesamtproduktion = Vorleistung + Endnachfrage) in einer anderen Form aufgeschrieben. Der Sinn dieser Übung besteht darin, daß man in A eine sogenannte "Technologiematrix" hat, aus der man ablesen kann, welche Inputmengen pro Output<u>einheiten</u> der verschiedenen Sektoren benötigt werden.

Wir nehmen nun an, die Endnachfrage verändere sich, während die "Technologie", d. h. die Matrix A konstant bleibt. Die Frage ist nun, welche Gesamtproduktion benötigt wird, um die neue Endnachfrage zu befriedigen. Zur Beantwortung dieser Frage formen wir zunächst die Gleichung (*) um:

$$(E - A)\underline{x} = \underline{y}.$$

Ist $E - A$ invertierbar, so ergibt sich:

$$\underline{x} = (E - A)^{-1}\underline{y}.$$

Damit ergibt sich als Lösung unseres Problems:

$$\underline{x}_{neu} = (E - A)^{-1}\underline{y}_{neu}.$$

$(E - A)^{-1}$ heißt <u>Leontief-Inverse</u>.

Im Beispiel oben ist

$$E - A = \begin{bmatrix} 0.8 & -0.1 & -0.1 \\ -0.5 & 0.\overline{6} & -0.5 \\ -0.4 & -0.2\overline{6} & 0.9 \end{bmatrix}.$$

Es ergibt sich bis auf Rundungsfehler:

$$(E-A)^{-1} = \begin{bmatrix} 1.739 & 0.435 & 0.435 \\ 2.422 & 2.534 & 1.677 \\ 1.491 & 0.944 & 1.801 \end{bmatrix}.$$

Steigt die Endnachfrage auf $(4\ 5\ 7)'$, so wird eine Produktion von

$$\underline{x}_{neu} = (E - A)^{-1} \begin{bmatrix} 4 \\ 5 \\ 7 \end{bmatrix} = \begin{bmatrix} 12.176 \\ 34.097 \\ 23.291 \end{bmatrix}$$

benötigt, um sie zu befriedigen.

8.f Determinanten

8.25. Definition

(1) Die Determinante einer 2x2-Matrix $A = (a_{ij})_{22}$ ist:

$$\det A := |A| := \begin{vmatrix} a_{11} & a_{12} \\ a_{21} & a_{22} \end{vmatrix} = a_{11}a_{22} - a_{12}a_{21}$$

(2) Die Determinante einer 3x3-Matrix $A = (a_{ij})_{33}$ ist:

$$|A| = \begin{vmatrix} a_{11} & a_{12} & a_{13} \\ a_{21} & a_{22} & a_{23} \\ a_{31} & a_{32} & a_{33} \end{vmatrix} \begin{matrix} a_{11} & a_{12} \\ a_{21} & a_{22} \\ a_{31} & a_{32} \end{matrix} \quad \text{(Regel von \underline{Sarrus})}$$

$$= a_{11}a_{22}a_{33} + a_{12}a_{23}a_{31} + a_{13}a_{21}a_{32}$$
$$- a_{31}a_{22}a_{13} - a_{32}a_{23}a_{11} - a_{33}a_{21}a_{12}.$$

Beispiele:

(1) $\begin{vmatrix} 4 & 3 \\ -1 & 6 \end{vmatrix} = 4 \cdot 6 - (-1) \cdot 3 = 27$

$\begin{vmatrix} 4 & 3 \\ -10 & -7.5 \end{vmatrix} = -30 - (-30) = 0$

(2) $\begin{vmatrix} 2 & 3 & 1 \\ 1 & 1 & 1 \\ 2 & 1 & -1 \end{vmatrix} \quad \det = 4$

(3) $\begin{vmatrix} 2 & 1 & 0 \\ 1 & 1 & -1 \\ 1 & 0 & 1 \end{vmatrix} = 0$

Um Determinanten von größeren Matrizen berechen zu können, betrachten wir zunächst eine 3x3-Matrix $A = (a_{ij})_{33}$. Deren Determinante berechnet sich wie folgt:

$$\begin{vmatrix} a_{11} & a_{12} & a_{13} \\ a_{21} & a_{22} & a_{23} \\ a_{31} & a_{32} & a_{33} \end{vmatrix} \begin{matrix} a_{11} & a_{12} \\ a_{21} & a_{22} \\ a_{31} & a_{32} \end{matrix}$$

$$\det A = a_{11}a_{22}a_{33} + a_{12}a_{23}a_{31} + a_{13}a_{21}a_{32}$$
$$- a_{31}a_{22}a_{13} - a_{32}a_{23}a_{11} - a_{33}a_{21}a_{12}$$
$$= a_{11}(a_{22}a_{33} - a_{32}a_{23}) + a_{21}(a_{13}a_{32} - a_{33}a_{12}) + a_{31}(a_{12}a_{23} - a_{22}a_{13})$$
$$= a_{11}\begin{vmatrix} a_{22} & a_{23} \\ a_{32} & a_{33} \end{vmatrix} - a_{21}\begin{vmatrix} a_{12} & a_{13} \\ a_{32} & a_{33} \end{vmatrix} + a_{31}\begin{vmatrix} a_{12} & a_{13} \\ a_{22} & a_{23} \end{vmatrix}$$

Wir hätten auch anders klammern können:

$$\det A = a_{11}(a_{22}a_{33} - a_{32}a_{23}) + a_{12}(a_{23}a_{31} - a_{33}a_{21}) + a_{13}(a_{21}a_{32} - a_{31}a_{22})$$
$$= a_{11}\begin{vmatrix} a_{22} & a_{23} \\ a_{32} & a_{33} \end{vmatrix} - a_{12}\begin{vmatrix} a_{21} & a_{23} \\ a_{31} & a_{33} \end{vmatrix} + a_{13}\begin{vmatrix} a_{21} & a_{22} \\ a_{31} & a_{32} \end{vmatrix} . \quad (*)$$

Wir beachten: Die Determinante, die jeweils als Faktor bei a_{ij} steht, ist die "Unterdeterminante", die man durch Streichen von Zeile i und Spalte j erhält:

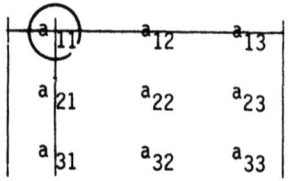 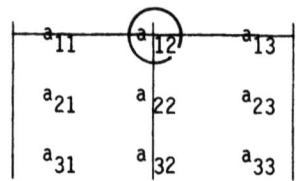

8.26. Definition

Wir bezeichnen die aus A durch Streichen der Zeile i und Spalte j entstehende Untermatrix mit A_{ij}; außerdem definieren wir den <u>Kofaktor von</u> a_{ij}:

$$\text{cof } a_{ij} = (-1)^{i+j}|A_{ij}| .$$

Das Vorzeichenmuster der Kofaktoren (der Faktoren $(-1)^{i+j}$) ist demnach (n=4):

$$\begin{vmatrix} + & - & + & - \\ - & + & - & + \\ + & - & + & - \\ - & + & - & + \end{vmatrix}$$

Beispiel: Im Beispiel (2) unter 8.25 erhalten wir:

$a_{11} = 2$, $|A_{11}| = \begin{vmatrix} 1 & 1 \\ 1 & -1 \end{vmatrix} = -2$, cof $a_{11} = (-1)^{1+1}(-2) = -2$

$a_{12} = 3$, $|A_{12}| = \begin{vmatrix} 1 & 1 \\ 2 & -1 \end{vmatrix} = -3$, cof $a_{12} = (-1)^{1+2}(-3) = 3$

$a_{13} = 1$, $|A_{13}| = \begin{vmatrix} 1 & 1 \\ 2 & 1 \end{vmatrix} = -1$, cof $a_{13} = (-1)^{1+3}(-1) = -1$

Dann ist (*) gleichbedeutend mit:

det $A = a_{11}$ cof $a_{11} + a_{12}$ cof $a_{12} + a_{13}$ cof $a_{13} = 2(-2) + 3 \cdot 3 + 1 \cdot (-1) = 4$.

(Vergleichen Sie dies mit dem Ergebnis nach der Sarrus-Regel!)
Auf diese Weise definiert man allgemein Determinanten von nxn-Matrizen "rekursiv":

8.27. Definition

Sei A eine quadratische Matrix,

$$A = \begin{bmatrix} a_{11} & \cdots & a_{1n} \\ \vdots & & \vdots \\ a_{n1} & \cdots & a_{nn} \end{bmatrix}.$$

Die <u>Determinante von A</u>, bezeichnet mit det A oder |A|, wird wie folgt berechnet:

(1) Für n = 1: $|A| = a_{11}$

(2) Für n ≥ 2:   (a) $|A| = \sum_{j=1}^{n} a_{ij}$ cof a_{ij} mit einem $i \in \{1, 2, \ldots, n\}$

                    ("Entwicklung nach der Zeile i")

              (b) $|A| = \sum_{i=1}^{n} a_{ij}$ cof a_{ij} mit einem $j \in \{1, 2, \ldots, n\}$

                    ("Entwicklung nach Spalte j")

Beispiel:

$$\begin{vmatrix} 2 & 1 & 1 & 3 \\ 1 & 1 & -1 & 0 \\ 0 & 4 & 0 & 1 \\ 2 & 3 & 1 & 0 \end{vmatrix} = 2 \begin{vmatrix} 1 & -1 & 0 \\ 4 & 0 & 1 \\ 3 & 1 & 0 \end{vmatrix} - 1 \begin{vmatrix} 1 & 1 & 3 \\ 4 & 0 & 1 \\ 3 & 1 & 0 \end{vmatrix} + 0 \cdot |\ | - 2 \cdot \begin{vmatrix} 1 & 1 & 3 \\ 1 & -1 & 0 \\ 4 & 0 & 1 \end{vmatrix}$$

Sarrus ↓

$= 2 \cdot (-4) - 1 \cdot 14 - 2 \cdot 10 = -42$

(Entwicklung nach Spalte 1)

- besser: Entwicklung nach Spalte 4:

$$|\ | = -3 \cdot \begin{vmatrix} 1 & 1 & -1 \\ 0 & 4 & 0 \\ 2 & 3 & 1 \end{vmatrix} + 0 \cdot |\ | - 1 \cdot \begin{vmatrix} 2 & 1 & 1 \\ 1 & 1 & -1 \\ 2 & 3 & 1 \end{vmatrix} + 0 \cdot |\ |$$

$= -3 \cdot 12 - 6 = -42$

Tip: Nach der Spalte bzw. Zeile entwickeln, in der die meisten Nullen stehen!

Wir sehen, daß die Berechnung einer Determinanten für größere Matrizen (bereits 5x5!) sehr aufwendig sein kann. Die folgenden Rechenregeln sollen hier Erleichterung schaffen.

Merke: Die Sarrus-Regel gilt nicht für Matrizen mit mehr als 3 Zeilen/Spalten!

8.28. Satz $A = (a_{ij})_{nn}$

(1) $|A| = |A'|$

(2) Ist $A = \begin{bmatrix} a_{11} & \cdots & a_{1n} \\ 0 & \ddots & \vdots \\ \vdots & \ddots & \vdots \\ 0 & \cdots & 0 & a_{nn} \end{bmatrix}$,

so ist $|A| = a_{11} \cdot a_{22} \cdots a_{nn}$.

(3) Multipliziert man eine Zeile (Spalte) von A mit einer Zahl α, so wird die zugehörige Determinante ebenfalls mit α multipliziert.

(4) Bei Zeilen-(Spalten-)Vertauschung ändert die Determinante ihr Vorzeichen.

(5) Addiert man zu einer Zeile (Spalte) ein Vielfaches einer anderen Zeile (Spalte), bleibt die Determinante unverändert.

(6) rg A < n ⇔ det A = 0.

(7) Sind A, B nxn-Matrizen, so gilt: $|AB| = |A| \cdot |B| = |AB|$

(8) A invertierbar ⇒ $|A^{-1}| = |A|^{-1}$

Berechnung der Inversen mit Hilfe von Determinanten

Für eine 2x2-Matrix A mit rg A = 2 bestimmen wir die Inverse wie folgt:

a_{11}	a_{12}	1	0
a_{21}	a_{22}	0	1

$II - \dfrac{a_{21}}{a_{11}} \cdot I$

a_{11}	a_{12}	1	0
0	$a_{22} - \dfrac{a_{21}a_{12}}{a_{11}}$	$-\dfrac{a_{21}}{a_{11}}$	1

$II \cdot a_{11}$

a_{11}	a_{12}	1	0
0	$|A|$	$-a_{21}$	a_{11}

$I - \dfrac{a_{12}}{|A|} \cdot II$

$\dfrac{II}{|A|}$

a_{11}	0	$1 + \dfrac{a_{12}a_{21}}{|A|}$	$\dfrac{-a_{11}a_{12}}{|A|}$
0	1	$\dfrac{-a_{21}}{|A|}$	$\dfrac{a_{11}}{|A|}$

$I \cdot \dfrac{1}{a_{11}}$

1	0	$\dfrac{|A|+a_{12}a_{21}}{|A|a_{11}}$	$\dfrac{-a_{12}}{|A|}$
0	1	$\dfrac{-a_{21}}{|A|}$	$\dfrac{a_{11}}{|A|}$

$$\Rightarrow A^{-1} = \frac{1}{|A|} \cdot \begin{bmatrix} a_{22} & -a_{12} \\ -a_{21} & a_{11} \end{bmatrix}$$

Dies können wir schreiben als:

$$A^{-1} = \frac{1}{|A|} \begin{bmatrix} \text{cof } a_{11} & \text{cof } a_{21} \\ \text{cof } a_{12} & \text{cof } a_{22} \end{bmatrix}$$

8.29. Definition

gegeben: $A = (a_{ij})_{nn}$

Die Matrix

$$A^* = \begin{bmatrix} \text{cof } a_{11} & \cdots & \text{cof } a_{n1} \\ \vdots & & \vdots \\ \text{cof } a_{1n} & \cdots & \text{cof } a_{nn} \end{bmatrix} = (\text{cof } a_{ij})'_{nn}$$

heißt <u>adjungierte Matrix zu A</u>.

Beispiel:

$$A = \begin{pmatrix} 3 & 2 \\ 1 & 1 \end{pmatrix} \qquad A^* = \begin{pmatrix} 1 & -2 \\ -1 & 3 \end{pmatrix}$$

weiter: $\quad A^{-1} = \dfrac{1}{|A|} A^* = \begin{pmatrix} 1 & -2 \\ -1 & 3 \end{pmatrix}$.

Probe: $\quad AA^* = \begin{pmatrix} 1 & 0 \\ 0 & 1 \end{pmatrix}$

Allgemein gilt:

8.30. Satz

Die Inverse einer nxn-Matrix $A = (a_{ij})_{nn}$ ist (falls sie existiert):

$$A^{-1} = \dfrac{1}{|A|} A^* .$$

Man sieht, daß die Determinante einer invertierbaren Matrix nicht verschwinden darf. Berechnen Sie deshalb bei diesem Verfahren <u>zuerst</u> $|A|$.

Beispiel:

$$A = \begin{bmatrix} 3 & 1 & 1 \\ 0 & 1 & 0 \\ 1 & 2 & 1 \end{bmatrix} \qquad \text{det } A: \quad |A| = 2$$

Kofaktoren:

+	−	+	cof a_{11} = 1	cof a_{12} = 0	cof a_{13} = −1
−	+	−	cof a_{21} = 1	cof a_{22} = 2	cof a_{23} = −5
+	−	+	cof a_{31} = −1	cof a_{32} = 0	cof a_{33} = 3

$$A^{-1} = \dfrac{1}{2} \begin{bmatrix} 1 & 1 & -1 \\ 0 & 2 & 0 \\ -1 & -5 & 3 \end{bmatrix}$$

Probe: $\quad AA^{-1} = \dfrac{1}{2} \begin{bmatrix} 2 & 0 & 0 \\ 0 & 2 & 0 \\ 0 & 0 & 2 \end{bmatrix}$

Dieses Verfahren ist für größere Matrizen umständlich und fehleranfällig. Inversen von Matrizen mit mehr als drei Zeilen und Spalten sollten also mit Hilfe des in Abschnitt 8.e eingeführten Verfahrens berechnet werden. Vorteile bringt die Adjungiertenregel bei kleinen Matrizen sowie dann, wenn die inverse Matrix explizit mit Hilfe der Elemente der Ausgangsmatrix angegeben werden soll.

8.g Übungsaufgaben

1. x-Werte: 1, 4 , 2, 0, 3 , 4 , 7 , 1.5, -2.5, 1
   y-Werte: 6, 3 , -1, 5, -1.2, 3 , 2.7, 1.8, 2 , 0
   z-Werte: 2, -0.5, 0, 1, 3 , 1.6, 1.7, -4 , -5 , -1

   Berechnen Sie:

   a. $\sum_{i=1}^{10} x_i$, $\sum_{j=1}^{10} y_j$, $\sum_{k=1}^{10} z_k$

   b. $\sum_{i=1}^{5} x_i y_i$, $\left(\sum_{i=1}^{5} x_i\right)\left(\sum_{i=1}^{5} y_i\right)$, $\sum_{i=1}^{10} z_i^2$, $\left(\sum_{i=1}^{10} z_i\right)^2$

   Sind die beiden ersten bzw. die beiden letzten Rechenvorschriften gleich?

   c. $\sum_{i=1}^{10} (x_i + y_i + z_i)$, $\sum_{i=1}^{10} ((10x_i + 1.5) - 15)$

2. Gegeben:

   $$A = \begin{bmatrix} 1 & 7 & 2 \\ 7 & 3 & 8 \\ 2 & 8 & 5 \end{bmatrix} \qquad B = \begin{bmatrix} 1 & 2 & 3 \\ 4 & 5 & 6 \\ 7 & 8 & 9 \end{bmatrix}$$

   a. Bestimmen Sie die Elemente a_{12} und a_{21}, sowie b_{12} und b_{21}.

   b. Bilden Sie A^T und B^T. Ist eine von beiden Matrizen symmetrisch?

3. Berechnen Sie - falls möglich -

   a. $\begin{bmatrix} 2 & -1 \\ 1 & 4 \\ 3 & 0 \end{bmatrix} + \begin{bmatrix} -1 & 3 \\ 2 & 0 \\ 4 & 2 \end{bmatrix} =$

   b. $\begin{bmatrix} 2 & 3 \\ -1 & 4 \end{bmatrix} + \begin{bmatrix} 3 & 5 \\ 2 & -2 \end{bmatrix} + \begin{bmatrix} 3 & 0 \\ 0 & 5 \end{bmatrix} =$

   c. $\begin{bmatrix} 2 & 3 \\ -1 & 4 \end{bmatrix} + \begin{bmatrix} 3 & 5 \\ 2 & -2 \end{bmatrix} - \begin{bmatrix} 3 & 0 \\ 0 & 5 \end{bmatrix} =$

   d. $(1 \quad 2 \quad 3 \quad 4) + (-1 \quad -1 \quad 1 \quad 1) =$

   e. $\begin{bmatrix} 1 \\ 1 \end{bmatrix} + (1 \quad 1) =$

4. In drei Depots lagert eine Unternehmung vier Warensorten. Die Bestände sind:

	Lager 1	Lager 2	Lager 3	Gesamtbestand
Ware 1	120	100	0	
2	270	30	50	
3	0	500	0	
4	70	70	70	

a. Tragen Sie in die letzte Spalte die Gesamtbestände der drei Warensorten ein und stellen Sie den Gesamtbestandsvektor als Summe der Bestandsvektoren der drei verschiedenen Lager dar.

b. Ergibt die Addition der Zeilen in der obigen Tabelle einen Sinn?

5. Berechnen Sie - falls möglich -:

a. $(1 \quad 2 \quad 3) \begin{bmatrix} 1 \\ 1 \\ 1 \end{bmatrix} =$

b. $\begin{bmatrix} 1 \\ 2 \\ 3 \end{bmatrix} \begin{bmatrix} 1 \\ 1 \\ 1 \end{bmatrix} =$

c. $\begin{bmatrix} 1 \\ 2 \\ 3 \end{bmatrix} (1 \quad 1 \quad 1) =$

d. $\begin{bmatrix} 2 & 1 \\ 3 & 0 \end{bmatrix} \begin{bmatrix} 1 & 3 & 4 \\ 5 & -1 & 2 \end{bmatrix} =$

e. $\begin{bmatrix} 1 & 3 & 4 \\ 5 & -1 & 2 \end{bmatrix} \begin{bmatrix} 2 & 1 \\ 3 & 0 \end{bmatrix} =$

f. $\begin{bmatrix} 1 & 5 \\ 3 & -1 \\ 4 & 2 \end{bmatrix} \begin{bmatrix} 2 & 1 \\ 3 & 0 \end{bmatrix} =$

g. $a'A'Bb - a'ABb$, $(a'a)^{-1}a'A$, wobei

$A = \begin{bmatrix} 2 & 3 & 1 \\ -3 & 10 & 0 \\ 4 & 0 & -3 \end{bmatrix} \qquad a = \begin{bmatrix} 0 \\ 1 \\ 2 \end{bmatrix}$

$B = \begin{bmatrix} 3 & 2 & -1 & 0 \\ 0 & 1 & -2 & 1 \\ 1 & 0 & -3 & 4 \end{bmatrix} \qquad b = \begin{bmatrix} -2 \\ 1 \\ 2 \\ 0 \end{bmatrix}$

6. a. Berechnen Sie für

$$A = \begin{bmatrix} 1 & 0 & -2 \\ 3 & 5 & 1 \\ 2 & -1 & 0 \end{bmatrix} \qquad B = \begin{bmatrix} 4 & 3 \\ 1 & -1 \\ 0 & 1 \end{bmatrix}$$

AB, B'A'. Welche Beziehung besteht zwischen diesen beiden Produkten?

b. Denken Sie sich zwei Matrizen aus, für die

AB = BA

gilt.

c. Berechnen Sie für A, B aus Teilaufgabe a. das Produkt

A'AB(B'A' - (AB)')BB'

7. Gegeben ist die Matrix

$$M = \begin{bmatrix} 1 & 0 & 2 & 1 & 3 & 4 & 6 \\ 10 & 1 & 3 & 6 & 5 & 1 & 1 \\ 0 & 1 & 0 & 10 & 2 & 7 & 2 \\ 5 & 0 & 2 & 0 & -2 & -3 & 1 \\ 4 & 1 & -1 & 5 & 5 & 1 & 0 \\ 3 & 0 & 0 & 1 & 2 & 3 & 4 \end{bmatrix}$$

Welche der folgenden Aussagen sind richtig bzw. falsch?

a. rg M = 7   c. rg M = rg M'
b. rg M < 7   d. rg M ≤ 6

8. Bestimmen Sie den Rang der folgenden Matrizen

$$A_1 = \begin{bmatrix} 5 & 6 \\ 3 & 2 \end{bmatrix}, \quad A_2 = \begin{bmatrix} 2 & 5 \\ 0 & 0 \end{bmatrix}, \quad A_3 = \begin{bmatrix} 0 & 0 \\ 0 & 0 \end{bmatrix},$$

$$A_4 = \begin{bmatrix} 0 & 0 \\ 0 & 0 \\ 3 & 4 \\ 6 & 8 \end{bmatrix}, \quad A_5 = \begin{bmatrix} 0 & 1 & 2 & -1 \\ 3 & 0 & 1 & 5 \\ -7 & 4 & 2 & 1 \\ 3 & 2 & 5 & 0 \end{bmatrix}$$

9. Gegeben seien die Vektoren

a. $\begin{bmatrix} 2 \\ 1 \end{bmatrix}, \begin{bmatrix} 1 \\ 2 \end{bmatrix}, \begin{bmatrix} 1 \\ 0 \end{bmatrix}, \begin{bmatrix} 6 \\ 3 \end{bmatrix}$

$\begin{bmatrix} 1 \\ 3 \\ -2 \\ 1 \\ 4 \end{bmatrix}, \begin{bmatrix} 0 \\ -2 \\ 1 \\ 3 \\ 0 \end{bmatrix}, \begin{bmatrix} 2 \\ 4 \\ -3 \\ 5 \\ 8 \end{bmatrix}, \begin{bmatrix} -3 \\ -13 \\ 8 \\ 3 \\ 12 \end{bmatrix}$

Bestimmen Sie in a. und b. jeweils die maximale Anzahl linear unabhängiger Vektoren.

10.a. Wie kann man ohne Zeilenumformungen die Inverse der folgenden Matrix angeben?

$$D = \begin{bmatrix} d_1 & 0 & \cdots & 0 \\ 0 & d_2 & \cdots & \vdots \\ \vdots & \vdots & \ddots & 0 \\ 0 & \cdots & 0 & d_n \end{bmatrix}$$

b. Zeigen Sie: Ist die Matrix A invertierbar und $k \in \mathbb{R}, \neq 0$, so gilt:

$$(kA)^{-1} = \frac{1}{k} A^{-1}$$

11. Schreiben Sie die folgenden Gleichungssysteme in Matrixform:

a. $5x_1 + 2x_2 = 12$
$x_1 - x_2 = 0$

b. $5x_1 + 2x_2 = 2$
$x_1 + x_3 = 1$
$x_1 - 2x_3 = 5$

c. $c_{11}x_1 + c_{12}x_2 + \ldots + c_{1n}x_n = b_1$
$c_{21}x_1 + c_{22}x_2 + \ldots + c_{2n}x_n = b_2$
$\vdots$
$c_{n1}x_1 + c_{n2}x_2 + \ldots + c_{nn}x_n = b_n$

12. Gegeben seien folgende Matrixgleichungen:

a. $\begin{bmatrix} 5 & 2 \\ 1 & -1 \end{bmatrix} X = \begin{bmatrix} 12 & 1 \\ 0 & 1 \end{bmatrix}$

b. $\underset{n \times n}{A} \cdot \underset{n \times k}{X} = B$ A invertierbar.

Geben Sie jeweils die Matrix X an, die die Gleichung löst.

13. Gegeben sei die folgende Input-Output-Tabelle:

		1	2	3	Endnachfrage	Gesamt-Output
	1	1	0	1	1	
Sektor	2	2	3	1	4	
	3	2	1	1	3	

a. Vervollständigen Sie diese Tabelle, indem Sie die letzte Spalte ausfüllen.

b. Geben Sie die Inputkoeffizientenmatrix A an.

c. Berechnen Sie die Leontief-Inverse.

d. Nehmen Sie an, die Endnachfrage wachse auf (5 5 5) und die Inputkoeffizientenmatrix A bleibe konstant. Welche Gesamtproduktion ist erforderlich, um die neue Endnachfrage zu befriedigen?

e. Überlegen Sie: welche inhaltliche Bedeutung hat das Element Nr. i, j in der Leontief-Inversen? (Die Elemente der Leontief-Inversen werden in der Literatur oft mit a^{ij} bezeichnet.)

14. Bestimmen Sie mit Hilfe des Gauß-Algorithmus, wenn möglich, die Inversen von

$$\begin{bmatrix} 4 & 7 & 8 \\ -5 & 6 & -22 \\ 1 & 3 & 1 \end{bmatrix}, \quad \begin{bmatrix} 3 & -5 & -7 \\ 2 & 3 & -4 \\ -2 & 6 & 5 \end{bmatrix},$$

$$\begin{bmatrix} 3 & 1 & 0 \\ 2 & 3 & 3 \\ -1 & -2 & -2 \end{bmatrix}, \quad \begin{bmatrix} 0 & 2 & 3 \\ 1 & -6 & -9 \\ -1 & 5 & 7 \end{bmatrix},$$

$$\begin{bmatrix} 26 & -12 \\ 15 & -7 \end{bmatrix}, \quad \begin{bmatrix} 838 & 593 \\ 301 & 213 \end{bmatrix}$$

$$\begin{bmatrix} 4 & 0 & 1 & -3 \\ 5 & 3 & -1 & -2 \\ -3 & 1 & 2 & 0 \\ -1 & 8 & -2 & 2 \end{bmatrix}$$

15. Berechnen Sie die Determinanten aller Matrizen aus Aufgabe 14.

16. Beweisen Sie

    a. $|A| = |A'|$

    b. Ist $\begin{bmatrix} a_{11} & \cdots\cdots\cdots & a_{1n} \\ 0 & a_{22} & \cdots\cdots a_{2n} \\ \vdots & \ddots & \vdots \\ 0 & 0 & a_{nn} \end{bmatrix}$, so ist

    $|A| = a_{11} \cdot a_{22} \cdot \ldots \cdot a_{nn}$

17. Berechnen Sie für die folgenden Matrizen die Inversen mit Hilfe von beiden Ihnen bekannten Verfahren. Vergleichen Sie dabei den Rechenaufwand.

    a. $\begin{bmatrix} 2 & 1 \\ 3 & 5 \end{bmatrix}$
    b. $\begin{bmatrix} 2 & 1 & 0 \\ 0 & 2 & -2 \\ 1 & -1 & 3 \end{bmatrix}$
    c. $\begin{bmatrix} 2 & 1 & 0 & 5 \\ 0 & 2 & -2 & 1 \\ 1 & -1 & 3 & 0 \\ 3 & 0 & 1 & 2 \end{bmatrix}$

18. Ersetzen Sie in Bemerkung 8.17 $m \leq n$ durch $m > n$. Wie sieht dann B aus?

§ 9 Lineare Gleichungssysteme II

9.a Allgemeine Problemstellung und Begriffe

9.1. In § 6.g wurde der Begriff "Lineares Gleichungssystem mit m Gleichungen und n Unbekannten" erklärt. Wir gehen dabei aus von einer mxn-Matrix A und einem Punkt (Vektor) $\underline{b} \in \mathbb{R}^m$:

$$A = \begin{bmatrix} a_{11} & \cdots & a_{1n} \\ \vdots & & \vdots \\ a_{m1} & \cdots & a_{mn} \end{bmatrix} \qquad \underline{b} = \begin{bmatrix} b_1 \\ \vdots \\ b_m \end{bmatrix} \quad ;$$

gesucht sind alle $\underline{x} = \begin{bmatrix} x_1 \\ \vdots \\ x_n \end{bmatrix} \in \mathbb{R}^n$, für die die m Gleichungen

$$(1) \quad \begin{cases} a_{11}x_1 + a_{12}x_2 + \ldots + a_{1n}x_n = b_1 \\ a_{21}x_1 + a_{22}x_2 + \ldots + a_{2n}x_n = b_2 \\ \vdots \qquad \vdots \qquad \qquad \vdots \qquad \vdots \\ a_{m1}x_1 + a_{m2}x_2 + \ldots + a_{mn}x_n = b_m \end{cases}$$

für die n Unbekannten $x_1, x_2, \ldots, x_n$ gelten. Das Gleichungssystem (1) wird häufig auch in der Form

$$(2) \quad \begin{cases} a_{11} & a_{12} & \cdots & a_{1n} & \Big| & b_1 \\ a_{21} & a_{22} & \cdots & a_{2n} & \Big| & b_2 \\ \vdots & \vdots & & \vdots & \Big| & \vdots \\ a_{m1} & a_{m2} & \cdots & a_{mn} & \Big| & b_m \end{cases} \quad \text{oder} \quad A|\underline{b}$$

geschrieben. Mit der Matrixschreibweise läßt sich (1) auch so schreiben:

$(3) \quad A \cdot \underline{x} = \underline{b}$.

(1), (2) und (3) sind nur verschiedene Schreibweisen für dasselbe Gleichungssystem. Bei Vorgabe von A und $\underline{b}$ ist also die <u>Lösungsmenge</u>

$$L(A,\underline{b}) := \{\underline{x} \in \mathbb{R}^n | A \cdot \underline{x} = \underline{b}\}$$

zu bestimmen.

A heißt die <u>Koeffizientenmatrix</u> und $(A|\underline{b})$ die erweiterte <u>Koeffizientenmatrix</u> des Gleichungssystems $A \cdot \underline{x} = \underline{b}$. Ist $\underline{b} = \underline{o}$ der Nullvektor (Nullpunkt), dann heißt das Gleichungssystem <u>homogen</u>. Für ein vorgegebenes Gleichungssystem $A \cdot \underline{x} = \underline{b}$ heißt $A \cdot \underline{x} = \underline{o}$ das zu $A \cdot \underline{x} = \underline{b}$ gehörende homogene Gleichungssystem.

9.2. Satz Sei A eine mxn-Matrix

Für die Lösungsmenge $L(A,\underline{o})$ des homogenen Gleichungssystems $A \cdot \underline{x} = \underline{o}$ gilt:
  (1) $\underline{o} \in L(A,\underline{o})$
  (2) $\underline{a} + \underline{b} \in L(A,\underline{o})$ für alle $\underline{a},\underline{b} \in L(A,\underline{o})$
  (3) $r \cdot \underline{a} \in L(A,\underline{o})$ für alle $\underline{a} \in L(A,\underline{o})$, $r \in \mathbb{R}$

Also: Die Lösungsmenge eines homogenen Gleichungssystems ist ein Unterraum des $\mathbb{R}^n$.

Zwischen dem Rang der Koeffizientenmatrix A und der Dimension der Lösungsmenge besteht eine einfache Beziehung:

9.3. Satz Sei A eine mxn-Matrix. Es gilt $\dim L(A,\underline{o}) + \text{Rang } A = n$.

9.4. Satz Sei A eine mxn-Matrix.

Hat das homogene Gleichungssystem $A \cdot \underline{x} = \underline{o}$ die spezielle Gestalt

$$\left(\begin{array}{cccccc} 1 & 0 & \cdots & 0 & a_{1\,r+1} & \cdots & a_{1n} \\ 0 & 1 & \ddots & \vdots & \vdots & & \vdots \\ \vdots & \ddots & \ddots & 0 & \vdots & & \vdots \\ 0 & \cdots & 0 & 1 & a_{r\,r+1} & \cdots & a_{rn} \\ 0 & \cdots & 0 & 0 & 0 & \cdots & 0 \\ \vdots & & & \vdots & \vdots & & \vdots \\ 0 & \cdots & 0 & 0 & 0 & \cdots & 0 \end{array}\right. \left|\begin{array}{c} 0 \\ \vdots \\ \vdots \\ 0 \\ 0 \\ \vdots \\ 0 \end{array}\right),$$

dann sind die $\underline{a}_i \in \mathbb{R}^n$ ($i = 1,\ldots,n-r$) mit

$$\underline{a}_1 = \begin{bmatrix} -a_{1\,r+1} \\ \vdots \\ -a_{1\,r+1} \\ 1 \\ 0 \\ \vdots \\ 0 \end{bmatrix}, \ldots, \underline{a}_i = \begin{bmatrix} -a_{1\,r+i} \\ \vdots \\ -a_{r\,r+i} \\ 0 \\ \vdots \\ 0 \\ 1 \\ 0 \\ \vdots \\ 0 \end{bmatrix} \leftarrow (r+i)\text{-te Komponente}, \ldots, \underline{a}_{n-r} = \begin{bmatrix} -a_{1n} \\ \vdots \\ -a_{rn} \\ 0 \\ \vdots \\ 0 \\ 1 \end{bmatrix}$$

unabhängige Lösungen von $A \cdot \underline{x} = \underline{o}$, die $L(A,\underline{o})$ erzeugen. Es gilt also
$$L(A,\underline{o}) = \mathbb{R}\underline{a}_1 + \mathbb{R}\underline{a}_2 + \ldots + \mathbb{R}\underline{a}_{n-r} \; ;$$
oder: Jede Lösung $\underline{x}$ von $A \cdot \underline{x} = \underline{o}$ hat die Gestalt
$$\underline{x} = k_1 \cdot \underline{a}_1 + \ldots + k_{n-r} \cdot \underline{a}_{n-r} \text{ mit } k_1, \ldots, k_{n-r} \in \mathbb{R} \; ;$$
umgekehrt ist jedes $\underline{x}$ dieser Gestalt mit beliebigen Zahlen k_i eine Lösung von $A \cdot \underline{x} = \underline{o}$.

> **9.5. Satz** Sei A eine mxn-Matrix und $\underline{b} \in \mathbb{R}^m$.
>
> Ist $\underline{a}_0 \in L(A,\underline{b})$, dann gilt: $L(A,\underline{b}) = \underline{a}_0 + L(A,\underline{o})$

Satz 9.5 besagt: Besitzt das Gleichungssystem $A \cdot \underline{x} = \underline{b}$ überhaupt eine (spezielle) Lösung $\underline{a}_0$, ist also $A \cdot \underline{a}_0 = \underline{b}$, dann erhält man die Gesamtheit aller Lösungen von $A \cdot \underline{x} = \underline{b}$, wenn zu $\underline{a}_0$ alle Lösungen des zugehörigen homogenen Gleichungssystems $A \cdot \underline{x} = \underline{o}$ addiert werden.

Beim Lösen eines gegebenen Gleichungssystems $A \cdot \underline{x} = \underline{b}$ kommt es also darauf an,

1. __ein__ $\underline{a}_0$ [$\in L(A,\underline{b})$] mit $A \cdot \underline{a}_0 = \underline{b}$

und 2. __alle__ $\underline{c}$ [$\in L(A,\underline{o})$] mit $A \cdot \underline{c} = \underline{o}$ zu bestimmen.

Da $L(A,\underline{o})$ ein Unterraum des $\mathbb{R}^n$ ist, genügt zur Beschreibung von $L(A,\underline{o})$ die Angabe von unabhängigen Vektoren, die $L(A,\underline{o})$ erzeugen. Denn sind $\underline{a}_1, \ldots, \underline{a}_s$ solche Vektoren, dann gilt ja

$$L(A,\underline{o}) = \mathbb{R}\underline{a}_1 + \ldots + \mathbb{R}\underline{a}_s$$
$$= \{k_1 \cdot \underline{a}_1 + \ldots + k_s \cdot \underline{a}_s | k_1, \ldots, k_s \in \mathbb{R}\}.$$

Für die Zahl s gilt nach Satz 9.3:

$$s = n - \text{Rang } A.$$

Man kann es auch so sagen:

Beim Lösen eines Gleichungssystems $A \cdot \underline{x} = \underline{b}$ kommt es darauf an

1. eine (spezielle) Lösung $\underline{a}_0 \in L(A,\underline{b})$ zu bestimmen

und 2. unabhängige Vektoren $\underline{a}_1, \ldots, \underline{a}_s \in L(A,\underline{o})$ zu bestimmen, die $L(A,\underline{o})$ erzeugen.

Nach Satz 9.5 gilt dann:

(4) $L(A,\underline{b}) = \underline{a}_0 + \mathbb{R}\underline{a}_1 + \ldots + \mathbb{R}\underline{a}_s$,

d. h., jede Lösung $\underline{x} \in L(A,\underline{b})$ hat die Gestalt

$$\underline{x} = \underline{a}_0 + k_1 \cdot \underline{a}_1 + \ldots + k_s \cdot \underline{a}_s \text{ mit } k_i \in \mathbb{R};$$ umgekehrt ist jedes $\underline{x}$ dieser Gestalt mit beliebigen $k_i \in \mathbb{R}$ auch eine Lösung.

Wie wir in § 6 gesehen haben, ist nicht jedes lineare Gleichungssystem lösbar, bzw. eindeutig lösbar. Dazu ein Kriterium.

> **9.6. Satz** Sei A eine $m \times n$-Matrix und $\underline{b} \in \mathbb{R}^m$
>
> (a) Das Gleichungssystem $A \cdot \underline{x} = \underline{b}$ ist lösbar (d. h., es ist $L(A,\underline{b}) \neq \emptyset$) genau dann, wenn
>
> $\quad\quad$ Rang A = Rang $(A|\underline{b})$
>
> gilt, wenn also die erweiterte Koeffizientenmatrix den Rang der Koeffizientenmatrix nicht erhöht.
>
> (b) Das Gleichungssystem $A \cdot \underline{x} = \underline{b}$ besitzt genau eine Lösung genau dann, wenn gilt
>
> $\quad\quad n$ = Rang A = Rang $(A|\underline{b})$.

Jetzt können wir für jedes Gleichungssystem $A \cdot \underline{x} = \underline{b}$ entscheiden, ob es eindeutig, mehrdeutig oder nicht lösbar ist: Wir müssen nur die Rangbestimmung der Matrizen A und $(A|\underline{b})$ durchführen. Das Verfahren, das uns aus § 8 dafür zur Verfügung steht, nämlich der Gauß-Algorithmus, ist aber genau auch das Verfahren, die Gesamtheit der Lösungen von $A \cdot \underline{x} = \underline{b}$ zu finden, genauer noch: Solche $\underline{a}_0, \underline{a}_1, \ldots, \underline{a}_s$ explizit anzugehen, für die

(4) $\quad L(A,\underline{b}) = \underline{a}_0 + \mathbb{R}\underline{a}_1 + \ldots \mathbb{R}\underline{a}_s$

gilt.

9.b $\quad\quad$ <u>Das Lösungsverfahren</u>

Das allgemeine (Gauß-)Verfahren zur Bestimmung aller Lösungen eines linearen Gleichungssystems setzt sich zusammen aus dem Gauß-Algorithmus (Satz 9.10) einer Zwischenüberlegung (Satz 9.9) und der Darstellung einer allgemeinen Lösung dieses Gleichungssystems (Satz 9.8).

Zunächst eine Definition.

9.7. Definition Sei A eine mxn-Matrix und $\underline{b} \in \mathbb{R}^m$.

Man sagt: Das Gleichungssystem $A \cdot \underline{x} = \underline{b}$ liegt in __Normalform__ vor, wenn das Gleichungssystem die Form

(5) $$\left[\begin{array}{ccccccc} 1 & 0 & \cdots & 0 & a_{1\,r+1} & \cdots & a_{1n} \\ 0 & 1 & \ddots & \vdots & \vdots & & \vdots \\ \vdots & \ddots & \ddots & 0 & \vdots & & \vdots \\ 0 & \cdots & 0 & 1 & a_{r\,r+1} & \cdots & a_{rn} \\ 0 & \cdots & 0 & 0 & \cdots & & 0 \\ \vdots & & & \vdots & \vdots & & \vdots \\ 0 & \cdots & 0 & 0 & \cdots & & 0 \end{array}\right. \left|\begin{array}{c} b_1 \\ \vdots \\ \vdots \\ b_r \\ b_{r+1} \\ \vdots \\ b_m \end{array}\right]$$

besitzt, also wenn A die Gestalt der Matrix C aus § 8.19c besitzt.

9.8. Satz Sei A eine mxn-Matrix und $\underline{b} \in \mathbb{R}^m$.

Das Gleichungssystem $A \cdot \underline{x} = \underline{b}$ liege in der Normalform (5) vor.

a) Das Gleichungssystem ist lösbar genau dann, wenn $b_{r+1} = \ldots = b_m = 0$ ist.

b) Es gelte nun $b_{r+1} = \ldots = b_m = 0$.

b1) Es ist $\underline{a}_0 = \begin{bmatrix} b_1 \\ \vdots \\ b_r \\ 0 \\ \vdots \\ 0 \end{bmatrix} \in \mathbb{R}^n$ eine (spezielle) Lösung, es gilt also $A \cdot \underline{a}_0 = \underline{b}$.

b2) Für die $\underline{a}_i = \begin{bmatrix} -a_{1\,r+i} \\ \vdots \\ -a_{r\,r+i} \\ 0 \\ \vdots \\ 0 \\ 1 \\ 0 \\ \vdots \\ 0 \end{bmatrix} \in \mathbb{R}^n$ $(i = 1, \ldots, n-r)$ (siehe Satz 9.4) gilt:

$\underline{a}_1, \ldots, \underline{a}_{n-r}$ sind unabhängig und erzeugen $L(A,\underline{o})$.

b3) Es gilt $L(A,\underline{b}) = \underline{a}_0 + \mathbb{R}\underline{a}_1 + \ldots + \mathbb{R}\underline{a}_{n-r}$. Jede Lösung $\underline{x}$ läßt sich in der Form

(6) $\quad \underline{x} = \underline{a}_0 + k_1 \cdot \underline{a}_1 + \ldots + k_{n-r} \cdot \underline{a}_{n-r}$

mit $k_i \in \mathbb{R}$ darstellen; umgekehrt ist jedes $\underline{x}$ dieser Form mit beliebigen $k_i \in \mathbb{R}$ auch eine Lösung.

Man nennt (6) auch die "allgemeine Lösung" des Gleichungssystems $A \cdot \underline{x} = \underline{b}$.
Im weiteren spielen elementare Zeilen- und Spaltenumformungen eine wichtige Rolle.
Sie wurden in § 6 und § 8 ausführlich beschrieben.

9.9. Satz Seien A,A' mxn-Matrizen und $\underline{b},\underline{b}' \in \mathbb{R}^m$.

a) Ensteht (A'|$\underline{b}$') aus (A|$\underline{b}$) durch elementare Zeilenumformungen, so haben
   $A' \cdot \underline{x} = \underline{b}'$ und $A \cdot \underline{x} = \underline{b}$ dieselben Lösungen, d. h. es gilt

   $L(A',\underline{b}') = L(A,\underline{b})$.

b) Entsteht A' aus A durch eine Spaltenvertauschung, so unterscheiden sich die Lösungen von $A' \cdot \underline{x} = \underline{b}$ und $A \cdot \underline{x} = \underline{b}$ nur durch Vertauschung der entsprechenden Komponenten der Lösungen; entsteht $L(A',b)^*$ aus $L(A',\underline{b})$ durch diese Vertauschung, dann gilt also

   $L(A,\underline{b}) = L(A',\underline{b})^*$.

9.10. Satz

Jedes lineare Gleichungssystem kann durch ein Standardverfahren, dem in § 6 und § 8 beschriebenen Gauß-Algorithmus, in die Normalform eines linearen Gleichungssystems überführt werden; das Verfahren benutzt ausschließlich elementare Zeilenumformungen und solche Spaltenvertauschungen, die die letzte Spalte fest lassen.

Bei der Durchführung dieses Verfahrens ergibt es sich von selbst, ob ein Gleichungssystem lösbar ist oder nicht, so daß die Lösbarkeit nicht schon vor Beginn des Verfahrens nachgewiesen werden muß: Besteht nämlich an einer Stelle des Verfahrens die linke Seite einer Zeile nur aus Nullen, während rechts (in derselben Zeile) eine von Null verschiedene Zahl steht, ist das Gleichungssystem nicht lösbar.

9.c Beispiele

9.11. Das folgende Gleichungssystem ist zu lösen:

$$\begin{array}{cccc|c} 3 & 5 & 0 & -4 & -3 \\ 2 & 3 & -1 & -2 & -2 \\ 2 & 4 & 2 & -4 & -2 \end{array}$$

Die durchzuführenden elementaren Zeilenumformungen werden links neben der entsprechenden Zeile notiert; dabei bedeutet z. B. Z3 die dritte Zeile des vorstehenden (alten)

Tableaus, Z2' die zweite Zeile des rechtsstehenden (neuen) Tableaus.

```
Z1 - Z2    :  1  2  1 -2 | -1
Z2 - 2·Z1' :  0 -1 -3  2 |  0
Z3 - Z2    :  0  1  3 -2 |  0
```

Durch die oben stehenden Zeilenumformungen wird erreicht:

1. Der 1. Koeffizient der 1. Zeile wird 1.
2. Alle anderen Koeffizienten derselben Spalte werden 0.

```
Z1 + 2·Z2 :  1  0 -5  2 | -1
-Z2       :  0  1  3 -2 |  0
Z3 + Z2   :  0  0  0  0 |  0
```

Durch diese Zeilenumformungen wird erreicht:

1. Der 2. Koeffizient der 2. Zeile wird 1
2. Alle anderen Koeffizienten derselben Spalte werden 0.

Nun ist auch schon die Normalform erreicht und wir können die Lösungsmenge in einer übersichtlichen Form darstellen:

Für $\underline{a}_1 = \begin{bmatrix} 5 \\ -3 \\ 1 \\ 0 \end{bmatrix}$ $\underline{a}_2 = \begin{bmatrix} -2 \\ 2 \\ 0 \\ 1 \end{bmatrix}$ $\underline{a}_0 = \begin{bmatrix} -1 \\ 0 \\ 0 \\ 0 \end{bmatrix}$

ist $\underline{x} = \underline{a}_0 + k_1\underline{a}_1 + k_2\underline{a}_2$ mit beliebigen $k_1, k_2 \in \mathbb{R}$ also

$$\begin{bmatrix} x_1 \\ x_2 \\ x_3 \\ x_4 \end{bmatrix} = \begin{bmatrix} -1 \\ 0 \\ 0 \\ 0 \end{bmatrix} + k_1 \cdot \begin{bmatrix} 5 \\ -3 \\ 1 \\ 0 \end{bmatrix} + k_2 \cdot \begin{bmatrix} -2 \\ 2 \\ 0 \\ 1 \end{bmatrix} = \begin{bmatrix} -1 + 5k_1 - 2k_2 \\ -3k_1 + 2k_2 \\ k_1 \\ k_2 \end{bmatrix} \quad (k_1, k_2 \in \mathbb{R})$$

die allgemeine Form einer Lösung; sie kann auch so geschrieben werden:

$x_1 = -1 + 5k_1 - 2k_2$
$x_2 = -3k_1 + 2k_2$
$x_3 = k_1$ $(k_1, k_2 \in \mathbb{R})$
$x_4 = k_2$

Z. B. sind $\begin{bmatrix} 1 \\ -2 \\ 0 \\ -1 \end{bmatrix}$ und $\begin{bmatrix} -2 \\ -1 \\ -1 \\ -2 \end{bmatrix}$ zwei Lösungen des obigen Gleichungssystems; sie ergeben sich mit $k_1 = 0$, $k_2 = -1$ bzw. $k_1 = -1$, $k_2 = -2$.

9.12. Das folgende Gleichungssystem ist zu lösen:

$$\begin{array}{rrrr|r} 3 & -9 & 1 & -2 & -10 \\ 2 & -6 & 3 & -1 & -4 \\ 8 & -24 & 5 & -5 & -24 \end{array}$$

$$\begin{array}{lrrrr|r} & 1. & 2. & 3. & 4. & \\ Z1 - Z2 \; : & 1 & -3 & -2 & -1 & -6 \\ Z2 - 2 \cdot Z1' \; : & 0 & 0 & 7 & 1 & 8 \\ Z3 - 4 \cdot Z2 \; : & 0 & 0 & -7 & -1 & -8 \end{array}$$

Jetzt kann man, wenn man die erste Spalte nicht wieder ändern will, allein durch Zeilenumformungen nicht erreichen, daß der 2 Koeffizient der 2. Zeile 1 wird. Es muß daher eine Spaltenvertauschung durchgeführt werden. Dabei ist es sinnvoll, die Spaltennummern über das Tableau zu schreiben, um einen Überblick über die durchgeführten Spaltenvertauschungen zu behalten. In diesem Fall empfiehlt sich die Vertauschung der 2. und 4. Spalte.

$$\begin{array}{lrrrr|r} & 1. & 4. & 3. & 2. & \\ Z1 + Z2 \; : & 1 & 0 & 5 & -3 & 2 \\ Z2 \; : & 0 & 1 & 7 & 0 & 8 \\ Z3 + Z2 \; : & 0 & 0 & 0 & 0 & 0 \end{array}$$

Die Normalform ist erreicht und die Vektoren

$$\underline{a}_1' = \begin{bmatrix} -5 \\ -7 \\ 1 \\ 0 \end{bmatrix} \quad \underline{a}_2' = \begin{bmatrix} 3 \\ 0 \\ 0 \\ 1 \end{bmatrix} \quad \underline{a}_0' = \begin{bmatrix} 2 \\ 8 \\ 0 \\ 0 \end{bmatrix}$$

beschreiben die Lösungsmenge des zuletzt aufgeschriebenen Gleichungssystems.

Um Lösungen des Ausgangsgleichungssystems zu erhalten, muß nun noch in $\underline{a}_0'$, $\underline{a}_1'$, $\underline{a}_2'$ die 2. mit der 4. Komponente vertauscht werden. Damit erhält man:

$$\underline{x} = \begin{bmatrix} 2 \\ 0 \\ 0 \\ 8 \end{bmatrix} + k_1 \cdot \begin{bmatrix} -5 \\ 0 \\ 1 \\ -7 \end{bmatrix} + k_2 \cdot \begin{bmatrix} 3 \\ 1 \\ 0 \\ 0 \end{bmatrix} \quad (k_1, k_2 \in \mathbb{R})$$

oder

$$\begin{aligned} x_1 &= 2 - 5k_1 + 3k_2 \\ x_2 &= k_2 \\ x_3 &= k_1 \\ x_4 &= 8 - 7k_1 \end{aligned} \quad (k_1, k_2 \in \mathbb{R})$$

als "allgemeine Lösung".

9.13. Das folgende Gleichungssystem ist zu lösen:

$$\begin{array}{rrr|r} 3 & -4 & 5 & -25 \\ 2 & 1 & 10 & 5 \\ 7 & -2 & -5 & 3 \end{array}$$

$$\begin{array}{rlrrr|r} Z1 - Z2 & : & 1 & -5 & -5 & -30 \\ Z2 - 2\cdot Z1' & : & 0 & 11 & 20 & 65 \\ Z3 - 7\cdot Z1' & : & 0 & 33 & 30 & 213 \end{array}$$

$$\begin{array}{rlrrr|r} Z1 + 5\cdot Z2' & : & 1 & 0 & \frac{45}{11} & -\frac{5}{11} \\ \frac{1}{11}\cdot Z2 & : & 0 & 1 & \frac{20}{11} & \frac{65}{11} \\ Z3 - 3\cdot Z2 & : & 0 & 0 & -30 & 18 \end{array}$$

$$\begin{array}{rlrrr|r} Z1 - \frac{45}{11}\cdot Z3' & : & 1 & 0 & 0 & 2 \\ Z2 - \frac{20}{11}\cdot Z3' & : & 0 & 1 & 0 & 7 \\ -\frac{1}{30}\cdot Z3 & : & 0 & 0 & 1 & -\frac{3}{5} \end{array}$$

Damit ist $\underline{a}_0 = \begin{bmatrix} 2 \\ 7 \\ -\frac{3}{5} \end{bmatrix}$ die einzige Lösung des Gleichungssystems.

9.14. Das folgende Gleichungssystem ist zu lösen:

$$\begin{array}{rrrrr|r} 3 & 5 & 7 & 0 & 13 & -1 \\ 4 & 3 & 2 & 0 & 10 & 6 \\ 5 & 8 & 11 & -1 & 21 & -1 \\ 0 & 4 & 8 & -5 & 8 & -8 \\ 2 & -1 & -4 & -1 & 0 & 8 \end{array}$$

$$\begin{array}{rlrrrrr|r} -Z1 + Z2 & : & 1 & -2 & -5 & 0 & -3 & 7 \\ Z2 - 4\cdot Z1' & : & 0 & 11 & 22 & 0 & 22 & -22 \\ Z3 - 5\cdot Z1' & : & 0 & 18 & 36 & -1 & 36 & -36 \\ Z4 & : & 0 & 4 & 8 & -5 & 8 & -8 \\ Z5 - 2\cdot Z1' & : & 0 & 3 & 6 & -1 & 6 & -6 \end{array}$$

	1.	2.	3.	4.	5.	
$Z1 + 2 \cdot Z2'$:	1	0	-1	0	1	3
$\frac{1}{11} \cdot Z2$:	0	1	2	0	2	-2
$Z3 - 18 \cdot Z2'$:	0	0	0	-1	0	0
$Z4 - 4 \cdot Z2'$:	0	0	0	-5	0	0
$Z5 - 3 \cdot Z2'$:	0	0	0	-1	0	0

	1.	2.	4.	3.	5.	
$Z1$:	1	0	0	-1	1	3
$Z2$:	0	1	0	2	2	-2
$-Z3$:	0	0	1	0	0	0
$Z4 + 5 \cdot Z3'$:	0	0	0	0	0	0
$Z5 + Z3'$:	0	0	0	0	0	0

Damit ergeben sich (Vertauschung 3. ↔ 4. beachten!) die folgenden Lösungen:

$$\underline{x} = \begin{bmatrix} 3 \\ -2 \\ 0 \\ 0 \\ 0 \end{bmatrix} + k_1 \cdot \begin{bmatrix} 1 \\ -2 \\ 1 \\ 0 \\ 0 \end{bmatrix} + k_2 \cdot \begin{bmatrix} -1 \\ -2 \\ 0 \\ 0 \\ 1 \end{bmatrix} \quad (k_1, k_2 \in \mathbb{R})$$

oder

$$\begin{aligned} x_1 &= 3 + k_1 - k_2 \\ x_2 &= -2 - 2k_1 - 2k_2 \\ x_3 &= k_1 \\ x_4 &= 0 \\ x_5 &= k_2 \end{aligned} \quad (k_1, k_2 \in \mathbb{R})$$

9.d   Anmerkung zum Invertieren einer Matrix

9.15. In § 8.e, insbesondere in § 8.22, haben wir ein Verfahren kennengelernt, eine quadratische Matrix mit Hilfe von elementaren Zeilenumformungen zu invertieren. Für eine nxn-Matrix A gilt: A invertierbar ⇔ Rang $A = n$. Das Verfahren kann auf eine beliebige Matrix A angewandt werden; bricht das Verfahren vorzeitig ab, so ist A nicht invertierbar; wird das Verfahren bis Ende durchgeführt, so ist A invertierbar und es liefert die Inverse A^{-1}.

Bei Vorgabe einer nxn-Matrix A ist eine nxn-Matrix X gesucht, sind also n^2 Unbekannte x_{ij} gesucht, so daß

(7) $\quad A \cdot X = E$

gilt; dabei ist

$$A = \begin{bmatrix} a_{11} & \cdots & a_{1n} \\ a_{21} & \cdots & a_{2n} \\ \vdots & & \vdots \\ a_{n1} & \cdots & a_{nn} \end{bmatrix} \quad X = \begin{bmatrix} x_{11} & \cdots & x_{1n} \\ x_{21} & \cdots & x_{2n} \\ \vdots & & \vdots \\ x_{n1} & \cdots & x_{nn} \end{bmatrix} \quad E = \begin{bmatrix} 1 & 0 & \cdots & 0 \\ 0 & \ddots & \ddots & \vdots \\ \vdots & \ddots & \ddots & 0 \\ 0 & \cdots & 0 & 1 \end{bmatrix}.$$

Es seien $\underline{x}_1, \ldots, \underline{x}_n$ die Spalten von X und $\underline{e}_1, \ldots, \underline{e}_n$ die Spalten von E, also

$$\underline{x}_1 = \begin{bmatrix} x_{11} \\ x_{21} \\ \vdots \\ x_{n1} \end{bmatrix}, \ldots, \underline{x}_n = \begin{bmatrix} x_{1n} \\ x_{2n} \\ \vdots \\ x_{nn} \end{bmatrix} ; \quad \underline{e}_1 = \begin{bmatrix} 1 \\ 0 \\ \vdots \\ 0 \end{bmatrix}, \ldots, \underline{e}_n = \begin{bmatrix} 0 \\ \vdots \\ 0 \\ 1 \end{bmatrix}.$$

Die Gleichung (7) kann dann geschrieben werden als

(8) $\quad A \cdot (\underline{x}_1 | \underline{x}_2 | \ldots | \underline{x}_n) = (\underline{e}_1 | \underline{e}_2 | \ldots | \underline{e}_n)$.

Gleichbedeutend mit (8) aber sind die n Gleichungen (Gleichungssysteme):

(9) $\quad \begin{cases} A \cdot \underline{x}_1 = \underline{e}_1 \\ A \cdot \underline{x}_2 = \underline{e}_2 \\ \quad \vdots \\ A \cdot \underline{x}_n = \underline{e}_n \end{cases}$

Um die Matrix X zu bestimmen, oder was dasselbe ist, um die n Spalten $\underline{x}_1, \ldots, \underline{x}_n$ von X zu bestimmen, sind also die n Gleichungssysteme $A \cdot \underline{x}_i = \underline{e}_i$ $i = 1, \ldots, n$, mit jeweils n Gleichungen und n Unbekannten zu lösen. Da aber die Koeffizientenmatrix für alle Gleichungssysteme dieselbe ist, nämlich A ist, kann man diese n Gleichungssysteme simultan lösen mit dem in 9.b erklärten Algorithmus. Genau so arbeitet das in § 8.3 erklärte Verfahren. Beispiel siehe dort.

9.e Die Cramersche Regel

Ein Gleichungssystem $A \cdot \underline{x} = \underline{b}$ mit einer (quadratischen) nxn-Matrix A ist nach Satz 9.6 genau dann eindeutig lösbar, wenn Rang $A = n$ gilt. Für A sind gleichwertig:

    Rang $A = n$ A ist regulär

    A ist invertierbar $|A| \neq 0$.

Ist Rang $A = n$, so erhält man nach Satz 8.30 die eindeutig bestimmte Lösung von $A \cdot \underline{x} = \underline{b}$ durch

$$\underline{x} = A^{-1} \cdot \underline{b} = \frac{1}{|A|} \cdot A^* \cdot \underline{b},$$

wobei A^* die in 8.29 definierte zu A adjungierte Matrix ist. Schreibt man diese Gleichung komponentenweise auf, so erhält man im wesentlichen die Cramersche Lösungsformel.

9.16. Satz (Cramersche Regel)

Es sei $A = \begin{bmatrix} a_{11} & \cdots & a_{1n} \\ \vdots & & \vdots \\ a_{n1} & \cdots & a_{nn} \end{bmatrix}$ eine quadratische, reguläre Matrix und $\underline{b} = \begin{bmatrix} b_1 \\ \vdots \\ b_n \end{bmatrix}$

ein Vektor. Dann ist das Gleichungssystem $A \cdot \underline{x} = \underline{b}$ eindeutig lösbar.
Bildet man

(1) die Matrizen A_i ($i = 1, \ldots, n$) (A_i entsteht aus A, indem in A die i-te Spalte durch $\underline{b}$ ersetzt wird)

$$A_1 = \begin{bmatrix} b_1 & a_{12} & \cdots & a_{1n} \\ \vdots & \vdots & & \vdots \\ b_n & a_{n2} & \cdots & a_{nn} \end{bmatrix}, \ldots, A_n = \begin{bmatrix} a_{11} & \cdots & a_{1\,n-1} & b_1 \\ \vdots & & \vdots & \vdots \\ a_{n1} & \cdots & a_{n\,n-1} & b_n \end{bmatrix}$$

und setzt

(2) $x_i = \dfrac{|A_i|}{|A|}$ ($i = 1, \ldots, n$),

dann ist $\begin{bmatrix} x_1 \\ \vdots \\ x_n \end{bmatrix}$ die Lösung von $A \cdot \underline{x} = \underline{b}$.

Ist A nicht quadratisch oder nicht regulär, so kann die Cramersche Regel nicht angewandt werden. Es stehen dann die in 9.b dargestellten Methoden zur Lösung von linearen Gleichungssystemen bereit. Häufig sind diese Methoden auch im Falle einer quadratischen, regulären Koeffizientenmatrix (insbesondere bei größerem n) der Cramerschen Regel wegen der dort nötigen und aufwendigen Determinantenberechnungen vorzuziehen.

Beispiel:

Löse das Gleichungssystem

$$\begin{array}{ccc|c} 1 & 2 & -3 & 1 \\ -2 & 1 & 2 & 0 \\ 2 & 2 & 1 & 0 \end{array}$$

Es ist $|A| = 1 + 8 + 12 + 6 - 4 + 4 = 27$

$$A_1 = \begin{bmatrix} 1 & 2 & -3 \\ 0 & 1 & 2 \\ 0 & 2 & 1 \end{bmatrix} \quad |A_1| = 1 - 4 = -3$$

$$A_2 = \begin{bmatrix} 1 & 1 & -3 \\ -2 & 0 & 2 \\ 2 & 0 & 1 \end{bmatrix} \quad |A_2| = 4 + 2 = 6$$

$$A_3 = \begin{bmatrix} 1 & 2 & 1 \\ -2 & 1 & 0 \\ 2 & 2 & 0 \end{bmatrix} \quad |A_3| = -4 - 2 = -6$$

und $x_1 = \dfrac{|A_1|}{|A|} = \dfrac{-3}{27} = -\dfrac{1}{9}$

$x_2 = \dfrac{|A_2|}{|A|} = \dfrac{6}{27} = \dfrac{2}{9}$

$x_3 = \dfrac{|A_3|}{|A|} = \dfrac{-6}{27} = -\dfrac{2}{9}$

ist die einzige Lösung des Gleichungssystems.

9.f   Übungsaufgaben

1. Formen Sie das folgende Gleichungssystem mit Hilfe des Gauß-Algorithmus in eine Normalform um. Notieren Sie dabei die durchgeführten Umformungen. Geben Sie sodann eine übersichtliche Darstellung der Lösungsmenge des Gleichungssystems an.

$$\begin{array}{rrrrr|r} 7 & 2 & -12 & -3 & 23 & 5 \\ -1 & -1 & 1 & -2 & -4 & 1 \\ 2 & 0 & -4 & 3 & 6 & -3 \\ 3 & -2 & -8 & 0 & 7 & -2 \\ 1 & 1 & -1 & 1 & 4 & 0 \end{array}$$

2. Text wie Aufgabe 1.

$$\left(\begin{array}{rrrrr|r}
8 & 1 & -5 & -1 & -15 & 17 \\
2 & 0 & -2 & 5 & -4 & 4 \\
3 & -2 & -9 & 0 & -8 & 4 \\
1 & 1 & 2 & 1 & -1 & 3 \\
-1 & -1 & -2 & -3 & 1 & -3
\end{array}\right)$$

3. Text wie Aufgabe 1.

$$\left(\begin{array}{rrrrr|r}
5 & -15 & 10 & 6 & -1 & 4 \\
-3 & 9 & -6 & -4 & -1 & -2 \\
7 & -21 & 14 & 8 & -3 & 6 \\
2 & -6 & 4 & 3 & 2 & 1 \\
11 & -33 & 22 & 15 & 5 & 7
\end{array}\right)$$

4. Text wie Aufgabe 1.

$$\left(\begin{array}{rrrrr|r}
4 & 12 & -16 & 5 & 0 & 7 \\
-5 & -15 & 20 & -6 & -1 & -8 \\
7 & 21 & -28 & 8 & 3 & 10 \\
-6 & -18 & 24 & -7 & -2 & -9 \\
2 & 6 & -8 & 3 & -2 & 5
\end{array}\right)$$

5. Text wie Aufgabe 1.

$$\left(\begin{array}{rrrrr|r}
3 & -9 & 15 & 5 & 6 & -9 \\
-4 & 12 & -20 & 5 & -43 & -23 \\
7 & -21 & 35 & 8 & 25 & -10 \\
5 & -15 & 25 & -7 & 56 & 31 \\
-11 & 33 & -55 & -20 & -17 & 38
\end{array}\right)$$

6. Text wie Aufgabe 1.

$$\left(\begin{array}{rrrrr|r}
3 & 21 & 2 & -9 & -3 & 5 \\
7 & 49 & -5 & -50 & -4 & 28 \\
5 & 35 & -1 & -28 & 0 & 12 \\
-4 & -28 & 3 & 29 & 5 & -19 \\
-11 & -77 & -20 & -5 & 9 & 9
\end{array}\right)$$

7. Bestimmen Sie die (eindeutige) Lösung a_1, a_2, a_3, a_4, a_5 des Gleichungssystems

$$\begin{array}{ccccc|l} 1 & 1 & 1 & 1 & 1 & 1^4 \\ 2 & 2^2 & 2^3 & 2^4 & 2^5 & 1^4 + 2^4 \\ 3 & 3^2 & 3^3 & 3^4 & 3^5 & 1^4 + 2^4 + 3^4 \\ 4 & 4^2 & 4^3 & 4^4 & 4^5 & 1^4 + 2^4 + 3^4 + 4^4 \\ 5 & 5^2 & 5^3 & 5^4 & 5^5 & 1^4 + 2^4 + 3^4 + 4^4 + 5^4 \end{array}$$

Mit diesen a_1, a_2, a_3, a_4, a_5 gilt also die Gleichung

(*) $\quad 1^4 + 2^4 + \ldots + n^4 = a_1 \cdot n + a_2 \cdot n^2 + a_3 \cdot n^3 + a_4 \cdot n^4 + a_5 \cdot n^5$

für $n = 1, 2, 3, 4, 5$. Zeigen Sie, daß (*) für alle $n \in \mathbb{N}$ gilt.

8. Invertieren Sie die Matrix

$$\begin{bmatrix} 3784 & 589 \\ 2891 & 450 \end{bmatrix}$$

9. Invertieren Sie die Matrix

$$\begin{bmatrix} 4 & 0 & 1 & -3 \\ 5 & 3 & -1 & -2 \\ -3 & 1 & 2 & 0 \\ -1 & 8 & -2 & 2 \end{bmatrix}$$

10. Lösen Sie das folgende Gleichungssystem einmal mit Hilfe des Gauß-Algorithmus zum andern durch die Cramersche Lösungsformel.

$$\begin{array}{ccc|c} 4 & -2 & 3 & -5 \\ -5 & 3 & 8 & -2 \\ 7 & -3 & 4 & -4 \end{array}$$

11. Lösen Sie das folgende Gleichungssystem einmal mit Hilfe des Gauß-Algorithmus zum andern durch die Cramersche Lösungsformel.

$$\begin{array}{cccc|c} 4 & -2 & -2 & -3 & -1 \\ -7 & 3 & -3 & 4 & -4 \\ 8 & -3 & 4 & 6 & -6 \\ 3 & -1 & 5 & 8 & -4 \end{array}$$

§ 10   Lineare Optimierung

10.a   Einführende Beispiele und graphische Lösung

10.1. Beispiel 1

Ein Unternehmen stellt zwei Produkte, P1 und P2, her. Zur Herstellung werden zwei Maschinen, M1 und M2, verwendet. Sowohl P1 als auch P2 werden nacheinander auf M1 und M2 bearbeitet. Ein Stück von P1 beansprucht M1 1 Minute und M2 3 Minuten; die Zeiten für P2 sind 2 bzw. 1 Minute. Diese Daten sind in der folgenden Tabelle zusammengefaßt:

Produkt Produktionsmittel	P1	P2	Kapazität in Minuten
M1	1	2	2400
M2	3	1	2400

$$x_1 + 2x_2 = 2400$$
$$3x_1 + x_2 = 2400$$

Als Lösung erhalten wir: $x_1 = 480$, $x_2 = 960$

Nun ist Vollbeschäftigung (der Maschinen) nicht unbedingt das oberste Ziel eines Unternehmens. Nehmen wir an, das Unternehmen könne (unabhängig von der Produktionsmenge) einen Stückgewinn von 1 DM bei Gut 1 und von 3 DM bei Gut 2 erzielen. Der Gewinn des Unternehmens ist dann:

$$G = x_1 + 3x_2 \;;$$

bei Vollauslastung beider Maschinen beträgt er somit 3360 DM. Der junge aufstrebende Assistent des Geschäftsführers schlägt nun nach einer durchwachten und durchgerechneten Nacht seinem Chef vor, das Produktionsprogramm zu ändern und 1100 Einheiten von Gut 2, aber nur noch 200 Einheiten von Gut 1 zu produzieren. Der Gewinn ist dann $200 + 3 \cdot 1100 = 3500$, d. h. höher als bei Vollauslastung.

Gleichzeitig ist die Beanspruchung der Maschinen:

M1: $1 \cdot 200 + 2 \cdot 1100 = 2400$
M2: $3 \cdot 200 + 1 \cdot 1100 = 1700 < 2400$

Maschine 2 ist also nicht mehr voll ausgelastet. Dies stört den Chef aber nicht, da der Gewinn höher ist als vorher.

In der Tat besteht das formale Problem nun nicht mehr in der Lösung des obigen Gleichungssystems, sondern es läßt sich wie folgt aufschreiben:

$$\text{Maximiere } G = G(x_1, x_2) = x_1 + 3x_2$$

unter den Nebenbedingungen (Restriktionen):

$x_1 + 2x_2 \leq 2400$	(N1)
$3x_1 + x_2 \leq 2400$	(N2)
$x_1 \geq 0$	(N3)
$x_2 \geq 0$.	(N4)

Hierbei handelt es sich um ein <u>Maximierungsproblem</u>.

Wir stellen das Problem nun graphisch dar und werden dabei ein Rezept zum Auffinden des Produktionsprogrammes kennenlernen, das den Gewinn unter den gegebenen Nebenbedingungen maximiert.

10.2. Zeichnerische Lösung eines Maximierungsproblems am Beispiel

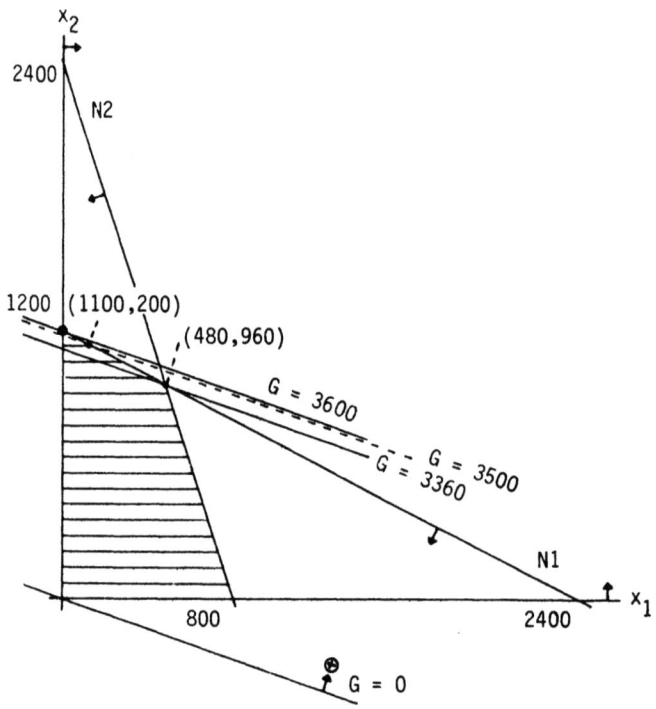

Abb. 10.1: Graphische Lösung eines Maximierungsproblems

Die zeichnerische Lösung des obigen Problems finden wir wie folgt:

1. x_1, x_2 - Koordinatensystem zeichnen.
2. Restriktionsgeraden zeichnen. Diese haben die Gleichungen $x_1 + 2x_2 = 2400$ (vgl. (N1)) und $3x_1 + x_2 = 2400$ (vgl. (N2)).
3. Zulässigen Bereich schraffieren. Die Nebenbedingungen (N3) und (N4) besagen, daß nur Punkte im I. Quadranten, also oberhalb der x_1-Achse und rechts von der x_2-Achse als Lösung in Frage kommen. Dies wird durch die Pfeile an den beiden Achsen veranschaulicht. Ebenso veranschaulichen die Pfeile an den Geraden für (N1) bzw. (N2) die Bereiche, die durch (N1) bzw. (N2) festgelegt werden. Zuletzt wird der Bereich schraffiert, in dem alle vier Nebenbedingungen erfüllt sind.

Wir wollen nun noch erklären, wie man die Richtung der Pfeile an den Restriktionsgeraden bestimmt. Ganz zentral ist dafür die folgende Eigenschaft einer Geraden $ax_1 + bx_2 = c$:

Gilt für einen Punkt (x_1^0, x_2^0) im $\mathbb{R}^2$ $ax_1^0 + bx_2^0 < c$, so gilt diese Ungleichung für alle Punkte, die auf derselben Seite der Geraden wie (x_1^0, x_2^0) liegen. Für alle Punkte auf der anderen Seite der Geraden gilt dann $ax_1^0 + bx_2^0 > c$. (10.1)

D. h. wenn wir bestimmen wollen, in welchem Bereich z. B.

$$x_1 + 2x_2 \leq 2400 \qquad \text{(N1)}$$

gilt, brauchen wir diese Bedingung nur für einen Punkt zu überprüfen, der nicht auf der Geraden $x_1 + 2x_2 = 2400$ liegt. Gilt (N1) für diesen Punkt, so veranschaulichen wir dies durch einen Pfeil an der Geraden für (N1), der nach der Seite zeigt, auf der der Punkt liegt. Gilt (N1) nicht für den überprüften Punkt, zeichnen wir den Pfeil in die entgegengesetzte Richtung. Es ist günstig, die Gültigkeit einer Restriktion für den Nullpunkt zu überprüfen, da dies am wenigsten Rechenarbeit verursacht:

$$0 + 2 \cdot 0 = 0 < 2400$$

gilt, also weist der Pfeil von der Restriktionsgeraden auf die Seite, auf der der Nullpunkt liegt. (0,0) erfüllt offensichtlich auch (N2).

4. Gerade G = 0 einzeichnen, hier also die Gerade $x_1 + 3x_2 = 0$. Alle Punkte auf dieser Geraden ergeben den Gewinn 0. Statt G = 0 könnten wir auch G = k zeichnen mit irgendeiner Konstanten k. Die Gerade G = k ist eine Hilfslinie, mit der wir wie folgt weiter verfahren.

5. Die Gerade G = 0 (bzw. G = k) so weit parallel verschieben, bis der Gewinn maximal ist, die Gerade den zulässigen Bereich aber noch berührt.

Diesem Vorgehen liegt wieder (10.1) zugrunde: Auf einer Seite von G = 0 ist der Gewinn positiv, auf der anderen negativ. Wenn wir diesen Sachverhalt etwas allgemeiner formulieren, heißt das: Wenn wir G = 0 in eine Richtung parallel verschieben, nimmt der Gewinn zu, der mit den Punkten auf der Geraden erzielt wird, verschieben wir parallel in die andere Richtung, nimmt er ab.

Die Richtung, in der der Gewinn zunimmt, bestimmen wir wie die Richtung der Pfeile in 3., indem wir für einen Punkt abseits der Gerade überprüfen, ob G > 0 (bzw. G > k) ist. Z. B. ergibt der Punkt (800,0) einen Gewinn von 800, also positiv, also nimmt G nach der entsprechenden Seite zu (siehe Pfeil an G = 0 in Abb. 10.1). (Warum verwenden wir hier nicht wie in 3. den Punkt (0,0) zur Überprüfung der Richtung?)

6. Produktionsmengen im Berührungspunkt ablesen. Hier erhalten wir $x_1 = 0$, $x_2 = 1200$.

7. Maximalwert (maximalen Gewinn) berechnen.
$G_{max} = G(0,1200) = 0 + 3 \cdot 1200 = 3600$.

10.3. Beispiel 2

In einer chemischen Fabrik werden aus zwei Rohstoffen A und B drei Produkte I, II, III hergestellt. Die folgende Tabelle gibt an, welche Mengen (in Tonnen) von den beiden Rohstoffen für die Produktion jeweils einer Tonne der drei Produkte benötigt werden:

	Produkt			Rohstoffkosten/t
	I	II	III	
Rohstoff A	0.1	0.3	0.4	6 000
Rohstoff B	0.2	0.1	0.3	4 000
benötigte Menge ist	9	12	26	

Pro Monat werden von den drei Produkten 9, 12 bzw. 26 t benötigt (letzte Zeile der Tabelle). Rohstoffkosten liegen für Rohstoff A bei 6000 DM/t, für B bei 4000 DM/t (letzte Spalte).

Die erforderlichen Mengen sollen mit möglichst geringen Rohstoffkosten produziert werden.

Formal:

Minimiere $z = 6000 \, x_A + 4000 \, x_B$ \hfill (a)

u. d. N. \qquad $0{,}1 \, x_A + 0{,}2 \, x_B \geq 9$ \hfill (b)

$0{,}3 \, x_A + 0{,}1 \, x_B \geq 12$ \hfill (c)

$0{,}4 \, x_A + 0{,}3 \, x_B \geq 26$ \hfill (d) \hfill (10.2)

$x_A \geq 0$ \hfill (e)

$x_B \geq 0$ \hfill (f)

Hier liegt also ein <u>Minimierungsproblem</u> vor.

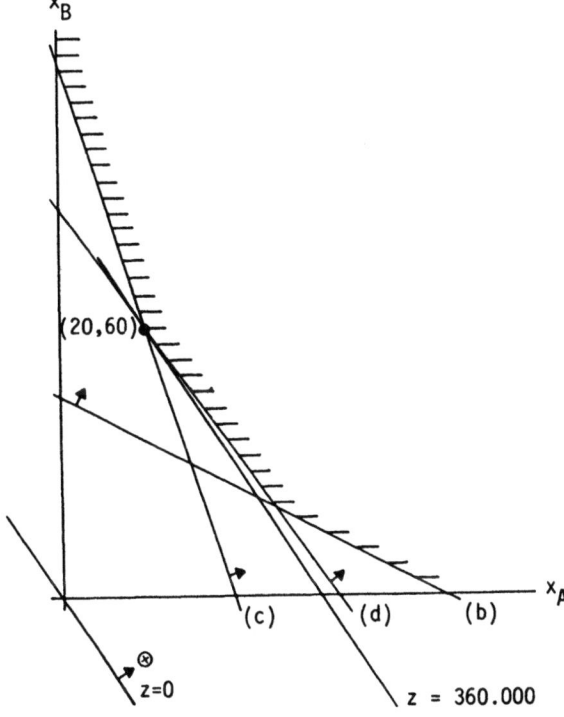

Abb. 10.2: Graphische Lösung von (10.2)

Punkt 4 der Lösungsanweisung in 10.2 führt in diesem Beispiel zu einer Geraden $z = 0$, die vollständig außerhalb des zulässigen Bereiches verläuft. Wir verschieben zunächst G = 0 bis die Gerade den zulässigen Bereich berührt. Dies ist im Punkt (20,60) der Fall. Verschieben wir die Gerade weiter in den zulässigen Bereich hinein, wachsen die Kosten z. Also ist $x_A = 20$, $x_B = 60$ die optimale Rohstoffkombination. Die minimalen Kosten sind

$$z_{min} = z(20,60) = 6000 \cdot 20 + 4000 \cdot 60 = 360.000$$

10.b Allgemeine Form eines Maximierungsproblems, weitere Beispiele

10.4. Aufgaben wie die im vorstehenden Abschnitt dargestellten nennt man <u>Lineare Optimierungsprobleme</u> (LOP), weil die beteiligten Funktionen linear (Geraden) sind. Allgemein besteht ein lineares Optimierungsproblem darin,

- eine lineare <u>Zielfunktion</u> zu maximieren oder zu minimieren, und zwar
- unter Beachtung bestimmter linearer <u>Restriktionen</u>.

Diese Restriktionen können Gleichungen oder Ungleichungen sein; insbesondere gehören zu diesen Restriktionen <u>Nichtnegativitätsbedingungen</u>.

Ein Maximierungsproblem können wir allgemein wie folgt darstellen:

Maximiere

$$z = z(x_1, \ldots, x_k) = c_0 + c_1 x_1 + c_2 x_2 + \ldots + c_k x_k \quad \text{(Zielfunktion)} \quad \text{(a)}$$

unter den Nebenbedingungen

$$a_{11} x_1 + a_{12} x_2 + \ldots + a_{1k} x_k \leq b_1 \quad \text{(b)}$$
$$a_{21} x_1 + a_{22} x_2 + \ldots + a_{2k} x_k \leq b_2$$
$$\vdots \quad (10.3)$$
$$a_{m1} x_1 + a_{m2} x_2 + \ldots + a_{mk} x_k \leq b_m$$

$$x_1, x_2, \ldots, x_k \geq 0 \quad \text{(c)}$$

10.5. Definition

(a) Die Menge der Punkte, die die Restriktionen (2), (3) erfüllen, heißt <u>Restriktionsmenge</u> oder <u>zulässiger Bereich</u> (ZB). (schraffierter Bereich in den Abbildungen 10.1 und 10.2)

(b) Die Punkte des ZB heißen zulässige Punkte oder <u>Lösungen</u> des LOPs.

(c) Es sei x^* ein zulässiger Punkt. Gilt für jedes x aus dem ZB $z(x) \leq z(x^*)$, so ist x^* ein <u>Maximalpunkt</u> des LOPs; $z(x^*)$ heißt Maximalwert.
(Im Minimierungsproblem entsprechend: $z(x) \geq z(x^*)$ für alle $x \in$ ZB: x^* <u>Minimalpunkt</u>, $z(x^*)$ Minimalwert; allgemein: x^* <u>optimale Lösung</u>)

Das obige Beispiel 1 lag unmittelbar in der Form (10.3) vor. Für Beispiel 2 ist dies nicht der Fall; es läßt sich jedoch wie folgt in die Form (10.3) bringen:

min $z = 6000 x_A + 4000 x_B \Leftrightarrow$ max $-z = -6000 x_A - 4000 x_B$

u.d.N. $0,1 x_A + 0,2 x_B \geq 9 \Leftrightarrow -0,1 x_A - 0,2 x_B \leq -9$

$0,3 x_A + 0,1 x_B \geq 12 \qquad -0,3 x_A - 0,1 x_B \leq -12$

$0,4 x_A + 0,3 x_B \geq 26 \qquad -0,4 x_A - 0,3 x_B \leq -26$

$x_A, x_B \geq 0 \qquad\qquad\qquad x_A, x_B \geq 0$

Da diese Möglichkeit der Umformung besteht, reicht es aus, wenn wir uns bei der Darstellung des rechnerischen Lösungsweges auf Maximierungsprobleme beschränken (vgl. § 11.c, d).

10.6. Exemplarische Fälle für zulässige Bereiche und Optimallösungen

Beispiel 3.a

Max. $z = 3x_1 - x_2$

unter den Nebenbedingungen

$2x_1 - x_2 \leq 3$ \qquad (1)

$3x_1 + 2x_2 \leq 15$ \qquad (2)

$4x_1 - x_2 \geq -2$ \qquad (3)

$2x_1 + 2x_2 \geq 1$ \qquad (4)

$x_1 \geq 0$ \qquad (5)

$x_2 \geq 0$ \qquad (6)

Maximalpunkt (3,3)

Maximalwert 6 .

Beispiel 3.b

Min. $z = 3x_1 - x_2$

unter den Nebenbedingungen (1) - (6).

Minimalpunkt (1,6)

Minimalwert -3 .

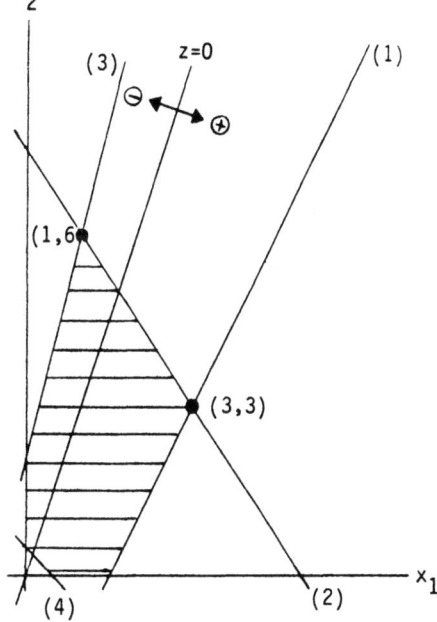

Abb. 10.3: Beispiele 3.a und 3.b

Beispiel 3.c

Max. $z = 2x_1 - x_2$

unter den Nebenbedingungen (1) - (6).

Als Maximalpunkte erhält man alle Punkte auf der Geraden (1) zwischen (1.5, 0) und (3,3); der Maximalwert ist 3.

> Wenn $z = z_{max}$ mit einer Seite des ZB übereinstimmt, dann sind alle Punkte dieser Seite Maximalpunkte.

In den Beispielen 3.a - c gibt es eine optimale Lösung oder mehrere optimale Lösungen des LOP. Wir stellen dabei fest:

ZB $\neq \phi$ und ZB beschränkt.

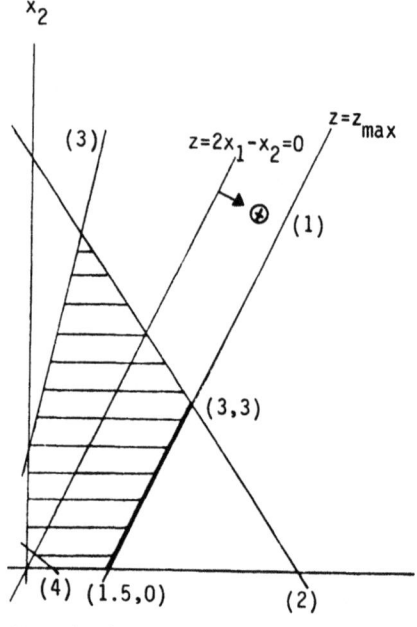

Abb. 10.4

Beispiel 4

a. Min $z = x_1 - x_2$

   unter den Nebenbedingungen

   $-2x_1 + x_2 \leq 1$ (1)

   $-2x_1 + 3x_2 \geq 6$ (2)

   $x_1, x_2 \geq 0$ (3)

   Minimalpunkt $\left(\frac{3}{4}, \frac{5}{2}\right)$

   Minimalwert $-\frac{7}{4}$.

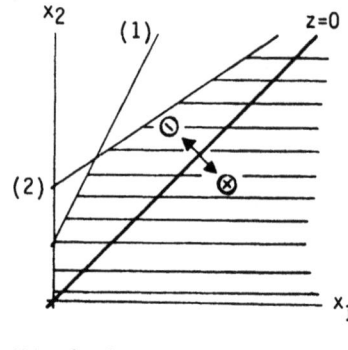

Abb. 10.5

b. Max $z = x_1 - x_2$

   unter den Nebenbedingungen (1) - (3). Die Zielfunktion wird beliebig groß für $x \to \infty$, d. h.: Es gibt keine Maximallösung.

   Grund: ZB ist nicht beschränkt.

Beispiel 5

Der ZB sei:

$$x_1 + x_2 \leq 1 \quad (1)$$
$$3x_1 + 2x_2 \geq 6 \quad (2)$$
$$x_1, x_2 \geq 0 \quad (3)$$

Die Ungleichungen (1) - (2) widersprechen sich: Es gibt keinen Punkt, der alle drei Ungleichungen erfüllt.

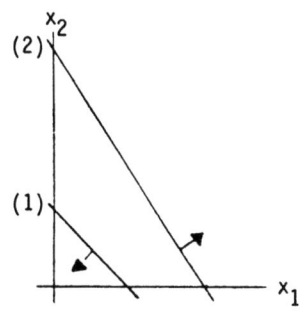

Abb. 10.6: ZB = ϕ

ZB = ϕ : Es gibt keine Lösung, also auch keine Optimallösung des LOP

Beispiel 6

Der ZB sei:

$$x_1 + 2x_2 \leq 3 \quad (1)$$
$$2x_1 + x_2 \leq 3 \quad (2)$$
$$x_1 + x_2 \leq 2 \quad (3)$$
$$x_1 + x_2 \leq 4 \quad (4)$$
$$x_1, x_2 \geq 0 \quad (5)$$

(3) und (4) sind überflüssig: sie verkleinern den von (1) und (2) festgelegten ZB nicht. Man kann sie daher vernachlässigen.

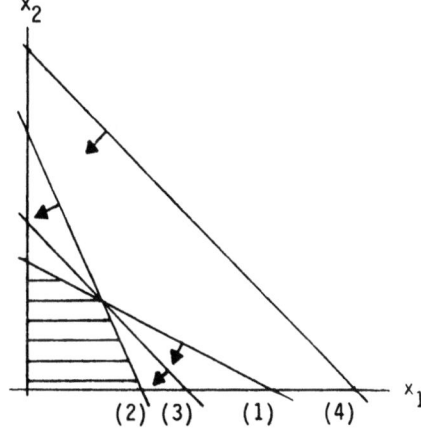

Abb. 10.7: Überflüssige Restriktionen

10.c Erster Lösungsversuch: Eckpunkte

Offensichtlich wird die graphische Lösung eines Optimierungsproblems bei drei Variablen schwierig und bei mehr als drei Variablen unmöglich. In den vorangegangenen Abschnitten beobachten wir jedoch:

In allen Beispielen, in denen es einen Optimalwert der Zielfunktion gibt, wird dieser in einer Ecke angenommen. Dies gilt allgemein - auch wenn mehr als zwei Variablen beteiligt sind.

> **10.7. Satz**
>
> Liefert der ZB ein Maximum zur Zielfunktion, so wird dieses Maximum an mindestens einem der Eckpunkte des ZB erreicht (möglicherweise außerdem noch an anderen Punkten).

Dieser Satz legt zunächst folgendes Vorgehen für die Lösung eines Optimierungsproblems nahe. (Wir betrachten wie angekündigt im folgenden nur Maximierungsprobleme.):

1. Finde alle Eckpunkte der Restriktionsmenge (= des zulässigen Bereiches).
2. Bestimme den Wert der Zielfunktion an den Eckpunkten.
3. Hat die Zielfunktion auf dem ZB ein Maximum, so ist ein Eckpunkt mit dem größten Wert der Zielfunktion ein Maximalpunkt.

Wir wollen dies hier am Beispiel 3a demonstrieren und fassen die Berechnungen in Tabelle 10.1 zusammen (vgl. Abb. 10.3). Beachten Sie, daß wir hier nach einem Lösungsweg suchen, der ohne graphische Hilfsmittel auskommt.

Schnitt der Restriktionsgeraden	Schnittpunkt x_1, x_2	Eckpunkt?	Wert der Zielfunktion in den Eckpunkten
(1)/(2)	3, 3	ja	6
(1)/(3)	-5/2, -8	nein	-
(1)/(4)	7/6, -2/3	nein	-
(1)/(5)	0, -3	ja	9/2
(1)/(6)	3/2, 0	nein	-
(2)/(3)	1, 6	ja	-3
(2)/(4)	14, -27/2	nein	-
(2)/(5)	0, 15/2	nein	-
(2)/(6)	5, 0	nein	-
(3)/(4)	-3/10, 4/5	nein	-
(3)/(5)	0, 2	ja	-2
(3)/(6)	-1/2, 0	nein	-
(4)/(5)	0, 1/2	ja	-1/2
(4)/(6)	1/2, 0	ja	3/2
(5)/(6)	0, 0	nein	-

Tabelle 10.1: Eckpunkte im Beispiel 3a

Wir wissen schon aus § 10.1, daß (3,3) das Maximum der Zielfunktion liefert. Läge nur Tabelle 10.1 vor, wüßten wir hier noch nicht, ob das Problem tatsächlich ein Maximum hat. Wir könnten also aus Tabelle 10.1 mit Satz 10.7 nun schließen: Falls ein Maximum existiert, ist (3,3) der Maximalpunkt. Ist ZB ≠ ∅ und beschränkt, so ist das Optimierungsproblem stets lösbar (d. h. es existierten stets Maximal- und Minimalpunkt.)

Wenn das Problem größer wird, wird dieses Verfahren sehr aufwendig. Z. B. bei 10 Variablen, 10 Nichtnegativitätsbedingungen und 8 weiteren Restriktionen hat man bereits 43 758 Schnittpunkte zu bestimmen und auf ihre Eckpunkteigenschaft zu überprüfen. (Vgl. eine Einführung in die Kombinatorik.)

Außerdem wissen wir bei diesem Verfahren nicht, ob ein Maximum überhaupt existiert.

Wir suchen also ein Verfahren, das

a) anzeigt, ob ein Maximum existiert,
b) falls es ein Maximum gibt, dieses liefert und
c) dies mit einem vertretbaren Rechenaufwand tut.

Das <u>Simplex-Verfahren</u> genügt diesen Forderungen.

10.d   <u>Simplexverfahren</u>

<u>10.8.</u> Das folgende Flußdiagramm zeigt grob den Ablauf des Verfahrens, falls eine optimale Lösung existiert:

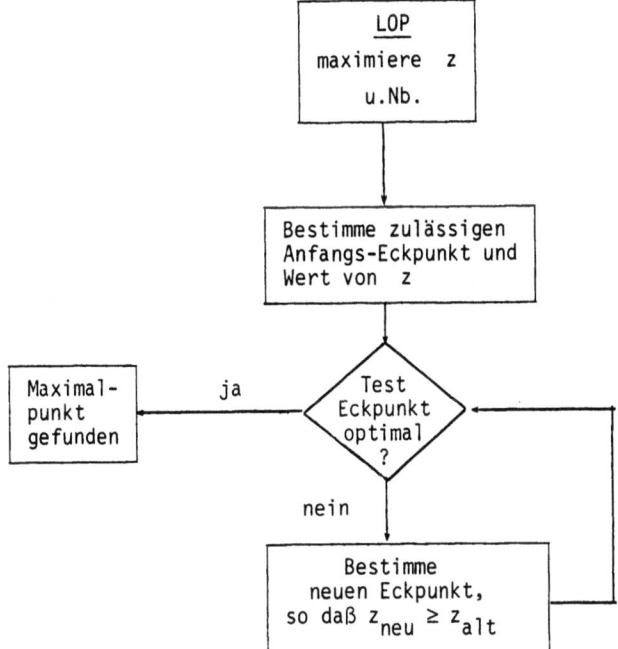

Wir werden das Simplexverfahren nun Schritt für Schritt kennenlernen. Dabei sei für die ausführliche Herleitung auf die einschlägige Literatur verwiesen (z. B. Hadley 1962, Dantzig 1966).

10.9. Schlupfvariablen

Gegeben sei das folgende LOP:

$$\max. \ z = c_0 + c_1 x_1 + \ldots + c_k x_k \tag{1}$$

$$\text{u.d.Nb.} \quad \left.\begin{array}{l} a_{11}x_1 + \ldots a_{1k}x_k \leq b_1 \\ \vdots \\ a_{m1}x_1 + \ldots a_{mk}x_k \leq b_m \end{array}\right\} \tag{2}$$

$$x_1, x_2, \ldots x_k \geq 0 \tag{3}$$

Unser Ziel ist zunächst, die Ungleichungen (2) in ein Gleichungssystem zu überführen. Dabei überlegen wir folgendes. Wenn z. B. die Ungleichung

$$3x_1 + 2x_2 \leq 15 \tag{10.4}$$

eine Kapazitätsbeschränkung darstellt, so kann die Kapazitätsschranke 15 genau eingehalten oder aber unterschritten werden. Im zweiten Fall haben wir eine Überschußkapazität, die sich berechnen läßt. Z. B.:

$x_1 = 3, x_2 = 3 \Rightarrow$ Überschußkapazität $= 0$

$x_1 = 3, x_2 = 1 \Rightarrow$ Überschußkapazität $= 15 - 11 = 4$.

Wir bezeichnen diese Überschußkapazität nun mit $x_ü$. Dann können wir (10.4) schreiben als:

$$3x_1 + 2x_2 + x_ü = 15, \ x_ü \geq 0.$$

Entsprechendes machen wir mit allen Ungleichungen in (2): Wir führen in jede Ungleichung eine solche <u>Schlupfvariable</u> ein, insgesamt also m solcher Variablen, die wir mit $x_{k+1}, \ldots, x_{k+m}$ bezeichnen. Damit wird das LOP zu:

maximiere $z = c_1 x_1 + \ldots + c_k x_k$ \hfill (1)

unter den Nb.
$$\begin{array}{l} a_{11}x_1 + \ldots + a_{1k}x_k + x_{k+1} \phantom{ + x_{k+2}} = b_1 \\ a_{21}x_1 + \ldots + a_{2k}x_k \phantom{ + x_{k+1}} + x_{k+2} = b_2 \\ \vdots \\ a_{m1}x_1 + \ldots + a_{mk}x_k \phantom{ + x_{k+1} + x_{k+2}} + x_{k+m} = b_m \end{array} \tag{2'}$$

$$x_1, \ldots, x_k, x_{k+1}, \ldots, x_{k+m} \geq 0 \tag{3'}$$

(2') ist ein Gleichungssystem mit m Gleichungen und $k+m$ Unbekannten. Wenn wir die Koeffizienten dieses Systems wie in Abschnitt 9 in eine Tabelle schreiben, erhalten wir:

$$\begin{array}{cccccc|c}
x_1 & \cdots & x_k & x_{k+1} & x_{k+2} & x_{k+m} & \\
a_{11} & \cdots & a_{1k} & 1 & 0 \cdots\cdots 0 & & b_1 \\
a_{21} & \cdots & a_{2k} & 0 & 1 & \vdots & b_2 \\
\vdots & & \vdots & \vdots & \ddots & 0 & \vdots \\
a_{m1} & \cdots & a_{mk} & 0 \cdots\cdots 0 & & 1 & b_m
\end{array}$$

Das Gleichungssystem ist dabei von einer Form, in der die allgemeine Lösung direkt angegeben werden kann:

$$\begin{bmatrix} x_{k+1} \\ \vdots \\ x_{k+m} \\ x_1 \\ \vdots \\ \vdots \\ x_k \end{bmatrix} = \begin{bmatrix} b_1 \\ \vdots \\ b_m \\ 0 \\ \vdots \\ \vdots \\ 0 \end{bmatrix} + \alpha_1 \begin{bmatrix} a_{11} \\ \vdots \\ a_{m1} \\ -1 \\ 0 \\ \vdots \\ 0 \end{bmatrix} \cdots + \alpha_k \begin{bmatrix} a_{1k} \\ \vdots \\ a_{mk} \\ 0 \\ 0 \\ \vdots \\ 0 \\ -1 \end{bmatrix}$$

Eine spezielle Lösung erhalten wir z. B., wenn wir

$$\alpha_1 = \alpha_2 = \ldots = \alpha_k = 0$$

setzen.

$$\begin{bmatrix} x_{k+1} \\ \vdots \\ x_{k+m} \\ x_1 \\ \vdots \\ x_k \end{bmatrix} = \begin{bmatrix} b_1 \\ \vdots \\ b_m \\ 0 \\ \vdots \\ 0 \end{bmatrix} . \tag{10.5}$$

10.10. Definition

Eine Lösung wie (10.5) heißt <u>Basislösung</u> (BL); die zu $x_{k+1}, \ldots, x_{k+m}$ gehörenden Koeffizientenvektoren bilden eine Basis des $\mathbb{R}^m$.

$x_{k+1}, \ldots, x_{k+m}$ heißen <u>Basisvariablen</u> (BV), $x_1, \ldots, x_k$ <u>Nichtbasisvariablen</u> (NBV). In der BL haben die Nichtbasisvariablen stets den Wert 0.

Allgemein können wir ein LOP nun wie folgt schreiben:

$$\text{Max. } z = c_1 x_1 + \ldots + c_{k+m} x_{k+m} \tag{1}$$

$$\text{u.d.Nb. } \begin{array}{c} a_{11} x_1 + \ldots + a_{1,k+m} x_{k+m} = b_1 \\ \vdots \\ a_{m1} x_1 + \ldots + a_{m,k+m} x_{k+m} = b_m \end{array} \tag{2''}$$

$$x_1, \ldots x_{k+m} \geq 0 \tag{3''}$$

10.11. Definition

Kann die Koeffizientenmatrix von (2") durch Spaltenvertauschung auf die Form

$$\left(\begin{array}{cccc|cccc} 1 & 0 & \ldots & 0 & * & * & \ldots & * \\ 0 & 1 & & \vdots & * & * & \ldots & * \\ \vdots & & \ddots & 0 & \vdots & \vdots & & \vdots \\ 0 & \ldots & 0 & 1 & * & * & \ldots & * \end{array} \right. \left| \begin{array}{c} b_1 \\ b_2 \\ \vdots \\ b_m \end{array} \right)$$

gebracht werden, sagt man, das LOP liegt in <u>kanonischer Form</u> vor.

<u>Beispiel 8</u>

$$\begin{array}{lrl} \max & z = 3x_1 - x_2 & \quad (a) \\ \text{u.d.NB} & 2x_1 - x_2 \leq 3 & \quad (b) \\ & 3x_1 + 2x_2 \leq 15 & \quad (c) \\ & -4x_1 + x_2 \leq 2 & \quad (d) \\ & x_1, x_2 \geq 0 & \quad (e) \end{array} \qquad (10.6)$$

Als Gleichungssystem schreiben sich die Nebenbedingungen (10.6.b - d) wie folgt ($x_i \geq 0$, $i = 1, \ldots, 5$):

$$\begin{array}{rl} 2x_1 - x_2 + x_3 & = 3 \\ 3x_1 + 2x_2 \phantom{{}+x_3} + x_4 & = 15 \\ -4x_1 + x_2 \phantom{{}+x_3+x_4} + x_5 & = 2 \end{array} \qquad (10.7)$$

Daraus machen wir das folgende Tableau:

$$\left(\begin{array}{rrrrr|r} 2 & -1 & 1 & 0 & 0 & 3 \\ 3 & 2 & 0 & 1 & 0 & 15 \\ -4 & 1 & 0 & 0 & 1 & 2 \end{array} \right)$$

Das LOP liegt in kanonischer Form vor. Die allgemeine Lösung des Gleichungssystems (10.7) ist:

$$\begin{bmatrix} x_3 \\ x_4 \\ x_5 \\ x_1 \\ x_2 \end{bmatrix} = \begin{bmatrix} 3 \\ 15 \\ 2 \\ 0 \\ 0 \end{bmatrix} - x_1 \begin{bmatrix} 2 \\ 3 \\ -4 \\ -1 \\ 0 \end{bmatrix} - x_2 \begin{bmatrix} -1 \\ 2 \\ 1 \\ 0 \\ -1 \end{bmatrix}$$

Daraus erhalten wir die folgende BL mit $x_1 = x_2 = 0$:

$$\begin{bmatrix} x_3 \\ x_4 \\ x_5 \\ x_1 \\ x_2 \end{bmatrix} = \begin{bmatrix} 3 \\ 15 \\ 2 \\ 0 \\ 0 \end{bmatrix}$$

Diese BL ist zulässig.

Der Wert der Zielfunktion für diese BL ist

$z = 3x_1 - x_2$

$z = 3 \cdot 0 - 0 = 0$

Wir könnten den Wert der Zielfunktion erhöhen, wenn wir eine Lösung des Gleichungssystems finden könnten, in der x_1 von 0 verschieden ist.

10.12. Basiswechsel und Optimalität

Um dies zu erreichen, gehen wir von der oben gegebenen Basislösung zu einer anderen über; wir führen einen <u>Basiswechsel</u> durch. Z. B. tauschen wir nun x_1 gegen x_3 ein. Unser Ausgangstableau ist:

NBV BV	x_1	x_2	x_3	x_4	x_5	
x_3	②	-1	1	0	0	3
x_4	3	2	0	1	0	15
x_5	-4	1	0	0	1	2

Die eingekreiste Zahl 2 heißt <u>Pivot</u>, Spalte 1 (einzutauschende Variable) heißt <u>Pivotspalte</u>, Zeile 1 (auszutauschende Variable) heißt <u>Pivotzeile</u>. Wir erzeugen nun in der Pivotspalte den Einheitsvektor mit 1 in der Pivotzeile:

$$\begin{array}{|cccccc|} \hline 1 & -\frac{1}{2} & \frac{1}{2} & 0 & 0 & \frac{3}{2} \\ 0 & \frac{7}{2} & -\frac{3}{2} & 1 & 0 & \frac{21}{2} \\ 0 & -1 & 2 & 0 & 1 & 8 \\ \hline \end{array} \quad \begin{array}{l} Z1 : 2 \\ Z2 - 3 \cdot Z1 \text{ neu} \\ Z3 + 4 \cdot Z1 \text{ neu} \end{array}$$

Die allgemeine Lösung heißt damit:

$$\begin{bmatrix} x_1 \\ x_2 \\ x_3 \\ x_4 \\ x_5 \end{bmatrix} = \begin{bmatrix} \frac{3}{2} \\ 0 \\ 0 \\ \frac{21}{2} \\ 8 \end{bmatrix} - x_2 \begin{bmatrix} -\frac{1}{2} \\ -1 \\ 0 \\ \frac{7}{2} \\ -1 \end{bmatrix} - x_3 \begin{bmatrix} \frac{1}{2} \\ 0 \\ -1 \\ -\frac{3}{2} \\ 2 \end{bmatrix},$$

und die neue Basislösung mit $x_2 = x_3 = 0$ ist:

Basisvariablen: $x_1 = 3/2$, $x_4 = 21/2$, $x_5 = 8$

Nicht-Basisvariablen: $x_2 = 0$, $x_3 = 0$

(10.8)

Wir vergleichen die beiden Basislösungen:

$$\text{BL 1} \qquad\qquad\qquad \text{BL 2}$$

$$\begin{bmatrix} x_1 \\ x_2 \\ x_3 \\ x_4 \\ x_5 \end{bmatrix} = \begin{bmatrix} 0 \\ 0 \\ 3 \\ 15 \\ 2 \end{bmatrix} \qquad\qquad \begin{bmatrix} x_1 \\ x_2 \\ x_3 \\ x_4 \\ x_5 \end{bmatrix} = \begin{bmatrix} \frac{3}{2} \\ 0 \\ 0 \\ \frac{21}{2} \\ 8 \end{bmatrix}$$

<u>Restriktionen:</u>

$0 + 3 = 3$	(a)	$2 \cdot \frac{3}{2} - 0 + 0 = 3$	
$0 + 15 = 15$	(b)	$3 \cdot \frac{3}{2} + 2 \cdot 0 + \frac{21}{2} = 15$	
$0 + 2 = 2$	(c)	$-4 \cdot \frac{3}{2} + 0 + 8 = 2$	

Dabei sind die Summanden unmittelbar links von den Gleichheitszeichen die Werte der Schlupfvariablen. Insbesondere sind beide Basislösungen zulässig.

Wert der Zielfunktion:

$z = 3 \cdot 0 - 0 = 0$ bzw. $z = 3 \cdot \frac{3}{2} - 0 = \frac{9}{2}$

Zwei Punkte sind dabei besonders wichtig:
(1) Wir haben durch den Basiswechsel den Wert der Zielfunktion verbessert.
(2) Die neue Basislösung ist zulässig. Dies ist nicht selbstverständlich: z. B.:
Für $x_1 = 5$, $x_2 = 0$ ist die erste Nebenbedingung verletzt.

Wir betrachten diesen Basiswechsel noch einmal systematisch, wobei wir auch überlegen, warum es vorteilhaft war, gerade x_3 aus der Basis zu nehmen.

zu (1): Die Zielfunktion in Abhängigkeit der NBVen x_1, x_2 ist:

$z = 3x_1 - x_2$

Die Positivität des Koeffizienten von x_1 zeigt an, daß das Eintauschen von x_1 den Wert der Zielfunktion erhöht.

zu (2): Für die Beantwortung der Frage, welche Variable wir für x_1 aus der Basis nehmen, stellen wir die aktuellen BVen in Abhängigkeit der NBVen dar; dabei ist weiterhin $x_2 = 0$. Aus (10.7) ergibt sich:

$$x_3 = 3 - 2x_1$$
$$x_4 = 15 - 3x_1 \qquad (10.9)$$
$$x_5 = 2 + 4x_1$$

Wir wollen x_1 in die Basis nehmen, also x_1 positiv werden lassen, und zwar so groß wie möglich. Eine der bisherigen BVen soll auf 0 gesetzt werden, die anderen müssen nichtnegativ bleiben.

(a) Erhöhen wir x_1, brauchen wir auf x_5 keine Rücksicht zu nehmen, da dann wegen (10.9) immer gilt: $x_5 > 0$.
(b) x_4 bleibt nichtnegativ, solange $x_1 \leq 5$.
(c) x_3 bleibt nichtnegativ, solange $x_1 \leq \frac{3}{2}$ und ist gleich 0 für $x_1 = 3/2$.

Da wir x_1 möglichst groß machen wollen, um den Wert der Zielfunktion möglichst stark zu vergrößern, wählen wir $x_1 = 3/2$. Das bedeutet, daß wir x_3 aus der Basis herausnehmen. Dann ergibt sich die BL (10.8).

Nun betrachten wir unter denselben Gesichtspunkten die neue BL.

Aus dem Tableau

$$\left[\begin{array}{ccccc|c} 1 & -\frac{1}{2} & \frac{1}{2} & 0 & 0 & \frac{3}{2} \\ 0 & \frac{7}{2} & -\frac{3}{2} & 1 & 0 & \frac{21}{2} \\ 0 & -1 & 2 & 0 & 1 & 8 \end{array}\right]$$

ergab sich die allgemeine Lösung

$$\begin{bmatrix} x_1 \\ x_2 \\ x_3 \\ x_4 \\ x_5 \end{bmatrix} = \begin{bmatrix} \frac{3}{2} \\ 0 \\ 0 \\ \frac{21}{2} \\ 8 \end{bmatrix} - x_2 \begin{bmatrix} -\frac{1}{2} \\ -1 \\ 0 \\ \frac{7}{2} \\ -1 \end{bmatrix} - x_3 \begin{bmatrix} \frac{1}{2} \\ 0 \\ -1 \\ -\frac{3}{2} \\ 2 \end{bmatrix}. \qquad (10.10)$$

zu (1): Die Zielfunktion in Abhängigkeit der NBVen dargestellt ist:

$$z = 3x_1 - x_2 = 3(\tfrac{3}{2} + \tfrac{1}{2}x_2 - \tfrac{1}{2}x_3) - x_2 = \tfrac{9}{2} + \tfrac{1}{2}x_2 - \tfrac{3}{2}x_3. \qquad (10.11)$$

Da der Koeffizient von x_2 positiv ist, tauschen wir x_2 ein.

zu (2): Um die auszutauschende Variable zu ermitteln, betrachten wir wieder die Darstellung der aktuellen BVen in Abhängigkeit der NBVen (vgl. (10.10)), dabei ist $x_3 = 0$:

$$x_1 = \tfrac{3}{2} + \tfrac{1}{2}x_2$$
$$x_4 = \tfrac{21}{2} - \tfrac{7}{2}x_2$$
$$x_5 = 8 + x_2 \;.$$

Mit der analogen Argumentation wie beim ersten Schritt entscheiden wir uns dafür, x_4 auszutauschen. Wir können auf 3 erhöhen. Mit $x_2 = 3$ erhalten wir:

$$x_1 = 3, \; x_2 = 3, \; x_3 = 0, \; x_4 = 0, \; x_5 = 11. \qquad (10.12)$$

Der Wert der Zielfunktion ist nun: $z = 3x_1 - x_2 = 3 \cdot 3 - 3 = 6 > \tfrac{9}{2}$

Dieser Basiswechsel stellt sich im Tableau wie folgt dar:

x_1	x_2	x_3	x_4	x_5	
1	$-\frac{1}{2}$	$\frac{1}{2}$	0	0	$\frac{3}{2}$
0	$\left(\frac{7}{2}\right)$	$-\frac{3}{2}$	1	0	$\frac{21}{2}$
0	-1	2	0	1	8
1	0	$\frac{2}{7}$	$\frac{1}{7}$	0	3
0	1	$-\frac{3}{7}$	$\frac{2}{7}$	0	3
0	0	$\frac{11}{7}$	$\frac{2}{7}$	1	11

$Z1 + \frac{1}{2} \cdot Z2$ neu

$\frac{2}{7} \cdot Z2$

Können wir die Zielfunktion weiter verbessern?

zu (1): Wieder stellen wir die Zielfunktion in Abhängigkeit der NBVen dar; dabei gehen wir von (10.11) aus:

$$z = \frac{9}{2} + \frac{1}{2} x_2 - \frac{3}{2} x_3$$

Hier setzen wir $x_2 = 3 + \frac{3}{7} x_3 - \frac{2}{7} x_4$ aus dem neuen Tableau ein:

$$z = \frac{9}{2} + \frac{1}{2} (3 + \frac{3}{7} x_3 - \frac{2}{7} x_4) - \frac{3}{2} x_3 = 6 - \frac{9}{7} x_3 - \frac{1}{7} x_4 .$$

Gleichgültig, welche der beiden NBVen x_3 oder x_4 man nun in die Basis nähme: man würde den Wert der Zielfunktion vermindern.

Zur graphischen Lösung dieses Problems kann man Abb. 10.3 heranziehen. Das Beispiel 8 ist nämlich mit dem Beispiel 3a identisch, außer daß gegenüber 3a die Nebenbedingung (4) weggelassen wurde.

In Abbildung 10.8 sind entlang der Restriktionsgeraden Pfeile eingezeichnet, die zeigen, in welche Richtung die Zielfunktion vergrößert wird. Man erkennt sofort den Maximalpunkt wie auch den Minimalpunkt des Problems. Außerdem sieht man noch einmal, daß wir bei den obigen Austauschaktionen konsequent in Richtung Maximalpunkt gegangen sind.

Was wir an diesem Beispiel beobachten, gilt allgemein. Wir erinnern uns zunächst (vgl. 10.5): Eine Lösung eines LOP heißt zulässig, wenn sie im ZB liegt, d. h. wenn sie alle Nebenbedingungen erfüllt.

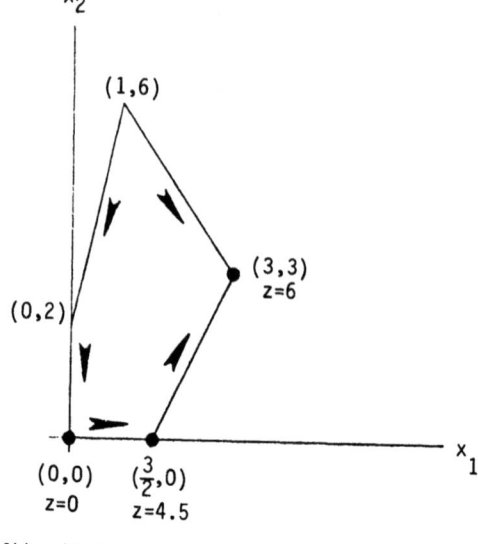

Abb. 10.8

10.11. Satz

(a) Eine BL ist zulässig genau dann, wenn alle Komponenten der Lösung nichtnegativ sind.

(b) Jede zulässige BL ist Eckpunkt des ZB.

(c) Jeder Eckpunkt des ZB ist eine zulässige BL.

Auch die im Beispiel entwickelten Auswahlkriterien für den Basiswechsel gelten allgemein. Dies nutzen wir für die folgenden Regeln des Simplexverfahrens aus.

10.12. Der Simplex-Algorithmus

Es sei das folgende LOP gegeben:

$$\max \quad c_1 x_1 + \ldots c_k x_k + c_0 \qquad (1)$$

u.d.Nb.
$$a_{11} x_1 + \ldots + a_{1k} x_k + x_{k+1} \phantom{+ \ldots + x_{k+m}} = b_1 \qquad (2)$$
$$\vdots$$
$$a_{m1} x_1 + \ldots + a_{mk} x_k \phantom{+ x_{k+1}} + x_{k+m} = b_m$$
$$x_1, \ldots, x_k, x_{k+1}, \ldots x_{k+m} \geq 0 \qquad (3)$$

<u>1. Simplextableau anlegen:</u>

a_{11} .... a_{1k}	1	0	...	0	b_1
a_{21} .... a_{2k}	0	1	...	0	b_2
$\vdots$ $\vdots$	$\vdots$				$\vdots$
a_{m1} .... a_{mk}	0	0	...	1	b_m
$-c_1$ .... $-c_k$	0	0	...	0	c_0

Kommentar:

a. Beachten Sie, daß die Koeffizienten der Zielfunktion mit -1 multipliziert werden, bevor sie in die letzte Zeile des Tableaus eingetragen werden.

b. In der rechten unteren Ecke steht der Wert der Zielfunktion.

c. Das Anfangstableau liefert die BL

$$\begin{array}{c} x_{k+1} = b_1 \\ \vdots \\ x_{k+m} = b_m \end{array} \quad , \quad x_1 = \ldots = x_k = 0 \; .$$

Diese Anfangslösung ist zulässig, wenn $b_1, b_2, \ldots, b_m \geq 0$. Wir betrachten hier nur solche LOPe, die in kanonischer Form (also wie oben) vorliegen mit $b_1, b_2, \ldots b_m \geq 0$.

2. Optimalität, eventuell Wahl der Pivotspalte

Für die Beantwortung der Frage, ob die BL optimal ist, prüfen wir, ob in der letzten Zeile des Tableaus negative Elemente stehen; dabei vernachlässigen wir das Element ganz rechts.

a. wenn nein: Die BL ist optimal.

b. wenn ja: Wähle als <u>Pivotspalte</u> j die Spalte mit kleinstem $-c_j$.

3. Wahl der Pivotzeile

Gibt es positive Elemente in der Pivotspalte?

a. wenn nein: Es gibt keinen Maximalpunkt (ZB unbeschränkt).

b. wenn ja: Bilde für die positiven Elemente a_{ij} in der Pivotspalte die Verhältnisse b_i/a_{ij}. Wähle die <u>Pivotzeile</u> so, daß b_i/a_{ij} minimal ist.

Damit hat man das <u>Pivotelement</u> a_{ij} bestimmt.

<u>Kommentar</u>: Diese Wahl sorgt dafür, daß die neue BL zulässig ist.

4. Basiswechsel

a. Multipliziere Pivotzeile mit $\frac{1}{a_{ij}}$ ⇒ neue Zeile i

b. Für die übrigen Zeilen g des Tableaus (einschließlich der letzten) berechnet man: neue Zeile g = alte Zeile g $- a_{gj}$ · neue Zeile i.

Damit sind wir bei einem neuen Tableau, für das wir wieder die Schritte 1 - 4 durchführen.

Das Verfahren endet mit 2a (Maximalpunkt gefunden) oder mit 3a (Es gibt keinen

Maximalpunkt).

Beispiel 9

$$\max \quad 4x_1 + 3x_2 + 100$$

$$\text{u.d.Nb.} \quad x_1 + 7x_2 \leq 56$$
$$2x_1 + 3x_2 \leq 35$$
$$3x_1 + 2x_2 \leq 40$$
$$x_1 \leq 12$$
$$x_1, x_2 \geq 0$$

I	1	7	1	0	0	0	56
II	2	3	0	1	0	0	35
III	3	2	0	0	1	0	40
IV	①	0	0	0	0	1	12 ←
V	-4 ↑	-3	0	0	0	0	100
I	0	7	1	0	0	-1	44
II	0	3	0	1	0	-2	11
III	0	②	0	0	1	-3	4
IV	1	0	0	0	0	1	12
V	0	-3 ↑	0	0	0	4	148
I	0	0	1	0	-7/2	19/2	30
II	0	0	0	1	-3/2	⑤/2	5
III	0	1	0	0	1/2	-3/2	2
IV	1	0	0	0	0	1	12
V	0	0	0	0	3/2	-1/2 ↑	154
I	0	0	1	-19/2	11/5	0	11
II	0	0	0	2/5	-3/5	1	2
III	0	1	0	3/5	-2/5	0	5
IV	1	0	0	-2/5	3/5	0	10
V	0	0	0	1/5	6/5	0	155

Operationen:

I − IV
II − 2 · IV
III − 3 · IV
IV Pivotzeile
V + 4 · IV

I − 7 · III
II − 3 · III
III Pivotzeile /2
IV
V + 3 · III

I − 19/2 · II
II Pivotzeile · (2/5)
III + 3/2 · II
IV − II
V + 1/2 · II

2a: Alle Elemente in der letzten Zeile sind positiv.

Damit hat man als Minimalpunkt:

$x_3 = 11$; dies ist der Schlupf in der ersten Restriktion

$x_2 = 5$

$x_1 = 10$

$x_6 = 2$; dies ist der Schlupf in der vierten Restriktion.

Der Maximalwert ist $z = 155$.

Beispiel 4

$$\max \quad z = x_1 - x_2$$

u.d.Nb. $\quad -2x_1 + x_2 \leq 1$

$\quad\quad\quad -2x_1 + 3x_2 \leq 6$

$\quad\quad\quad x_1, x_2 \geq 0$

-2	1	1	0	1
-2	3	0	1	6
-1	1	0	0	0
↑				

3a: Es gibt kein positives Element in der Pivotspalte ⇒ ZB unbeschränkt!

10.13. Schlußbemerkung

Eine ganze Reihe von Problemen, die im Zusammenhang mit LOPen auftreten können, wurden hier nicht behandelt, z. B.:

- braucht ein LOP nicht in kanonischer Form vorzuliegen,
- ist eine Anfangs-BL nicht notwendig zulässig,
- kann auch eine BV den Wert 0 annehmen. ("Degeneration").

Hierfür wie auch für spezielle Anwendungen sei wieder auf die bereits oben erwähnte Originalliteratur verwiesen.

10.e Übungsaufgaben

1. Gegeben sind die folgenden linearen Optimierungsprobleme

$\quad -x_1 + x_2 \leq 2 \quad\quad x_1 \leq 3$

$\quad x_1 - x_2 \leq 2 \quad\quad\;\; x_2 \leq 3$

$\quad x_1 + x_2 \leq 5 \quad\quad 0 \leq x_1, \; 0 \leq x_2$

$z(x_1, x_2) = x_1 + x_2$: Maximum

$z(x_1, x_2) = x_1 + 2x_2$: Maximum

a. Zeichnen Sie mit Koordinatenangabe der Eckpunkte den zulässigen Bereich und bestimmen Sie graphisch die Maximalpunkte und den Maximalwert.

b. Bestimmen Sie mit Hilfe des Simplexverfahrens einen Maximalpunkt und den Maximalwert.

2. Gegeben sei das folgende lineare Optimierungsproblem:

$2x_2 \leq 4x_1 + 6$ $0 \leq x_1$, $0 \leq x_2$

$2x_2 \leq x_1 + 12$ $z(x_1, x_2) = 3x_1 + 12x_2 - 37$: Maximum

$x_2 \leq 3x_1 + 27$

$3x_2 \geq 3x_1 - 15$

a. Zeichnen Sie mit Koordinatenangabe der Eckpunkte den zulässigen Bereich und bestimmen Sie graphisch die Maximalpunkte und den Maximalwert.

b. Bestimmen Sie mit Hilfe des Simplexverfahrens einen Maximalpunkt und den Maximalwert.

3. Eine Unternehmung produziert zwei Güter in den Mengen x_1 und x_2. Bei der Produktion werden die Maschinen A, B, C, D benötigt, die maximal 40 Stunden pro Woche eingesetzt werden können. Die Bearbeitungszeiten in <u>Minuten</u> pro Stück betragen:

Maschine	Gut 1 (Menge x_1)	Gut 2 (Menge x_2)
A	4	10
B	4	4
C	10	4
D	8	8

a. Beschreiben Sie die in einer Woche produzierbaren Mengenkombinationen durch ein System von Ungleichungen.

b. Stellen Sie die zulässigen Mengenkombinationen graphisch dar.

c. Die Unternehmung kann Gut 1 zum festen Preis von 10 DM absetzen, Gut 2 zum festen Preis von 5 DM. Wieviel muß die Unternehmung von beiden Gütern produzieren, um zu maximalem Umsatz zu kommen?

III ANALYSIS

§ 11 Folgen und Reihen

11.a Definition und grundlegende Eigenschaften von Zahlenfolgen

11.1. Einführendes Beispiel

Wir zahlen am 1.1.1984 ein Anfangskapital von 1000 DM auf ein Konto ein. Die bei einem Zinssatz von 4 % jährlich anfallenden Zinsen werden auf dem Konto stehengelassen und ebenfalls verzinst. Auf dem Konto werden folgende Buchungen durchgeführt:

Datum	Gutschrift	Kontostand
1.1.84	1000,--	1000,--
1.1.85	40,--	1040,--
1.1.86	41,60	1081,60
1.1.87	43,26	1124,86
⋮		

Die aufeinanderfolgenden Gutschriften bilden eine <u>Folge</u>, die Kontostände eine zweite. Insbesondere interessiert uns hier der Kontostand zu einem bestimmten Zeitpunkt, z. B. am 1.1.90. Um ihn zu berechnen, abstrahieren wir von den konkreten Zahlen in dem obigen Kontoauszug und schreiben auf, wie der Kontostand berechnet wird. Wir nennen das Anfangskapital K_0, den Kontostand nach dem 1. Jahr K_1 usw., den Kontostand nach dem n-ten Jahr K_n. Der Zinssatz sei allgemein $p \cdot 100$ % (im obigen Beispiel ist also $p = 0.04$).
Dann gilt:

$$K_1 = K_0(1+p)$$
$$K_2 = K_1(1+p) = K_0(1+p)^2$$
$$K_3 = K_2(1+p) = K_0(1+p)^3$$
$$\vdots$$
$$K_n = K_{n-1}(1+p) = K_0(1+p)^n. \tag{11.1}$$

Wir werden nun den Begriff der Folge formalisieren.

> ### 11.2. Definition
>
> Es sei f: $\mathbb{N} \longrightarrow \mathbb{R}$ eine Abbildung.
>
> $\qquad n \longmapsto a_n$
>
> $a_1, a_2, a_3, \ldots$, bezeichnet mit $\{a_n\}_{n \in \mathbb{N}}$, heißt <u>reelle Zahlenfolge</u>. Die a_n heißen Glieder der Folge.

Die in der Definition mit f bezeichnete Abbildung ist nichts anderes als eine Numerierung. Wir könnten statt $a_1, a_2, a_3, \ldots$ etwas deutlicher auch sagen: Folgeglied Nr. 1, Folgeglied Nr. 2, Folgeglied Nr. 3, ... Im obigen Beispiel ist

$\qquad$ das Folgeglied Nr. 1: K_1,
$\qquad$ das Folgeglied Nr. 2: K_2,
$\qquad$ das Folgeglied Nr. 3: K_3,
$\qquad$ ...
$\qquad$ das Folgeglied Nr. n: K_n.

Achten Sie von Anfang an auf den Unterschied zwischen einem Folgeglied a_n und seiner Nummer n. Was im Beispiel 11.1 als ganz offensichtlich erscheinen mag, kann bei abstrakteren Beispielen schwieriger sein: Einer der von Anfängern am häufigsten begangenen Fehler ist die Verwechslung von Folgegliedern und ihren Nummern.

<u>11.3.</u> In (11.1) sehen wir, daß K_n auf zwei Arten berechnet werden kann, die sich grundsätzlich unterscheiden. Die Formel

$\qquad K_n = K_0 (1+p)^n$

gibt an, wie K_n bei Kenntnis von K_0 und p unmittelbar aus der Nummer n zu bestimmen ist, z. B.:

$\qquad K_4 = K_0 (1+p)^4 = 1000 \cdot (1.04)^4 = 1169,86$.

Benutzen wir hingegen die Formel

$\qquad K_n = K_{n-1}(1+p)$,

so müssen wir zur Berechnung von K_n auf den Kontostand des Vorjahres, K_{n-1} zurückgreifen (rekurrieren), für den Kontostand K_{n-1} auf K_{n-2} usw. bis K_0.

Es ist übrigens eine dritte Art der Information über den Kontostand denkbar: Die Bank oder Sparkasse teilt uns denselben zu jedem 1.1. mit - in diesem Fall brauchen wir die Berechnungsformel nicht zu kennen.

Damit haben wir drei Möglichkeiten kennengelernt, wie die Glieder einer Folge bestimmt werden können:

1. a_n ist a priori direkt berechenbar

Beispiele:

(B1) $a_n = n$ $\{a_n\}_{n \in \mathbb{N}} = 1, 2, 3, 4, \ldots$

- die Folge der natürlichen Zahlen. Hier gilt für alle Glieder: Folgeglied und Nummer des Folgegliedes sind identisch.

(B2) $a_n = 2n - 1$ $\{a_n\}_{n \in \mathbb{N}} = 1, 3, 5, 7, \ldots$

- die Folge der ungeraden natürlichen Zahlen

(B3) $a_n = (-1)^n$ $\{a_n\}_{n \in \mathbb{N}} = -1, 1, -1, 1, \ldots$

Diese Vorschrift läßt sich auch schreiben als:

$$a_n = \begin{cases} -1 & n \text{ ungerade} \\ 1 & n \text{ gerade.} \end{cases}$$

(B4) $a_n = \frac{1}{n}$ $\{a_n\}_{n \in \mathbb{N}} = 1, \frac{1}{2}, \frac{1}{3}, \frac{1}{4}, \ldots$

(B5) $a_n = 1 + (-1)^n \cdot \frac{2}{n}$ $\{a_n\}_{n \in \mathbb{N}} = -1, 2, \frac{1}{3}, \frac{3}{2}, \frac{3}{5}$

Bei dieser Folge tut man sich bei der Berechnung unter Umständen etwas leichter, wenn man wie bei (B3) die Rechenvorschrift ausführlicher aufschreibt:

$$a_n = \begin{cases} 1 - \frac{2}{n} & n \text{ ungerade} \\ 1 + \frac{2}{n} & n \text{ gerade.} \end{cases}$$

(B6) $K_n = K_0(1+p)^n$ $\{K_n\}_{n \in \mathbb{N}} = K_0(1+p), K_0(1+p)^2, K_0(1+p)^3, \ldots$

2. a_n ist a priori rekursiv zu berechnen

Z. B. die Folge der natürlichen Zahlen läßt sich auch rekursiv darstellen:

$a_1 = 1$ und $a_n = a_{n-1} + 1$ für $n \geq 2$.

(B7) $a_1 = 1$

$a_n = \frac{1}{2}(a_{n-1} + \frac{2}{a_{n-1}})$ für $n \geq 2$; $\{a_n\}_{n \in \mathbb{N}} = 1, \frac{3}{2}, \frac{17}{12}, \frac{577}{408}, \ldots$

(B8) $a_1 = -1$, $a_2 = 1$

$a_n = a_{n-1} + a_{n-2}$ für $n \geq 3$; $\{a_n\}_{n \in \mathbb{N}} = -1, 1, 0, 1, 1, \ldots$

Vergleichen Sie auch das Multiplikatormodell in § 1. Beachten Sie, daß für die Berechnung der Glieder von rekursiven Folgen neben der Rekursionsformel die Kenntnis des ersten, unter Umständen auch des zweiten, dritten, ... Folgegliedes notwendig ist.

3. a_n ist nicht a priori berechenbar, sondern fällt als Beobachtung eines zugrundeliegenden Prozesses an.

Beobachtungen ökonomischer Größen über die Zeit bilden Folgen; vgl. z. B. Tabelle 1.2 mit Beobachtungen für die Größen Konsumausgaben, Volkseinkommen, Preisindex für die Lebenshaltung. Allerdings hat sich für solche Folgen in der Statistik der Begriff der <u>Zeitreihen</u> eingebürgert, der von dem in § 11.d eingeführten mathematischen Begriff der <u>Reihe</u> streng zu trennen ist. Zeitreihen sind also Folgen, deren Index eine zeitliche Entwicklung repräsentiert.

Ein weiteres - aus der Tageszeitung vertrautes - Beispiel für eine solche Zeitreihe ist in Abb. 11.1 dargestellt.

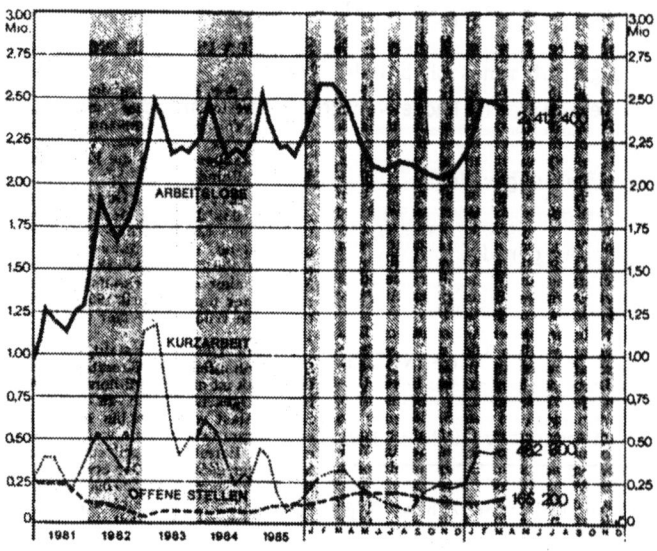

Abb. 11.1: Entwicklung der Arbeitslosenzahlen in der
Bundesrepublik Deutschland
(Quelle: Frankfurter Rundschau vom 4.4.87)

Dabei haben wir zu beachten, daß in der graphischen Darstellung die Entwicklung der
Arbeitslosenzahlen zwar mit einer durchgezogenen Linie veranschaulicht ist (ähnlich
wie die Zahlen der Kurzarbeiter und offenen Stellen), daß die Daten aber tatsächlich
nur zu bestimmten Stichtagen (Monatsende) vorliegen, die wir mit 1, 2, 3, ... nume-
rieren können. Eigentlich müßte die Darstellung deshalb wie in Abb. 11.2 aussehen,
wobei jeder Punkt einen Monat re-
präsentiert. Das Durchziehen der
Linie in Abb. 11.1 erfolgt als optisches Hilfsmittel. Entsprechendes
gilt für die beiden anderen Zeitreihen.

In diesem Beispiel interessiert
nun, wie sich die Folgeglieder mit
fortschreitender Zeit (wachsen-
dem n) entwickeln: Wächst die Zahl
der Arbeitslosen weiter? Pendelt
sie sich bei einem bestimmten
Wert ein? Bei welchem? Fällt die
Zahl wieder?

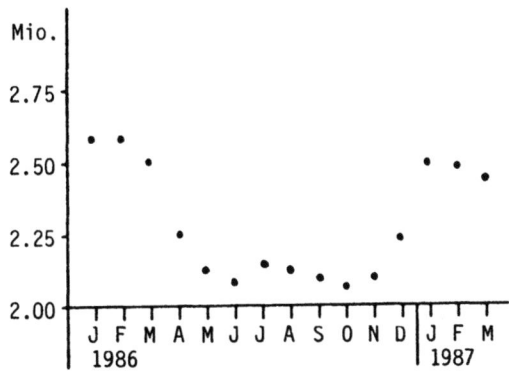

Abb. 11.2: Zahl der Arbeitslosen
Januar 1986 - März 1987

Solche Fragen werden im folgenden nur für Folgen mit explizit gegebenen Vorschriften
untersucht. Obwohl solche Vorschriften in der Praxis i. a. nicht bekannt sind, ist
dieses Vorgehen für die Anwendung nützlich. Wirtschaftstheorie und Statistik versuchen z. B., für ökonomische Zeitreihen explizite Formeln anzugeben, nach denen sich
diese <u>etwa</u> entwickeln. Daher ist es wichtig, die Entwicklungsgesetze der betreffenden Folgen zu erkennen.

Um besondere Eigenschaften von Folgen geht es im vorliegenden Abschnitt. Zunächst sei
noch auf eine mögliche Verwechslung hingewiesen: Die Folge $\{a_n\}_{n \in \mathbb{N}}$ ist zu unter-
scheiden von der Menge der darin auftretenden Werte, $\{a_n | n \in \mathbb{N}\}$.

Beispiele:

In (B3) mit $a_n = (-1)^n$ ist $\{a_n | n \in \mathbb{N}\} = \{-1, 1\}$.
(B9) $a_n = 2$ für $n \in \mathbb{N}$; $\{a_n\}_{n \in \mathbb{N}} = 2, 2, 2, \ldots$, $\{a_n | n \in \mathbb{N}\} = \{2\}$.

Folgen, für die wie im Beispiel (B9) $a_1 = a_2 = a_3 = \ldots$ gilt, heißen <u>konstante
Folgen</u>. Folgen, bei denen die Glieder einer Folge abwechselnd positiv und negativ
sind, wie in Beispiel (B3) oder bei $a_n = \frac{(-1)^n}{n}$, $n \in \mathbb{N}$, heißen <u>alternierende Folgen</u>.

11.4. Definition

Eine Folge $\{a_n\}_{n \in \mathbb{N}}$ heißt

(a) <u>monoton wachsend</u>, wenn $a_n \leq a_{n+1}$ $\forall\, n \in \mathbb{N}$

(b) <u>streng monoton wachsend</u>, wenn $a_n < a_{n+1}$ $\forall\, n \in \mathbb{N}$

(c) <u>monoton fallend</u>, wenn $a_n \geq a_{n+1}$ $\forall\, n \in \mathbb{N}$

(d) <u>streng monoton fallend</u>, wenn $a_n > a_{n+1}$ $\forall\, n \in \mathbb{N}$

Die Folgen (B1) und (B2) sind streng monoton wachsend, ebenso (B6), falls der Zinssatz p positiv ist. (B8) wächst monoton. Folge (B4) ist streng monoton fallend. Beachten Sie, daß Folge (B9) nach dieser Definition monoton wachsend und monoton fallend ist.

Oft ist eine Folge nicht monoton, es gilt aber $a_n \leq a_{n+1}$ ab einem bestimmten n oder $a_n \geq a_{n+1}$ ab einem bestimmten n. Z. B. ist die Folge (B7) nicht monoton, da $a_1 = 1 < \frac{3}{2} = a_2$ und $a_2 = \frac{3}{2} > \frac{17}{12} = a_3$. Für $n \geq 2$ gilt aber $a_n > a_{n+1}$ - man sagt dann auch, die Folge sei streng monoton fallend ab dem zweiten Glied. Beweisen kann man diese Eigenschaft wie folgt:

$$a_n > a_{n+1} \iff a_n > \frac{1}{2}\left(a_n + \frac{2}{a_n}\right) \quad \text{nach Definition der Folge}$$

$$\iff 2a_n > a_n + \frac{2}{a_n}$$

$$\iff a_n > \frac{2}{a_n}$$

$$\iff a_n^2 > 2 \quad (\text{da } a_n > 0)$$

Die Aussage $a_n^2 > 2$ für $n \geq 2$ zeigen wir nun durch vollständige Induktion.

<u>Induktionsanfang</u> (n = 2): $a_2^2 = \left(\frac{3}{2}\right)^2 = \frac{9}{4} > 2$

<u>Induktionsvoraussetzung</u>: $a_n^2 > 2$

<u>Induktionsbehauptung</u>: $a_{n+1}^2 > 2$

<u>Induktionsschluß</u>: Gilt die Induktionsvoraussetzung, dann gilt auch

$$(a_n^2 - 2)^2 > 0$$
$$\Leftrightarrow (a_n^2 - 2)^2 + 8a_n^2 > 8a_n^2$$
$$\Leftrightarrow (a_n^2 + 2)^2 > 8a_n^2$$
$$\Leftrightarrow \frac{1}{4a_n^2}(a_n^2 + 2)^2 > 2$$

Die linke Seite dieser Ungleichung ist aber gerade a_{n+1}^2, denn:

$$\frac{1}{4a_n^2}(a_n^2 + 2)^2 = \frac{1}{4}(a_n + \frac{2}{a_n})^2 = \left[\frac{1}{2}(a_n + \frac{2}{a_n})\right]^2 = a_{n+1}^2 .$$

11.5. Definition

Eine Folge $\{a_n\}_{n \in \mathbb{N}}$ heißt

(a) <u>nach unten beschränkt</u>, wenn $\{a_n \mid n \in \mathbb{N}\}$ nach unten beschränkt ist,

(b) <u>nach oben beschränkt</u>, wenn $\{a_n \mid n \in \mathbb{N}\}$ nach oben beschränkt ist,

(c) <u>beschränkt</u>, wenn $\{a_n \mid n \in \mathbb{N}\}$ beschränkt ist.

Die Beschränktheit einer Folge wird also durch die Beschränktheit der Menge der Folgeglieder definiert. Wann eine Menge beschränkt ist, wurde in § 5 festgelegt. Von den obigen Beispielen sind alle Folgen nach unten beschränkt, wenn wir bei (B6) $p \geq 0$ voraussetzen. Nach oben beschränkt sind B3, B4, B5, B7, B9; damit sind diese Folgen auch beschränkt.

Für die Folge

(B7) $\quad a_1 = 1, \quad a_n = \frac{1}{2}(a_{n-1} + \frac{2}{a_{n-1}})$

kann man die Gültigkeit der Behauptung vermuten, wenn man die ersten Folgeglieder betrachtet: $a_1 = 1$, $a_2 = 1.5$, $a_3 \approx 1.417$, $a_4 \approx 1.414$). Beweisen kann man die Beschränktheit dieser Folge durch vollständige Induktion.

Wir behaupten: $\quad 1 \leq a_n \leq 2 \quad$ für $\quad n \in \mathbb{N}$.

<u>Induktionsanfang:</u> $\quad$ Für $n = 1$ gilt die Behauptung: $1 = a_1 < 2$

<u>Induktionsvoraussetzung:</u> $1 \leq a_n \leq 2$

Induktionsbehauptung: $1 \leq a_{n+1} \leq 2$

Induktionsschluß: Es ist $a_{n+1} = \frac{1}{2} a_n + \frac{1}{a_n}$

Für die beiden Summanden ergibt sich aus der Induktionsvoraussetzung:

$$\frac{1}{2} \leq \frac{1}{2} a_n \leq 1$$

sowie

$$\frac{1}{2} \leq \frac{1}{a_n} \leq 1$$

Addieren wir diese beiden doppelten Ungleichungen, erhalten wir die Induktionsbehauptung.

11.6. Oft hilft eine graphische Darstellung der Anschauung etwas nach.

Beispiele:

(B1) $a_n = n$

nach unten beschränkt:

$a_n \geq 1$ für $n \in \mathbb{N}$

streng monoton wachsend

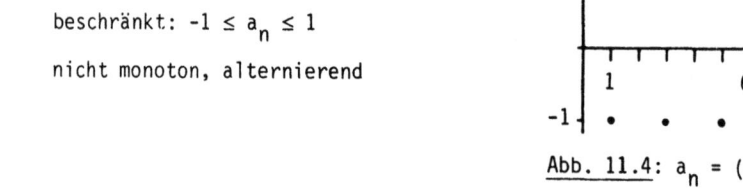

Abb. 11.3: $a_n = n$

(B3) $a_n = (-1)^n$

beschränkt: $-1 \leq a_n \leq 1$

nicht monoton, alternierend

Abb. 11.4: $a_n = (-1)^n$

(B4) $a_n = \frac{1}{n}$

beschränkt: $0 \leq a_n \leq 1$

streng monoton fallend

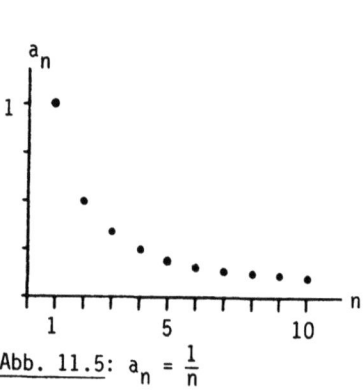

Abb. 11.5: $a_n = \frac{1}{n}$

11.7. Definition

$\{a_n\}_{n \in \mathbb{N}}$ heißt

(a) <u>arithmetische Folge</u>, wenn für alle $n \in \mathbb{N}$: $a_{n+1} - a_n = d$ (konstant).

(b) <u>geometrische Folge</u>, wenn für alle $n \in \mathbb{N}$: $\dfrac{a_{n+1}}{a_n} = q$ (konstant).

Eine arithmetische Folge ist z. B. die Folge B1, eine geometrische Folge die Folge B6. Allgemein ergibt sich aus der Definition, daß eine <u>arithmetische Folge</u> von der Form

$$a_1,\ a_1 + d,\ a_1 + 2d,\ a_1 + 3d,\ \ldots$$

und eine <u>geometrische Folge</u> von der Form

$$a_1,\ a_1 q,\ a_1 q^2,\ a_1 q^3,\ \ldots$$

ist.

11.8. Satz

$q \in \mathbb{R}$, $a_n = q^n$, $n \in \mathbb{N}$.

Dann ist $\{a_n\}_{n \in \mathbb{N}}$

(a) streng monoton wachsend und nach oben unbeschränkt für $q > 1$

(b) streng monoton fallend und beschränkt für $0 < q < 1$

(c) nicht monoton, aber beschränkt für $-1 < q < 0$

(d) nicht monoton, unbeschränkt für $q < -1$

Betrachten wir nun einmal die Folge $\{q^n\}_{n \in \mathbb{N}}$ für $q \in (-1, 0)$, z. B. für $q = -0.8$. Für gerade n erhalten wir positive Folgeglieder; diesen <u>Teil</u> der Folge können wir darstellen als $\{q^{2n}\}_{n \in \mathbb{N}}$. Wegen $q^{2n} = (q^2)^n$ folgt mit $q^2 \in (0,1)$ aus dem obigen Satz, daß $\{q^{2n}\}_{n \in \mathbb{N}}$ monoton fällt, d. h. daß

$$q^{2n} > q^{2(n+1)} .$$

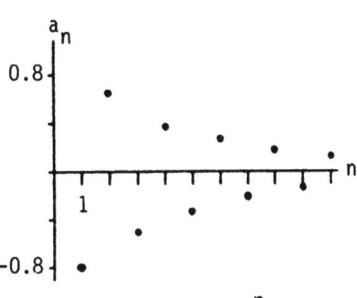

<u>Abb. 11.6</u>: $a_n = (-0.8)^n$

Durch Multiplikation mit $q \in (-1,0)$ ergibt sich hieraus:

$$q^{2n+1} < q^{2n+3}.$$

Da dies gerade zwei aufeinanderfolgende Glieder des negativen Teils der Folge sind, sieht man, daß dieser Teil der Folge monoton wächst. Dieses Beispiel zeigt, daß es sinnvoll sein kann, sogenannte <u>Teilfolgen</u> zu untersuchen.

11.9. <u>Definition</u>

$\{a_n\}_{n \in \mathbb{N}}$ Folge

$\{a_{n_k}\}_{k \in \mathbb{N}}$ heißt <u>Teilfolge</u> von $\{a_n\}_{n \in \mathbb{N}}$, wenn $n_k \in \mathbb{N}$, $n_{k+1} > n_k \; \forall \, k \in \mathbb{N}$.

Im vorstehenden Beispiel haben wir:

$$q^1, q^2, q^3, q^4, q^5, \ldots$$

Zwei Teilfolgen sind:

(1) $\{a_{n_k}\}_{k \in \mathbb{N}} = \{q^{2k}\}_{k \in \mathbb{N}}$ ($n_k = 2, 4, 6, 8, \ldots$)

(2) $\{a_{n_k}\}_{k \in \mathbb{N}} = \{q^{2k-1}\}_{k \in \mathbb{N}}$ ($n_k = 1, 3, 5, 7, \ldots$)

Betrachten wir als weiteres Beispiel B1, die Folge der natürlichen Zahlen. B2, die Folge der ungeraden Zahlen, ist eine Teilfolge der Folge der natürlichen Zahlen, nicht aber die konstante Folge B9.

11.b   <u>Konvergenz von Zahlenfolgen</u>

<u>11.10.</u> Die Folge B4, $a_n = \frac{1}{n}$, hat die Glieder

$$1, \frac{1}{2}, \frac{1}{3}, \frac{1}{4}, \frac{1}{5}, \ldots \frac{1}{100}, \ldots \frac{1}{10^{50}}, \ldots$$

Sie ist beschränkt, $0 < \frac{1}{n} \leq 1$, fällt streng monoton und kommt beliebig nahe an die untere Schranke 0 heran.

Im Vergleich dazu betrachten wir die Folge $a_n = 1 + (-1)^n \cdot \frac{2}{n}$ mit den Gliedern

$$-1, 2, \frac{1}{3}, \frac{6}{4}, \frac{3}{5}, \frac{8}{6}, \ldots, \frac{12}{10}, \frac{9}{11}, \ldots \frac{102}{100}, \frac{99}{101}, \ldots$$

Auch diese Folge ist beschränkt mit dem kleinsten Folgeglied 0 und dem größten Folgeglied $\frac{3}{2}$. Diese Folge ist nicht monoton; sie kommt beliebig nahe an die Zahl 1 heran.

Wir wollen im folgenden präzisieren, was "beliebig nahe" heißt. Aus den beiden Beispielen ist klar: je größer wir n wählen, desto näher kommen wir in B4 an 0, in B5 an die 1. Wollen wir z. B. mit $a_n = \frac{1}{n}$ nun einen <u>bestimmten</u> Abstand zur 0 unterschreiten, müssen wir <u>n genügend groß</u> wählen. Z. B.:

Wir wollen mit $a_n = \frac{1}{n}$ an 0 herankommen:

näher als $\frac{1}{2}$: wähle n > 2

näher als $\frac{1}{4}$: wähle n > 4

näher als $\frac{1}{8}$: wähle n > 8

...

näher als $\frac{1}{1\,000\,000}$: wähle n > 1 000 000.

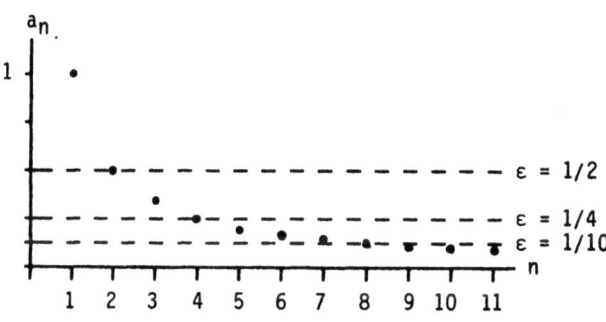

Abb. 11.7: Die Nullfolge $a_n = \frac{1}{n}$

D. h.: Wir können einen Abstand ε zur Null wählen, der beliebig klein ist und finden dann eine Nummer n_0, so daß alle Folgeglieder a_n mit $n > n_0$ den vorgegebenen Abstand einhalten. Wir haben hier:

für $\varepsilon = \frac{1}{2}$ ist $n_0 = 2$,

für $\varepsilon = \frac{1}{4}$ ist $n_0 = 4$,

für $\varepsilon = \frac{1}{8}$ ist $n_0 = 8$,

für $\varepsilon = \frac{1}{1\,000\,000}$ ist $n_0 = 1\,000\,000$

Eine Folge, die beliebig nahe an 0 herankommt, heißt eine <u>Nullfolge</u>. (Man sagt auch: Die Folge hat den Grenzwert 0. Allgemein kann man für eine Nullfolge $\{a_n\}_{n \in \mathbb{N}}$ n_0

zu berechnen versuchen, indem man von der Forderung

$|a_n| = |a_n - 0| < \varepsilon$ (Abstand der Folge von 0 soll kleiner als ε sein.)

ausgeht und, falls möglich, diese Ungleichung nach n auflöst.

Im Beispiel $a_n = \frac{1}{n}$ ergibt sich dabei:

$|a_n| < \varepsilon \Longleftrightarrow |\frac{1}{n}| < \varepsilon$

$\Longleftrightarrow \frac{1}{n} < \varepsilon$, da $\frac{1}{n} > 0$

$\Longleftrightarrow n > \frac{1}{\varepsilon}$, da $n > 0$.

Damit erhält man auch sofort die oben angegebenen Zahlenbeispiele.

Analog verfährt man bei Folgen, die sich einer anderen Zahl als der Null nähern. In B5 vermutet man, daß die Folge beliebig nahe an 1 herankommt:

$|a_n - 1| < \varepsilon \Longleftrightarrow |(1 + (-1)^n \cdot \frac{2}{n}) - 1| < \varepsilon \Longleftrightarrow |(-1)^n \cdot \frac{2}{n}| < \varepsilon$

Für ungerade n ist $|(-1)^n \cdot \frac{2}{n}| = |-\frac{2}{n}| = \frac{2}{n}$, für gerade n: $|(-1)^n \cdot \frac{2}{n}| = |\frac{2}{n}| = \frac{2}{n}$.

Damit ist die letzte Ungleichung gleichbedeutend mit

$\frac{2}{n} < \varepsilon \Longleftrightarrow n > \frac{2}{\varepsilon}$.

Skizzieren Sie zur Übung diese Folge und zeichnen Sie analog zu Abb. 11.7 Schranken für $\varepsilon = 1/2, 1/3, 1/4$ ein. Geben Sie jeweils die Nummer n_0 an, ab der die Folgeglieder näher als ε an 1 liegen. Man sagt hier: die Folge hat den Grenzwert 1.

<u>11.11.</u> Wir wollen nun die an den beiden Beispielen gemachten Beobachtungen zusammenfassen und verallgemeinern, um zu einer formalen Definition des Grenzwertbegriffes zu kommen:

Eine Folge $\{a_n\}_{n \in \mathbb{N}}$ hat den Grenzwert a,
- wenn die Abstände $|a_n - a|$ für genügend große n beliebig klein werden, <u>d. h.</u>
- wenn jede beliebige ε-Umgebung von a <u>fast alle</u> Glieder der Folge, d. h. mit Ausnahme von endlich vielen alle übrigen enthält, <u>d. h.:</u>

11.12. Definition

Die Folge $\{a_n\}_{n \in \mathbb{N}}$ __konvergiert__ gegen a, wenn gilt:

$$\forall \varepsilon > 0 \; \exists n_0 \; \forall n > n_0 : |a_n - a| < \varepsilon.$$

a heißt __Grenzwert__ der Folge. Man schreibt $\lim_{n \to \infty} a_n = a$ oder $a_n \xrightarrow[n \to \infty]{} a$.

Gilt $\lim_{n \to \infty} a_n = 0$, so heißt $\{a_n\}_{n \in \mathbb{N}}$ __Nullfolge__.

Wichtig ist: Damit eine Zahl Grenzwert einer Folge ist, genügt es nicht, daß die Folge der Zahl nahekommt – sie darf sich für große a auch nicht mehr von der Zahl entfernen.

Im folgenden werden Hilfen für die Bestimmung von Grenzwerten gegeben. Dabei möchten wir zunächst auf zwei Mißverständnisse hinweisen, denen wir bei Anfängern immer wieder begegnen.

(1) Die Aussage "Eine Folge kann mehr als einen Grenzwert haben" ist falsch. Auch das folgende Beispiel widerspricht dem nicht:

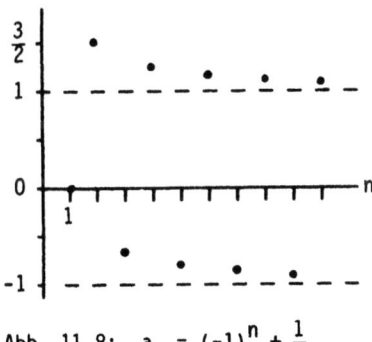

__Abb. 11.8:__ $a_n = (-1)^n + \frac{1}{n}$

Weder 1 noch -1 ist Grenzwert der Folge: Würde man 1 als Grenzwert annehmen, so wären alle Folgeglieder mit ungeraden Nummern zu weit von diesem Wert entfernt, würde man -1 als Grenzwert annehmen, so wären alle Glieder mit geraden Nummern zu weit weg. In diesem Beispiel gilt: Die Teilfolge $\{a_{2n}\}_{n \in \mathbb{N}}$ konvergiert gegen 1; die Teilfolge $\{a_{2n-1}\}_{n \in \mathbb{N}}$ konvergiert gegen -1. Außerdem sind 1 und -1 sogenannte Häufungspunkte der Folge $a_n = (-1)^n + \frac{1}{n}$:

11.13. Definition

Enthält jede ε-Umgebung einer Zahl h, $U_\varepsilon(h) = \{x \mid |x - h| < \varepsilon\}$, unendlich viele Glieder einer Folge $\{a_n\}_{n \in \mathbb{N}}$, so heißt h __Häufungspunkt__ von $\{a_n\}_{n \in \mathbb{N}}$.

(2) Die Aussage "Eine streng monoton wachsende Folge kann keine obere Schranke haben" ist falsch. Ein Gegenbeispiel ist die Folge $a_n = 1 - \frac{1}{n}$. Hier ist $a_{n+1} > a_n$ für $n \in \mathbb{N}$, d. h. die Folge wächst streng monoton. Andererseits sind alle Folgeglieder kleiner als 1.

Der folgende Satz drückt die hier angesprochenen Sachverhalte aus:

11.14. Satz

(a) Eine Folge hat höchstens einen Grenzwert.

(b) Jede monotone beschränkte Folge hat einen Grenzwert.

__Beispiele:__

(1) Die Folge $\left\{\frac{n}{2^n}\right\} = \frac{1}{2}, \frac{1}{2}, \frac{3}{8}, \frac{1}{4}, \ldots$ ist monoton fallend, denn:

$$\frac{n}{2^n} \geq \frac{n+1}{2^{n+1}} \iff n \geq \frac{n+1}{2} \iff n \geq 1.$$

Außerdem ist die Folge nach unten beschränkt: $a_n \geq 0$. Sie besitzt deshalb nach Satz 11.14. einen Grenzwert.

(2) $e_n = \frac{1}{0!} + \frac{1}{1!} + \frac{1}{2!} + \ldots + \frac{1}{n!}$

wobei n! (gelesen n Fakultät) wie folgt definiert ist:

$0! = 1$

$n! = n(n-1)!$ $n \in \mathbb{N}$.

Dann ist

$e_{n+1} = e_n + \frac{1}{(n+1)!}$, also ist $e_{n+1} \geq e_n$ für alle $n \in \mathbb{N}$, d. h.

$\{e_n\}_{n \in \mathbb{N}}$ ist monoton wachsend.

Um einzusehen, daß $\{e_n\}_{n \in \mathbb{N}}$ beschränkt ist, benutzt man die beiden folgenden Aussagen:

(*) $2^{n-1} \leq n!$ $n \in \mathbb{N}$ (Beweis durch vollständige Induktion)

(**) $1 + \frac{1}{2} + \frac{1}{2^2} + \ldots + \frac{1}{2^{n-1}} = \frac{1 - \left(\frac{1}{2}\right)^n}{1 - \frac{1}{2}}$ (Beweis s. 11.25)

Damit hat man für alle $n \in \mathbb{N}$:

$$e_n = 1 + \frac{1}{1!} + \frac{1}{2!} + \frac{1}{3!} + \ldots + \frac{1}{n!}$$

$$\underset{(*)}{\leq} 1 + 1 + \frac{1}{2} + \frac{1}{2^2} + \ldots + \frac{1}{2^{n-1}}$$

$$\underset{(**)}{=} 1 + \frac{1 - \left(\frac{1}{2}\right)^n}{1 - \frac{1}{2}} = 3 - \left(\frac{1}{2}\right)^{n-1} \leq 3.$$

D. h. $\{e_n\}_{n \in \mathbb{N}}$ ist nach oben beschränkt. Nach dem obigen Satz konvergiert demnach die Folge. Wir bezeichnen:

$$e = \lim_{n \to \infty} e_n$$

Aus der obigen Überlegung sieht man, daß $2{,}5 \leq e \leq 3$; ein genauerer Wert ist $e = 2{,}71828$ (vgl. Taschenrechner). e ist die <u>Eulersche Zahl</u>.

Eine z. B. für die Zinsrechnung ganz wichtige Klasse von Folgen sind die geometrischen, d. h. Folgen der Form

$$a_1, a_1 q, a_1 q^2, a_1 q^3, \ldots$$

Ist z. B. $q = 0.9$, so kommt q^n für wachsendes n immer näher an die 0 heran, das gleiche gilt z. B. für $q = -0.9$, aber auch für alle anderen reellen Zahlen aus $(-1,1)$. Ist $q = 1$, hat man eine konstante Folge $a_n = a_1$ für $n \in \mathbb{N}$. Ist $q > 1$ oder $q < -1$, wird je nach Vorzeichen von (a_1) $a_1 q^n$ entweder beliebig groß oder beliebig klein.

<u>11.15. Satz</u>

Für festes $q \in \mathbb{R}$ mit $|q| < 1$ ist q^n Nullfolge.

11.c   Rechenregeln für konvergente Folgen

11.16. Satz

Ist $\{a_n\}_{n \in \mathbb{N}}$ Nullfolge und $\{b_n\}_{n \in \mathbb{N}}$, beschränkt, dann ist $\{a_n b_n\}_{n \in \mathbb{N}}$ Nullfolge.

Sei z. B. $a_n = \frac{1}{n}$ und $b_n = (-1)^n$. Dann ist nach Satz 11.16 $a_n b_n = \frac{(-1)^n}{n}$ eine Nullfolge.

11.17. Satz

Es gelte $\lim_{n \to \infty} a_n = a$ und $\lim_{n \to \infty} b_n = b$.

Dann gilt:

(a) $\lim_{n \to \infty} (a_n \pm b_n) = a \pm b$

(b) $\lim_{n \to \infty} (a_n \cdot b_n) = ab$

(c) falls $b_n, b \neq 0$: $\lim_{n \to \infty} \left(\frac{a_n}{b_n} \right) = \frac{a}{b}$

(d) $a_n \leq b_n$ für $n \in \mathbb{N} \Rightarrow a \leq b$

(e) falls $a_n \leq c_n \leq b_n$ für alle $n \in \mathbb{N}$ und $a = b$, so gilt $\lim_{n \to \infty} c_n = a$ (=b)

Dieser Satz hilft uns z. B. bei der Bestimmung von Grenzwerten von Folgen wie dieser:

$$a_n = \frac{5n^6 + 3n^4}{10n^6 + 2n^3 + 1} \quad . \tag{11.2}$$

Kürzen mit n^6 führt zu

$$a_n = \frac{5 + \frac{3}{n^2}}{10 + \frac{2}{n^3} + \frac{1}{n^6}} \quad .$$

Damit ist a_n in einer Form, wie sie für Satz 11.17 erforderlich ist. Die einzelnen Ausdrücke in dem Bruch besitzen alle einen Grenzwert:

$$\lim_{n \to \infty} 5 = 5, \quad \lim_{n \to \infty} \frac{3}{n^2} = 0$$

$$\lim_{n \to \infty} 10 = 10, \quad \lim_{n \to \infty} \frac{2}{n^3} = 0, \quad \lim_{n \to \infty} \frac{1}{n^6} = 0$$

Damit gilt:

$$\lim_{n \to \infty} a_n = \frac{5 + 0}{10 + 0 + 0} = \frac{1}{2}.$$

Ein anderes Beispiel dieser Art ist:

$$\lim_{n \to \infty} \frac{6n^2 + 7}{3n^4 + 4n + 8} = \lim_{n \to \infty} \frac{\frac{6}{n^2} + \frac{7}{n^4}}{3 + \frac{4}{n^3} + \frac{8}{n^4}} = 0$$

<u>Merke</u>: Bei Folgen, deren Glieder aus Brüchen wie in den hier angegebenen Beispielen bestehen, kürzt man a_n mit der höchsten Nennerpotenz von n.

11.18. Weitere Beispiele

(1) $a_n = n + \frac{1}{n}$

Diese Folge ist unbeschränkt, ihre Glieder werden beliebig groß. Sie hat keinen Grenzwert im oben definierten Sinne. Man schreibt dann auch:

$$a_n \xrightarrow[n \to \infty]{} \infty \quad (a_n \text{ geht gegen unendlich}).$$

Beachten Sie: "∞" ist keine Zahl, sondern ist nur ein Symbol für "beliebig groß".

(2) $a_n = \frac{n^2}{n}$, $b_n = \frac{n}{n^2}$, $c_n = \frac{n}{n}$

Bei allen drei Ausdrücken erhält man:

Zähler $\longrightarrow \infty$ und Nenner $\longrightarrow \infty$ für $n \to \infty$.

Satz 11.17 läßt sich damit nicht unmittelbar anwenden: ein Ausdruck "$\frac{\infty}{\infty}$" (!) ist nicht definiert. Durch Kürzen mit n stellt man fest:

$$a_n = n \longrightarrow \infty$$

$$b_n = \frac{1}{n} \longrightarrow 0 \qquad \text{für } n \to \infty.$$

$$c_n = 1 \longrightarrow 1$$

(3) $a_1 = 1$, $a_{n+1} = \dfrac{8 + a_n}{5}$ $n \in \mathbb{N}$

a) Die Folge ist monoton wachsend. Zu zeigen ist $a_n \leq a_{n+1}$ für alle $n \in \mathbb{N}$. Für $\underline{n = 1}$ stimmt die Behauptung:

$$a_1 = 1 < \frac{9}{5} = a_2 .$$

Die Behauptung gelte für n. Die Induktionsbehauptung

$$a_{n+1} \leq a_{n+2}$$

gilt genau dann, wenn:

$$\frac{8 + a_n}{5} \leq \frac{8 + a_{n+1}}{5} .$$

Dies ist gleichbedeutend mit der Induktionsvoraussetzung; also gilt die Behauptung.

b) Die Folge ist beschränkt, $a_n \leq 2$. Auch diese Behauptung zeigt man durch Induktion über n. Es gilt $a_n = 1 < 2$. Für $n \geq 1$ hat man:

$$a_{n+1} \leq 2 \iff \frac{8 + a_n}{5} \leq 2 \iff a_n \leq 2 .$$

Also gilt die Behauptung.

c) Wegen Satz 11.14 b) hat die Folge einen Grenzwert, den wir mit g bezeichnen.

d) Wir berechnen den Grenzwert:

$$g = \lim_{n \to \infty} a_{n+1} = \lim_{n \to \infty} \frac{8 + a_n}{5} = \frac{8 + g}{5}$$

Auflösen dieser Gleichung nach der Unbekannten g ergibt den Grenzwert $g = 2$.

Beachten Sie, daß Sie vor der Durchführung einer solchen Rechnung zeigen müssen, daß der Grenzwert existiert.

(4) Unter 11.5 ist gezeigt, daß die Folge

$$a_1 = 1, \quad a_{n+1} = \frac{1}{2}\left(a_n + \frac{2}{a_n}\right) \quad n \in \mathbb{N}$$

beschränkt ist, von 11.4 wissen wir, daß sie ab dem zweiten Glied streng monoton fällt.
Damit wissen wir von Satz 11.14 b), daß die Folge einen Grenzwert besitzt; diesen Grenzwert g erhalten wir aus:

$$g = \frac{1}{2}\left(g + \frac{2}{g}\right) \Rightarrow g^2 = 2$$

Hieraus ergibt sich, da $a_n > 0$: $g = \sqrt{2}$.

Allgemein gilt für die Folge

$$a_1 = 1, \quad a_{n+1} = \frac{1}{2}(a_n + \frac{b}{a_n})$$

mit $b > 0$

$$\lim_{n \to \infty} a_n = \sqrt{b}.$$

11.19. Ein bereits in § 1 angesprochenes Modell aus der Volkswirtschaftslehre besteht aus den Gleichungen

$$C_n = c Y_{n-1} \qquad 0 < c < 1 \qquad n = 1, 2, \ldots$$
$$I_n = I$$
$$Y_n = C_n + I_n$$

mit C_n - Konsumausgaben der Periode n

I_n - Investitionsausgaben der Periode n

Y_n - Einkommen der Periode n

c - Konsumquote

Man interessiert sich nun für die Frage, welche Wirkung ein einmaliger Investitionsschub in Höhe von ΔI in der Periode 0 auf das Einkommen dieser und der folgenden Periode hat. Das Ergebnis ist in Abb. 1.4 dargestellt. Es ergibt sich eine Folge von Einkommenswirkungen

$$\Delta I, \, c\Delta I, \, c^2\Delta I, \, c^3\Delta I, \, \ldots, \, c^{n-1}\Delta I, \, c^n I, \, \ldots .$$

Dies ist eine geometrische Folge. Da die Konsumquote c zwischen 0 und 1 liegt, ist nach Satz 11.15 c^n eine Nullfolge, und wegen Satz 11.17(b) gilt auch $c^n \Delta I \xrightarrow[n \to \infty]{} 0$. Mit fortschreitender Zeit verpufft also die Einkommenswirkung des Investitionsstoßes. Interessant ist die Frage, ab welcher Periode die Einkommenswirkung einen bestimmten Betrag ε unterschreitet. Im Bild ist dies für ε_1 die Periode 4 ($n_0 = 3$), für ε_2 die Periode 11 ($n_0 = 10$).

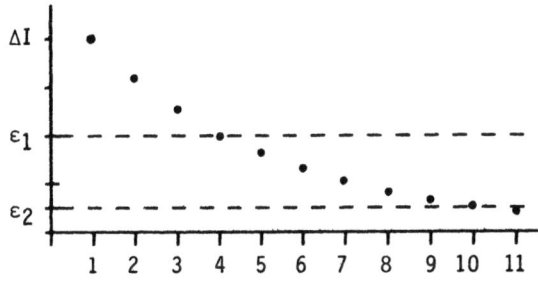

Abb. 11.9: Einkommenswirkung ($c = 0.8$)

Weitere Fragen schließen sich an: Wie hoch ist die Einkommenswirkung des Investitionsschubes

- bis zur Periode t ?
- insgesamt ?

Dies führt auf die Untersuchung der Ausdrücke

$$\Delta I + c\Delta I + c^2\Delta I + \ldots + c^t\Delta I = \sum_{n=0}^{t} c^n \Delta I$$

bzw.

$$\Delta I + c\Delta I + c^2\Delta I + \ldots + c^t\Delta I + \ldots = \sum_{n=0}^{\infty} c^n \Delta I \; .$$

Mit solchen Summen werden wir uns in § 11.d beschäftigen.

11.d Reihen

__11.20.__ Am Ende des vorangegangenen Abschnittes stießen wir auf das Problem, eine Summe von unendlich vielen Gliedern zu berechnen. Daß dies nicht in der Form geschehen kann, daß wir unendlich viele Additionen durchführen, versteht sich von selbst. Bei einigen solcher Summen ist von vornherein klar, daß sie unendlich groß sind: z. B. $\sum_{n=1}^{\infty} a_n$ mit $a_n = 1$ für $n \in \mathbb{N}$ ist unendlich oft die Zahl 1 aufaddiert und daher beliebig groß.

Betrachten Sie nun aber z. B. die geometrische Folge mit Anfangsglied $a_1 = 1$ und $q = \frac{1}{2}$. Sukzessive berechnen wir:

$$s_1 := a_1 \qquad\qquad\qquad = 1 \qquad\qquad\qquad = 1.0$$

$$s_2 := a_1 + a_2 \qquad\qquad = 1 + \frac{1}{2} \qquad\qquad = 1.5$$

$$s_3 := a_1 + a_2 + a_3 \qquad = 1 + \frac{1}{2} + \frac{1}{4} \qquad = 1.75$$

$$s_4 := a_1 + a_2 + a_3 + a_4 = 1 + \frac{1}{2} + \frac{1}{4} + \frac{1}{8} = 1.875$$

$$s_5 := \sum_{i=1}^{5} a_i = 1.9375$$

$$s_6 := \sum_{i=1}^{6} a_i = 1.96875$$

Man erkennt, daß, wenn man die ersten n Glieder aufsummiert hat, das n + 1-te Glied gerade gleich der Hälfte der Differenz von 2 zu dieser Summe ist. Dies läßt vermuten, daß wir, auch wenn wir noch solange aufsummieren, die Zahl 2 nie erreichen werden. Andererseits suggeriert das Beispiel, daß wir doch beliebig nahe an die Zahl 2 herankommen, wenn wir lange genug (aber endlich lange) summieren. Begnügen wir uns damit, z. B. die 2 auf 10 Stellen genau zu erreichen, so benötigen wir 34 Summanden. Man kann vermuten, daß der Grenzwert der Folge s_n für $n \to \infty$ die Zahl 2 ist. Insgesamt macht es hier durchaus Sinn, zu sagen $\sum_{i=1}^{\infty} a_i = 2$. Wir formalisieren nun das Gesagte.

11.21. Definition

$\{a_n\}_{n \in \mathbb{N}}$ sei eine Folge.

(a) $\sum_{i=1}^{\infty} a_i$ heißt <u>unendliche</u> Reihe.

(b) $s_n = \sum_{i=1}^{n} a_i$ heißt endliche Reihe oder <u>n-te Partialsumme</u> von $\sum_{i=1}^{\infty} a_i$.

Wir legen nun fest, was eine Summe von unendlich vielen Gliedern bedeuten soll:

11.22. Definition

Die <u>unendliche Reihe</u> $\sum_{i=1}^{\infty} a_i$ <u>konvergiert</u> gegen den Wert s (hat den Wert s), wenn die Folge s_n der Partialsummen gegen s konvergiert. Man schreibt:

$$s = \lim_{n \to \infty} \sum_{i=1}^{n} a_i = \sum_{i=1}^{\infty} a_i .$$

Hat die Reihe keinen Grenzwert, sagt man, sie divergiert.

Das Beispiel der geometrischen Folge in 11.19 zeigt, daß diese Definition sinnvoll ist.

11.23. Definition

Eine <u>arithmetische (geometrische)</u> Reihe wird aus einer arithmetischen (geometrischen) Folge gebildet.

Wir wollen uns im folgenden mit Partialsummen und Werten von unendlichen arithmetischen und geometrischen Reihen befassen.

11.24. Arithmetische Reihe

Für die Bestimmung der n-ten Partialsumme erweist sich folgendes Vorgehen als günstig:

$$s_n = a \quad\quad\quad + a + d \quad\quad + \ldots + a + (n-2)d + a + (n-1)d$$
$$+ s_n = a + (n-1)d + a + (n-2)d + \ldots + a + d \quad\quad + a$$
$$\overline{2s_n = 2a + (n-1)d + 2a + (n-1)d + \ldots + 2a + (n-1)d + 2a + (n-1)d}$$

Daraus ergibt sich:

$$s_n = \frac{n}{2}\left[2a + (n-1)d\right], \quad\quad\quad (11.3)$$

und man sieht sofort: s_n divergiert für $n \to \infty$. (Ausnahme: $a = d = 0$)

Beispiele:

(1) Wir berechnen die Summe der natürlichen Zahlen von 1 bis n: $a_i = i$ ($i = 1, \ldots, n$). Mit dem Anfangsglied $a = 1$ und der Differenz $d = 1$ erhält man aus (11.3):

$$s_n = \frac{n}{2}\left[2 + (n-1)\right] = \frac{n(n+1)}{2}$$

(2) Für die Summe der ersten n ungeraden natürlichen Zahlen haben wir mit $a = 1$ und $d = 2$:

$$s_n = \frac{n}{2}\left[2 + (n-1)2\right] = n^2 .$$

11.25. Geometrische Reihe

Eine geometrische Folge ist von der Form

$$a, aq, aq^2, \ldots, a_i = aq^{i-1}, \ldots .$$

Also ist

$$s_n = \sum_{i=1}^{n} a_i = \sum_{i=1}^{n} aq^{i-1} = a \sum_{i=0}^{n-1} q^i .$$

Damit gilt:

$$(1-q)s_n = a(1-q) \sum_{i=0}^{n-1} q^i = a\left[\sum_{i=0}^{n-1} q^i - \sum_{i=0}^{n-1} q^{i+1}\right] = a\left[q^0 - q^n\right] = a(1 - q^n) .$$

Also ist für $q \neq 1$:

$$s_n = a \frac{1 - q^n}{1 - q}$$

Für $|q| > 1$ divergiert s_n; für $|q| < 1$ ist q^n eine Nullfolge und

$$s_n \xrightarrow[n \to \infty]{} \frac{a}{1 - q} \;.$$

Wir fassen zusammen:

11.26. Satz

(a) <u>arithmetische Reihe</u>: $s_n = \frac{n}{2} (2a + (n-1) d)$

s_n divergiert für $n \to \infty$, außer wenn $a = d = 0$.

(b) <u>geometrische Reihe</u>: $s_n = a \frac{1 - q^n}{1 - q}$

falls $|q| < 1$: $s_n \xrightarrow[n \to \infty]{} \frac{a}{1 - q}$

falls $|q| \geq 1$ und $a \neq 0$: s_n divergiert.

Im Beispiel des Abschnittes 11.19 können wir nun die Einkommenswirkungen des Investitionsschubes berechnen. Bis zur Periode t beläuft sich diese Einkommenswirkung auf

$$s_{t+1} = \sum_{i=0}^{t} c^i \Delta I = \Delta I \frac{1 - c^{t+1}}{1 - c} \;;$$

insgesamt (da $c < 1$) auf:

$$s = \frac{1}{1 - c} \Delta I \;.$$

$\frac{1}{1 - c}$ heißt "Multiplikator".

Als weiteres Beispiel, das auf eine geometrische Reihe führt, betrachten wir die <u>nachschüssige Rentenrechnung</u>: Jeweils am Jahresende wird eine Rente, d. h. ein fester Betrag R einbezahlt und mit $100 \cdot p$ % verzinst.

Folgende Gutschriften haben sich nach n Jahren angesammelt:

vom n-ten Jahr	R
vom n-1-ten Jahr:	$R(1 + p)$
vom n-2-ten Jahr:	$R(1 + p)^2$
$\vdots$	
vom 1. Jahr:	$R(1 + p)^{n-1}$

Daraus ergibt sich der folgende Kontostand nach n Jahren:

$$K_n = R \sum_{j=0}^{n-1} (1+p)^j = R \frac{1-q^n}{1-q} \quad \text{mit} \quad q = 1+p.$$

11.27. Wir betrachten nun die <u>harmonische Reihe</u> $s_n = \sum_{i=1}^{n} \frac{1}{i}$. Daß <u>diese Reihe divergiert</u>, ist für viele überraschend. Man sieht dies wie folgt ein. Man faßt die Summanden der Reihe in besonderer Weise zusammen:

$$s_n = 1 + \frac{1}{2} + \left(\frac{1}{3} + \frac{1}{4}\right) + \left(\frac{1}{5} + \frac{1}{6} + \frac{1}{7} + \frac{1}{8}\right) + \left(\frac{1}{9} + \ldots + \frac{1}{16}\right) + \ldots$$

$$\underbrace{\geq 2 \cdot \frac{1}{4}}_{} \quad \underbrace{\geq 4 \cdot \frac{1}{8}}_{} \quad \underbrace{\geq 8 \cdot \frac{1}{16}}_{}$$

Dies kann man beliebig weit fortführen, so daß man sieht, daß die unendliche harmonische Reihe größer ist als $1 + \frac{1}{2}$ plus unendlich oft $\frac{1}{2}$; also divergiert sie.

Diese Beweisführung sieht genauer so aus:

Jede Partialsumme s_{2^k} läßt sich darstellen als:

$$s_{2^k} = \sum_{i=1}^{2^k} \frac{1}{i} = 1 + \sum_{i=2^0+1}^{2^1} \frac{1}{i} + \sum_{i=2^1+1}^{2^2} \frac{1}{i} + \sum_{i=2^2+1}^{2^3} \frac{1}{i} + \ldots + \sum_{i=2^{k-1}+1}^{2^k} \frac{1}{i},$$

wobei: $\sum_{i=2^{m-1}+1}^{2^m} \frac{1}{i} \geq (2^m - 2^{m-1}) \cdot \frac{1}{2^m} = \frac{1}{2}$ für $m \in \mathbb{N}$.

Damit ergibt sich:

$$s_{2^k} \geq 1 + \frac{k}{2} \xrightarrow[k \to \infty]{} \infty$$

Die Reihe ist also nicht beschränkt und divergiert für $k \to \infty$.

In 11.29 werden wir sehen, daß die Reihe $\sum_{n=1}^{\infty} \frac{1}{n^2}$ im Unterschied zu $\sum_{n=1}^{\infty} \frac{1}{n}$ konvergiert.

Während wir für eine geometrische Reihe anhand der Größe von $|q|$ leicht feststellen können, ob sie konvergiert oder nicht, ist dies für andere Reihen unter Umständen schwieriger, wie das Beispiel der harmonischen Reihe zeigt. Es ist daher nützlich, Kriterien zu kennen, mit deren Hilfe man feststellen kann, ob eine Reihe konvergiert oder nicht.

Die harmonische Reihe sollte ganz besonders zur Vorsicht ermahnen, denn sie konvergiert nicht, obwohl die Folge ihrer Glieder eine Nullfolge ist. Sie belegt damit den zweiten Teil des folgenden Satzes.

11.28. Satz

Konvergiert die Reihe $\sum_{i=1}^{\infty} a_i$, dann ist $\{a_i\}_{i \in \mathbb{N}}$ eine Nullfolge.

Die Umkehrung gilt nicht.

Der folgende Satz faßt nun drei wichtige <u>Konvergenzkriterien</u> zusammen:

11.29. Satz

a) <u>Leibnizkriterium</u>

   Ist $\{a_n\}_{n \in \mathbb{N}}$ eine monotone Nullfolge, dann konvergiert die alternierende Reihe
   $$\sum_{n=1}^{\infty} (-1)^{n+1} a_n .$$

b) <u>Majorantenkriterium</u> (Vergleichskriterium)

   Ist $\sum_{n=1}^{\infty} b_n$ konvergent und gilt $|a_n| \leq b_n$ für $n \in \mathbb{N}$, dann konvergiert auch $\sum_{n=1}^{\infty} a_n$ mit $\sum_{n=1}^{\infty} a_n \leq \sum_{n=1}^{\infty} b_n$.

c) <u>Quotientenkriterium</u>

   Es gelte $a_n \neq 0$ ($n \in \mathbb{N}$) .

c1) Gilt für genügend große n

   $\left|\dfrac{a_{n+1}}{a_n}\right| \leq q$ mit festem $q \in (0,1)$, dann ist $\sum_{i=1}^{\infty} a_i$ konvergent.

c2) Gilt für genügend große n

   $\left|\dfrac{a_{n+1}}{a_n}\right| \geq 1$, dann ist $\sum_{i=1}^{\infty} a_i$ divergent.

zu a) Z. B. konvergiert $\sum_{n=1}^{\infty} (-1)^{n+1} \frac{1}{n}$.

zu b) Wir zeigen unten, daß $\sum_{n=1}^{\infty} \frac{1}{n(n+1)}$ konvergiert. Weiß man dies, so erhält man wegen

$$\frac{1}{(n+1)^2} \leq \frac{1}{n(n+1)}$$

mit dem Majorantenkriterium, daß die Reihe

$$\sum_{n=1}^{\infty} \frac{1}{(n+1)^2} = \frac{1}{4} + \frac{1}{9} + \frac{1}{16} + \ldots = \sum_{n=2}^{\infty} \frac{1}{n^2}$$

konvergiert. Damit konvergiert auch $\sum_{n=1}^{\infty} \frac{1}{n^2}$. Es bleibt zu zeigen: $\sum_{n=1}^{\infty} \frac{1}{n(n+1)}$ konvergiert.

Wir gehen dabei streng nach der Definition einer unendlichen Reihe als dem Grenzwert der zugehörigen Partialsummen vor. Sie werden dabei sehen, daß das Zeichen " $\sum_{n=1}^{\infty}$ " viel von seinem Schrecken verliert.

Schritt 1: Partialsumme berechnen

Wegen $\frac{1}{n(n+1)} = \frac{1}{n} - \frac{1}{n+1}$ gilt:

$$s_m = \sum_{n=1}^{m} \frac{1}{n(n+1)} = \sum_{n=1}^{m} \left(\frac{1}{n} - \frac{1}{n+1}\right) = \left(1 - \frac{1}{2}\right) + \left(\frac{1}{2} - \frac{1}{3}\right) + \left(\frac{1}{3} - \frac{1}{4}\right) + \ldots + \left(\frac{1}{m} - \frac{1}{m+1}\right) =$$

$$= 1 - \frac{1}{m+1}$$

Schritt 2: Grenzwert bilden

$$\lim_{m \to \infty} s_m = \lim_{m \to \infty} \left[1 - \frac{1}{m+1} \right] = 1 .$$

Zu c1) Das Kriterium c1) ist für eine Reihe $\sum_{i=1}^{\infty} a_i$ erfüllt, wenn

$$\lim_{n \to \infty} \left| \frac{a_{n+1}}{a_n} \right| < 1 .$$

Sei z. B. $a_n = \frac{3^n}{n!}$.

Dann gilt:

$$\left|\frac{a_{n+1}}{a_n}\right| = \frac{3^{n+1}}{(n+1)!} \cdot \frac{n!}{3^n} = \frac{3}{n+1} \xrightarrow[n \to \infty]{} 0 \; .$$

Also konvergiert $\sum\limits_{n=1}^{\infty} \frac{3^n}{n!}$.

Zu c2) Das Kriterium c2) ist für eine Reihe $\sum\limits_{n=1}^{\infty} a_n$ erfüllt, wenn

$$\lim_{n \to \infty} \left|\frac{a_{n+1}}{a_n}\right| > 1 \; .$$

Sei z. B. $a_n = \frac{3^n}{n}$. Dann gilt

$$\left|\frac{a_{n+1}}{a_n}\right| = \frac{3^{n+1} \cdot n}{(n+1) \, 3^n} = \frac{3n}{n+1} \xrightarrow[n \to \infty]{} 3 \; .$$

Daher ist $\sum\limits_{n=1}^{\infty} \frac{3^n}{n}$ divergent.

Für die Folge $a_n = \frac{1}{n(n+1)}$ läßt das Quotientenkriterium keine Aussage über Konvergenz oder Divergenz zu:

$$\left|\frac{a_{n+1}}{a_n}\right| = \frac{n(n+1)}{(n+1)(n+2)} < 1 \quad n \in \mathbb{N}, \quad \lim_{n \to \infty} \left|\frac{a_{n+1}}{a_n}\right| = 1$$

Damit ist weder die in c1) noch die in c2) angegebene Bedingung erfüllt. Wir haben aber oben bereits gezeigt, daß die Reihe konvergiert.

Das Quotientenkriterium sagt ebenfalls nichts über die harmonische Reihe:

$$\left|\frac{a_{n+1}}{a_n}\right| = \left|\frac{n}{n+1}\right| \xrightarrow[n \to \infty]{} 1 \; .$$

Hier wissen wir, daß die Reihe divergiert.

11.30: Anwendungsbeispiel: Der Schweinezyklus

Wir betrachten ein einfaches Modell eines Marktes für ein Gut:

$$\begin{align}
\text{Nachfragefunktion:} \quad & N_t = a_N + b_N P_t \quad &\text{(a)} & \\
\text{Angebotsfunktion:} \quad & A_t = a_A + b_A P_{t-1} \quad &\text{(b)} \quad & t = 1,2,3 \quad (11.4)\\
\text{Markträumung:} \quad & N_t = A_t \quad &\text{(c)} &
\end{align}$$

a_N, b_N, a_A, b_A sind konstante Größen, t ist ein Index für die Zeit. N_t ist die nachgefragte Menge, A_t ist die angebotene Menge und P_t ist der Preis des Gutes. Die Anbieter richten sich bei ihrer Produktion nach dem Preis der Vorperiode. Gleichung (c) ist eine sogenannte <u>Gleichgewichtsbedingung</u>: sie besagt, daß die angebotene Menge vollständig verkauft wird.

In der nebenstehenden Abb. 11.10 sind die beiden Geraden in ein Koordinatensystem eingezeichnet, (Abszisse: Mengen, Ordinate: Preise!) wobei die Nachfragefunktion als fallend und die Angebotsfunktion als steigend angenommen wurde. Im Schnittpunkt der beiden Geraden ist die Bedingung (c) erfüllt. Befindet sich der Markt im Gleichgewicht, so verharrt er darin, sofern er nicht von außen "gestört" wird (warum?). Solche Störungen sind aber

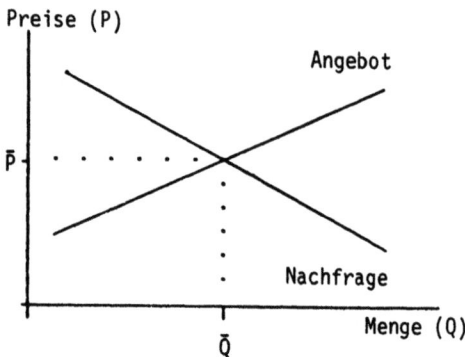

Abb. 11.10: Einfaches Marktmodell

durchaus möglich. Ist der in Frage stehende Markt der Schweinemarkt, so könnte z. B. eine Seuche das Angebot senken. Kommen solche Störungen vor, ist es von Interesse, wie Preis, Angebot und Nachfrage sich danach entwickeln.

Um dieser Frage nachzugehen, setzen wir zunächst - wie in (c) verlangt - (a) = (b):

$$a_N + b_N P_t = a_A + b_A P_{t-1} \, .$$

Wir nehmen an $b_N \neq 0$ und erhalten

$$P_t = \frac{b_A}{b_N} P_{t-1} + \frac{a_A - a_N}{b_N} \, . \qquad (11.5)$$

Zusammen mit einem vorgegebenen Anfangspreis P_0 hat man in (11.5) eine rekursive Folge, die für vorgegebene Parameter a_N, b_N, a_A, b_A die Preisentwicklung beschreibt.

Für das Zahlenbeispiel

$$N_t = 100 - 3 P_t$$
$$A_t = -20 + 2 P_{t-1}$$ \hfill (11.6)
$$N_t = A_t$$

wird (11.5) zu $P_t = -\frac{2}{3} P_{t-1} + 40$. Außerdem sei $P_0 = 22$. Damit verläuft die Entwicklung des Preises und der umgeschlagenen Menge Q_t wie in der nebenstehenden Wertetabelle. Nach den dort angegebenen Werten kann man vermuten, daß sich der Preis auf Dauer bei 24 einpendelt (und die Menge bei 28). Die Richtigkeit dieser Vermutung kann man nachweisen, indem man P_t rekursiv auf P_0 zurückrechnet:

t	$P_t = -\frac{2}{3} P_{t-1} + 40$	Q_t
0	22	34
1	25.33	24
2	23.11	30.67
3	24.59	26.23
4	23.60	29.20
5	24.26	27.22
6	23.82	28.54

$$P_t = -\frac{2}{3} P_{t-1} + 40 = -\frac{2}{3}\left[-\frac{2}{3} P_{t-2} + 40\right] + 40 =$$

$$= \left(-\frac{2}{3}\right)^2 P_{t-2} + \left(-\frac{2}{3}\right) \cdot 40 + 40 =$$

$$= \left(-\frac{2}{3}\right)^2 \left[-\frac{2}{3} P_{t-3} + 40\right] + \left(-\frac{2}{3}\right) 40 + 40 =$$

$$= \left(-\frac{2}{3}\right)^3 P_{t-3} + \left[\left(-\frac{2}{3}\right)^2 + \left(-\frac{2}{3}\right)^1 + \left(-\frac{2}{3}\right)^0\right] \cdot 40 =$$

$$\ldots$$

$$= \left(-\frac{2}{3}\right)^t P_0 + 40 \cdot \sum_{i=0}^{t-1} \left(-\frac{2}{3}\right)^i = \left(-\frac{2}{3}\right)^t P_0 + 40 \cdot \frac{1 - (-2/3)^t}{1 - (-2/3)}$$

$$= \left(-\frac{2}{3}\right)^t P_0 + 24 \left(1 - \left(-\frac{2}{3}\right)^t\right)$$

Also gilt:

$$P_t = 24 + \left(-\frac{2}{3}\right)^t (P_0 - 24) \ . \hfill (11.7)$$

$\left(-\frac{2}{3}\right)^t$ ist eine Nullfolge, damit $P_t \longrightarrow 24$ für $t \longrightarrow \infty$.

24 ist hier der "Gleichgewichtspreis" $\bar{P}$ aus Abb. 11.10, den Sie rechnerisch erhalten, indem Sie in (11.6) $P_t = P_{t-1} = \bar{P}$ (konstante Preise!) setzen und nach $\bar{P}$ auflösen. Daß sich das Modell nach einer Störung auf das Gleichgewicht zubewegt, hängt

offensichtlich von der relativen Größe der beiden Anstiege b_A und b_N ab: Es ist

$$\left| \frac{b_A}{b_N} \right| = \left| -\frac{2}{3} \right| < 1$$

Wäre b_A/b_N betraglich größer als 1, würde P_t divergieren, wäre $b_A/b_N = -1$, würde P_t zwischen zwei Werten hin- und herspringen. Gleichgültig aber, welche Größenordnung b_A/b_N hat - sobald dieses Verhältnis negativ ist, wird der Preis in aufeinanderfolgenden Perioden abwechselnd unter und über dem Gleichgewichtspreis liegen. Graphisch läßt sich (11.7) mit $P_0 = 22$ in einem Diagramm, wie wir es oben für Folgen benutzt haben, darstellen (Abb. 11.11).

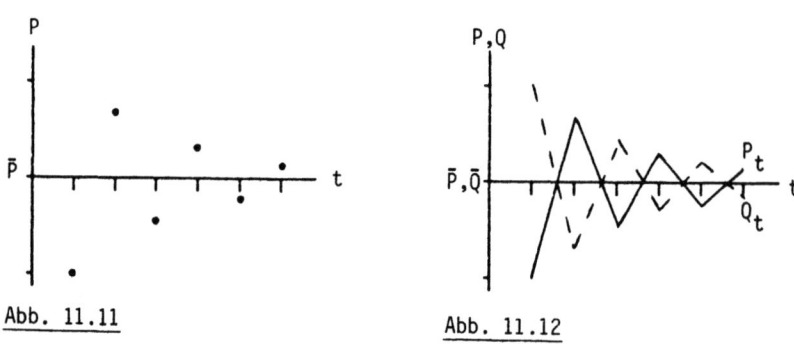

Abb. 11.11   Abb. 11.12

Dieselbe Folge ist in Abb. 11.12 dargestellt zusammen mit der Folge der Gleichgewichtsmengen, zur Unterscheidung sind die Preise zu den einzelnen Zeitpunkten mit durchgezogenen, die Mengen mit unterbrochenen Linien verbunden. Man beobachtet gegenläufige Schwankungen der beiden Zeitreihen, was sich ökonomisch einfach erklärt: Hohe Preise in der Periode t-1 veranlassen die Anbieter zu hoher Produktion in Periode t, großes Angebot in Periode t führt zu niedrigen Marktpreisen in t, was zu einer Senkung der Produktion in t+1 führt usw.

Die Abbildungen 11.13 und 11.14 zeigen die Entwicklung, wenn - bei sonst unveränderten Zahlen - das Verhältnis b_A/b_N gleich - 3/2 bzw. -1 ist.

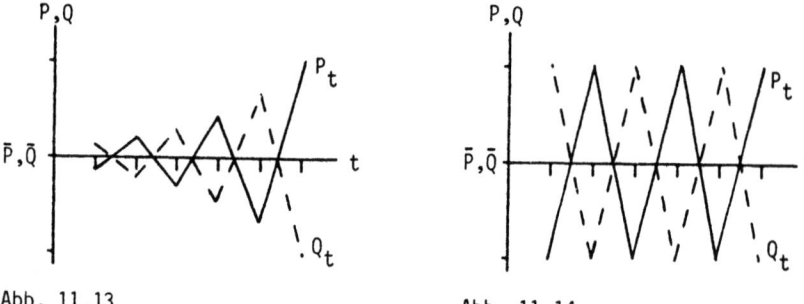

Abb. 11.13   Abb. 11.14

Abb. 11.15 zeigt Preise und Mengen für den Schlachtschweinemarkt der Bundesrepublik Deutschland. Die Entwicklung zeigt eine auffallende Ähnlichkeit zu den vorhergehenden Abbildungen. (Zum in Abb. 11.15 verwendeten logarithmischen Maßstab vgl. 12.d.5.)

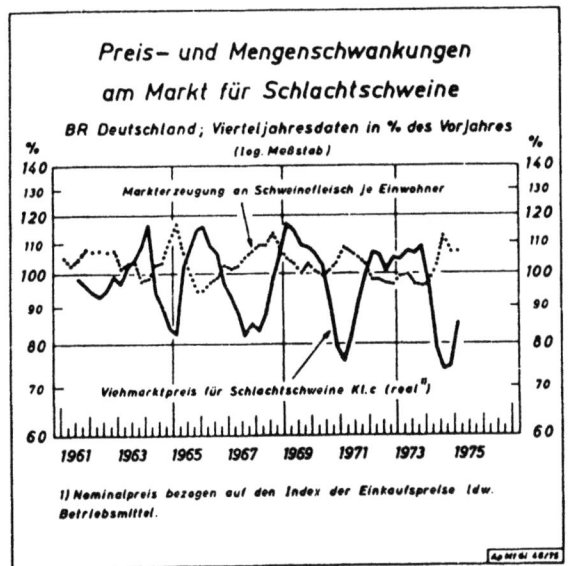

Abb. 11.15
(Quelle: Wöhlken E., Schweinezyklus, WiSt 1/1976, S. 27)

11.e Übungsaufgaben

1.a. Wodurch unterscheiden sich die beiden folgenden Abbildungen?

$$f: \mathbb{R}_{++} \longrightarrow \mathbb{R}_{++} \quad , \quad g: \mathbb{N} \longrightarrow \mathbb{N}$$
$$x \longmapsto \frac{1}{x} \qquad\qquad n \longmapsto \frac{1}{n}$$

b. Zeichnen Sie f und g in getrennten Diagrammen, aber im selben Maßstab.

c. Zeichnen Sie in das Diagramm von g die ersten Glieder der Folge $a_n = \frac{1}{n^2}$. Machen Sie sich an diesem Beispiel die folgende Aussage plausibel:
Gilt für zwei Folgen a_n, b_n für alle $n \in \mathbb{N}$ $0 \leq a_n \leq b_n$ und ist b_n eine Nullfolge, dann ist auch a_n eine Nullfolge.

2. Geben Sie eine Nummer n_0 an, so daß alle Glieder der Folge $\frac{1}{\sqrt{n}}$ mit $n > n_0$ kleiner als

a) 0.01   b) 0.001   c) ein beliebiges positives ε sind.

3. Bestimmen Sie - falls möglich - Grenzwerte der nachstehenden Folgen für $n \to \infty$:

$$a_n = \frac{(n+1)^2 (2n-1)}{(n^2-1)(6n+4)} \qquad b_n = \frac{(-2)^n}{2^n} \cdot \frac{2n+1}{5n}$$

$$c_n = (\sqrt{n} + \frac{1}{n})^2 \qquad d_n = \frac{n+2}{n^2+1} + n$$

4. Geben Sie für b_n aus Aufgabe 3 eine konvergente Teilfolge an.

5.a. Berechnen Sie: $\sum\limits_{n=1}^{\infty} \frac{2 \cdot 8^n}{9^n}$ und $\sum\limits_{n=1}^{\infty} \frac{2^{3n+1}}{9^n}$

b. Bestimmen Sie die Menge aller $x \in \mathbb{R}$, für die die Reihe $\sum\limits_{n=1}^{\infty} \frac{x^{3n+1}}{9^n}$ konvergiert, und bestimmen Sie im Falle der Konvergenz den jeweiligen Grenzwert.

6.a. Berechnen Sie jeweils die ersten 5 Glieder der Folgen:

$$a_n = n + \frac{1}{n}, \quad b_n = \frac{n^2}{2^n}, \quad c_n = (-1)^n \frac{2n+1}{n!}$$

$$\begin{cases} d_1 = 1 \\ d_2 = 1 \\ d_n = d_{n-1} + d_{n+2} \quad n \geq 3 \end{cases} \qquad \begin{cases} e_1 = 1 \\ e_n = \frac{1}{3}(2+e_{n-1}) \quad n \geq 2 \end{cases}$$

b. Zeichnen Sie Schaubilder.

c. Sind die Folgen in a. monoton/beschränkt?

7. Schätzen Sie zunächst intuitiv die im folgenden gefragten Zahlen und vergleichen Sie Ihre Schätzungen anschließend mit den richtig berechneten Ergebnissen!
Sie falten ein 0.1 mm starkes Blatt Papier mehrfach jeweils zur halben Größe.

a. Wie oft müssen Sie falten, um eine Papierschicht von mindestens 30 cm zu erhalten?

b. Wie dick ist die Papierschicht, wenn Sie 30-mal falten?

8.a. Zeigen Sie durch vollständige Induktion, daß für $x \geq -1$ gilt:

$(1+x)^n \geq 1 + nx$ für alle $n \in \mathbb{N}$.

b. Zeigen Sie mit der Ungleichung aus Teil a, daß die Folge $\dfrac{7}{\left(1 + \frac{5}{\sqrt{n}}\right)^n}$ konvergiert.

9. In der Finanzmathematik unterscheidet man zwischen Verzinsung mit Zinseszinsen oder einfacher Verzinsung - je nachdem, ob außer für die Anfangskapitalanlage auch für die anfallenden Zinsen Zinsen gezahlt werden oder nicht.

Einer Ihrer Ahnen träumte in der Silvesternacht 1556/57, daß eines seiner Ur... urenkelkinder in den 1980er Jahren an einer bundesdeutschen Universität studieren und dabei fürchterliche Not leiden würde. Noch am 1.1.1557 legte er zur Abwendung des Unglücks bei einem Wucherer 1 DM an und vereinbarte eine jährliche Verzinsung von 1 %; der angesammelte Betrag soll am 31.12.1988 ausgezahlt werden.

a. Der Wucherer verzinst einfach. Wieviel DM erhalten Sie am 31.12.1988?

b. Gleichzeitig legt der Wucherer die Mark im gleichen Sinne bei einem Kollegen an, um seine Nachkommen zu unterstützen. Wieviel DM hat das Ur... urenkelkind des Wucherers (es könnte Ihr(e) Sitznachbar(in) sein!) am 31.12.1988 zu Verfügung? (Natürlich wurde hier Verzinsung mit Zinseszinsen vereinbart.)

10. Am 1.1.1987 wird ein Sparkonto mit einer Einzahlung von 1.000 DM eröffnet. Das Guthaben wird vierteljährlich mit 1 % verzinst.

   a. Wie hoch ist der Kontostand am 1.1.1997, wenn
      a1. alle Zinsgutschriften auf dem Konto stehen gelassen werden?
      a2. an jedem Jahresende 5 % des verzinsten Kapitals abgehoben werden?

   b. Als effektiven Jahreszinssatz bezeichnet man den Jahreszinssatz, der bei jährlicher Verzinsung zum gleichen Endkapital führt wie hier der vierteljährliche Zinssatz. Wie hoch ist der effektive Jahreszinssatz im obigen Beispiel?

11.a. Zeigen Sie durch vollständige Induktion, daß für $x \geq -1$ gilt:

   $(1+x)^n \geq 1 + nx$ für alle $n \in \mathbb{N}$.

   b. Zeigen Sie mit der Ungleichung aus Teil a, daß die Folge $\dfrac{7}{\left(1 + \dfrac{5}{\sqrt{n}}\right)^n}$ konvergiert.

12. Berechnen Sie die Summe der ersten 100 geraden natürlichen Zahlen.

13. Bestimmen Sie $\lim\limits_{n \to \infty} \sum\limits_{i=1}^{n} \left(\alpha + \dfrac{2n^2}{3n^2+1}\right)^{i-1}$ $0 < \alpha < \dfrac{1}{3}$.

14. Zeigen Sie: Ist $\{a_n\}_{n \in \mathbb{N}}$ monoton wachsend, so ist

   $\bar{a}_n = \dfrac{1}{n} \sum\limits_{i=1}^{n} a_i$ $n \in \mathbb{N}$

   ebenfalls monoton wachsend.

§ 12 Funktionen einer unabhängigen Veränderlichen

12.a Grundbegriffe und Beispiele

Vergegenwärtigen Sie sich die in 4.2 gegebene Definition einer Funktion. Erinnern Sie sich außerdem daran, daß die in § 11 behandelten Zahlenfolgen spezielle Funktionen sind - nämlich solche mit dem Definitionsbereich $D = \mathbb{N}$.

12.1. Darstellung von Funktionen

Eine Zuordnungsvorschrift kann grundsätzlich auf drei Arten angegeben werden, die wir in früheren Kapiteln alle schon benutzt haben:

(1) Es ist eine <u>mathematische Gleichung</u> gegeben, z. B. $y = 2x + 1$ mit Definitionsbereich $D = [-1, 1]$ und Wertebereich $W = \mathbb{R}$. Allgemein schreibt man $y = f(x)$; dabei heißt x unabhängige, y abhängige Variable. Natürlich sind andere Bezeichnungen möglich. In den Wirtschaftswissenschaften haben sich zur Bezeichnung einiger spezieller Variablen bestimmte Buchstaben eingebürgert, z. B. p für Preise, q bzw. x (!) für Mengen, C für Konsum, I für Investitionen usw. usw.

(2) Es ist eine <u>graphische Darstellung</u> gegeben wie z. B. in Abb. 12.1. Das Anfertigen solcher (unter Umständen skizzenhaften) Darstellungen wird uns in den folgenden Abschnitten beschäftigen. Grundlage der nebenstehenden Abb. 12.1 war z. B. die Funktionsgleichung

$$y = 2x + 1$$

und ein bestimmtes Wissen über Geradengleichungen, das wir unter anderem in § 10 schon benutzt haben:

Abb. 12.1: $y = 2x + 1$

a) Die vorliegende Gleichung liefert eine <u>Gerade</u>.
b) Eine Gerade ist durch <u>Hebung</u> und <u>Steigung</u> vollständig charakterisiert.

Für die Anfertigung der Zeichnung hätten wir auch eine Wertetabelle (siehe unten) benutzen können. Aber auch hier ist uns zusätzliches Wissen von Nutzen: Zwei Punkte auf der Geraden genügen, um dieselbe eindeutig festzulegen (In einer Klausur fertigte einmal ein Student eine Wertetabelle mit 10 Punkten an, um eine Gerade zu zeichnen.).

(3) Eine Zuordnung ist als <u>Wertetabelle</u> gegeben - ohne daß man eine einfache algebraische Vorschrift kennt. Beispiel: Tabelle 1.2 ordnet Einkommenswerten Konsumausgaben zu.

Aufgrund einschlägiger Erfahrungen möchten wir in diesem Zusammenhang betonen, daß eine Wertetabelle als Hilfsmittel zur graphischen Darstellung einer Funktion nur zusätzlich zu inhaltlichen Überlegungen und in Abstimmung mit diesen benutzt werden sollte. Liegt nur eine Wertetabelle vor, weiß man nicht, ob und wie man in der Graphik die gegebenen Punkte miteinander verbinden darf.
(Übrigens: Wollen wir Computerzeichnungen für eine Funktionsgleichung anfertigen, so lassen wir den Rechner aus der Gleichung eine unter Umständen recht umfangreiche Wertetabelle anfertigen, die dann in Punkte im $\mathbb{R}^2$ umgesetzt wird.)

12.2. Beispiele

(1) Die Höhe der monatlichen Telefonrechnung setzt sich zusammen aus der Grundgebühr von derzeit 27 DM und 0,23 DM pro telefonierter Einheit, wobei allerdings die ersten 20 Einheiten frei sind.

Wenn 520 Einheiten verbraucht wurden, sind die Kosten

$K(520) = 27 + (520 - 20) \cdot 0,23 = 142$.

Wenn 18 Einheiten verbraucht wurden, sind die Kosten

$K(18) = 27$.

Allgemein belaufen sich bei einem Verbrauch von x Einheiten die Kosten auf

$$K(x) = \begin{cases} 27 & x \leq 20 \\ 27 + (x - 20) \cdot 0,23 & x > 20 \\ = 0,23 \, x + 22,4 & \end{cases}$$

Hierdurch werden jeder Zahl x durch die Kostenfunktion K die Kosten K(x) zugeordnet; graphisch:

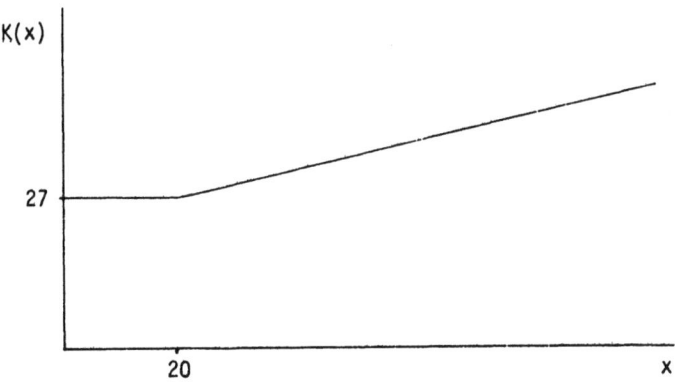

Abb. 12.2: Telefonkosten

Beachten Sie allerdings, daß die Bundespost nur ganze Einheiten mißt; der Definitionsbereich der Kostenfunktion ist also $\mathbb{N} \cup \{0\}$.

Die Kosten K(x) hängen von den verbrauchten Einheiten ab; je mehr Einheiten verbraucht werden, um so höher sind die Kosten, wenn die Grenze x = 20 überschritten wird. x heißt <u>unabhängige Variable</u> (Veränderliche); K(x) <u>abhängige Variable</u>: Die Kostenfunktion gibt an, wie sich die Kosten in Abhängigkeit von der Anzahl der verbrauchten Einheiten verhalten.

(2) Sind K(x) die Kosten eines Gutes bei einer Produktionsmenge von x Einheiten, so heißt

$$k(x) = \frac{K(x)}{x}$$

<u>Durchschnittskostenfunktion</u> (Stückkostenfunktion). Je mehr Einheiten beim Telefonieren verbraucht werden, desto geringer sind die Durchschnittskosten für eine Einheit, aber es ist stets k(x) > 0,23:

$$k(x) = \begin{cases} \frac{27}{x} & x \leq 20 \\ 0{,}23 + \frac{22{,}4}{x} & x > 20 \end{cases}$$

(3) Eine <u>Nachfragefunktion</u> gibt die Abhängigkeit der von einem Gut nachgefragten Menge q vom verlangten Preis p an, ist also von der Form

$$q = q(p) .$$

Man wird hier eine negative Beziehung erwarten, d. h. die Nachfrage wird bei steigendem Preis zurückgehen. An diesem Beispiel sollten Sie sich vor Augen führen, daß die Begriffe der abhängigen bzw. unabhängigen Variablen in dem hier gebrauchten Sinne keine Ursache-Wirkung-Richtung implizieren. Ebenso wie die Preise die Nachfrage beeinflussen können, kann sich eine sinkende Nachfrage auf die Preisentwicklung auswirken.

(4) In § 1 wurde das Beispiel einer gesamtwirtschaftlichen <u>Konsumfunktion</u> zusammen mit einer Schätzung für die Bundesrepublik Deutschland angegeben.

(5) Kostenfunktionen geben die Kosten in Abhängigkeit von der Produktionsmenge an. In diesem Zusammenhang interessiert z. B., ob die Kosten bei bestimmten Herstellungsmengen schnell oder langsam wachsen, ob sie unter Umständen bei der Erhöhung der Herstellungsmenge sprunghaft wachsen (etwa, weil eine neue Maschine beschafft werden muß), ob die Stückkosten steigen oder fallen, ob es eine Produktionsmenge gibt, bei der die Stückkosten am kleinsten sind, ob die Kosten unbeschränkt wachsen können oder ob diesem Wachstum eine Schranke gesetzt ist.

Im folgenden werden einige wichtige Eigenschaften von Funktionen angegeben, mit denen wir diese und andere Fragestellungen formal untersuchen können.

12.3. Definition

Eine Funktion $f : D \to \mathbb{R}$ heißt beschränkt, wenn es eine Konstante c gibt derart, daß

$$|f(x)| \leq c \quad \text{für alle } x \in D. \tag{12.1}$$

Beachten Sie, daß (12.1) gleichbedeutend ist mit

$$c_u \leq f(x) \leq c_o \quad \text{für alle } x \in D,$$

wo c_u und c_o Konstanten sind.

Beispiele:

(1) $f : \mathbb{R} \longrightarrow \mathbb{R}$

$\quad x \longmapsto \dfrac{1}{1+x^2}$

Diese Funktion ist beschränkt, da z. B.

$|f(x)| \leq 1$ für alle $x \in \mathbb{R}$.

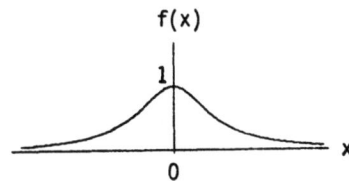

Abb. 12.3: $f(x) = \dfrac{1}{1 + x^2}$

Diese Eigenschaft kann man sich leicht klarmachen: Da $x^2 \geq 0$ für alle $x \in \mathbb{R}$ ist $f(x) > 0$. Außerdem kann aus demselben Grund der Nenner nie kleiner werden als der Zähler, also ist $f(x) \leq 1$.

(2) $f : \mathbb{R} \longrightarrow \mathbb{R}$

$\quad x \longrightarrow \dfrac{1}{x^2}$

Diese Funktion ist - obwohl die Zuordnungsvorschrift derjenigen in (1) stark ähnelt - nicht beschränkt: Wählt man x genügend nahe bei null, wird $f(x)$ beliebig groß, übertrifft also jede beliebige als Schranke gewählte Zahl.

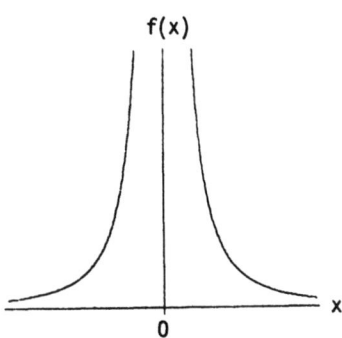

Abb. 12.4: $f(x) = \dfrac{1}{x^2}$

12.4. Definition

Es sei $I \subset D$ ein Intervall. Eine Funktion $f: I \longrightarrow \mathbb{R}$ heißt

(a) <u>monoton wachsend in I</u>, wenn für alle $x_1, x_2 \in I$ mit $x_1 < x_2$: $f(x_1) \leq f(x_2)$

(b) <u>streng monoton wachsend in I</u>, wenn für alle $x_1, x_2 \in I$ mit $x_1 < x_2$: $f(x_1) < f(x_2)$

(c) <u>monoton fallend in I</u>, wenn für alle $x_1, x_2 \in I$ mit $x_1 < x_2$: $f(x_1) \geq f(x_2)$

(d) <u>streng monoton fallend in I</u>, wenn für alle $x_1, x_2 \in I$ mit $x_1 < x_2$: $f(x_1) > f(x_2)$

<u>Beispiele</u>:

(1) Die Funktion aus Beispiel (1) unter 12.3 ist im Bereich $(-\infty, 0]$ streng monoton wachsend und im Bereich $[0, \infty)$ streng monoton fallend. Dies kann man mit Hilfe der Rechenregeln für Ungleichungen wie folgt zeigen. Man geht von zwei Zahlen x_1, x_2 aus mit

$$x_1 < x_2 .$$

Dann formt man diese Ungleichung so lange um, bis man eine Ordnungsrelation für die Funktionswerte hat. Wir betrachten zunächst $x_1, x_2 \in (-\infty, 0]$: Dann folgt aus $x_1 < x_2$:

$$x_1^2 > x_2^2$$
$$1 + x_1^2 > 1 + x_2^2$$
$$f(x_1) = \frac{1}{1+x_1^2} < \frac{1}{1+x_2^2} = f(x_2) .$$

Sind $x_1, x_2 \in [0, \infty)$, so hat man mit $x_1 < x_2$:

$$x_1^2 < x_2^2$$
$$f(x_1) = \frac{1}{1+x_1^2} > \frac{1}{1+x_1^2} = f(x_2) .$$

Mit der Differentialrechnung werden wir im folgenden Kapitel ein Hilfsmittel kennenlernen, mit dem sich das Monotonieverhalten auch bei unübersichtlichen Funktionsvorschriften auf recht einfache Weise untersuchen läßt.

(2) Analog zum Beispiel (1) erhält man auch für Beispiel (2) unter 12.3: f(x) ist streng monoton wachsend im Bereich $(-\infty,0)$ und streng monoton fallend im Bereich $(0,\infty)$.

(3) Eine konstante Funktion ist monoton wachsend und monoton steigend!

(4) $f : \mathbb{R} \longrightarrow \mathbb{R}$
    $x \longmapsto [x]$

Dabei bezeichnet $[x]$ die größte ganze Zahl, die kleiner oder gleich x ist.

Diese Funktion ist monoton wachsend.

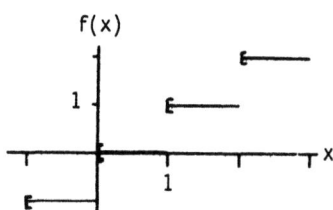

Abb. 12.5: $f(x) = [x]$

12.5. Bemerkung

Jede streng monotone Funktion ist umkehrbar. Eine umkehrbare Funktion ist nicht notwendig streng monoton.

Während der erste Teil der Bemerkung leicht einzusehen ist (für jede streng monotone Funktion gilt: $x_1 \neq x_2 \Rightarrow f(x_1) \neq f(x_2)$), geben wir für den zweiten Teil ein

Beispiel:

$f: \mathbb{R} \longrightarrow \mathbb{R}$
$x \longrightarrow 2[x] - x$

Diese Funktion ist nicht monoton in $D = \mathbb{R}$; sie ist jedoch eineindeutig und daher umkehrbar.

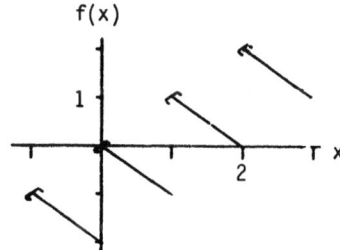

Abb. 12.6: $f(x) = 2[x] - x$

Finden Sie durch Spiegelung an der Haupt-Winkelhalbierenden die Umkehrfunktion. Die Methode, die Umkehrfunktion durch Auflösen der Funktionsgleichung nach x zu suchen, versagt hier.

12.6. Definition

$I \subset D$ sei ein Intervall. Eine Funktion $f: I \longrightarrow \mathbb{R}$ heißt

(a) <u>konvex in I</u>, falls für alle $x_1, x_2 \in I$ mit $x_1 < x_2$:

$$f(\lambda x_1 + (1 - \lambda)x_2) \leq \lambda f(x_1) + (1 - \lambda) f(x_2) \quad \forall \lambda \in (0,1) ;$$

f heißt strikt (oder streng) konvex in I, falls $<$ statt $\leq$ gilt.

(b) <u>konkav in I</u>, falls für alle $x_1, x_2 \in I$ mit $x_1 < x_2$:

$$f(\lambda x_1 + (1 - \lambda)x_2) \geq \lambda f(x_1) + (1 - \lambda) f(x_2) \quad \forall \lambda \in (0,1) ;$$

f heißt strikt (oder streng) konkav in I, falls $>$ statt $\geq$ gilt.

Diese etwas unhandlich aussehende Definition läßt sich im $\mathbb{R}^2$ geometrisch veranschaulichen. Dazu machen wir uns zunächst klar, daß mit $x_1 < x_2$ alle x mit

$$x = \lambda x_1 + (1 - \lambda)x_2 \quad \lambda \in (0,1)$$

zwischen x_1 und x_2 liegen.

$$x_1 < x_2 \iff \lambda x_1 < \lambda x_2$$
$$\iff (1 - \lambda)x_1 < (1 - \lambda)x_2$$

Daraus folgt:

$$x_1 = \lambda x_1 + (1 - \lambda)x_1 < \underbrace{\lambda x_1 + (1 - \lambda)x_2}_{x} < \lambda x_2 + (1 - \lambda)x_2 = x_2 .$$

Entsprechend gilt:

$$f(x_1) < \lambda f(x_1) + (1 - \lambda) f(x_2) < f(x_2)$$

für $f(x_1) < f(x_2)$ und $\lambda \in (0,1)$.

Damit läßt sich die obige Definition wie in Abb. 12.7 illustrieren.

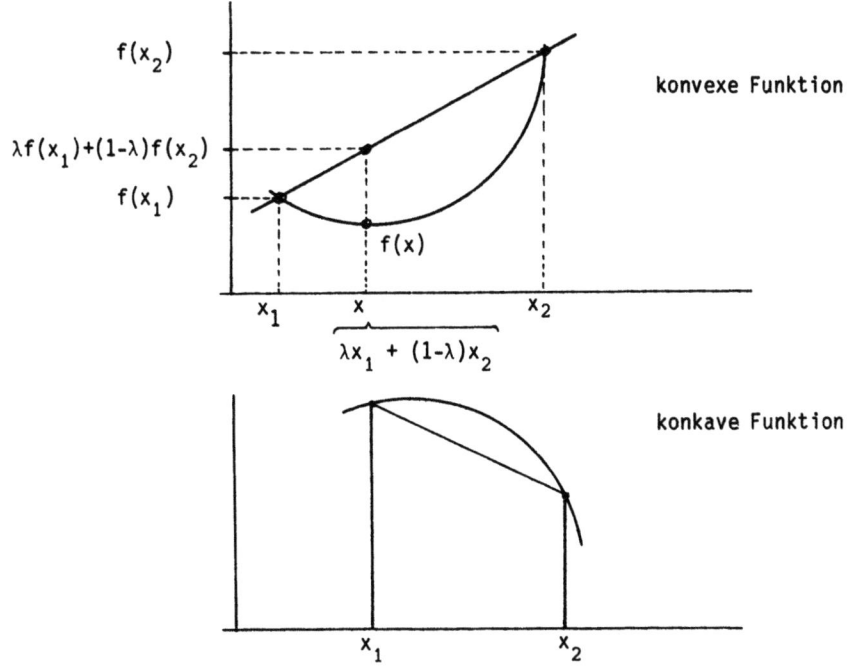

Abb. 12.7: Konvexität und Konkavität

Anschaulich kann man also sagen: Eine Funktion ist konvex (konkav), wenn die Verbindungsgerade zwischen je zwei Punkten auf dem Funktionsgraphen stets oberhalb (unterhalb) dieses Graphen verläuft.

Seien Sie bei der Feststellung, ob eine Funktion konvex (bzw. konkav) **ist** jedoch besonders vorsichtig. Die in Abb. 12.8 dargestellte Funktion ist strikt konvex in $\mathbb{R}_-$ und strikt konvex in $\mathbb{R}_+$. Gleichwohl ist sie nicht konvex in $\mathbb{R}$.

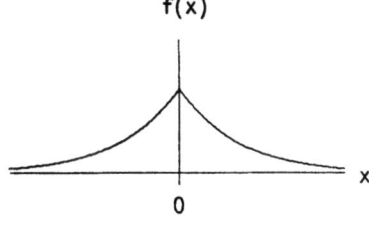

Abb. 12.8

12.b Elementare Funktionen

12.7. Definition

Eine Funktion von der Form

$$f(x) = a_0 + a_1 x + a_2 x^2 + \ldots + a_n x^n \left(= \sum_{i=0}^{n} a_i x^i \right), \quad a_n \neq 0$$

(wobei $a_0, a_1, \ldots, a_n$ feste Zahlen sind) heißt <u>ganze rationale Funktion</u> oder <u>Polynom</u> vom Grade n.

Polynome sind für alle reellen Zahlen definiert. Bekannte Spezialfälle sind <u>Geradengleichungen</u> $f(x) = ax + b$, z. B. $f(x) = 2x + 1$ (vgl. Abb. 12.1) und <u>quadratische Funktionen</u>, z. B. $f(x) = x^2$ (vgl. Abb. 12.9).

Ein weiteres Beispiel ist
$f(x) = x^3 - 3x^2 - 9x + 42$ (vgl. Abb. 12.10).

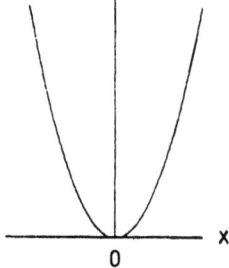

Abb. 12.9: $f(x) = x^2$

Sehr oft ist man an den x-Werten interessiert, für die die Funktionswerte verschwinden, für die also $f(x) = 0$ gilt. Diese Stellen nennt man <u>Nullstellen</u> der Funktion.

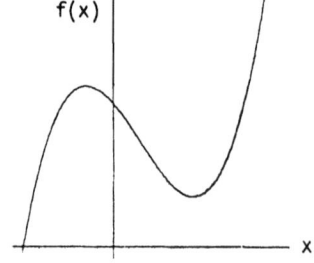

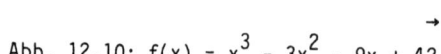
Abb. 12.10: $f(x) = x^3 - 3x^2 - 9x + 42$

12.8. Satz

a) Ein Polynom vom Grade n hat höchstens n reelle Nullstellen. Ist n ungerade, gibt es mindestens eine Nullstelle; ist n gerade, muß keine Nullstelle vorliegen.

b) Ist x_0 eine Nullstelle eines Polynoms vom Grade n, $p(x)$, dann ist

$$q(x) = \frac{p(x)}{x - x_0}$$

ein Polynom vom Grade $n - 1$.

Beispiele:

(1) Abb. 12.11 illustriert die Aussage von 12.8(a)

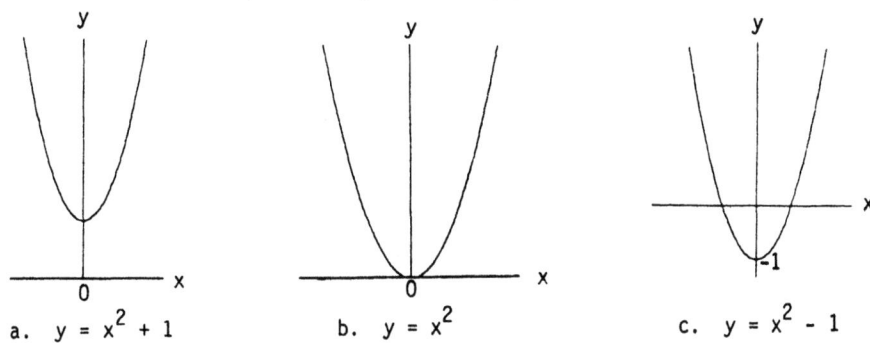

Abb. 12.11: Nullstellen von Parabeln

(2) Aussage 12.8(b) ist insbesondere dann hilfreich, wenn man bereits eine Nullstelle eines Polynoms kennt und weitere sucht, z. B. sei $p(x) = x^3-3x^2-x+3$. Man sieht, daß x=1 eine Nullstelle ist.

Für $x \neq 1$ hat man

$$
\begin{array}{l}
(x^3 - 3x^2 - x + 3) : (x - 1) = x^2 - 2x - 3 \\
\underline{x^3 - x^2} \\
\quad - 2x^2 - x \\
\quad \underline{- 2x^2 + 2x} \\
\qquad\qquad -3x + 3 \\
\qquad\qquad \underline{-3x + 3} \\
\end{array}
$$

$q(x) = x^2 - 2x - 3$ ist vom Grade 2. Die Nullstellen von $q(x)$ finden wir durch Lösen der quadratischen Gleichung

$$x^2 - 2x - 3 = 0.$$

Wir erhalten so $x = 3$ sowie $x = -1$. Für $p(x)$ hat man damit die drei Nullstellen

$$x_{o1} = 1, \ x_{o2} = 3, \ x_{o3} = -1$$

und es gilt:

$$p(x) = (x - 1)(x - 3)(x + 1) \, .$$

12.9. Definition

Eine Funktion von der Form

$$f(x) = \frac{g(x)}{h(x)}$$

mit Polynomen $g(x)$ und $h(x)$, also

$$f(x) = \frac{a_0 + a_1 x + \ldots + a_n x^n}{b_0 + b_1 x + \ldots + b_m x^m}$$

heißt <u>gebrochen rationale Funktion</u>, falls der Grad des Nennerpolynoms größer als 0 ist.

Der größtmögliche Definitionsbereich einer gebrochen rationalen Funktion ist offensichtlich

$$D_{max} = \mathbb{R} \setminus \{x \mid h(x) = 0\}.$$

Z. B. ist $f(x) = \frac{1}{x}$ definiert für alle reellen Zahlen außer für 0. (vgl. Abb. 12.12).

Entsprechend ist für

$$f(x) = \frac{x^2 - 1}{x - 1}$$

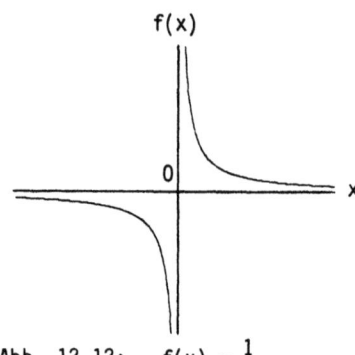

Abb. 12.12: $f(x) = \frac{1}{x}$

der größtmögliche Definitionsbereich

$$D_{max} = \mathbb{R} \setminus \{1\} .$$

Für $x \neq 1$ können wir kürzen:

$$f(x) = \frac{(x-1)(x+1)}{x - 1} = x + 1 .$$

D. h. $f(x)$ ist in ganz D_{max} identisch mit $y = x + 1$; $f(x)$ ist aber an der Stelle $x = 1$ nicht definiert (vgl. Abb. 12.13).

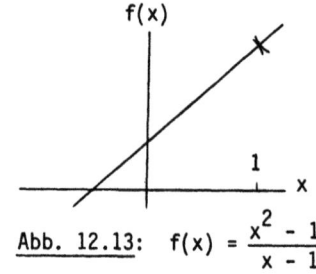

Abb. 12.13: $f(x) = \frac{x^2 - 1}{x - 1}$

In beiden Beispielen gibt es eine Nullstelle des Nenners ($x=0$ bzw. $x=1$). Ist die Nullstelle des Nenners nicht gleichzeitig Nullstelle des Zählers (wie z. B. bei $f(x) = \frac{1}{x}$), spricht man von einem <u>Pol</u> der Funktion. Auf den Fall, daß Zähler und Nenner an der gleichen Stelle verschwinden, kommen wir in § 12.c zurück.

12.10. Wir betrachten die unendliche Reihe $\sum_{i=0}^{\infty} \frac{x^i}{i!}$. (Vgl. auch 11.14(2) für $x = 1$.)
Mit Hilfe des Quotientenkriteriums stellt man fest, daß diese Reihe für jedes $x \in \mathbb{R}$ konvergiert.

$$\left|\frac{a_{n+1}}{a_n}\right| = \left|\frac{x^{n+1}}{(n+1)!} \cdot \frac{n!}{x^n}\right| = \left|\frac{x}{n+1}\right| \xrightarrow[n \to \infty]{} 0 \ .$$

Den betreffenden Grenzwert bezeichnet man mit e^x oder mit $\exp(x)$.

12.11. Definition

$$\exp(x) := e^x := \sum_{i=0}^{\infty} \frac{x^i}{i!}$$

Die Funktion

$$f(x) = e^x$$

heißt <u>spezielle Exponentialfunktion</u>. Der Wert der Exponentialfunktion für $x = 1$ wird mit e bezeichnet.

Diese Definition ist konsistent mit der Definition der Eulerschen Zahl e als:

$$e = \lim_{n \to \infty} \left(1 + \frac{1}{n}\right)^n \ .$$

Die Funktion e^x ist tabelliert und in vielen Taschenrechnern fest eingebaut.

In der nebenstehenden Abbildung ist

$$y = e^x$$

gemeinsam mit

$$y = e^{-x} = \frac{1}{e^x}$$

dargestellt. Man sieht, daß $y = e^x$ streng monoton wächst, $y = e^{-x}$ streng monoton fällt.

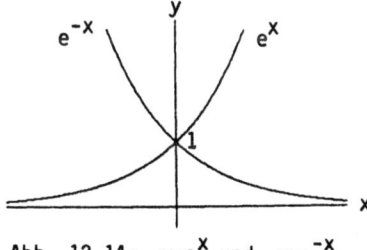

Abb. 12.14: $y = e^x$ und $y = e^{-x}$

Die spezielle Exponentialfunktion ist umkehrbar; ihre Umkehrfunktion ist die Funktion f^{-1}, für die gilt:

$$f^{-1}(e^x) = x \quad \text{und} \quad e^{f^{-1}(x)} = x$$

(vgl. 4.12).

12.12. Definition

Die Umkehrfunktion der Funktion $y = e^x$ wird mit

$$y = \ln x$$

bezeichnet. Sie heißt <u>natürliche Logarithmusfunktion</u>.

Die Bildmenge der Funktion $y = e^x$ ist $\mathbb{R}_{++}$, also:

$$\ln : \mathbb{R}_{++} \longrightarrow \mathbb{R}.$$

Die <u>natürliche Logarithmusfunktion</u> ist streng monoton wachsend und hat folgende weitere <u>Eigenschaften</u>.

Für je zwei positive reelle Zahlen x_1 und x_2 gilt:

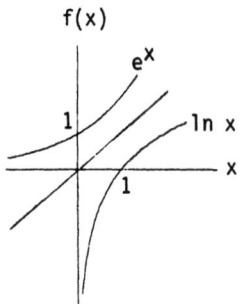

Abb. 12.15: e^x und $\ln x$

$$\ln(x_1 \cdot x_2) = \ln x_1 + \ln x_2$$
$$\ln\left(\frac{x_1}{x_2}\right) = \ln x_1 - \ln x_2$$
$$\ln x_1^k = k \ln x_1 \, .$$

<u>12.13.</u> Wir wollen nun die allgemeine Exponentialfunktion $y = a^x$ einführen. Wir können a^x berechnen, falls

- x aus $\mathbb{Z}$ ist, z. B.: $2^3 = 8$, $1.5^{-3} = \frac{1}{1.5^3} \approx 0.296$, $(-3)^4 = 81$,

- x eine rationale Zahl ist, z. B.: $2^{\frac{3}{2}} = \sqrt{2^3}$; allerdings darf die Basis a hier nicht negativ sein.

Was aber ist z. B. $a^{\sqrt{2}}$ oder a^π ?

12.14 Definition

Für $a \in \mathbb{R}_{++}$ und $x \in \mathbb{R}$ definiert man:

$$a^x := \exp(\ln a^x) = e^{x \ln a}$$

Die Funktion

$$f : \mathbb{R} \longrightarrow \mathbb{R}_{++}$$

mit $f(x) = a^x$ heißt <u>allgemeine Exponentialfunktion</u>.

Abb. 12.16 zeigt Exponentialfunktionen mit unterschiedlicher Basis.

$y = a^x$ ist streng monoton wachsend für $a > 1$ und streng monoton fallend für $a < 1$. Die Umkehrfunktion existiert also, und wir sind ihr in 4.12 auch schon begegnet.

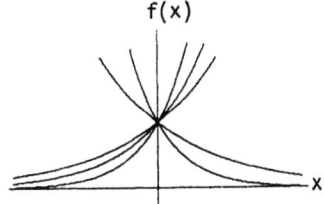

Abb. 12.16: Verschiedene Exponentialfunktionen

12.15. Definition

$a \in \mathbb{R}_{++}$. Die Umkehrfunktion der Funktion $y = a^x$ wird mit

$$y = \log_a x$$

("y = Logarithmus x zur Basis a") bezeichnet. Sie heißt allgemeine Logarithmusfunktion.

Für die allgemeine Logarithmusfunktion gelten die gleichen Eigenschaften wie für die spezielle Logarithmusfunktion. Für x_1, $x_2 \in \mathbb{R}_{++}$ hat man

$$\log_a(x_1 \cdot x_2) = \log_a x_1 + \log_a x_2$$
$$\log_a \left(\frac{x_1}{x_2}\right) = \log_a x_1 - \log_a x_2$$
$$\log_a x_1^k = k \log_a x_1$$

Wir machen uns noch einmal klar:

> y ist Logarithmus von x zur Basis a,
> $y = \log_a x$, wenn gilt $a^y = x$

Also z. B. ist $y = \log_2 8$ die Zahl, für die gilt $2^y = 8$. Da $2^3 = 8$, ist $y = 3$, also

$$\log_2 8 = 3 \; .$$

Entsprechend gilt:

$$\log_2 4 = 2 \; , \text{ da } 2^2 = 4$$
$$\log_2 16 = 4 \; , \text{ da } 2^4 = 16$$
$$\log_2 32 = 5 \; , \text{ da } 2^5 = 32 \; .$$

Da die Logarithmusfunktion zur Basis 2 streng monoton wächst, ist dann z. B.
$4 < \log_2 25 < 5$
($\log_2 25 \approx 4.644$).

Wählen wir $a = 10$, erhalten wir:

$$\log_{10} 100 = 2 \; , \text{ da } 10^2 = 100$$
$$\log_{10} 1000 = 3 \; , \text{ da } 10^3 = 1000,$$
$$\log_{10} 10^k = k \; ,$$

allgemein:

> $\log_a a^x = x$
> $a^{\log_a x} = x$

Der natürlichen Logarithmusfunktion $\ln x$ kommt eine besondere Bedeutung zu; sie ist auch auf vielen Taschenrechnern zu finden. Mit ihrer Hilfe lassen sich alle übrigen Logarithmen berechnen:

$$\boxed{\log_a x = \frac{\ln x}{\ln a}} \; . \hspace{4cm} (12.2)$$

Dies sieht man wie folgt:

$$x = a^{\log_a x}$$

$\Leftrightarrow \quad \ln x = \ln(a^{\log_a x})$

$\Leftrightarrow \quad \ln x = (\log_a x) \ln a$

$\Leftrightarrow \quad (12.2)$.

z. B.:

$$\log_5 25 = 2 = \frac{3.218....}{1.609....} = \frac{\ln 25}{\ln 5}$$

$$\log_5 26 = \frac{\ln 26}{\ln 5} \approx 2.024 \; .$$

12.16. Grundlegend für die nachfolgende Definition der trigonometrischen Funktionen ist der sogenannte <u>Einheitskreis</u>, also der Kreis mit Radius 1 um den Koordinatenursprung. Ein Winkel α wie in der nebenstehenden Abbildung 12.17 kann durch <u>Grad</u> gemessen werden, aber auch durch das <u>Bogenmaß</u>, das wie folgt erklärt ist.

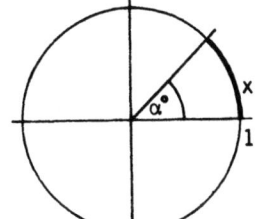

Der Umfang des Einheitskreises ist 2π.
Man setzt daher:

$360° \; \hat{=} \; 2\pi$.

Abb. 12.17: Der Einheitskreis

Daraus ergibt sich für den zu einem Winkel $0° \leq \alpha° \leq 360°$ gehörenden Kreisbogen x:

$$\frac{\alpha}{360} = \frac{x}{2\pi} \; ,$$

also:

$$x = \frac{\alpha}{360} \cdot 2\pi \; [\text{rad}] \; ; \quad \alpha = \frac{x}{2\pi} \cdot 360 \; [°] \; .$$

Dabei ist rad die Abkürzung für Radiant (= Einheit des Winkels im Bogenmaß).

z. B.

Winkel	
in Grad	im Bogenmaß
360°	$2\pi \approx 6.28$
180°	$\pi \approx 3.14$
90°	$\frac{\pi}{2}$
45°	$\frac{\pi}{4}$
30°	$\frac{\pi}{6}$
1°	$\frac{\pi}{180}$

12.17. Definition

Wir erklären die Funktionen sin x
und cos x für $x \in [0, 2\pi]$ durch die
nebenstehende Abbildung am Einheitskreis.

Für alle anderen reellen Zahlen sind
die beiden Funktionen dann festgelegt durch

$\sin x = \sin (x \pm 2n\pi)$ $n \in \mathbb{N}$
$\cos x = \cos (x \pm 2n\pi)$ $n \in \mathbb{N}$.

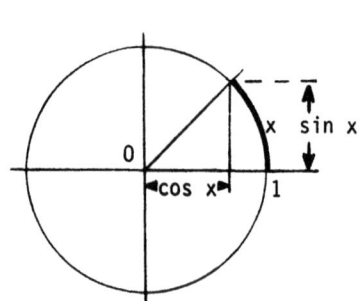

(Solche Funktionen, deren Funktionswerte sich in regelmäßigem Abstand wiederholen,
heißen periodische Funktionen; Sinus und Kosinus haben die Periode 2π.)

Man sieht: Die Bildmenge beider Funktionen ist [-1, 1]. Ohne einen Maßstab zur Hand
zu nehmen, überlegt man sich am Einheitskreis:

		30°	45°	60°	90°	135°	180°
x	0	$\frac{\pi}{6}$	$\frac{\pi}{4}$	$\frac{\pi}{3}$	$\frac{\pi}{2}$	$\frac{3\pi}{4}$	π
sin x	0	$\frac{1}{2}$	$\frac{1}{2}\sqrt{2}$	$\frac{1}{2}\sqrt{3}$	1	$\frac{1}{2}\sqrt{2}$	0
cos x	1	$\frac{1}{2}\sqrt{3}$	$\frac{1}{2}\sqrt{2}$	$\frac{1}{2}$	0	$-\frac{1}{2}\sqrt{2}$	-1

Übertragen wir diese und weitere Werte
in ein rechtwinkliges Koordinatensystem,
erhalten wir die nebenstehenden Funktionsbilder.

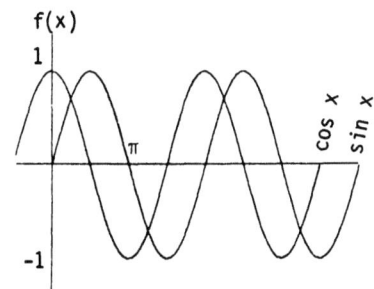

Abb. 12.18: sinus und cosinus

Wir notieren die folgenden Regeln:

(1) $\sin^2 x + \cos^2 x = 1$
(2) $\sin(-x) = -\sin x$
(3) $\cos(-x) = \cos x$
(4) $\sin(x + y) = \sin x \cos y + \cos x \sin y$
(5) $\sin(x + \pi) = -\sin x$
(6) $\cos(x + y) = \cos x \cos y - \sin x \sin y$
(7) $\cos(x + \pi) = -\cos x$

Mit Ausnahme von (4) und (6) kann man sich die Gültigkeit dieser Regeln auf einfache Weise am Einheitskreis klarmachen.

12.18. Definition

$\tan x := \dfrac{\sin x}{\cos x}$ für alle $x \neq \left(q + \dfrac{1}{2}\right)\pi$ $q \in \mathbb{Z}$

$\cot x := \dfrac{\cos x}{\sin x}$ für alle $x \neq q\pi$ $q \in \mathbb{Z}$

Tangens und Kotangens haben jeweils die Periode π:

$\tan(x + \pi) = \dfrac{\sin(x + \pi)}{\cos(x + \pi)} = \dfrac{-\sin x}{-\cos x} = \tan x$.

$\cot(x + \pi) = \qquad\qquad\qquad = \cot x$.

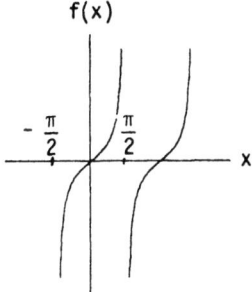
Abb. 12.19: tangens

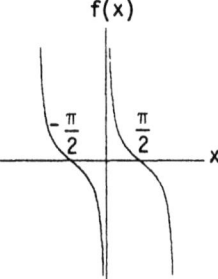
Abb. 12.20: cotangens

Eine wichtige Anwendung des Tangens haben wir im Zusammenhang mit "Steigungen". Eine Gerade ist z. B. durch die Gleichung
$y = ax + b$ charakterisiert (vgl. 12.7).
Anhand der nebenstehenden Zeichnung kann man sich überlegen:

$$\tan \alpha = \frac{\Delta y}{\Delta x} = \frac{(ax_2 + b) - (ax_1 + b)}{x_2 - x_1} = a .$$

a heißt Steigung der Geraden.

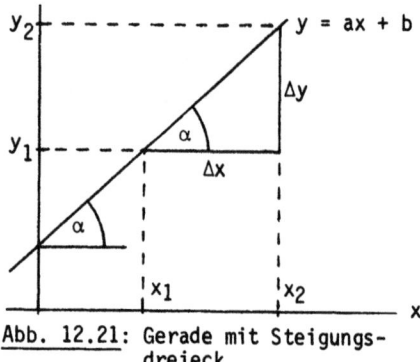

Abb. 12.21: Gerade mit Steigungsdreieck

12.19. Für jede der trigonometrischen Funktionen kann man den Definitionsbereich so auswählen, daß die zugehörigen Funktionsbilder streng monoton sind. Beschränkt man sich auf jeweils einen solchen Abschnitt, läßt sich die betreffende Umkehrfunktion bilden. Üblicherweise greift man die in der folgenden Definition aufgeführten Abschnitte heraus.

12.20. Definition

Die Umkehrfunktion

(a) zu sin: $\left[-\frac{\pi}{2}, \frac{\pi}{2}\right] \longrightarrow [-1, 1]$ heißt Arcussinus,

arcsin: $[-1, 1] \longrightarrow \left[-\frac{\pi}{2}, \frac{\pi}{2}\right]$.

(b) zu cos: $[0, \pi] \longrightarrow [-1, 1]$ heißt Arcuscosinus,

arccos: $[-1, 1] \longrightarrow [0, \pi]$.

(c) zu tan: $\left(-\frac{\pi}{2}, \frac{\pi}{2}\right) \longrightarrow \mathbb{R}$ heißt Arcustangens,

arctan: $\mathbb{R} \longrightarrow \left(-\frac{\pi}{2}, \frac{\pi}{2}\right)$.

(d) zu cot: $(0, \pi) \longrightarrow \mathbb{R}$ heißt Arcuscotangens,

arccot: $\mathbb{R} \longrightarrow (0, \pi)$.

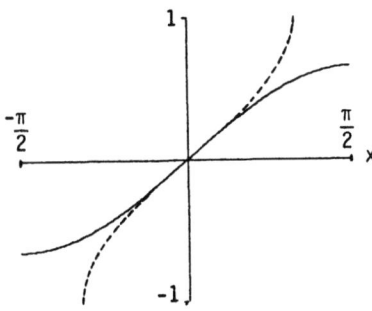
Abb. 12.22: sinus und arcussinus

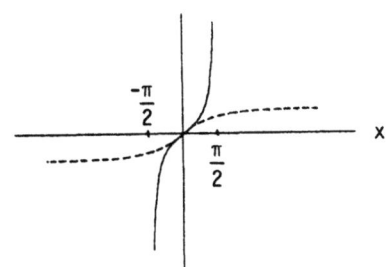
Abb. 12.23: tangens und arcustangens

Skizzieren Sie zur Übung arccos und arccot !

12.c   Grenzwerte und Stetigkeit von Funktionen

<u>12.21.</u> In der nebenstehenden Abbildung ist die Funktion

$$f(x) = \begin{cases} x + 1 & x < 1 \\ x + 2 & x \geq 1 \wedge x \neq 2 \end{cases}$$

dargestellt. Wir wollen uns darüber Gedanken machen, wie sich die Funktion f an der Stelle $x_0 = 1$ verhält.

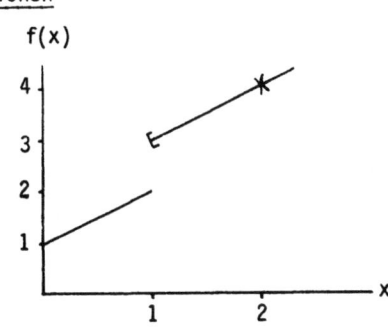
Abb. 12.24

(1) Wir nähern uns auf der x-Achse dem Wert $x_0 = 1$ von rechts und berechnen die dem jeweiligen x-Wert zugeordneten Funktionswerte:

x	2	1.5	1.25	1.1	1.01	1.001	1.000001
f(x)	n.d.	3.5	3.25	3.1	3.01	3.001	3.000001

Wir stellen fest: Nähern wir uns $x_0 = 1$ auf der x-Achse von rechts, so nähern sich die zugehörigen Funktionswerte dem Wert $y = 3$ auf der y-Achse.

(2) Nähern wir uns dem Wert $x_0 = 1$ auf der x-Achse von links, so stellen wir fest, daß sich die zugehörigen Funktionswerte dem Wert 2 nähern.

Was wir hier durchgeführt haben, ist die primitive Form einer Grenzwertbetrachtung. Im Beispiel ist $y_{0+} = 3$ der <u>rechtsseitige Grenzwert</u> von f an der Stelle $x_0 = 1$ und $y_{0-} = 2$ ist der <u>linksseitige Grenzwert</u> von f an der Stelle $x_0 = 1$.
Beachten Sie, daß wir den Funktionswert an der Stelle $x_0 = 1$ selbst gar nicht be-

nutzt haben. Die Feststellungen unter (1) und (2) hätten wir genauso getroffen, wenn wir statt $D = \mathbb{R}$ den Definitionsbereich $D = \mathbb{R}\setminus\{1\}$ vereinbart gehabt hätten.

Betrachten wir nun die Funktion f an der Stelle $x_0 = 2$. $f(2)$ existiert nicht, aber wir können die gleichen Betrachtungen wie oben unter (1) und (2) anstellen. Annäherung von rechts wie von links an $x_0 = 2$ führt zur Annäherung der Funktionswerte an $y_0 = 4$. Linksseitiger und rechtsseitiger Grenzwert an der Stelle $x_0 = 2$ stimmen hier überein und man spricht deshalb davon, daß $y_0 = 4$ der Grenzwert von f an der Stelle 2 sei. Allgemein sagen wir: eine Zahl g ist Grenzwert einer Funktion f an der Stelle x_0, wenn die Funktionswerte $f(x)$ dem Wert g beliebig nahe kommen, wenn wir nur mit den x-Werten genügend nahe an x_0 herangehen (und zwar gleichgültig, von welcher Seite wir uns x_0 nähern).

Wir wollen nun die in dieser Festlegung enthaltene Ungenauigkeit beseitigen und präzisieren, was nahe bzw. beliebig nahe heißen soll. Wir gehen dabei so vor wie im Zusammenhang mit dem Grenzwertbegriff bei Folgen: Der Abstand zwischen zwei Zahlen wird als Maß für ihre Nähe gewählt. Daß $f(x)$ beliebig nahe bei g liegt für $x \to x_0$, soll ähnlich wie bei Folgen heißen: Geben wir eine beliebig kleine Zahl ε vor, so gelingt es uns, den Abstand

$$|f(x) - g|$$

kleiner als dieses ε zu machen, wenn wir nur nahe genug mit x an x_0 herangehen.

Für die Funktion

$$f(x) = 2x + 1$$

untersuchen wir z. B. die Stelle $x_0 = 1,5$. Als Grenzwert an dieser Stelle kommt $g = 4$ in Betracht.

Wir geben $\varepsilon_1 = 0,5$ vor; d. h. wir fordern:

$$|f(x) - 4| < 0,5 .$$

Dies ist gleichbedeutend mit

$$1,25 < x < 1,75 .$$

D. h.: Für $|x - 1,5| < 0,25$ ist

$$|f(x) - 4| < 0,5 .$$

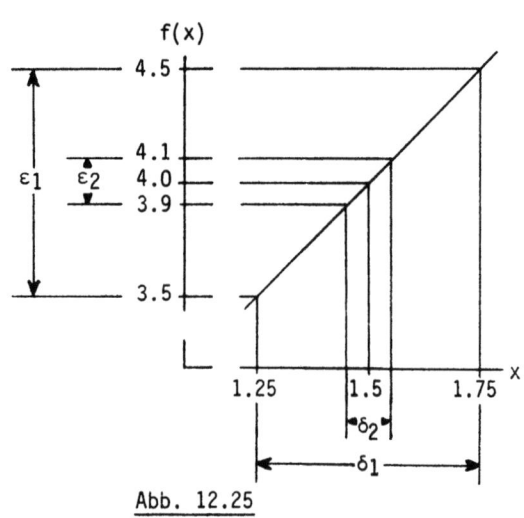

Abb. 12.25

Geben wir $\varepsilon_2 = 0,1$ vor, so erhalten wir analog:

Für $|x - 1,5| < 0,05$ ist $|f(x) - 4| < 0,1$.

Allgemein erhalten wir für beliebiges $\varepsilon > 0$:

$$|f(x) - 4| < \varepsilon \Leftrightarrow 4 - \varepsilon < 2x + 1 < 4 + \varepsilon \Leftrightarrow \frac{3 - \varepsilon}{2} < x < \frac{3 + \varepsilon}{2}$$

$$\Leftrightarrow |x - 1,5| < \frac{\varepsilon}{2}.$$

Wir kommen zu einer exakten Definition des Grenzwertbegriffes, indem wir dieses Beispiel verallgemeinern:

12.22. Definition

g heißt Grenzwert der Funktion f an der Stelle x_0, wenn zu jeder (beliebig kleinen) ε-Umgebung $U_\varepsilon(g)$ eine δ-Umgebung von x_0, $U_\delta(x_0) \subset D \cup \{x_0\}$ existiert, so daß $f(x) \in U_\varepsilon(g) \ \forall \ x \in U_\delta(x_0) \setminus \{x_0\}$. ($\delta = \delta(\varepsilon)$). Wir schreiben:
$\lim\limits_{x \to x_0} f(x) = g$.

Wenn diese Definition verstanden ist, ist es einfach, sich zu überlegen, wie die formale Definition eines links- bzw. rechtsseitigen Grenzwertes auszusehen hat (Tun Sie dies!). Ist g rechtsseitiger Grenzwert von f an der Stelle x_0, so schreibt man $\lim\limits_{x \to x_{0+}} f(x) = g$, ist g linksseitiger Grenzwert von f an der Stelle x_0, so schreibt man $\lim\limits_{x \to x_{0-}} f(x) = g$.

Im obigen Beispiel: Für vorgegebenes

$\varepsilon = 0.5$ wähle $\delta = 0.25 \Rightarrow \forall \ x \in U_{0.25}(1.5) \setminus \{1.5\} : f(x) \in U_{0.5}(4)$,

$\varepsilon = 0.1$ wähle $\delta = 0.05 \Rightarrow \forall \ x \in U_{0.05}(1.5) \setminus \{1.5\} : f(x) \in U_{0.1}(4)$,

beliebiges $\varepsilon > 0$ wähle $\delta = \frac{\varepsilon}{2} \Rightarrow \forall \ x \in U_\delta(1.5) \setminus \{1.5\} : f(x) \in U_\delta(4)$.

An dieser Stelle sei noch einmal darauf hingewiesen, daß es bei der Bestimmung des Grenzwertes an der Stelle x_0 nicht auf den Funktionswert an dieser Stelle ankommt - dieser braucht gar nicht definiert zu sein. Im folgenden finden Sie Beispiele, die dies verdeutlichen.

12.23. Beispiele

(1) $f(x) = \dfrac{x^2 - 1}{x - 1}$, $D = \mathbb{R}\setminus\{1\}$ (vgl. Abb. 12.13)

   Betrachte: $x_0 = 1$

   $\lim\limits_{x \to 1_+} f(x) = 2$, $\lim\limits_{x \to 1_-} f(x) = 2$, also $\lim\limits_{x \to 1} f(x) = 2$

(2) $f(x) = \operatorname{sign} x$ $D = \mathbb{R}$

   $= \begin{cases} 1 & x > 0 \\ 0 & x = 0 \\ -1 & x < 0 \end{cases}$

   Betrachte: $x_0 = 0$

   $\lim\limits_{x \to 0_+} \operatorname{sign} x = 1$

   $\lim\limits_{x \to 0_-} \operatorname{sign} x = -1$, $f(0) = 0$

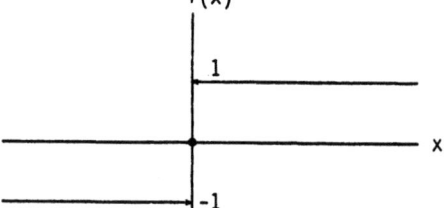

Abb. 12.26: $f(x) = \operatorname{sign} x$

(3) $f(x) = (\operatorname{sign} x)^2$

   $\lim\limits_{x \to 0} f(x) = 1 \neq f(0) = 0$

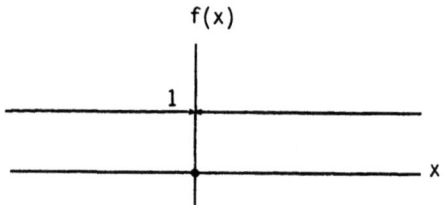

Abb. 12.27: $f(x) = (\operatorname{sign} x)^2$

(4) $f(x) = [x]$, $D = \mathbb{R}$ (vgl. Abb. 12.5)

   Betrachte: alle Zahlen $x_0 \in \mathbb{Z}$, also $x_0 = 0, 1, -1, 2, -2, \ldots$

   $\lim\limits_{x \to x_{0+}} f(x) = x_0 = f(x_0)$, $\lim\limits_{x \to x_{0-}} f(x) = x_0 - 1$

12.24. Satz

Die obige Definition des Grenzwertes einer Funktion ist gleichbedeutend mit folgender Aussage:

Für alle Folgen $\{x_n\}_{n \in \mathbb{N}}$ mit

(a) $x_n \in D\setminus\{x_0\}$

(b) mit $x_n \xrightarrow[n \to \infty]{} x_0$ gilt $f(x_n) \xrightarrow[n \to \infty]{} g$

Dieser Satz scheint zunächst nicht sehr operabel zu sein. Allerdings ist er äußerst nützlich, wenn man zeigen will, daß ein bestimmter Wert h nicht Grenzwert einer Funktion an einer Stelle x_0 ist: Man gebe eine Folge $\{x_n\}_{n \in \mathbb{N}}$ an mit

$$x_n \in D\setminus\{x_0\}, x_n \xrightarrow[n \to \infty]{} x_0,$$

für die $f(x_n) \not\xrightarrow[n \to \infty]{} h$.

Außerdem gilt:

12.25. Satz

Ist $f : D \to \mathbb{R}$ eine monotone Funktion, und gibt es eine Folge $\{x_n\}_{n \in \mathbb{N}}$ mit

(a) $x_n \in D\setminus\{x_0\}$, $x_n < x_0$

(b) $x_n \xrightarrow[n \to \infty]{} x_0$,

dann existiert $\lim\limits_{x \to x_0} f(x)$ und es ist $\lim\limits_{x \to x_0} f(x) = \lim\limits_{n \to \infty} f(x_n)$

Damit lassen sich für monotone Funktionen Grenzwerte wie im folgenden Beispiel bestimmen:

$$\lim_{x \to 1.5-} [2x + 1] = \lim_{n \to \infty} [2(1.5 - \tfrac{1}{n}) + 1] = \lim_{n \to \infty} [4 - \tfrac{2}{n}] = 4.$$

Das folgende Beispiel soll aber im Umgang mit dieser Technik zur Vorsicht mahnen. Es sei

$$f(x) = \sin \tfrac{1}{x}.$$

Wir untersuchen die Funktion an der Stelle $x_0 = 0$. Betrachte z. B.:

$$\tilde{x}_n = \frac{1}{2n\pi} \qquad n \in \mathbb{N} \qquad \tilde{x}_n \xrightarrow[n \to \infty]{} 0,$$

$$\hat{x}_n = \frac{1}{2n\pi + \tfrac{\pi}{2}} \qquad n \in \mathbb{N}, \qquad \hat{x}_n \xrightarrow[n \to \infty]{} 0$$

Es gilt jedoch:

$$\lim_{n \to \infty} f(\tilde{x}_n) = \lim_{n \to \infty} (\sin 2n\pi) = 0$$

$$\lim_{n \to \infty} f(\hat{x}_n) = \lim_{n \to \infty} (\sin(2n\pi + \frac{\pi}{2})) = 1 \; .$$

D. h. $f(x)$ hat an der Stelle $x_0 = 0$ keinen Grenzwert.

12.26. Wir betrachten nun das <u>Beispiel</u>

$$f(x) = \frac{1}{x} \, , \, x \in \mathbb{R} \setminus \{0\}.$$

Die Funktion ist an der Stelle $x_0 = 0$ nicht definiert. Wir untersuchen das Verhalten der Funktion für $x \to 0_+$ und $x \to 0_-$.

Nähern wir uns von rechts dem Wert $x_0 = 0$, so ist $f(x)$ stets positiv und wird immer größer. Tatsächlich läßt sich $f(x)$ beliebig groß machen, wenn wir nur nahe genug an $x_0 = 0$ herangehen; formal:

Zu jeder beliebig großen positiven Zahl M gibt es ein $\delta > 0$, so daß für alle x mit $|x - x_0| < \delta : |f(x)| > M$. Für $f(x) = \frac{1}{x}$ ergibt sich: $\forall x$ mit $|x| < \frac{1}{M} : |\frac{1}{x}| > M$ für beliebiges $M > 0$. Man schreibt: $\lim_{x \to 0_+} = \infty$, $\lim_{x \to 0_-} \frac{1}{x} = -\infty$.

Es sei an dieser Stelle noch einmal darauf hingewiesen, daß das Symbol "∞", das dafür steht, daß der betreffende Ausdruck beliebig groß werden kann, nicht so benutzt werden darf, als sei es den Rechenregeln für reelle Zahlen unterworfen.

Die Schreibweise $\lim_{x \to x_0} f(x) = \infty$ suggeriert die Existenz eines Grenzwertes; sie "paßt" aber eigentlich nicht auf die oben gegebene Definition 12.22. Man spricht daher auch von einem <u>uneigentlichen Grenzwert</u>.

In der folgenden Definition 12.27 geht x nun nicht gegen einen endlichen Wert x_0, sondern gegen ∞ (bzw. $-\infty$), wird also unendlich groß (bzw. unendlich klein).

12.27. Definition (Grenzwerte im Unendlichen)

a) $g = \lim\limits_{x \to \infty} f(x) :\Longleftrightarrow \forall\, U_\varepsilon(g)\; \exists\, \gamma\; \forall\, x > \gamma\; f(x) \in U_\varepsilon(g)$

   d. h.: Für genügend große x unterscheiden sich f(x) und g beliebig wenig.

b) $\widetilde{g} = \lim\limits_{x \to -\infty} f(x) :\Longleftrightarrow \forall\, U_\varepsilon(\widetilde{g})\; \exists\, \gamma\; \forall\, x < \gamma\; f(x) \in U_\varepsilon(\widetilde{g})$

   d. h.: Für genügend kleine x unterscheiden sich f(x) und $\widetilde{g}$ beliebig wenig.

12.28. Beispiele:

(1) $f(x) = \frac{1}{x}$, $D = \mathbb{R}\setminus\{0\}$

Für große x ist f(x) sehr nahe bei g = 0. Daß g = 0 tatsächlich der Grenzwert für $x \to \infty$ ist, zeigt man wie folgt:
Sei $\varepsilon > 0$ vorgegeben. Unsere Forderung ist:

$$f(x) = \frac{1}{x} < \varepsilon\,.$$

Dies ist äquivalent zu

$$x > \frac{1}{\varepsilon} =: \gamma\,.$$

Also gilt für alle $x > \gamma$: $f(x) \in U_\varepsilon(0)$.
Es gilt daher:

$$\lim\limits_{x \to \infty} \frac{1}{x} = 0\,.$$

Analog erhält man: $\lim\limits_{x \to -\infty} \frac{1}{x} = 0$.

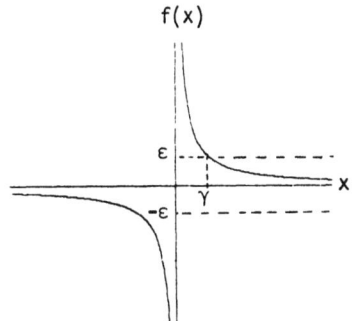

Abb. 12.28: $f(x) = \frac{1}{x}$

(2) $f(x) = \sin x$, $D = \mathbb{R}$. $\lim\limits_{x \to \infty} \sin x$ existiert nicht, da für $\varepsilon < 1$ die Forderung von 12.27.a nicht erfüllt werden kann.

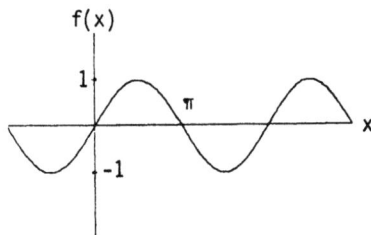

Abb. 12.29: $f(x) = \sin x$

(3) $f(x) = 2^x$ $D = \mathbb{R}$

$\lim\limits_{x \to \infty} 2^x = \infty$

$\lim\limits_{x \to -\infty} 2^x = 0$

$\lim\limits_{x \to x_0} 2^x = 2^{x_0}$

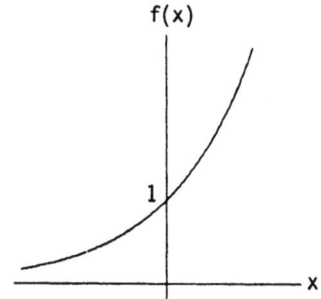

Abb. 12.30: $f(x) = 2^x$

(4) $f(x) = 2^{-x}$ $D = \mathbb{R}$

$\lim\limits_{x \to \infty} 2^{-x} = \lim\limits_{x \to \infty} \frac{1}{2^x} = 0$

$\lim\limits_{x \to -\infty} 2^{-x} = \lim\limits_{x \to \infty} 2^x = \infty$

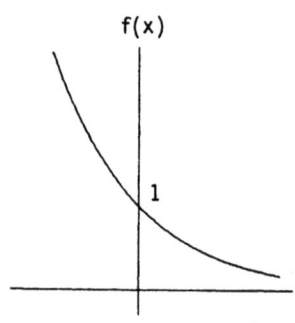

Abb. 12.31: $f(x) = 2^{-x}$

(5) $f(x) = 2^{\frac{1}{x}}$ $D = \mathbb{R}$

$\lim\limits_{x \to \infty} \frac{1}{x} = 0$, $\lim\limits_{x \to 0_+} \frac{1}{x} = \infty$

$\lim\limits_{x \to -\infty} \frac{1}{x} = 0$, $\lim\limits_{x \to 0_-} \frac{1}{x} = -\infty$

Dann ist mit $y = \frac{1}{x}$:

$\lim\limits_{x \to \infty} 2^{\frac{1}{x}} = \lim\limits_{y \to 0} 2^y = 1$

$\lim\limits_{x \to 0_+} 2^{\frac{1}{x}} = \lim\limits_{y \to \infty} 2^y = \infty$

$\lim\limits_{x \to 0_-} 2^{\frac{1}{x}} = \lim\limits_{y \to -\infty} 2^y = 0$

$\lim\limits_{x \to -\infty} 2^{\frac{1}{x}} = \lim\limits_{y \to 0} 2^y = 1$

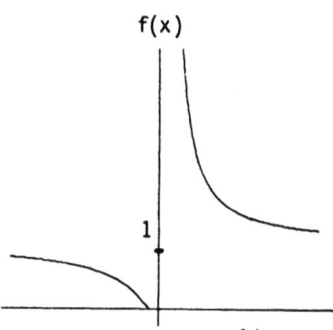

Abb. 12.32: $f(x) = 2^{1/x}$

Anmerkung zu Abb. 12.32: Die Skizze erweckt den Eindruck, als ob für $x \to 0_-$ der Funktionswert 0 erreicht wird, was nicht der Fall ist. Die Zeichnung ist - wie die anderen auch - mit einem Mikrocomputer angefertigt, dessen Auflösung sehr kleine Unterschiede nicht wiedergeben kann. (Wenn Sie die anderen Zeichnungen genauer betrachten, werden Sie weitere solcher Ungenauigkeiten entdecken.)

6) $f(x) = \dfrac{x}{|x|} \quad D = \mathbb{R}\setminus\{0\}$

Es ist: $\dfrac{x}{|x|} = \begin{cases} 1 & x > 0 \\ -1 & x < 0 \end{cases}$

Also gilt: $\lim\limits_{x \to 0_+} \dfrac{x}{|x|} = 1$, $\lim\limits_{x \to 0_-} \dfrac{x}{|x|} = -1$.

Sehr hilfreich bei der Bestimmung von Grenzwerten ist der folgende Satz.

12.29 Satz

Für zwei Funktionen $f_1, f_2 : D \to \mathbb{R}$ gelte $\lim\limits_{x \to x_0} f_1(x) = g_1$ und $\lim\limits_{x \to x_0} f_2(x) = g_2$.

Dann gilt:

(a) $\lim\limits_{x \to x_0} (f_1(x) \pm f_2(x)) = g_1 \pm g_2$

(b) $\lim\limits_{x \to x_0} (f_1(x) \cdot f_2(x)) = g_1 \cdot g_2$

(c) Falls $f_2(x) \neq 0$ für $x \in D$, $g_2 \neq 0$: $\lim\limits_{x \to x_0} \dfrac{f_1(x)}{f_2(x)} = \dfrac{g_1}{g_2}$

12.30. Beispiele

(7) $\lim\limits_{x \to \infty} \dfrac{x + 2}{x^2 - 2x + 3} = \lim\limits_{x \to \infty} \dfrac{\frac{1}{x} + \frac{2}{x^2}}{1 - \frac{2}{x} + \frac{3}{x^2}} = \dfrac{0 + 0}{1 - 0 + 0} = 0$

Mit höchster Potenz von x kürzen.

(8) $\lim\limits_{x \to 0} \dfrac{6x^3 + 7x}{2x^3 + 5x} = \lim\limits_{x \to 0} \dfrac{6x^2 + 7}{2x^2 + 5} = \dfrac{7}{5}$

Mit kleinster Potenz von x kürzen.

(9) Der Versuch, durch Kürzen mit einer Potenz von x ans Ziel zu kommen, scheitert im folgenden Beispiel:

$$\lim\limits_{x \to 1} \dfrac{2x^2 + x - 3}{x^2 - 1} \quad ,$$

wobei das Problem darin besteht, daß 1 sowohl Nullstelle des Nenners als auch des Zählers ist. Genau dies können wir uns aber zunutze machen:

$$\lim_{x \to 1} \frac{2x^2 + x - 3}{x^2 - 1} = \lim_{x \to 1} \frac{(x-1)(2x+3)}{(x-1)(x+1)} = \lim_{x \to 1} \frac{2x + 3}{x + 1} = \frac{5}{2}$$

(10) $f(x) = \frac{|1 - x| - 3}{(x + 2)(x - 4)}$ $\quad D = \mathbb{R} \setminus \{-2, 4\}$

Wir untersuchen die Funktion in der Nähe von $x = -2$ bzw. $x = 4$:

$$\lim_{x \to -2} \frac{|1 - x| - 3}{(x + 2)(x - 4)} = \lim_{x \to -2} \frac{1 - x - 3}{(x + 2)(x - 4)} = \lim_{x \to -2} \frac{-(x + 2)}{(x + 2)(x - 4)}$$

$$= \lim_{x \to -2} \frac{-1}{x - 4} = \frac{1}{6} .$$

$$\lim_{x \to 4} \frac{|1 - x| - 3}{(x + 2)(x - 4)} = \lim_{x \to 4} \frac{-(1 - x) - 3}{(x + 2)(x - 4)} = \lim_{x \to 4} \frac{x - 4}{(x + 2)(x - 4)}$$

$$= \lim_{x \to 4} \frac{1}{x + 2} = \frac{1}{6} .$$

(11) $f(x) = \frac{x^2 - x - 6}{x + 3}$ $\quad D = \mathbb{R} \setminus \{-3\}$

Es gilt: $(x^2 + x - 6) : (x + 3) = x - 2$

D. h. $f(x) = x - 2$ für $x \neq -3$.

Also ist

$$\lim_{x \to -3} \frac{x^2 + x - 6}{x + 3} = \lim_{x \to -3} (x - 2) = -5 .$$

(12) $\lim_{x \to 0} \frac{\sin x}{x} = 1$

<u>Beweis:</u> $F_{OAC} \leq F_{OAD} \leq F_{OBD}$ \hfill (12.3)

Die Fläche des Einheitskreises ist
$F = r^2 \pi = \pi$. Deshalb ist
$F_{OAD} = \frac{x}{2\pi} \pi = \frac{x}{2}$.

Außerdem gilt:

$F_{OAC} = \frac{1}{2} \cos x \cdot \sin x$

$F_{OBD} = \frac{1}{2} \tan x$

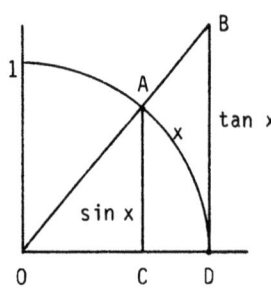

Abb. 12.33

Daher ist (12.3) gleichbedeutend mit:

$$\frac{1}{2} \cos x \cdot \sin x \leq \frac{1}{2} x \leq \frac{1}{2} \tan x$$

$$\Leftrightarrow \quad \cos x \leq \frac{x}{\sin x} \leq \frac{1}{\cos x}$$

$$\Leftrightarrow \quad \underbrace{\frac{1}{\cos x}}_{\substack{x \to 0 \downarrow \\ 1}} \geq \frac{\sin x}{x} \geq \underbrace{\cos x}_{\substack{\downarrow x \to 0 \\ 1}}$$

Damit gilt $\lim\limits_{x \to 0} \frac{\sin x}{x} = 1$. Daraus ergibt sich sofort:

(13) $\lim\limits_{x \to 0} \frac{\tan x}{x} = 1$ und

(14) $\lim\limits_{x \to 0} \frac{1 - \cos x}{x} = 0$.

Die Beziehung (14) ergibt sich wie folgt:

$$\frac{1 - \cos x}{x} = \frac{(1 - \cos x)(1 + \cos x)}{x(1 + \cos x)} = \frac{1 - \cos^2 x}{x(1 + \cos x)} =$$

$$= \underbrace{\frac{\sin x}{x}}_{\substack{x \to 0 \downarrow \\ 1}} \cdot \underbrace{\sin x}_{\substack{\downarrow \\ 0}} \cdot \underbrace{\frac{1}{1 + \cos x}}_{\substack{\downarrow \\ \frac{1}{2}}}$$

Später werden wir die für die Bestimmung von Grenzwerten von Funktionen nützlichen Regeln von de l'Hospital kennenlernen.

<u>12.31.</u> Für die Funktion $f(x) = |\text{sign } x|$ gilt $\lim\limits_{x \to 0} f(x) = 1$. Bei der Bestimmung des Grenzwertes ist die Stelle $x = 0$ von der Betrachtung ausgeschlossen. Bezieht man diese Stelle in die Untersuchung mit ein, so findet man $f(0) = 0$, d. h. insbesondere $\lim\limits_{x \to 0} f(x) \neq f(0)$. Für die Funktion $f(x) = 1$ gilt dagegen $\lim\limits_{x \to 0} f(x) = 1 = f(0)$.

Die folgende Definition formalisiert unter anderem diesen Unterschied.

12.32. Definition

Eine Funktion $f : D \to \mathbb{R}$ sei im Punkt x_0 definiert. f heißt

(a) <u>stetig im Punkt x_0</u>, wenn (1) $\lim_{x \to x_0} f(x)$ existiert, (2) $\lim_{x \to x_0} f(x) = f(x_0)$.

(b) <u>rechtsseitig stetig</u> in x_0, wenn (1) $\lim_{x \to x_0+} f(x)$ existiert, (2) $\lim_{x \to x_0+} f(x) = f(x_0)$.

(c) <u>linksseitig stetig</u> in x_0, wenn (1) $\lim_{x \to x_0-} f(x)$ existiert, (2) $\lim_{x \to x_0-} f(x) = f(x_0)$.

(d) <u>stetig im Intervall (a,b)</u>, wenn f stetig für jedes $x \in (a,b)$.

(e) <u>stetig im Intervall $[a,b]$</u>, wenn f stetig in (a,b), rechtsseitig stetig in a und linksseitig stetig in b ist.

(f) <u>stetig</u>, wenn f stetig in D.

Beispiele:

(1)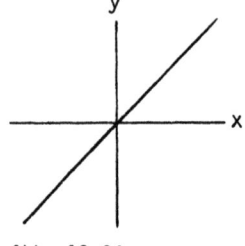

Abb. 12.34: $y = x$

(2)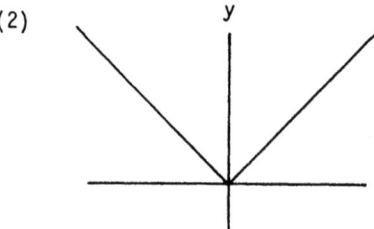

Abb. 12.35: $y = |x|$

Diese beiden Funktionen sind stetig; insbesondere ist $y = |x|$ stetig in $x = 0$:

$$\lim_{x \to 0_+} |x| = \lim_{x \to 0_-} = |0| = 0$$

(Merkregel: In einem Intervall stetige Funktionen lassen sich in diesem Intervall ohne Absetzen des Stiftes zeichnen; siehe aber Beispiel 3.)

(3) $f(x) = \frac{x-1}{x-1}$, $D = \mathbb{R}\setminus\{1\}$

f ist stetig, ist aber in x = 1
nicht definiert. Man sagt: Der
Graph von f(x) hat eine <u>Lücke</u>
in x = 1. Diese Lücke läßt sich
auf "natürliche" Weise ausfüllen,
indem man setzt:

$f(1) := \lim_{x \to 1} f(x)$.

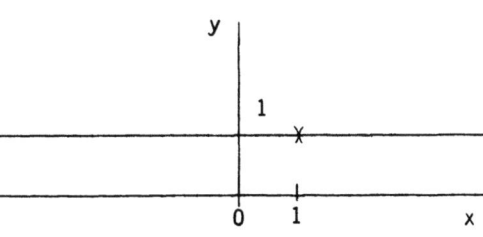

Abb. 12.36: $f(x) = \frac{x-1}{x-1}$

Die auf diese Weise ergänzte Funktion ist (auch) in x = 1 stetig. Man spricht
in diesem Fall von einer <u>stetigen Ergänzung</u>.

(4) $f(x) = [x]$ ist unstetig für ganzzahlige Werte x_0 (siehe 12.23(4)). Die ganzzahligen x-Werte stellen "Sprungstellen" dieser Funktion dar.

(5) Die Funktion $y = \text{sign}^2 x$ ist unstetig in 0, da $\lim_{x \to 0} \text{sign } x = 1 \neq f(0) = 0$.

(6) Die nebenstehende Meldung ist der "Frankfurter Rundschau" vom 2.4.1987 entnommen. Diese Meldung wurde an dieser Stelle in erster Linie in den Text aufgenommen um zu demonstrieren, daß unstetige Funktionen in der Praxis häufig anzutreffen sind.

In zweiter Linie wollen wir dieses Beispiel benutzen, um noch einmal darauf hinzuweisen, daß die Floskel "Gegeben seien die Daten (die Wertetabelle) ..." zwar für diese Mathematik-Einführung Erleichterung verschafft, in der Praxis aber einen mehr oder weniger großen Aufwand verbergen kann. Dies kommt im zweiten Abschnitt der Meldung zum Ausdruck, aber auch dann, wenn wir versuchen, aus der obigen Tabelle eine Funktionsskizze anzufertigen: Zeichnen wir die Untergrenzen, die Obergrenzen oder beide? Zeichnen wir eine Skizze für mittlere Preise? Wie sind diese zu bestimmen? Bedeutet der Strich in der Preisgruppe bis 900 l, daß keine Daten erhoben wurden, oder daß hier die gleichen Preise gelten wie bis 1500 l? Ist bei "bis x l" x eingeschlossen oder nicht? (...)

Frühling drückt auf Heizöl-Spitzenpreise

FRANKFURT A. M. (FR). Die Spitzenpreise für Heizöl sind — wahrscheinlich saisonbedingt — gegenüber der Vorwoche deutlich abgeschmolzen. Allerdings hat sich „am unteren Ende" kaum etwas bewegt, was für eine gewisse Stabilisierung des Marktes spricht.

Die Notierungen dieser Tabelle beruhen auf Angaben von Händlern gegenüber der Frankfurter Industrie- und Handelskammer. Sie entsprechen tatsächlich mit Kunden gestern und vorgestern abgeschlossenen Geschäften (in Klammern Vorwoche):

	DM	DM
bis 900 l	--	(50,16—53,92)
bis 1 500 l	45,89—47,08	(45,89—47,88)
bis 2 500 l	41,15—43,89	(42,52—48,10)
bis 3 500 l	37,56—40,36	(37,56—41,61)
bis 4 500 l	36,48—38,53	(36,48—39,44)
bis 5 500 l	35,85—38,08	(35,85—40,35)
bis 6 500 l	35,45—36,59	(35,45—37,39)
bis 7 500 l	35,91—36,94	(36,94)
bis 8 500 l	34,49—36,59	(34,49—36,59)
bis 9 500 l	36,02	(36,36)
bis 12 500 l	35,45—36,02	(33,97—36,25)
bis 15 500 l	33,97—35,34	(35,34)

Die am 1. April gemeldeten Preise verstehen sich je 100 Liter einschließlich 14 Prozent Mehrwertsteuer.

Überlegen Sie, welche Annahmen für Abb. 12.37 getroffen wurden; als Preise wurden die arithmetischen Mittel der angegebenen Unter- und Obergrenzen verwendet.

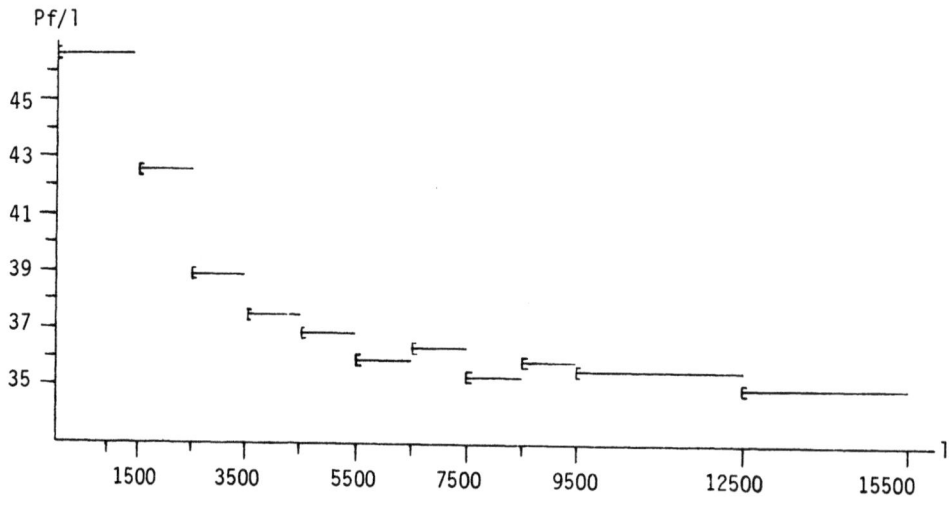

Abb. 12.37: Heizölpreise

Dieses Beispiel zeigt auch, daß bestimmte Charakteristika einer Funktion anhand einer Graphik unter Umständen schneller erfaßt werden können als anhand einer Wertetabelle. Z. B. sieht man in der Abbildung sofort die Anomalitäten in den Preisgruppen ab 6500 l.

In der mathematischen Wirtschaftstheorie begegnet man oft der Annahme, daß eine Funktion "well behaved" sei. Damit werden unter anderem Unstetigkeitstellen ausgeschlossen. Der folgende Satz gibt eine Liste stetiger Funktionen an, auf die wir weiter unten mehrfach zurückgreifen werden. Machen Sie sich die Aussage dieses Satzes soweit wie möglich anhand von Beispielen und Skizzen plausibel.

12.33. Satz

a) Für die elementaren Funktionen gilt:

- Polynome sind stetig.
- Gebrochen rationale Funktionen sind stetig in allen Punkten x, für die das Nennerpolynom $\neq 0$ ist.
- Exponentialfunktionen und Logarithmusfunktionen sind stetig.
- Sinus und cosinus sind stetig.
- Tangens $x = \frac{\sin x}{\cos x}$ ist stetig für alle $x \neq (q + \frac{1}{2})\pi$ $(q \in \mathbb{Z})$.
- $\cot x = \frac{\cos x}{\sin x}$ ist stetig für alle $x \neq q\pi$ $(q \in \mathbb{Z})$.

b) Für die Verknüpfung zweier Funktionen $f_1(x)$, $f_2(x)$ gilt: Sind $f_1(x)$, $f_2(x)$ stetig; dann sind

- $f_1(x) + f_2(x)$
- $f_1(x) - f_2(x)$
- $f_1(x) \cdot f_2(x)$
- $f_1(x) : f_2(x)$ für $f_2(x) \neq 0$
- $f_2(f_1(x))$ stetig.

12.34. Wie bereits erwähnt, besteht oft die Notwendigkeit, Nullstellen einer Funktion zu bestimmen (bzw. eine Gleichung zu lösen). Dies gelingt nur in einfachen Fällen mit algebraischen Mitteln; für kompliziertere Fälle benutzt man im allgemeinen numerische Methoden, im allgemeinen also den Computer. Solche numerischen Methoden wollen wir in dieser Einführung nicht ausführlich behandeln (vgl. dazu das Literaturverzeichnis). Das bedeutet, daß wir mit den bisher zur Verfügung stehenden Mitteln z. B. die folgende Gleichung nicht nach x auflösen können:

$$x^5 = 2^x .$$

Der folgende Satz hilft uns jedoch, die Frage nach der Existenz einer Nullstelle zu beantworten.

12.35. Satz (Zwischenwertsatz)

Sei f eine auf [a,b] stetige Funktion. Dann nimmt f auf [a,b] jeden Wert zwischen f(a) und f(b) an.

In unserem Beispiel finden wir für

$$f(x) = x^5 - 2^x :$$

$f(1) = -1$ und $f(2) = 28$. f ist auf [1,2] stetig und nimmt nach dem Zwischenwertsatz jeden Wert zwischen -1 und 28 an. D. h. insbesondere:

$$\exists\, x_0,\ 1 < x_0 < 2:\ x_0^5 - 2^{x_0} = 0\ .$$

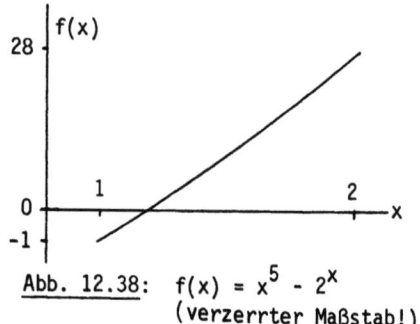

Abb. 12.38: $f(x) = x^5 - 2^x$ (verzerrter Maßstab!)

An der Skizze kann man sich nun sogar überlegen, wie man mit dem Rechner die Nullstelle annähern kann:

- Berechne $f(x)$ für die Intervallmitte 1.5 von [1,2] .
- Ist $f(x)$ positiv, so muß die Nullstelle zwischen $x = 1$ und $x = 1.5$ liegen, ist $f(x)$ negativ, zwischen $x = 1.5$ und 2 .
- Auf diese Weise kann man immer weiter verfahren, indem man die entstehenden Intervalle immer wieder halbiert.
- Man bricht die Rechnung ab, wenn man die Nullstelle hinreichend genau erreicht hat, d. h. wenn der Funktionswert eines Intervallmittelpunktes hinreichend nahe bei 0 ist.
- Man nennt dieses Verfahren <u>Bisektionsverfahren</u>. In unserem Beispiel finden wir die Nullstelle $x_0 = 1.177278...$

12.d   <u>Übungsaufgaben</u>

1. Ermitteln Sie die Gleichung der Geraden,
    a) die durch die Punkte (1,0) und (0,1) führt,
    b) die durch den Punkt (1,3) führt und die Steigung 2 besitzt.

2. Skizzieren Sie die Funktionen
    a) $y = \dfrac{x}{1+x}$ b) $y = \dfrac{x^2}{1+x^2}$

und geben Sie an, ob die Funktionen monoton und/oder beschränkt sind. Versuchen Sie anhand Ihrer Skizze außerdem zu entscheiden, in welchen Bereichen die Funktionen konvex bzw. konkav sind.

3. Skizzieren Sie die Funktion

$$f(x) = \frac{x^3 - 3x - 2}{(x + 1)^2}\ .$$

4.a) Bestimmen Sie mit Hilfe Ihres Taschenrechners:

$\ln 5$, $e^{1.60944}$

b) Geben Sie mit Hilfe von $\log_3 9$ und $\log_3 27$ Abschätzung für $\log_3 19$ an. Berechnen Sie $\log_3 19$ mit Hilfe Ihres Taschenrechners.

c) Berechnen Sie $\sum_{i=0}^{n} \frac{1}{i!}$ für n = 0, 1, 2, 3, 4, 5, 6 und vergleichen Sie die Ergebnisse mit dem Wert, den Ihr Rechner für die Zahl e ausgibt.

5.a) Der Preis eines Gutes entwickle sich wie folgt:

Zeitpunkt t	1	2	3	4	5	6
Preis p_t	1.25	2.5	5	10	20	40

Zeichnen Sie ein "Zeitreihendiagramm" für p_t, d. h. zeichnen Sie p_t in ein Koordinatensystem mit t auf der Abszisse und p_t auf der Ordinate. Ziehen Sie als optisches Hilfsmittel Verbindungsgeraden zwischen aufeinanderfolgenden Punkten.

b) Um Veränderungen besser erfassen zu können, konstruiert man aus Zeitreihen wie in a) sogenannte Meßzahlenreihen. D. h. man wählt einen Basiszeitpunkt t_0 und definiert als Meßzahl

$$m_t = \frac{p_t}{p_{t_0}} \quad . \quad t = 1, \ldots, 6 \; .$$

Berechnen Sie die Meßzahlenreihe für die oben angegebenen Preise mit

b1) Basiszeitpunkt $t_0 = 1$,

b2) Basiszeitpunkt $t_0 = 2$.

c) Stellen Sie die Werte in b1) und b2) als Zeitreihendiagramme in <u>einem</u> Koordinatensystem dar.

d) Zeichnen Sie ein neues Koordinatensystem mit t auf der Abszisse. Wählen Sie eine <u>logarithmische Skala</u> auf der Ordinate, d. h.: Messen Sie auf der Ordinate folgende Werte aus:

$\ln 0.5$, $\ln 1$, $\ln 2$, $\ln 4$, $\ln 8$, $\ln 16$, $\ln 32$

Schreiben Sie als zugehörige Werte aber jeweils 0.5, 1, 2, 4, 8, 16, 32 an die Achse. Zeichnen Sie nun die beiden Meßzahlenreihen aus b1), b2) in dieses Koordinatensystem ein. Was stellen Sie fest?

e) Zeigen Sie: Ist p_t als Exponentialfunktion in Abhängigkeit vom Zeitindex t darstellbar, dann ist die Beziehung zwischen $\ln p_t$ und t eine Geradengleichung.

6. Skizzieren Sie die Funktionen

    a) $y = |\cos x|$ für $-2\pi < x < 2\pi$
    b) $y = 3 \sin 2x$ für $-2\pi < x < 2\pi$
    c) $y = x \cdot \sin x$

7. $f : D \longrightarrow \mathbb{R}$ sei eine streng monoton fallende Funktion mit $f(x) < 0$ für alle $x \in D$. Es seien $x_1, x_2 \in D$ mit $x_1 < x_2$. Zeigen Sie

$$\frac{1}{|f(x_1)|} > \frac{1}{|f(x_2)|} .$$

8. Zerlegen Sie die unecht gebrochene rationale Funktion

$$f(x) = \frac{x^3 - 4x^2 - 5x - 1}{x - 1}$$

in eine Summe aus einer ganzen rationalen Funktion und einer echt gebrochenen rationalen Funktion.

9. Bestimmen Sie die folgenden Grenzwerte von Funktionen bzw. geben Sie an, wenn kein Grenzwert existiert:

    a) $\lim\limits_{x \to 1} x^3$

    b) $\lim\limits_{x \to 2} \frac{x^4 - x^2}{x^2}$

    c) $\lim\limits_{x \to 0} \frac{x^4 - x^2}{x^2}$

    d) $\lim\limits_{x \to 0} \frac{|x + 1|}{x}$

    e) $\lim\limits_{x \to -2} \frac{|1 - x| - 3}{(x + 2)(x - 4)}$

    f) $\lim\limits_{x \to 4} \frac{|1 - x| - 3}{(x + 2)(x - 4)}$

    g) $\lim\limits_{x \to \infty} \frac{\sum\limits_{i=1}^{n} a_i x^i}{\sum\limits_{j=1}^{m} a_j x^j}$

    $(a_n, a_m \neq 0)$

    h) $\lim\limits_{\Delta x \to 0} \frac{(x + \Delta x)^3 - x^3}{\Delta x}$

10. Untersuchen Sie folgende Funktionen auf Stetigkeit:

    a) $f(x) = \frac{x^3 - 27}{x - 3}$ b) $f(x) = \max \left\{ x, \frac{1}{x} \right\}$

    c) $f(x) = \begin{cases} x^2 & x \in (-1, 1) \\ 2 & x \in \{-1, 1\} \\ |x^3| & x \in \mathbb{R} \setminus [-1, 1] \end{cases}$

§ 13 Ableitung von Funktionen einer unabhängigen Veränderlichen

13.a Definition und Beispiele

13.1. Motivation

Es soll ein Maß dafür gefunden werden, wie groß die Zunahme bzw. Abnahme einer Funktion an einer Stelle ist. Wie groß z. B. die Zunahme der Kostenfunktion (Gewinnfunktion) bei einer Produktionsausweitung zu einem bestimmten Zeitpunkt sein wird.

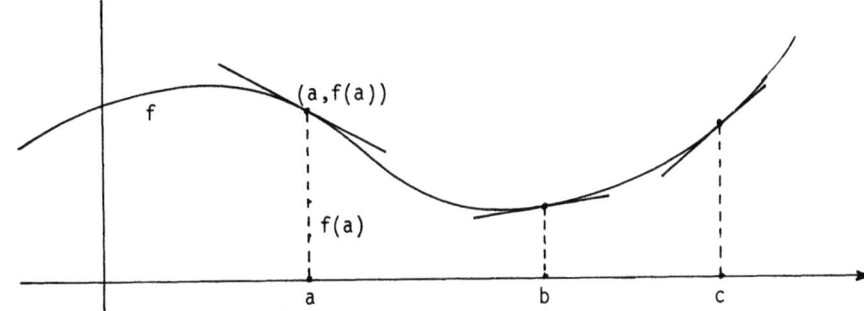

Abb. 13.1

Die Funktion f der Abb. 13.1 nimmt an der Stelle a ab, an den Stellen b und c nimmt sie zu; sie nimmt bei c stärker zu als bei b.

Es hat sich als sinnvoll erwiesen, in dem Punkt (a,f(a)) die Tangente an die Kurve y = f(x) zu legen und deren Steigung als Maß für die Zunahme (bzw. Abnahme) der Funktion f an der Stelle a zu nehmen; man nennt die Steigung der Tangente auch die Steigung der Funktion f an der Stelle a.

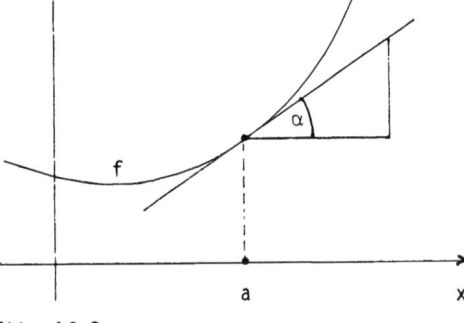

Abb. 13.2

In der Abb. 13.2 ist
tan α = Steigung der Tangente
     = Steigung der Funktion f in a.
Wie kann nun die Steigung einer Funktion f im Punkt a berechnet werden?

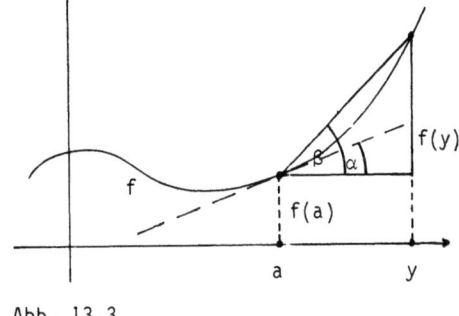

Abb. 13.3

Man berechne zunächst $\tan \beta$ für ein $y \neq a$ (siehe Abb. 13.3):

$$\tan \beta = \frac{f(y) - f(a)}{y - a} \;.$$

Je mehr sich y dem Punkt a nähert, desto mehr wird $\tan \alpha$ durch $\tan \beta$ angenähert und man wird

$$\tan \alpha = \lim_{y \to a} \frac{f(y) - f(a)}{y - a}$$

erwarten.

Es wird daher definiert:

13.2. Definition

Sei $D \subset \mathbb{R}$ ein Intervall.

Eine Funktion $f: D \to \mathbb{R}$ heißt <u>in einem Punkt</u> $a \in D$ <u>differenzierbar</u>, wenn der Grenzwert

$$\lim_{y \to a} \frac{f(y) - f(a)}{y - a}$$

existiert; man schreibt dann

$$f'(a) := \lim_{y \to a} \frac{f(y) - f(a)}{y - a} \;.$$

$f'(a)$ heißt (im Falle der Differenzierbarkeit) die Steigung oder die <u>Ableitung</u> der Funktion f <u>im Punkt a</u>. Ist f in jedem Punkt $a \in D$ differenzierbar, so heißt f <u>differenzierbar (in D)</u>; die dann durch

$$f'(x) = \lim_{y \to x} \frac{f(y) - f(x)}{y - x} \qquad (x \in D)$$

erklärte Funktion $f': D \to \mathbb{R}$ heißt die (erste) <u>Ableitung von f</u>.

Für die Ableitung einer Funktion $f: D \to \mathbb{R}$ sind auch andere Schreibweisen üblich:

$$f'(x) = \frac{df(x)}{dx} = \frac{d}{dx} f(x)$$

oder, wenn $y = f(x)$ gesetzt ist,

$$f'(x) = y' = \frac{dy}{dx} \;.$$

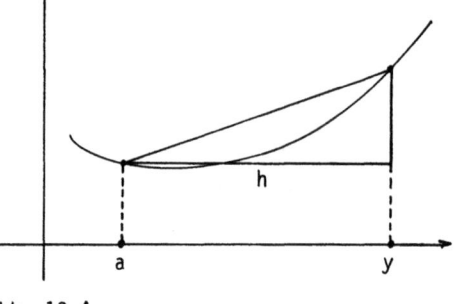

Abb. 13.4

Durch Einführung der neuen Variablen $h = y-a$ kann der Grenzwert $f'(a)$ auch so geschrieben werden (siehe Abb. 13.4):

$$f'(a) = \lim_{y \to a} \frac{f(y) - f(a)}{y - a} = \lim_{h \to 0} \frac{f(a+h) - f(a)}{h}.$$

Wie kann nun die Ableitung einer konkret gegebenen Funktion f, zum Beispiel von $f(x) = 3x^2 + 7x - 4$ oder $f(x) = \sin x$ oder $f(x) = e^{-3x}$, bestimmt werden? Dies soll zunächst an vier Beispielen erläutert werden.

13.3. Beispiel

Gegeben $f(x) = x^2$ $(x \in \mathbb{R})$. Für ein a und ein $h \neq 0$ ist

$$\frac{f(a+h) - f(a)}{h} = \frac{(a+h)^2 - a^2}{h} = \frac{a^2 + 2ah + h^2 - a^2}{h} = 2a + h,$$

also $f'(a) = \lim_{h \to 0} \frac{f(a+h) - f(a)}{h} = \lim_{h \to 0} (2a+h) = 2a$

und es gilt $f'(x) = 2x$ für alle $x \in \mathbb{R}$.

Andere Schreibweisen: $f'(x) = (x^2)' = \frac{dx^2}{dx} = 2x$.

13.4. Beispiel

Gegeben $f(x) = x^3$ $(x \in \mathbb{R})$. Für ein x und ein $h \neq 0$ ist

$$\frac{f(x+h) - f(x)}{h} = \frac{(x+h)^3 - x^3}{h} = \frac{x^3 + 3x^2h + 3xh^2 + h^3 - x^3}{h} = 3x^2 + 3xh + h^2,$$

also $f'(x) = \lim_{h \to 0} (3x^2 + 3xh + h^2) = 3x^2$ bzw. $\frac{d}{dx} x^3 = (x^3)' = 3x^2$.

Man findet allgemein:

13.5.

$$\frac{d}{dx} x^n = nx^{n-1} \qquad (x \in \mathbb{R}, n \in \mathbb{N})$$

Die Steigung der Funktion $f(x) = x^4$ an der Stelle 3 ist $f'(3)$ und man berechnet sie so: Es ist

$$f'(x) = 4x^3 \quad \text{und} \quad f'(3) = 4 \cdot 3^3 = 108.$$

Die letzte Formel (13.5) gilt auch, wenn der Exponent n keine ganze Zahl ist; dann muß x aber positiv sein:

13.6.

$$\frac{d}{dx} x^\alpha = \alpha x^{\alpha-1} \qquad (x \in \mathbb{R},\ x > 0;\ \alpha \in \mathbb{R})$$

Zum Beispiel gilt

$$(\sqrt{x})' = (x^{1/2})' = \frac{1}{2} x^{-1/2} = \frac{1}{2\sqrt{x}} \ ;$$

$$(\sqrt[7]{x^2})' = (x^{2/7})' = \frac{2}{7} x^{-5/7} = \frac{2}{7\sqrt[7]{x^5}} \ ;$$

$$\left(\frac{1}{\sqrt{x^3}}\right)' = (x^{-3/2})' = -\frac{3}{2} x^{-5/2} = \frac{3}{2\sqrt{x^5}} \ .$$

13.7. Beispiel

Gegeben $f(x) = e^x$ $(x \in \mathbb{R})$. Für ein x und ein $h \neq 0$ ist

$$\frac{f(x+h) - f(x)}{h} = \frac{e^{x+h} - e^x}{h} = \frac{e^x \cdot e^h - e^x}{h} = e^x \cdot \frac{e^h - 1}{h} \ ,$$

also $f'(x) = e^x \cdot \lim\limits_{h \to 0} \frac{e^h - 1}{h}$. Ohne Beweis wird hier der Grenzwert $\lim\limits_{h \to 0} \frac{e^h - 1}{h} = 1$ angegeben. Es ergibt sich so die bemerkenswerte Regel

$$\frac{d}{dx} e^x = e^x \ .$$

13.8. Beispiel

Gegeben $f(x) = \sin x$ $(x \in \mathbb{R})$. Für ein x und ein $h \neq 0$ ist

$$\frac{f(x+h) - f(x)}{h} = \frac{\sin(x+h) - \sin x}{h} = \frac{\sin x \cdot \cos h + \cos x \cdot \sin h - \sin x}{h}$$

$$= \sin x \cdot \frac{\cos h - 1}{h} + \cos x \cdot \frac{\sin h}{h} \ .$$

Nun aber ist (siehe § 12)

$$\lim_{h \to 0} \frac{\cos h - 1}{h} = 0 \quad \text{und} \quad \lim_{h \to 0} \frac{\sin h}{h} = 1 \ ,$$

so daß sich $f'(x) = \cos x$ ergibt, also

$$\frac{d}{dx} \sin x = \cos x.$$

13.b   Ableitungsregeln

Zunächst werden die Ableitungen spezieller Funktionen tabellarisch angegeben.

13.9. Ableitung spezieller Funktionen

f(x)		f'(x)
c	(c eine "Konstante")	0
x		1
x^n	($n \in \mathbb{N}$)	nx^{n-1}
x^α	($x > 0$, $\alpha \in \mathbb{R}$)	$\alpha x^{\alpha-1}$
e^x		e^x
a^x	($0 < a \neq 1$)	$a^x \cdot \ln a$
$\ln x$	($x > 0$)	$\frac{1}{x}$
$\log_a(x)$	($x > 0$; $0 < a \neq 1$)	$\frac{1}{x} \cdot \log_a(e)$
$\sin x$		$\cos x$
$\cos x$		$-\sin x$
$\tan x$	($\cos x \neq 0$)	$\frac{1}{\cos^2 x}$
$\cot x$	($\sin x \neq 0$)	$-\frac{1}{\sin^2 x}$
$\lvert x \rvert$	($x \neq 0$)	$\begin{cases} 1 & x > 0 \\ -1 & x < 0 \end{cases}$

Es werden nun sechs allgemeine Differentiationsregeln angegeben, die es, zusammen mit den Ableitungen spezieller Funktionen (13.9), erlauben, die Ableitungen einer sehr großen Klasse von Funktionen konkret anzugeben.

13.10. Konstantenregel

Ist $f(x)$ differenzierbar und k eine Zahl (Konstante), dann ist $k \cdot f(x)$ differenzierbar und es gilt

$$\frac{d}{dx} k \cdot f(x) = k \cdot f'(x) .$$

Beispiele:

$$\frac{d}{dx} (4x^3) = 4 \frac{d}{dx} x^3 = 4 \cdot 3x^2 = 12x^2$$

$$\frac{d}{dx} (2 \cos x) = 2 \frac{d}{dx} \cos x = -2 \sin x$$

13.11. Additionsregel

Sind $f(x)$ und $g(x)$ differenzierbar, dann sind auch $f(x) + g(x)$ und $f(x) - g(x)$ differenzierbar und es gilt

$$\frac{d}{dx} (f(x) \pm g(x)) = f'(x) \pm g'(x) .$$

Beispiele:

$$\frac{d}{dx} (x^5 + 3x^4 - 3x^2 + 2) = \frac{d}{dx} x^5 + \frac{d}{dx} 3x^4 - \frac{d}{dx} 3x^2 + \frac{d}{dx} 2 = 5x^4 + 12x^3 - 6x$$

$$\frac{d}{dx} (3x - \sin x) = \frac{d}{dx} 3x - \frac{d}{dx} \sin x = 3 - \cos x$$

13.12. Produktregel

Sind $f(x)$ und $g(x)$ differenzierbar, dann ist auch $f(x) \cdot g(x)$ differenzierbar und es gilt

$$\frac{d}{dx} f(x) \cdot g(x) = f'(x) \cdot g(x) + f(x) \cdot g'(x) .$$

Merkregel: $(u \cdot v)' = u'v + uv'$.

Beispiele:

$$\frac{d}{dx}(\sin x \cdot \cos x) = (\frac{d}{dx}\sin x) \cdot \cos x + \sin x \cdot \frac{d}{dx}\cos x$$

$$= \cos x \cdot \cos x + \sin x \cdot (-\sin x) = \cos^2 x - \sin^2 x$$

$$\frac{d}{dx}(x^5 \cdot 7^x) = (\frac{d}{dx}x^5) \cdot 7^x + x^5 \cdot \frac{d}{dx}7^x = 5x^4 \cdot 7^x + x^5 \cdot 7^x \cdot \ln 7 = x^4 7^x (5 + x \cdot \ln 7)$$

$$\frac{d}{dx}(x\ln x - x) = \frac{d}{dx}(x\ln x) - \frac{d}{dx}x = (\frac{d}{dx}x)\ln x + x\frac{d}{dx}\ln x - \frac{d}{dx}x = 1 \cdot \ln x + x \cdot \frac{1}{x} - 1 = \ln x$$

13.13. Quotientenregel

Sind $f(x)$ und $g(x)$ differenzierbar und ist stets $g(x) \neq 0$, dann ist auch $\frac{f(x)}{g(x)}$ differenzierbar und es gilt

$$\frac{d}{dx}(\frac{f(x)}{g(x)}) = \frac{f'(x) \cdot g(x) - f(x) \cdot g'(x)}{g(x)^2} .$$

Merkregel: $(\frac{u}{v})' = \frac{u'v - uv'}{v^2} .$

Beispiele:

$$\frac{d}{dx}(\frac{3+x+3x^2}{1+x^2}) = \frac{(3+x+3x^2)'(1+x^2) - (3+x+3x^2)(1+x^2)'}{(1+x^2)^2} =$$

$$= \frac{(1+6x)(1+x^2) - (3+x+3x^2)(2x)}{(1+x^2)^2} = \frac{1-x^2}{(1+x^2)^2}$$

$$\frac{d}{dx}\tan x = \frac{d}{dx}(\frac{\sin x}{\cos x}) = \frac{\cos x \cdot \cos x - \sin x \cdot (-\sin x)}{\cos^2 x}$$

$$= \frac{\cos^2 x + \sin^2 x}{\cos^2 x} = \frac{1}{\cos^2 x} \ (= 1 + \tan^2 x) .$$

Häufig hat man es mit ineinander eingesetzten Funktionen (siehe § 4) zu tun, wie zum Beispiel bei $h(x) = \ln(1+x^3)$ $(x > -1)$; mit $f(x) = \ln x$ $(x > 0)$ und $g(x) = 1+x^3$ $(x \in \mathbb{R})$ ist $h(x) = f(g(x))$; dabei ist zu beachten, daß $g(x)$ nur solange in $f(x)$ eingesetzt werden kann wie $g(x) > 0$ ist, also nur für $x > -1$. Die Differentiation ineinander eingesetzter Funktionen erfolgt nach der Kettenregel.

13.14. Kettenregel

Sind $f(x)$ und $g(x)$ differenzierbar und kann $g(x)$ in $f(x)$ eingesetzt werden, dann ist auch $f(g(x))$ differenzierbar und es gilt

$$\frac{d}{dx} f(g(x)) = f'(g(x)) \cdot g'(x) .$$

Beispiele:

Sei $h(x) = (2x^3+3)^{43}$; mit $f(x) = x^{43}$ und $g(x) = 2x^3 + 3$ ist $h(x) = f(g(x))$;

also ist $\frac{d}{dx} (2x^3+3)^{43} = f'(g(x)) \cdot g'(x) = 43(2x^3+3)^{42} \cdot 6x^2 = 258x^2(2x^3+3)^{42}$

$\frac{d}{dx} \sin(3x^2) = \cos(3x^2) \cdot 6x$

$\frac{d}{dx} \ln(x^2+x^4) = \frac{1}{x^2+x^4} \cdot (2x+4x^3) = \frac{2(1+2x^2)}{x(1+x^2)}$

Die Kettenregel kann auch mehrfach angewandt werden:

$\frac{d}{dx} \ln(\tan \frac{x}{2}) = \frac{1}{\tan \frac{x}{2}} \cdot \frac{1}{\cos^2 \frac{x}{2}} \cdot \frac{1}{2} = \frac{1}{2} \cdot \frac{\cos \frac{x}{2}}{\sin \frac{x}{2}} \cdot \frac{1}{\cos^2 \frac{x}{2}} = \frac{1}{2\sin \frac{x}{2} \cos \frac{x}{2}} = \frac{1}{\sin x}$

Die Gleichung gilt nur für solche x, für die $\tan \frac{x}{2} > 0$ ist .

$\frac{d}{dx} \sqrt{1+x^2} = \frac{d}{dx} (1+x^2)^{1/2} = \frac{1}{2}(1+x^2)^{-1/2} \cdot 2x = \frac{x}{\sqrt{1+x^2}}$

$\frac{d}{dx} \ln(x+\sqrt{1+x^2}) = \frac{1}{x+\sqrt{1+x^2}} \cdot (1 + \frac{x}{\sqrt{1+x^2}}) = \frac{1}{x+\sqrt{1+x^2}} \cdot \frac{\sqrt{1+x^2}+x}{\sqrt{1+x^2}} = \frac{1}{\sqrt{1+x^2}}$

13.15. Bemerkungen zur Umkehrfunktion

Es soll nun eine Regel zur Differentiation von Umkehrfunktionen formuliert werden. Zur Definition der Umkehrfunktion siehe § 4. Zunächst einige Beispiele für Umkehrfunktionen. Siehe auch § 12.b.

1. Die Funktion $f: \mathbb{R} \to \mathbb{R}$ mit $f(x) = x^3$ ist umkehrbar; für die Umkehrfunktion $f^{-1}: \mathbb{R} \to \mathbb{R}$ gilt $f^{-1}(x) = \sqrt[3]{x}$.

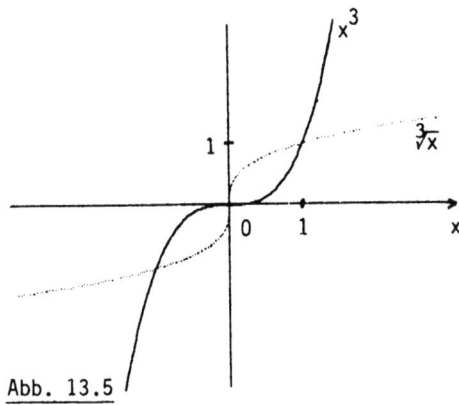

Abb. 13.5

2. Die Funktion $f: \mathbb{R} \to \mathbb{R}$, $f(x) = x^2$, ist nicht umkehrbar. Dagegen ist $f: [0, \infty) \to \mathbb{R}$, $f(x) = x^2$ umkehrbar, es ist $f^{-1}(x) = \sqrt{x}$ $(x \geq 0)$.

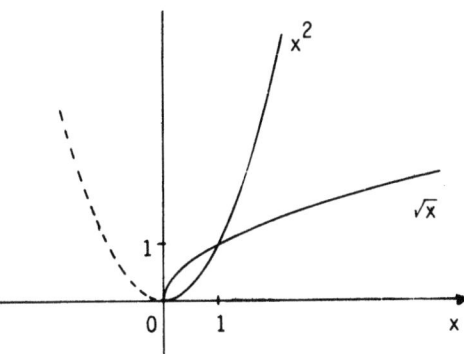

Abb. 13.6

3. Die Funktion $f: D \to \mathbb{R}$, $f(x) = \sin x$ $(x \in D)$ mit $D = \mathbb{R}$ ist nicht umkehrbar; aber mit $D = [-\frac{\pi}{2}, \frac{\pi}{2}]$ ist f umkehrbar, die zugehörige Umkehrfunktion wird mit $\arcsin x$ $(-1 \leq x \leq 1)$ [sprich arcus sinus x] bezeichnet. Es gilt also

$$\arcin x = y \Leftrightarrow \sin y = x \quad (-1 \leq x \leq 1; -\frac{\pi}{2} \leq y \leq \frac{\pi}{2})$$

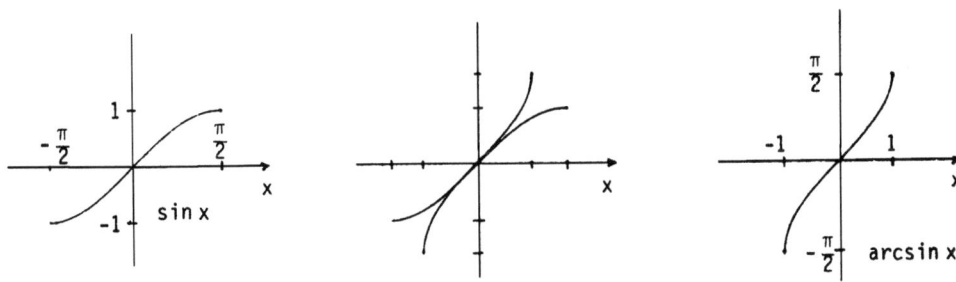

Abb. 13.7

4. Die Exponentialfunktion a^x ($x \in \mathbb{R}$) (mit festem a, $0 < a \neq 1$) ist umkehrbar; die Umkehrfunktion ist $\log_a x$ ($x > 0$).

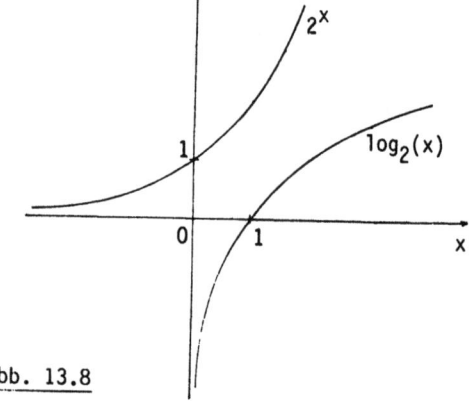

Abb. 13.8

Häufig kann die Umkehrbarkeit von Funktionen mit den beiden nächsten Sätzen leicht nachgeprüft werden.

13.16. Satz

Sei $D \subset \mathbb{R}$; sei $f: D \to \mathbb{R}$ eine auf D streng monoton wachsende (fallende) Funktion. Dann ist f umkehrbar.

13.17. Satz

Sei $D \subset \mathbb{R}$ ein Intervall; sei $f: D \to \mathbb{R}$ differenzierbar, so daß $f'(x) > 0$ ist für alle $x \in D$ mit Ausnahme endlich vieler x. Dann ist f streng monoton wachsend auf D; insbesondere ist f umkehrbar (siehe auch § 14).

Beispiele zu Satz 13.17.

1. Es ist $\sin' x = \cos x > 0$ für alle x, $-\frac{\pi}{2} < x < \frac{\pi}{2}$; also ist $\sin x$ im Intervall $[-\frac{\pi}{2}, \frac{\pi}{2}]$ streng monoton wachsend und umkehrbar.

2. Sei $f: \mathbb{R} \to \mathbb{R}$ die Funktion mit $f(x) = x^5 + x + 1$. Es ist $f'(x) = 5x^4 + 1$ und damit $f'(x) \geq 1 > 0$ für alle x; also ist f umkehrbar. Die Umkehrfunktion kar

13.18. Differentiation der Umkehrfunktion

Sei $D \subset \mathbb{R}$ ein Intervall und $a \in D$. Ist $f: D \to \mathbb{R}$ umkehrbar und differenzierbar in a mit $f'(a) \neq 0$, dann ist f^{-1} differenzierbar in $b = f(a)$ und es gilt

$$(f^{-1})'(b) = \frac{1}{f'(f^{-1}(b))} = \frac{1}{f'(a)} \ .$$

Beispiele zu 13.18.

1. Sei $f(x) = x^2 \quad (x \geq 0)$.
   Es ist $f'(x) = 2x$ und $f^{-1}(x) = \sqrt{x}$; nach 13.18 folgt

   $$(f^{-1})'(x) = \frac{1}{f'(f^{-1}(x))} = \frac{1}{f'(\sqrt{x})} = \frac{1}{2\sqrt{x}} \quad \text{also gilt} \quad \frac{d}{dx}\sqrt{x} = \frac{1}{2\sqrt{x}} \quad (x > 0).$$

   Bemerkung: Die Umkehrfunktion $\sqrt{x}$ ist auch für $x = 0$ definiert, aber sie ist im Punkt 0 nicht differenzierbar.

2. Sei $f(x) = e^x \quad (x \in \mathbb{R})$.
   Es ist $f'(x) = e^x \quad (x \in \mathbb{R})$ und $f^{-1}(x) = \ln x \quad (x > 0)$; nach 13.18 folgt

   $$(f^{-1})'(x) = \frac{1}{f'(f^{-1}(x))} = \frac{1}{e^{\ln x}} = \frac{1}{x} \ ; \quad \text{also gilt} \quad \frac{d}{dx}\ln x = \frac{1}{x} \quad (x > 0).$$

3. Sei $f(x) = \sin x \quad (-\frac{\pi}{2} \leq x \leq \frac{\pi}{2})$.
   Es ist $f'(x) = \cos x = \sqrt{1-\sin^2 x} = \sqrt{1-f(x)^2}$. Damit folgt für $-1 < x < 1$:

   $$(f^{-1})'(x) = \frac{1}{f'(f^{-1}(x))} = \frac{1}{\sqrt{1-f(f^{-1}(x))^2}} = \frac{1}{\sqrt{1-x^2}} \ ;$$

   also gilt $\frac{d}{dx}\arcsin x = \frac{1}{\sqrt{1-x^2}} \quad (-1 < x < 1)$.

4. Sei $f(x) = x^5 + x + 1$.
   Berechne die Steigung der Umkehrfunktion an der Stelle 3; bestimme also $(f^{-1})'(3)$.
   Es ist $f'(x) = 5x^4 + 1$. Ferner gilt

   $$f^{-1}(3) = a \Leftrightarrow 3 = f(a) \Leftrightarrow 3 = a^5 + a + 1;$$

   die letzte Gleichung gilt für $a = 1$, damit folgt $f^{-1}(3) = 1$. Mit 13.18 gilt dann:

   $$(f^{-1})'(3) = \frac{1}{f'(f^{-1}(3))} = \frac{1}{f'(1)} = \frac{1}{5 \cdot 1^4 + 1} = \frac{1}{6} \ .$$

5. Sei $f(x) = x + e^x$. Bestimme $(f^{-1})'(1)$.

Wegen $f'(x) = 1 + e^x \geq 1$ für alle x ist f überhaupt umkehrbar. Ferner gilt

$$f^{-1}(1) = a \leftrightarrow 1 = f(a) \leftrightarrow 1 = a + e^a;$$

da die letzte Gleichung für $a = 0$ erfüllt ist, gilt $f^{-1}(1) = 0$ und es folgt

$$(f^{-1})'(1) = \frac{1}{f'(f^{-1}(1))} = \frac{1}{f'(0)} = \frac{1}{1+e^0} = \frac{1}{2}.$$

13.c Ergänzungen

13.19. Funktionen mit Ausnahmepunkten

Es gibt Funktionen, die in allen Punkten ihres Definitionsgebiets differenzierbar sind bis auf endlich viele Ausnahmepunkte. Dazu vier Beispiele.

1. $f(x) = |x|$ $(x \in \mathbb{R})$.
    f ist nicht differenzierbar in
    0 (sonst überall).

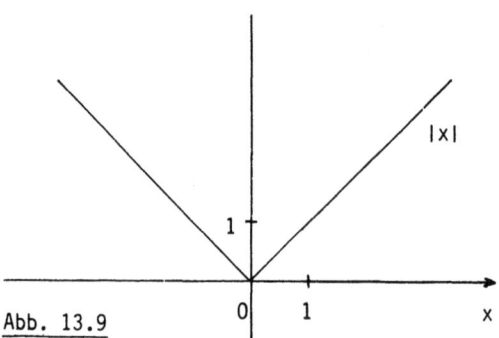

Abb. 13.9

2. $f(x) = ||x^2-3x| - |x-2||$ $(x \in \mathbb{R})$.
    f ist nicht differenzierbar in
    $1-\sqrt{3}, 0, 2-\sqrt{2}, 2, 1+\sqrt{3}, 3, 2+\sqrt{2}$ (sonst
    überall).

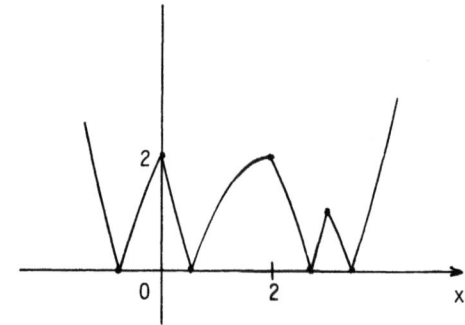

Abb. 13.10

3. $f(x) = \sqrt{1-x^2}$ $(-1 \leq x \leq 1)$.

   f ist nicht differenzierbar
   in -1, 1 (sonst überall).

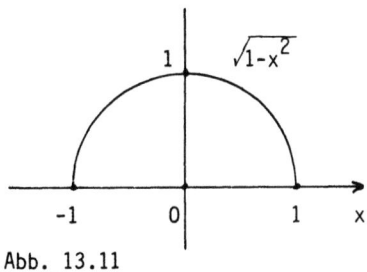

Abb. 13.11

4. $f(x) = \begin{cases} \dfrac{1}{x-1} & x \neq 1 \\ 0 & x = 1 \end{cases}$ $(x \in \mathbb{R})$.

   f ist nicht differenzierbar, in
   1 (sonst überall).

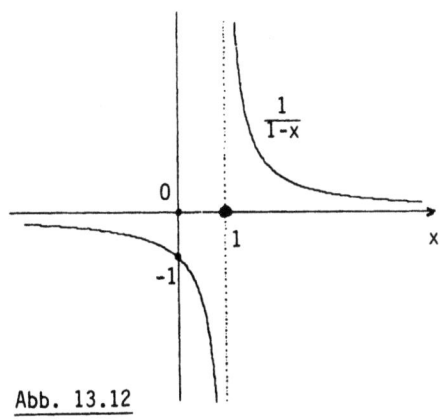

Abb. 13.12

13.20. Höhere Ableitungen

Ist f eine differenzierbare Funktion, dann kann die Ableitung f' von f differenzierbar sein; im Falle der Differenzierbarkeit heißt f" := (f')' die zweite Ableitung von f und man sagt: f ist zweimal differenzierbar. Analog wird die dritte Ableitung f"' von f gebildet. Allgemein wird mit $f^{(n)}$ ($n \in \mathbb{N}$) die n-te Ableitung von f bezeichnet (es ist $f^{(1)} = f'$, $f^{(2)} = f''$ usw.) im Sinne der folgenden Definition:

Man setze $f^{(0)} = f$; $f^{(n)}$ ($n \geq 1$) kann nur gebildet werden, wenn die (n-1)-te Ableitung $f^{(n-1)}$ existiert und differenzierbar ist, es ist dann $f^{(n)} = (f^{(n-1)})'$.

Existiert $f^{(n)}$, so sagt man: f ist n-mal differenzierbar. Existiert $f^{(n)}$ für jedes n, so ist f "beliebig oft differenzierbar".

Beispiele:

1. $f(x) = x^3$ $\qquad f^{(4)}(x) = 0$
   $f'(x) = 3x^2$ $\qquad f^{(5)}(x) = 0$
   $f''(x) = 6x$ $\qquad \vdots$
   $f'''(x) = 6$ $\qquad f^{(n)}(x) = 0$

2. $g(x) = \sin x$ $\qquad g^{(4)}(x) = \sin x$
   $g'(x) = \cos x$ $\qquad g^{(5)}(x) = \cos x$
   $g''(x) = -\sin x$ $\qquad g^{(n)}(x) = (-1)^m \cdot \sin x,\ n = 2m$
   $g'''(x) = -\cos x$ $\qquad g^{(n)}(x) = (-1)^m \cdot \cos x,\ n = 2m+1$

3. $h(x) = e^{2x}$ $\qquad h'''(x) = 2^3 e^{2x}$
   $h'(x) = 2e^{2x}$ $\qquad \vdots$
   $h''(x) = 2^2 e^{2x}$ $\qquad h^{(n)}(x) = 2^n e^{2x}$.

Die Funktion f, g, h in den Beispielen 1., 2., 3. sind beliebig oft differenzierbar.

13.21. Die Regel von de l'Hospital

D sei ein Intervall und $c \in D$. Es seien $f, g: D \setminus \{c\} \to \mathbb{R}$ differenzierbare Funktionen. Es gelte

$$\lim_{x \to c} f(x) = 0,\ \lim_{x \to c} g(x) = 0 \quad \text{oder} \quad \lim_{x \to c} g(x) = \pm \infty.$$

Ferner sei $g'(x) \neq 0$ für alle $x \in D \setminus \{c\}$.
Existiert dann der Grenzwert von $\frac{f'(x)}{g'(x)}$ für $x \to c$, dann auch der von $\frac{f(x)}{g(x)}$ und es gilt

$$\lim_{x \to c} \frac{f(x)}{g(x)} = \lim_{x \to c} \frac{f'(x)}{g'(x)}.$$

Bemerkung zu Regel 13.21.

Die Regel bleibt richtig in den folgenden Fällen:

1. Es kann auch $\lim_{x \to c} \frac{g'(x)}{g'(x)} = \pm \infty$ sein.

2. Es kann (auch bei Bemerkung 1) $c = \pm \infty$ sein.

Beispiele zu Regel 13.21.

1. $\lim\limits_{x \to 0} \dfrac{e^x - e^{-x}}{x} = \lim\limits_{x \to 0} \dfrac{e^x + e^{-x}}{1} = 2$.

2. Die Regel 13.21 kann auch mehrfach angewandt werden:

$$\lim_{x \to 2} \frac{x^3 + x^2 - 16x + 20}{x^3 - 7x^2 + 16x - 12} = \lim_{x \to 2} \frac{3x^2 + 2x - 16}{3x^2 - 14x + 16} = \lim_{x \to 2} \frac{6x + 2}{6x - 14} = -7 .$$

In diesem Fall gelangt man wegen der Gleichungen

$$x^3 + x^2 - 16x + 20 = (x-2)^2 \cdot (x+5) \quad \text{und} \quad x^3 - 7x^2 + 16 - 12 = (x-2)^2 \cdot (x-3)$$

auch ohne 13.21 leicht zum Ziel:

$$\lim_{x \to 2} \frac{x^3 + x^2 - 16x + 20}{x^3 - 7x^2 + 16x - 16} = \lim_{x \to 2} \frac{x + 5}{x - 3} = -7 .$$

3. $\lim\limits_{x \to 0} \dfrac{e^x + e^{-x} - 2}{x - \ln(1+x)} = \lim\limits_{x \to 0} \dfrac{e^x - e^{-x}}{\dfrac{x}{1+x}}$.

Jetzt entweder weiter mit Beispiel 1:

$$= \lim_{x \to 0} (1+x) \cdot \frac{e^x - e^{-x}}{x} = 1 \cdot 2 = 2 .$$

Oder weiter durch nochmalige Anwendung der Regel 13.21:

$$= \lim_{x \to 0} \frac{e^x + e^{-x}}{\dfrac{1}{(1+x)^2}} = 2 .$$

4. $\lim\limits_{x \downarrow 0} x \cdot \ln x = \lim\limits_{x \downarrow 0} \dfrac{\ln x}{\dfrac{1}{x}} = \lim\limits_{x \downarrow 0} \dfrac{\dfrac{1}{x}}{-\dfrac{1}{x^2}} = \lim\limits_{x \downarrow 0} (-x) = 0$.

5. $\lim\limits_{x \downarrow 0} x^x = \lim\limits_{x \downarrow 0} e^{x \cdot \ln x} = e^{\lim\limits_{x \downarrow 0} x \cdot \ln x} = e^0 = 1$.

6. $\lim\limits_{x \to 0} \dfrac{1 - \cos x}{x} = \lim\limits_{x \to 0} \dfrac{\sin x}{1} = 0$.

7. $\lim\limits_{x \to 0} \dfrac{1 - \cos x}{x^2} = \lim\limits_{x \to 0} \dfrac{\sin x}{2x} = \lim\limits_{x \to 0} \dfrac{\cos x}{2} = \dfrac{1}{2}$.

13.22. Das totale Differential

Kennt man von einer differenzierbaren Funktion $f: D \to \mathbb{R}$ den Funktionswert $f(x_0)$ und die Steigung $f'(x_0)$ eines Punktes $x_0 \in D$, so kann man für kleine Zuwächse dx von x_0 den Funktionswert $f(x_0+dx)$ in 1. Näherung durch

$$f(x_0) + f'(x_0) \cdot dx$$

ersetzen.

Unter dem <u>totalen Differential</u> einer differenzierbaren Funktion $f: D \to \mathbb{R}$ im Punkt $x_0 \in D$ versteht man die Größe

$$dy := f'(x_0) \cdot dx$$

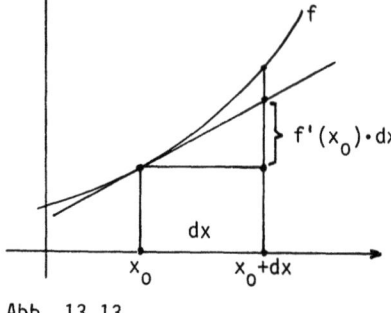

Abb. 13.13

für beliebige Zahlen (Zuwächse) dx; das totale Differential von f in x_0 ist somit eine Funktion von dx. Für genügend kleine dx gilt ($\approx$: ungefähr)

$$f(x_0+dx) \approx f(x_0) + f'(x_0) \cdot dx = f(x_0) + dy.$$

Ferner hat man für alle $dx \neq 0$

$$\frac{dy}{dx} = f'(x_0) \quad \text{und daher auch} \quad \lim_{dx \to 0} \frac{dy}{dx} = f'(x_0).$$

Für eine Anwendung des Begriffs totales Differential siehe § 15.

Zum Abschluß dieses Paragraphen werden noch zwei Sätze der Differentialrechnung zitiert.

13.23. Satz (Satz von Rolle)

Sei $a < b$. Sei $f: [a,b] \to \mathbb{R}$ differenzierbar mit $f(a) = 0 = f(b)$. Dann gibt es ein c, $a < c < b$, mit $f'(x) = 0$.

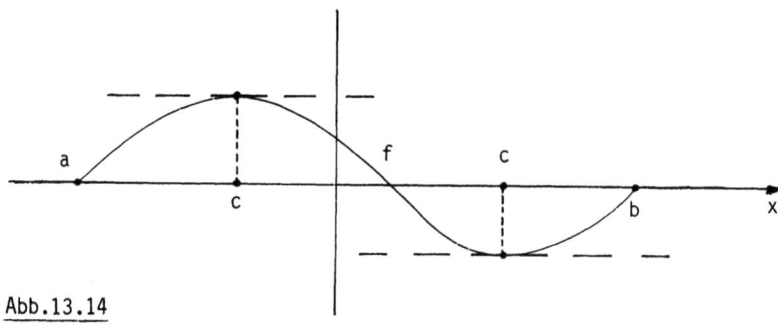

Abb. 13.14

13.24. Satz (Mittelwertsatz der Differentialrechnung)

Sei $a < b$ und $f:[a,b] \to \mathbb{R}$ differenzierbar. Dann gibt es ein c, $a < c < b$, mit $f'(c) = \frac{f(b) - f(a)}{b - a}$.

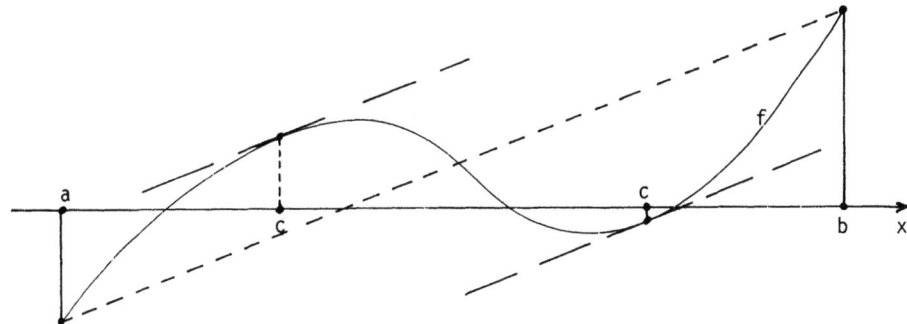

Abb. 13.15

13.d Übungsaufgaben

1. Differenzieren Sie die Funktion f.

   a) $f(x) = \sqrt{1 + (x^3+2)^{12}}$ \qquad d) $f(x) = x \cdot \ln x - x$

   b) $f(x) = \frac{\sin x}{\cos x}$ \qquad e) $f(x) = x + \sin x \cdot \cos x$

   c) $f(x) = e^{-3x} \cdot \sin(4x)$ \qquad f) $f(x) = 10^{-x^2}$

2. Differenzieren Sie die folgenden Funktionen $f:D \to \mathbb{R}$ (mit geeignetem $D \subset \mathbb{R}$) und geben Sie jeweils alle $x \in D$ an mit $f'(x) = 0$.

   a) $f(x) = \sin^2 x$ \qquad f) $f(x) = \ln(x+x^2)$

   b) $f(x) = \tan(1+x^2)^3$ \qquad g) $f(x) = (x^3 - 13x + 12)^2$

   c) $f(x) = \frac{7x^2-3x+18}{x+1}$ \qquad h) $f(x) = e^{x^3 - 12x}$

   d) $f(x) = x - \sin x \cdot \cos x$ \qquad i) $f(x) = \frac{x^2+3x+5}{x^2+1}$

   e) $f(x) = \frac{1}{3}x^3 - \frac{1}{4}x^2 - 3x + 3$

3. Geben Sie eine Funktion g an mit g' = f.

   a) $f(x) = x^3 + 3x - 1 - \frac{1}{x^3}$

   b) $f(x) = 3\cos x - 5\sin 2x$

   c) $f(x) = 3^{2x+1}$

   d) $f(x) = \ln x$

   e) $f(x) = \sin^2 x$

   f) $f(x) = \cos^2 x$

   Hinweis zu d),e),f): Siehe Aufgabe 1.

4. Bestimmen Sie die Zahlen a,b,c,d so, daß für die Funktion
   $f(x) = ax^3 + bx^2 + cx + d \quad (x \in \mathbb{R})$ gelten:

   $f(0) = 2 \qquad f(1) = -\frac{17}{6} \qquad f'(0) = -3 \qquad f'(1) = -6$.

5. Bestimmen Sie die Zahlen a,b,c,d so, daß für die Funktion
   $f(x) = ax^3 + bx^2 + cx + d \quad (x \in \mathbb{R})$ gelten:

   $f(0) = -5 \qquad f'(1) = 4 \qquad f''(2) = 18 \qquad f'''(3) = 12$.

6. Differenzieren Sie mit Hilfe der Regel über die Differentiation von Umkehrfunktionen

   a) $f(x) = x^{\frac{1}{3}} \quad (x \in \mathbb{R})$ \qquad b) $f(x) = \log_2(\sqrt[3]{x}) \quad (x \in \mathbb{R}, x > 0)$.

7. Sei $f(x) = \frac{1}{2}(e^x - e^{-x}) \quad (x \in \mathbb{R})$.

   a) $f'(x) = \sqrt{1+f(x)^2}$.

   b) f ist umkehrbar.

   c) Bestimmen Sie $f^{-1}(x)$.

   d) Zeigen Sie $(f^{-1})'(x) = \frac{1}{\sqrt{1+x^2}}$ durch Differentiation von $f^{-1}(x)$; bestätigen Sie das Ergebnis mit Hilfe der Regel über die Differentiation von Umkehrfunktionen.

8. Sei $f(x) = x^7 + x^5 + x+1 \quad (x \in \mathbb{R})$.

   a) Zeigen Sie: f ist umkehrbar.

   b) Bestimmen Sie $(f^{-1})'(4)$.

9. Sei $f(x) = e^{x^2}$ $(x \in \mathbb{R})$.
   Seien $p_n: \mathbb{R} \to \mathbb{R}$ $(n \in \mathbb{N}_0)$ die Funktionen (Polynome) mit
   $$\left. \begin{array}{l} p_0(x) = 1 \\ n \geq 0: p_{n+1}(x) = 2xp_n(x) + p_n'(x) \end{array} \right\} \quad (x \in \mathbb{R}) .$$
   Für alle $n \in \mathbb{N}_0$ gilt
   $$f^{(n)}(x) = p_n(x) \cdot e^{x^2} \quad (x \in \mathbb{R}) .$$

10. Berechnen Sie
    $$\lim_{x \to 0} \left(\frac{1}{\sin x} - \frac{1}{x} \right) \quad \text{und} \quad \lim_{x \to 0} \frac{1-\cos x}{1-\cos 2x} .$$

11. Berechnen Sie für die folgende Funktion f den Grenzwert $\lim_{x \to 0} f(x)$.

    a) $f(x) = \dfrac{x - \sin x}{x^3}$

    b) $f(x) = \dfrac{2 - x^2 - 2\cos x}{x^4}$

    c) $f(x) = \dfrac{6x^2 - 3x^4 + 2x^6 - 6 \cdot \ln(1+x^2)}{x^8}$

    d) $f(x) = \dfrac{x^2 - x + \ln(1 + \ln(1+x))}{x^2 + 2x + 2 - 2e^x}$.

12. Seien $u, v: D \to \mathbb{R}$, $D \subset \mathbb{R}$, differenzierbare Funktionen mit $u(x) > 0$ für alle $x \in D$. Differenzieren Sie $f(x) = u(x)^{v(x)}$.
    Hinweis: Für $a > 0$ gilt $a^b = e^{b \cdot \ln a}$.

13. Differenzieren Sie
    $$f(x) = x^x \quad (x > 0) \quad \text{und} \quad g(x) = x^{\frac{1}{x}} \quad (x > 0)$$
    und bestimmen Sie
    $$\lim_{x \downarrow 0} x^x = 0 \quad \lim_{x \to \infty} x^x \quad \lim_{x \downarrow 0} x^{\frac{1}{x}} \quad \lim_{x \to \infty} x^{\frac{1}{x}} .$$
    Haben folgende Gleichungen Lösungen?
    $$f'(x) = 0 \quad f''(x) = 0 \quad g'(x) = 0 \quad g''(x) = 0 .$$

§ 14   Kurvendiskussion

14.1. In diesem Kapitel werden wir lernen, wie man den Verlauf einer Funktion systematisch untersucht und darstellt, deren Zuordnungsvorschrift gegeben ist. Dabei werden wir auf Begriffe und Methoden aus früheren Kapiteln zurückgreifen - insofern ist § 14 auch eine Zusammenfassung bereits behandelter Inhalte. Zusätzlich werden wir aber auch neue Definitionen und Verfahren kennenlernen.

14.2. Definition   Sei $D \subset \mathbb{R}$ und $a \in \mathbb{R}$.

Man sagt: a liegt im Innern von D oder a ist ein innerer Punkt von D, wenn es Zahlen $b,c \in \mathbb{R}$ gibt mit $b < a < c$ und $[b,c] \subset D$. Liegt a weder im Innern von D noch im Innern von $\mathbb{R} \setminus D$, dann heißt a ein Randpunkt von D.
Ist D nach oben [bzw. unten] nicht beschränkt, dann heißt auch ∞ [bzw. $-\infty$] ein (uneigentlicher) Randpunkt von D.

Beispiele:

1 und $\frac{1}{2}$ liegen im Innern von $(-1,2]$;

-1 und 2 sind Randpunkte von $(-1,2]$;

jede Zahl $a \in \mathbb{R}$ mit $-1 < a < 2$ liegt im Innern von $(-1,2]$.

3 und ∞ sind Randpunkte von $(3,\infty)$.

$-\infty$ und -1 sind Randpunkte von $(-\infty,-1]$.

∞ und $-\infty$ sind Randpunkte von $\mathbb{R}$.

14.3. Es werden hier vier Funktionen $g, h, k, \ell: D \to \mathbb{R}$ erklärt; für alle Beispiele bis einschließlich 14.15 seien g, h, k, ℓ stets diese Funktionen.

$$g: \mathbb{R} \to \mathbb{R} \quad , \quad g(x) = x^2 \quad (x \in \mathbb{R}) \quad ; \quad D = \mathbb{R}$$

$$h: [-4,2] \to \mathbb{R} \quad , \quad h(x) = \frac{3}{4}x^2 + \frac{1}{4}x^3 \quad (-4 \leq x \leq 2) \quad ; \quad D = [-4,2]$$

$$k: [\tfrac{\pi}{2}, 3\pi] \to \mathbb{R}, \quad k(x) = \sin x \quad (\tfrac{\pi}{2} \leq x \leq 3\pi) \quad ; \quad D = [\tfrac{\pi}{2}, 3\pi]$$

$$\ell: \mathbb{R}^* \to \mathbb{R} \quad , \quad \ell(x) = \frac{1}{x} \quad (x \in \mathbb{R}, x \neq 0); \quad D = \mathbb{R}^*$$

Man beachte, daß zu jeder Funktion ein genau definierter Definitionsbereich gehört.

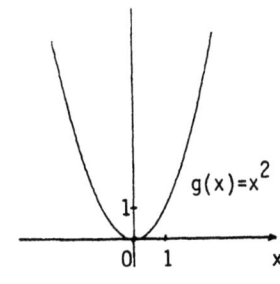
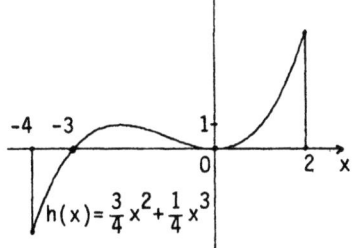
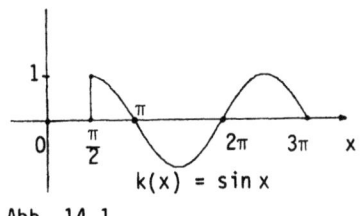
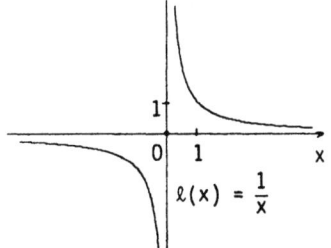

Abb. 14.1

Nullstellen

14.4. Definition Sei $D \subset \mathbb{R}$ und $f: D \to \mathbb{R}$ eine Funktion.
Ein Punkt $a \in D$ heißt eine <u>Nullstelle</u> von f, wenn $f(a) = 0$ ist.

Vergleichen Sie hierzu auch § 12.7-8.

Beispiele:

	Nullstellen
$g(x) = x^2$	0
$h(x) = \frac{3}{4}x^2 + \frac{1}{4}x^3$	-3, 0
$k(x) = \sin x$	$\pi, 2\pi, 3\pi$
$\ell(x) = \frac{1}{x}$	keine

Maxima, Minima, Hochpunkte, Tiefpunkte

In der Anwendung fragt man sehr oft nach größten bzw. kleinsten Werten: bei welcher Produktionsmenge ist der Gewinn am größten, bei welcher Menge produziert man mit den geringsten Stückkosten usw. Im folgenden werden die benötigten Begriffe formal festgelegt und Kriterien angegeben, die die gesuchten Punkte anzeigen.

14.5. Definition Sei $D \subset \mathbb{R}$ und $f : D \to \mathbb{R}$ eine Funktion.

Ein Punkt $a \in D$ heißt Maximumpunkt und $f(a)$ das (absolute) <u>Maximum</u> von f [bzw. Minimumpunkt, Minimum], wenn gilt:

$$f(x) \leq f(a) \quad \text{für alle } x \in D$$
$$[\text{bzw. } f(x) \geq f(a) \quad \text{für alle } x \in D] .$$

Methoden zur Bestimmung von Maximumpunkten und Maxima werden wir sogleich kennenlernen. Vorweg einige Beispiele

	g	h	k	ℓ
Maximumpunkte	-	2	$\frac{\pi}{2}, \frac{5}{2}\pi$	-
Maximum	-	5	1	-
Minimumpunkte	0	-4	$\frac{3}{2}\pi$	-
Minimum	0	-4	-1	-

<u>Bemerkung</u>. Eine Funktion kann höchstens ein Maximum, jedoch mehrere Maximumpunkte besitzen.

14.6. Definition Sei $D \subset \mathbb{R}$ und $f : D \to \mathbb{R}$ eine Funktion.

Ein Punkt $a \in D$ heißt ein relativer Maximumpunkt oder auch ein <u>Hochpunkt</u> von f mit dem relativen Maximum $f(a)$ [bzw. Minimumpunkt, <u>Tiefpunkt</u>, relatives Minimum], wenn es eine Zahl $h > 0$ gibt mit

$$f(x) \leq f(a) \quad \text{für alle } x \in D \text{ mit } a - h < x < a + h$$
$$[\text{bzw. } f(x) \geq f(a) \quad \text{für alle } x \in D \text{ mit } a - h < x < a + h].$$

Ist $a \in D$ ein Hochpunkt oder ein Tiefpunkt, so heißt a auch ein Extrempunkt.

Beispiele:

	g	h		k		ℓ
Hochpunkt	-	-2	2	$\frac{\pi}{2}$	$\frac{5}{2}\pi$	-
rel. Maximum	-	1	5	1	1	-
Tiefpunkt	0	-4	0	$\frac{3}{2}\pi$	3π	-
rel. Minimum	0	-4	0	-1	0	-

Ganz selbstverständlich ist der folgende Satz.

14.7. Satz Sei $D \subset \mathbb{R}$ und $f : D \to \mathbb{R}$ eine Funktion.

Sei $a \in D$ ein Maximumpunkt von f. Dann ist a auch ein Hochpunkt von f; a ist also entweder ein Hochpunkt von f im Innern von D oder a ist ein Randpunkt von D.

Besitzt ein $f : D \to \mathbb{R}$ keinen Hochpunkt und D keinen Randpunkt in D, so besitzt f also auch kein Maximum (z. B. $f(x) = \frac{1}{x}$, $D = \mathbb{R}^*$).
Ein zu 14.7 analoger Satz für Minimumpunkte und Tiefpunkte gilt ebenso.

14.8. Satz Sei $D \subset \mathbb{R}$ ein Intervall und $f : D \to \mathbb{R}$ eine differenzierbare Funktion.

a) (Notwendige Bedingung für einen inneren Hoch- oder Tiefpunkt).

Sei x_0 ein innerer Punkt von D. Ist x_0 ein Hoch- oder ein Tiefpunkt von f, dann gilt:

$$f'(x_0) = 0 \ .$$

b) (Hinreichende Bedingung für einen Hoch- oder Tiefpunkt).

Sei f zweimal differenzierbar und $x_0 \in D$. Gilt

$$f'(x_0) = 0 \quad \text{und} \quad f''(x_0) \neq 0 \ ,$$

dann ist x_0 ein Extrempunkt von f, und zwar ist

x_0 ein Hochpunkt von f, wenn $f''(x_0) < 0$ ist,

und x_0 ist ein Tiefpunkt von f, wenn $f''(x_0) > 0$ ist.

Beispiele:

1. $g(x) = x^2 \quad (x \in \mathbb{R})$.

   g ist differenzierbar, auch zweimal differenzierbar. Wenn g überhaupt einen Extrempunkt $x_0 \in \mathbb{R}$ besitzt, dann muß nach Satz 14.8a) $g'(x_0) = 0$ sein. Bilde also g' und löse die Gleichung $g'(x) = 0$ "nach x auf":

   Es ist $\quad g'(x) = 2x$;

   aus $\quad g'(x) = 2x = 0 \quad$ folgt $\quad x = 0$.

   Daß heißt, g besitzt höchstens den einen Extrempunkt $x_0 = 0$. Wegen Satz 14.8b) bilde g" und berechne $g''(x_0)$:

   $$g''(x) = 2 \quad g''(0) = 2 > 0$$

   $x_0 = 0$ ist also ein Tiefpunkt von g; es gibt keine weiteren Extrempunkt.

2. $h(x) = \frac{3}{4}x^2 + \frac{1}{4}x^3 \quad (-4 \leq x \leq 2)$.

   Bilde h': $\quad h'(x) = \frac{3}{2}x + \frac{3}{4}x^2$.

   Löse $h'(x) = 0$: $\quad 0 = \frac{3}{2}x + \frac{3}{4}x^2 = \frac{3}{4}x(2+x)$.

   Die letzte Gleichung besitzt (genau) die beiden Lösungen

   $\quad x_1 = 0 \quad x_2 = -2$.

   Bilde h" und untersuche $h''(x_i) \quad (i = 1,2)$: $\quad h''(x) = \frac{3}{2} + \frac{3}{2}x$

   $\quad h''(0) = \frac{3}{2} > 0 \quad h''(-2) = \frac{3}{2} - 3 < 0$.

   Also ist $x_1 = 0$ ein Tiefpunkt von h, und $x_2 = -2$ ist ein Hochpunkt von h; h besitzt keine weiteren Extrempunkte im Innern von [-4,2]; jedoch ist der Randpunkt -4 ein Tiefpunkt und der Randpunkt 2 ein Hochpunkt von h, wie wir gleich sehen werden.

3. Um das Maximum von h in [-4,2] zu finden braucht man nach Satz 14.7 nur die Hochpunkte im Innern und die Randpunkte zu untersuchen:

   Einziger Hochpunkt im Innern: $x_0 = -2$.

   Sämtliche Randpunkte von [-4,2] : -4,2.

   Nun ist $h(-2) = 1, h(-4) = -4, h(2) = 5$.

   Also ist 5 das Maximum von h und 2 der einzige Maximumpunkt; damit ist 2 auch ein Hochpunkt.

   Ebenso findet man: -4 ist ein Minimumpunkt, also auch ein Tiefpunkt, mit dem Minimum $h(-4) = -4$.

4. Bestimmung des Maximums und aller Maximumpunkte von k mit

   $$k(x) = \sin x \quad (\frac{\pi}{2} \leq x \leq 3\pi).$$

Bilde k': $k'(x) = \cos x$.

Löse $\quad k'(x) = \cos x = 0\;$ mit $\;\frac{\pi}{2} \le x \le 3\pi$.

Lösung: $\quad x_1 = \frac{\pi}{2} \quad x_2 = \frac{3}{2}\pi \quad x_3 = \frac{5}{2}\pi$

Bilde k": $k''(x) = -\sin x$. Untersuche $k''(x_i)$ (i=1,2,3):

$$k''(x_1) = -\sin(\tfrac{\pi}{2}) = -1 < 0$$

$$k''(x_2) = -\sin(\tfrac{3}{2}\pi) = 1 > 0$$

$$k''(x_3) = -\sin(\tfrac{5}{2}\pi) = -1 < 0.$$

Somit sind $x_1 = \frac{\pi}{2}$ und $x_3 = \frac{5}{2}\pi$ Hochpunkte von k.

Einziger Hochpunkt im Innern: $\frac{5}{2}\pi$.

Sämtliche Randpunkte: $\frac{\pi}{2}$, 3π.

Nun ist $\quad k(\tfrac{5}{2}\pi) = \sin(\tfrac{5}{2}\pi) = 1$

$$k(\tfrac{\pi}{2}) = \sin(\tfrac{\pi}{2}) = 1$$

$$k(3\pi) = \sin(3\pi) = 0.$$

Damit haben wir gefunden: Das Maximum der Funktion $\sin x$ in $[\frac{\pi}{2}, 3\pi]$ ist 1; es gibt (genau) zwei Maximumpunkte, $\frac{\pi}{2}$ und $\frac{5}{2}\pi$. Genauso erhält man: Das Minimum der Funktion $\sin x$ in $[\frac{\pi}{2}, 3\pi]$ ist -1 mit dem einzigen Minimumpunkt $\frac{3}{2}\pi$.

<u>Bemerkung</u>

Für eine zweimal differenzierbare Funktion $f : D \to \mathbb{R}$, D ein Intervall mit einem inneren Punkt $a \in D$, können folgende beide Situationen eintreten:

a) Es gilt $f'(a) = 0$ und a ist kein Extrempunkt von f (dann ist notwendig $f''(a) = 0$).

b) a ist ein Extrempunkt von f mit $f''(a) = 0$ (dann ist notwendig $f'(a) = 0$).

Beispiel zu a): $f(x) = x^3 \quad (x \in \mathbb{R})$, $a = 0$

zu b): $f(x) = x^4 \quad (x \in \mathbb{R})$, $a = 0$

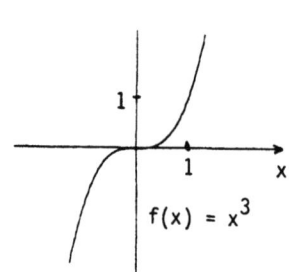 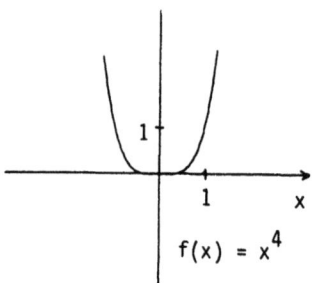

Abb. 14.2

Monotonie

Wir greifen auf Definition 12.4 zurück, in der die Begriffe monoton wachsend und monoton fallend erklärt werden. Wir schreiben im folgenden statt monoton wachsend bzw. monoton fallend auch wachsend bzw. fallend.

Ganz selbstverständlich ist der folgende Satz.

14.9. Satz Sei $D \subset \mathbb{R}$ und $f : D \to \mathbb{R}$ eine Funktion.

Seien b, a, c Zahlen mit $b < a < c$ und $[b,c] \subset D$.

a) Ist f wachsend in [b,a] und fallend in [a,c], dann ist a ein Hochpunkt von f.

b) Ist f fallend in [b,a] und wachsend in [a,c], dann ist a ein Tiefpunkt von f.

Anschaulich: Extrempunkte trennen unterschiedliche Monotoniegebiete.

Beispiele:

	g	h	k	ℓ
wachsend in	$[0,\infty)$	$[-4,-2]$ $[0, 2]$	$[\frac{3}{2}\pi, \frac{5}{2}\pi]$	
fallend in	$(-\infty, 0]$	$[-2, 0]$	$[\frac{\pi}{2}, \frac{3}{2}\pi]$ $[\frac{5}{2}\pi, 3\pi]$	$(-\infty, 0)$ $(0, \infty)$

Die Monotonie ist in allen Fällen streng.

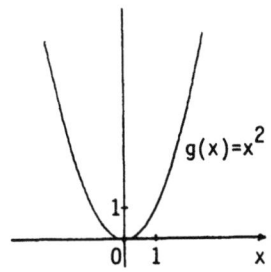
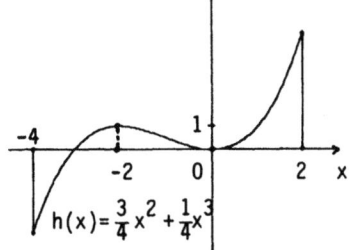
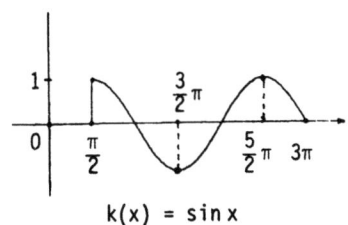
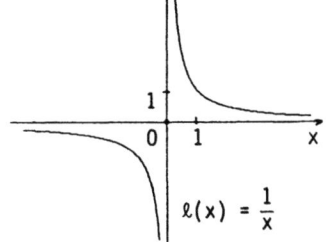

Abb. 14.3

Bemerkung: $\ell(x) = \frac{1}{x}$ $(x \neq 0)$ ist fallend in $(-\infty, 0)$ und fallend in $(0, \infty)$; f ist aber nicht fallend in $(-\infty, 0) \cup (0, \infty) = \mathbb{R}^*$: Es ist $-1 < 1$ und $f(-1) = -1 < 1 = f(1)$.

14.10. Satz Sei $D \subset \mathbb{R}$ und $f : D \to \mathbb{R}$ eine Funktion.

Sei $I \subset D$ ein Intervall und f differenzierbar auf I.

Dann gilt:

a) f ist monoton wachsend in $I \leftrightarrow f'(x) \geq 0$ für alle $x \in I$

b) f ist monoton fallend in $I \leftrightarrow f'(x) \leq 0$ für alle $x \in I$

c) Ist $f'(x) > 0$ für alle $x \in I$ bis auf endlich viele x, dann ist f streng monoton wachsend auf I.

d) Ist $f'(x) < 0$ für alle $x \in I$ bis auf endlich viele x, dann ist f streng monoton fallend auf I.

Beispiele:

1. In welchen (größtmöglichen = maximalen) Intervallen ist g mit $g(x) = x^2$ ($x \in \mathbb{R}$) wachsend, in welchen fallend? g ist differenzierbar. Wegen Satz 14.10 löse die Ungleichungen $g'(x) \geq 0$ und $g'(x) \leq 0$:

$$g'(x) \geq 0 \leftrightarrow 2x \geq 0 \leftrightarrow x \geq 0 \leftrightarrow x \in [0, \infty)$$
$$g'(x) \leq 0 \leftrightarrow 2x \leq 0 \leftrightarrow x \leq 0 \leftrightarrow x \in (-\infty, 0].$$

Da $g'(x) = 0$ nur für $x = 0$ gilt, hat man:

g ist in $[0,\infty)$ streng wachsend,

g ist in $(-\infty,0]$ streng fallend.

2. $h(x) = \frac{3}{4}x^2 + \frac{1}{4}x^3$ $(-4 \leq x \leq 2)$.

Untersuche h auf Monotonie. Es ist $h'(x) = \frac{3}{2}x + \frac{3}{4}x^2$.

Es gilt: $h'(x) \geq 0 \leftrightarrow \frac{3}{2}x + \frac{3}{4}x^2 \geq 0 \leftrightarrow \frac{3}{4}x(2+x) \geq 0$

$\leftrightarrow x \leq 0, 2+x \leq 0$ oder $x \geq 0, 2+x \geq 0$.

$\leftrightarrow x \leq -2$ oder $0 \leq x$.

$\leftrightarrow -4 \leq x \leq -2$ oder $0 \leq x \leq 2$.

Ebenso: $h'(x) \leq 0 \leftrightarrow -2 \leq x \leq 0$.

Nur für $x = 0$ und $x = -2$ ist $h'(x) = 0$; damit haben wir gefunden:

h ist streng wachsend in $[-4,-2]$ und in $[0,2]$,

h ist streng fallend in $[-2, 0]$.

3. Sei $f(x) = -x + \sin x$ $(x \in \mathbb{R})$.

Es ist $f'(x) = -1 + \cos x \leq 0$ für alle $x \in \mathbb{R}$. Ferner gilt $f'(x) = 0$ nur für $x = 0, \pm 2\pi, \pm 4\pi, \ldots$. Damit ist f in allen Intervallen $[2n\pi, 2(n+1)\pi]$ $(n \in \mathbb{Z})$ streng fallend, also ist f streng fallend in $\mathbb{R}$.

Konvexität

14.11. Wir erinnern uns an Definition 12.6:

Wenn für alle a,b eines Intervalls I mit $a < b$ die Verbindungsstrecke der Punkte $(a,f(a))$ und $(b,f(b))$ stets oberhalb [unterhalb] von f verläuft, so sagt man: f ist konvex [konkav] in I.

Die Funktion f in Abb. 14.4 ist weder konvex noch konkav; sie ist aber konvex in $[b,c]$ und in $[d,e]$, und sie ist konkav in $[a,b]$ und in $[c,d]$.

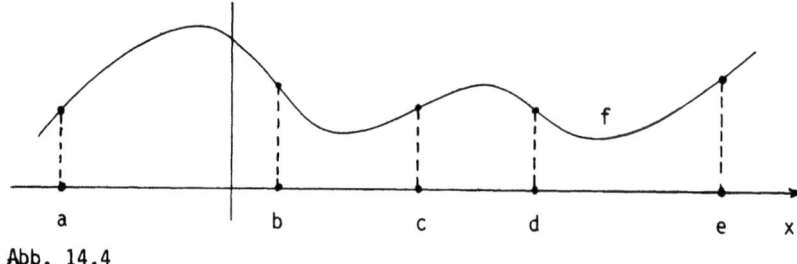

Abb. 14.4

Beispiele:

	g	h	k	ℓ
konvex in	$\mathbb{R}$	$[-1, 2]$	$[\pi, 2\pi]$	$(0, \infty)$
konkav in	-	$[-4, -1]$	$[\frac{\pi}{2}, \pi]$ $[2\pi, 3\pi]$	$(-\infty, 0)$

Die Konvexität bzw. Konkavität ist stets streng.

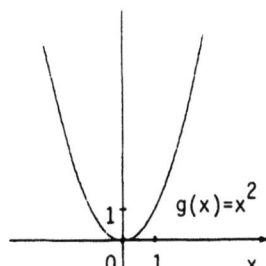
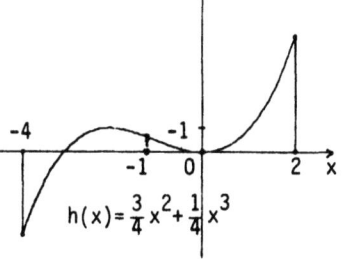
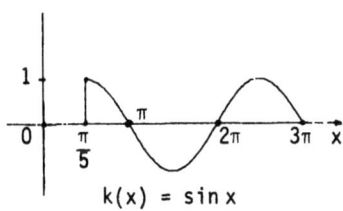
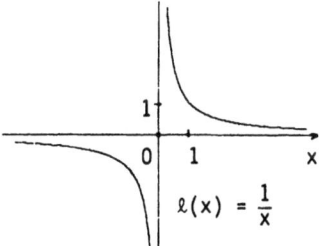

Abb. 14.5

14.12. Satz. Sei $D \subset \mathbb{R}$ und $f : D \to \mathbb{R}$ eine Funktion.

Sei $I \subset D$ ein Intervall und f zweimal differenzierbar auf I. Dann gilt:

a) f ist konvex in $I \Leftrightarrow f'$ ist wachsend in I
$\Leftrightarrow f''(x) \geq 0$ für alle $x \in I$.

b) f ist konkav in $I \Leftrightarrow f'$ ist fallend in I
$\Leftrightarrow f''(x) \leq 0$ für alle $x \in I$.

Zusatz: Die Konvexität bzw. Konkavität von f ist streng genau dann, wenn die Monotonie von f' streng ist.

Beispiele:

1. $g(x) = x^2$ $(x \in \mathbb{R})$. Es ist $g'(x) = 2x$ und
   $g''(x) = 2 > 0$ für alle $x \in \mathbb{R}$; also ist g streng konvex in $\mathbb{R}$.

2. $h(x) = \frac{3}{4}x^2 + \frac{1}{4}x^3$ $(-4 \leq x \leq 2)$.
   Es ist $h'(x) = \frac{3}{2}x + \frac{3}{4}x^2$ und $h''(x) = \frac{3}{2} + \frac{3}{2}x = \frac{3}{2}(1+x)$, also

   $h''(x) \geq 0 \Leftrightarrow \frac{3}{2}(1+x) \geq 0 \Leftrightarrow x \geq -1$

   $h''(x) \leq 0 \Leftrightarrow \quad\quad\quad\quad\quad x \leq -1$.

   Damit gilt: h ist konvex in $[-1, 2]$ und konkav in $[-4, -1]$; und zwar beide Male streng, da $h''(x) = 0$ nur für $x = -1$ gilt.

Wendepunkt

14.13. Definition. Sei $D \subset \mathbb{R}$ und $f : D \to \mathbb{R}$ eine Funktion.

Ein Punkt $a \in D$ heißt ein Links-Rechts-Wendepunkt, kurz LR-Wendepunkt, [bzw. Rechts-Links-(RL-) Wendepunkt] von f, wenn es ein Intervall $I \subset D$ gibt mit: a ist innerer Punkt von I, f ist differenzierbar auf I und es gilt

$\quad\quad f'(a) \geq f'(x) \quad$ für alle $x \in I$

$\quad$ [bzw. $f'(a) \leq f'(x) \quad$ für alle $x \in I$]

Ein Wendepunkt ist ein LR- oder RL-Wendepunkt.

Für differenzierbare $f : D \to \mathbb{R}$ und einen inneren Punkt a von D gilt also:

$\quad\quad a$ ist ein LR-Wendepunkt von $f \Leftrightarrow a$ ist ein Hochpunkt von f';

$\quad\quad a$ ist ein RL-Wendepunkt von $f \Leftrightarrow a$ ist ein Tiefpunkt von f'.

14.14. Satz Sei $D \subset \mathbb{R}$ und $f : D \to \mathbb{R}$ eine Funktion.

Seien b, a, c Zahlen mit $b < a < c$, $[b,c] \subset D$ und f differenzierbar auf $[b,c]$.

a) Ist f konvex in $[b,a]$ und konkav in $[a,c]$, dann ist a ein LR-Wendepunkt von f.

b) Ist f konkav in $[b,a]$ und konvex in $[a,c]$, dann ist a ein RL-Wendepunkt von f.

Anschaulich: Wendepunkte trennen konvexe von konkaven Gebieten.

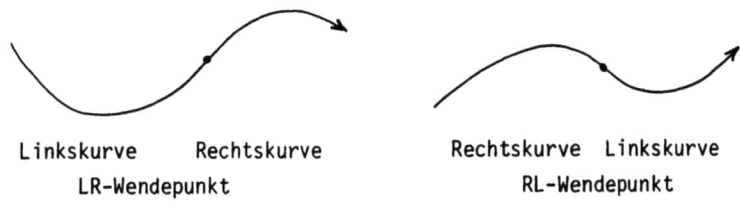

Linkskurve   Rechtskurve   Rechtskurve   Linkskurve
   LR-Wendepunkt   RL-Wendepunkt

Abb. 14.6

Beispiele:

	g	h	k	ℓ
LR-Wendepunkt	-	-	2π	-
RL-Wendepunkt	-	-1	π	-

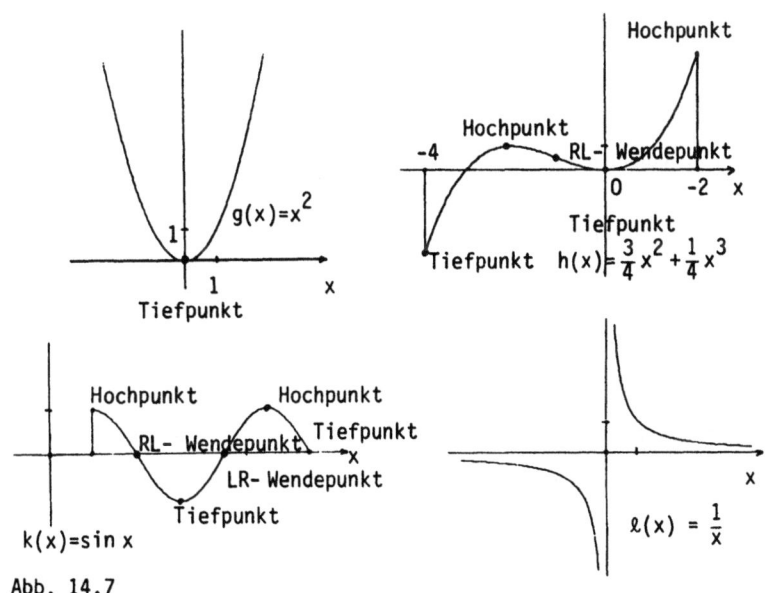

Abb. 14.7

> **14.15. Satz** Sei $D \subset \mathbb{R}$ ein Intervall und $f : D \to \mathbb{R}$ eine zweimal differenzierbare Funktion.
>
> a) (Notwendige Bedingung für einen Wendepunkt)
>   Ist $x_0 \in D$ ein Wendepunkt von f, so gilt $f''(x_0) = 0$.
>
> b) (Hinreichende Bedingung für einen Wendepunkt)
>   Es sei $x_0 \in D$ ein innerer Punkt von D und f dreimal differenzierbar. Gilt dann
> $$f''(x_0) = 0 \text{ und } f'''(x_0) \neq 0,$$
>   so ist x_0 ein Wendepunkt von f; und zwar ist x_0
>
>   im Fall $f'''(x_0) < 0$ ein LR-Wendepunkt
>   und im Fall $f'''(x_0) > 0$ ein RL-Wendepunkt.

Beispiele:

1. $g(x) = x^2$ ($x \in \mathbb{R}$). Es ist $g'(x) = 2x$ und $g''(x) = 2 \neq 0$ für alle x, also besitzt g keinen Wendepunkt.

2. $h(x) = \frac{3}{4}x^2 + \frac{1}{4}x^3$ ($-4 \leq x \leq 2$).
   Es ist $h'(x) = \frac{3}{2}x + \frac{3}{4}x^2$ und $h''(x) = \frac{3}{2} + \frac{3}{2}x$. Löse $h''(x) = 0$: $\frac{3}{2}(1+x) = 0$.
   Einzige Lösung ist $x_0 = -1$. Untersuche nun $h'''(x_0)$. Es ist $h'''(x) = \frac{3}{2}$, also $h'''(-1) = \frac{3}{2} > 0$. Da nun -1 ein innerer Punkt von $[-4,2]$ ist, ist $x_0 = -1$ ein RL-Wendepunkt von h; h besitzt keine weiteren Wendepunkte.

3. $k(x) = \sin x$ ($\frac{\pi}{2} \leq x \leq 3\pi$).
   Bilde: $k'(x) = \cos x$, $k''(x) = -\sin x$. Löse $k''(x) = 0 = -\sin x$.
   Sämtliche Lösungen: $x_1 = \pi$ $x_2 = 2\pi$ $x_3 = 3\pi$.
   Untersuche $k'''(x_i)$ ($i=1,2,3$). Es ist $k'''(x) = -\cos x$
   und $\quad k'''(x_1) = -\cos \pi = 1 > 0$
   $\quad\quad k'''(x_2) = -\cos 2\pi = -1 < 0$
   $\quad\quad k'''(x_3) = -\cos 3\pi = 1 > 0$.

   π und 2π sind innere Punkte von $[\frac{\pi}{2}, 3\pi]$, aber 3π nicht; daher kann 3π auch kein Wendepunkt sein. Damit ergibt sich:

$x_1 = \pi$ ist ein RL-Wendepunkt von k,

$x_2 = 2\pi$ ist ein LR-Wendepunkt von k,

k besitzt keine weiteren Wendepunkte.

Bemerkung:

Für eine dreimal differenzierbare Funktion $f: D \to \mathbb{R}$, D ein Intervall, und einen inneren Punkt a von D können folgende beide Situationen eintreten:

a) Es gilt $f''(a) = 0$ und a ist kein Wendepunkt von f (dann ist notwendig $f'''(a) = 0$).

b) a ist ein Wendepunkt von f mit $f'''(a) = 0$ (dann ist notwendig $f''(a) = 0$).

Beispiel zu a): $f(x) = x^4$ $(x \in \mathbb{R})$; $a = 0$

zu b): $f(x) = x^5$ $(x \in \mathbb{R})$; $a = 0$

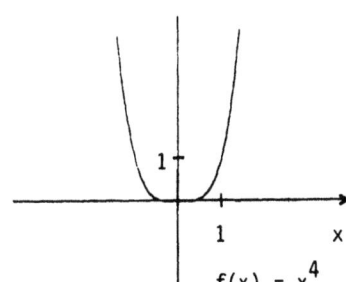
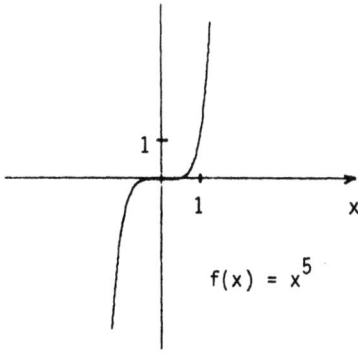

Abb 14.8

Für die Untersuchung von Funktionen sind auch die fünf folgenden Sätze oft hilfreich.

14.16. Satz

Sei $D \subset \mathbb{R}$ ein Intervall und $f: D \to \mathbb{R}$ eine stetige Funktion.
Dann gilt: Zwischen zwei Tiefpunkten von f liegt stets auch ein Hochpunkt.

14.17. Satz

Seien $b,a,c \in \mathbb{R}$ mit $b < a < c$ und sei $f: (b,c) \to \mathbb{R}$ eine stetige Funktion. Ist a ein Tiefpunkt von f und besitzt f keine weiteren Extrempunkte in (b,c), dann ist f streng fallend in (b,a] und streng wachsend in [a,c).

Zusatz: Satz 14.17 bleibt auch richtig für b = -∞ oder c = ∞ . Ist f auch für b erklärt und dort stetig, dann ist f streng fallend in [b,a]. Analoges gilt für c.

14.18. Satz

Sei D ⊂ ℝ ein Intervall und f : D → ℝ eine stetig differenzierbare Funktion. Dann gilt: Zwischen zwei LR-Wendepunkten von f liegt stets auch ein RL-Wendepunkt.

14.19. Satz

Seien b,a,c ∈ ℝ mit b < a < c und sei f : (b,c) → ℝ eine stetig differenzierbare Funktion. Ist a ein LR-Wendepunkt von f und besitzt f keine weiteren Wendepunkte in (b,c), dann ist f streng konvex in (b,a] und streng konkav in [a,c).

Zusatz: Satz 14.19 bleibt auch richtig für b = -∞ oder c = ∞. Ist f auch für b erklärt und dort stetig, dann ist f streng konvex in [b,a] . Analoges gilt für c.

14.20. Satz

Sei D ⊂ ℝ ein Intervall und f : D → ℝ eine stetig differenzierbare Funktion. Seien a,b ∈ D innere Punkte von D mit a < b. Ist a ein Tiefpunkt und b ein Hochpunkt von f, dann liegt zwischen a und b ein LR-Wendepunkt von f.

Bemerkung: Die letzten fünf Sätze einschließlich der Zusätze bleiben richtig, wenn in diesen Sätzen jeweils die Begriffe der vier Begriffspaare

Hochpunkt	Tiefpunkt
wachsend	fallend
LR-Wendepunkt	RL-Wendepunkt
konvex	konkav

vertauscht werden.

Kurvendiskussion

14.21. Eine Kurvendiskussion ist eine Untersuchung einer Funktion $f : D \to \mathbb{R}$ mit $D \subset \mathbb{R}$; sie kann zum Beispiel die folgenden Punkte umfassen.

1. Bestimmung der Randpunkte von D, auch der uneigentlichen (dazu ist natürlich die genaue Kenntnis des Definitionsbereiches D erforderlich).

2. Bestimmung der Ableitungen f' und f" von f (falls diese überhaupt existieren).

3. Bestimmung aller Nullstellen von f.

4. Bestimmung aller Hoch- und Tiefpunkte von f und deren Funktionswerte.

5. Bestimmung der (maximalen) Monotoniegebiete von f.

6. Bestimmung aller Wendepunkte von f, ihrer Art und ihrer Funktionswerte.

7. Bestimmung der (maximalen) Konvexitäts- und Konkavitätsgebiete.

8. Untersuchung der Grenzwerte

$$\lim_{x \uparrow a} f(x) = \lim_{x \to a_-} f(x) \quad \text{und} \quad \lim_{x \downarrow a} f(x) = \lim_{x \to a_+} f(x)$$

für alle Randpunkte a von D (sofern $\lim_{x \uparrow a} f(x)$ bzw. $\lim_{x \downarrow a} f(x)$ überhaupt gebildet werden kann).

9. Bestimmung aller Maximum- und Minimumpunkte und deren Funktionswerte; also auch des Maximums und Minimums von f (sofern diese existieren).

10. Auflistung der bisher gefundenen Funktionswerte in einer Tabelle und möglicherweise deren Ergänzung zur Herstellung einer Skizze.

11. Anfertigung einer Skizze, die den Verlauf der Funktion f in ihrem "wesentlichen Teil" darstellt.

Es werden nun für vier Funktionen Kurvendiskussionen als Beispiele durchgeführt.

14.22. Diskutiere die Funktion f mit

$$f(x) = x^4 - 18x^2 + 81 \quad (x \in \mathbb{R}).$$

1. $-\infty$ und ∞ sind die Randpunkte des Definitionsbereiches $D = \mathbb{R}$ von f.

2. f ist auf $\mathbb{R}$ beliebig oft differenzierbar, es ist

$$f'(x) = 4x^3 - 36x = 4x(x^2 - 9) \qquad (x \in \mathbb{R})$$
$$f''(x) = 12x^2 - 36 = 12(x^2 - 3) \qquad (x \in \mathbb{R})$$

3. Nullstellen. Es ist

$$f(x) = 0 \leftrightarrow x^4 - 18x^2 + 81 = (x^2 - 9)^2 = 0$$
$$\leftrightarrow x^2 = 9 \leftrightarrow x = -3 \text{ oder } x = 3.$$

Also sind $x_1 = -3$ und $x_2 = 3$

(die einzigen) Nullstellen von f.

4. Extrempunkte. Löse $f'(x) = 0$:

$$4x(x^2 - 9) = 0 \leftrightarrow x = 0 \text{ oder } x^2 = 9$$
$$\leftrightarrow x = 0 \text{ oder } x = -3 \text{ oder } x = 3.$$

Also sind $x_1 = -3 \quad x_3 = 0 \quad x_2 = 3$ die einzig möglichen Extrempunkte. Untersuche $f''(x_i)$ für $i = 1,2,3$:

$$f''(x_{1,2}) = f''(\pm 3) = 12(9-3) = 72 > 0$$
$$f''(x_3) = f''(0) = -36 < 0.$$

Damit hat man:

$x_1 = -3$ und $x_2 = 3$ sind Tiefpunkte von f,

$x_2 = 0$ ist ein Hochpunkt von f,

es gibt keine weiteren Extrempunkte.

Ferner gilt $f(\pm 3) = 0$ und $f(0) = 81$.

5. Monotonie.

Erste Möglichkeit auf Grund von Satz 14.17. Mit $b = -\infty$, $a = -3$, $c = 0$ erhält man:

f ist streng fallend in $(-\infty, -3]$,

f ist streng wachsend in $[-3, 0]$.

Mit $b = 0$, $a = 3$, $c = \infty$ erhält man weiter:

f ist streng fallend in $[0,3]$

f ist streng wachsend in $[3,\infty)$.

Zweite Möglichkeit auf Grund von Satz 14.10.

Es gilt: $f'(x) \geq 0 \leftrightarrow 4x(x^2 - 9) \geq 0$

$\leftrightarrow x \leq 0, x^2 - 9 \leq 0$ oder $x \geq 0, x^2 - 9 \geq 0$

$\leftrightarrow x \leq 0, -3 \leq x$ oder $x \geq 0, x \geq 3$

$\leftrightarrow -3 \leq x \leq 0$ oder $3 \leq x$.

Also auch $f'(x) \leq 0 \leftrightarrow x \leq -3$ oder $0 \leq x \leq 3$.

Beachtet man noch, daß $f'(x) = 0$ nur für endlich viele x (nämlich für drei x) gilt, so folgt:

f ist streng wachsend in $[-3,0]$ und in $[3,\infty)$,

f ist streng fallend in $(-\infty,-3]$ und in $[0,3]$

6. Wendepunkte. Löse $f''(x) = 0$:

$$12(x^2 - 3) = 0 \leftrightarrow x^2 = 3 \leftrightarrow x = -\sqrt{3} \text{ oder } x = \sqrt{3},$$

also sind $x_4 = -\sqrt{3}$ und $x_5 = \sqrt{3}$ die einzig möglichen Wendepunkte. Untersuche $f'''(x_i)$ für $i = 4,5$:

Es ist $f'''(x) = 24x$ und $f'''(x_4) = 24 \cdot (-\sqrt{3}) < 0$, $f'''(x_5) = 24 \cdot \sqrt{3} > 0$.

Damit haben wir gefunden:

$x_4 = -\sqrt{3}$ ist ein LR-Wendepunkt,

$x_5 = \sqrt{3}$ ist ein RL-Wendepunkt; es gibt keine weiteren Wendepunkte.

Ferner gilt: $f(\pm\sqrt{3}) = (\sqrt{3})^4 - 18(\sqrt{3})^2 + 81$

$= 9 - 18 \cdot 3 + 81 = 9 \cdot (1 - 6 + 9) = 36$.

7. Konvexität.

Erste Möglichkeit auf Grund von Satz 14.19.

Erst mit $b = -\infty$, $a = -\sqrt{3}$, $c = \sqrt{3}$ und dann mit $b = -\sqrt{3}$, $a = \sqrt{3}$, $c = \infty$ erhält man:

f ist streng konvex in $(-\infty,-\sqrt{3}]$ und in $[\sqrt{3},\infty)$,

f ist streng konkav in $[-\sqrt{3},\sqrt{3}]$.

Zweite Möglichkeit auf Grund von Satz 14.12.

Es gilt: $f''(x) \geq 0 \leftrightarrow 12(x^2 - 3) \geq 0 \leftrightarrow x^2 \geq 3$.

$\leftrightarrow x \leq -\sqrt{3}$ oder $\sqrt{3} \leq x$

und $f''(x) \leq 0 \leftrightarrow -\sqrt{3} \leq x \leq \sqrt{3}$.

Beachtet man noch, daß $f''(x) = 0$ nur für endlich viele x (nämlich für zwei) gilt, so folgt:

f ist streng konvex in $(-\infty, -\sqrt{3}]$ und in $[\sqrt{3}, \infty)$
f ist streng konkav in $[-\sqrt{3}, \sqrt{3}]$.

8. Untersuche $\lim_{x \downarrow -\infty} f(x)$ und $\lim_{x \uparrow \infty} f(x)$. Man erhält sofort

$$\lim_{x \downarrow -\infty} f(x) = \lim_{x \to -\infty} (x^4 - 18x^2 + 81) = \lim_{x \to -\infty} x^2(x^2 - 18) + 81 = \infty$$

und ebenso $\lim_{x \uparrow \infty} f(x) = \infty$.

9. Wegen $\lim_{x \to \infty} f(x) = \infty$ besitzt f kein Maximum, andererseits gilt

$$f(x) = x^4 - 18x^2 + 81 = (x^2 - 9)^2 \geq 0$$

für alle $x \in \mathbb{R}$, sodaß $x_1 = -3$ und $x_2 = 3$ mit $f(\pm 3) = 0$ (die einzigen) Minimumpunkte sind; 0 ist das Minimum von f.

10. Tabelle

x	f(x)
0	81
± 3	0
$\pm\sqrt{3}$	36

bisher gefundene Werte

x	f(x)
± 1	64
± 2	25
± 4	49
± 5	256

ergänzte Werte

11. Skizze

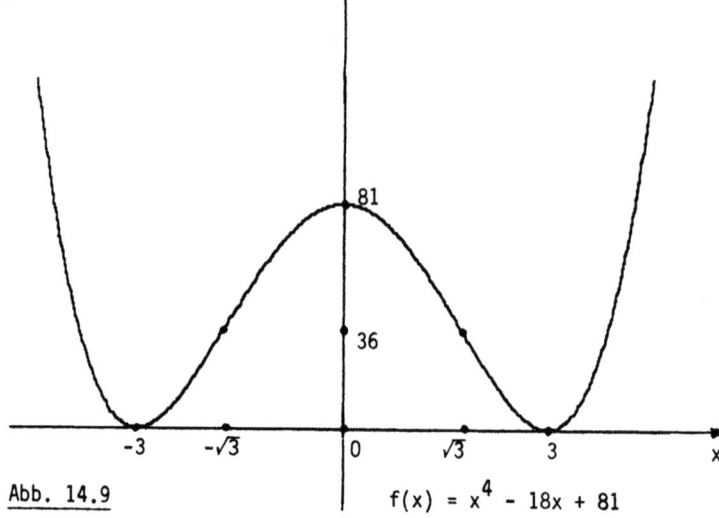

Abb. 14.9 $f(x) = x^4 - 18x + 81$

Die nächsten Kurvendiskussionen werden nur noch skizzenhaft durchgeführt.

14.23. Diskutiere die Funktion g mit

$$g(x) = \frac{4x}{4+x^2} \quad (x \in \mathbb{R}).$$

1. Es ist $4 + x^2 > 0$ für alle $x \in \mathbb{R}$ und $D = \mathbb{R}$; $-\infty$ und ∞ sind die Randpunkte von D.

2. Ableitungen.

$$g'(x) = \frac{4(4-x^2)}{(4+x^2)^2}$$

$$g''(x) = \frac{8x^3-96x}{(4+x^2)^3} = \frac{8x(x^2-12)}{(4+x^2)^3}$$

3. Nullstellen. $g(x) = 0 \Leftrightarrow 4x = 0$

   $x_1 = 0$ ist (einzige) Nullstelle von g.

4. Extempunkte und -werte. $g'(x) = 0 : 4(x^2 - 4) = 0 : x^2 = 4$.
   $x_2 = -2$ und $x_3 = 2$ sind die einzig möglichen Extrempunkte.

$$g''(x_2) = \frac{-16(4-12)}{(4+4)^3} > 0 \quad g''(x_3) = \frac{16(4-12)}{(4+4)^3} < 0$$

   $x_2 = -2$ ist ein Tiefpunkt, $x_3 = 2$ ein Hochpunkt mit $g(-2) = -1$ und $g(2) = 1$.

5. Monotonie. Da $-2, 2$ die einzigen Extrempunkte sind, gilt:

   g ist streng fallend in $(-\infty, -2]$ und in $[2, \infty)$,
   g ist streng wachsend in $[-2, 2]$.

6. Wendepunkt. $g''(x) = 0 : 8x(x^2 - 12) = 0$
   $x_1 = 0$, $x_4 = -2\sqrt{3}$, $x_5 = 2\sqrt{3}$ sind die einzig möglichen Wendepunkte.

   Es ist $g'''(x) = \frac{-24(x^4-24x^2+16)}{(4+x^2)^4}$, also

$$g'''(0) = \frac{-24 \cdot 16}{4^4} < 0, \quad g'''(\pm 2\sqrt{3}) = \frac{-24(144-288+16)}{(4+12)^2} > 0$$

   und $x_1 = 0$ ist ein LR-Wendepunkt und $x_4 = -2\sqrt{3}$, $x_5 = 2\sqrt{3}$ sind LR-Wendepunkte mit $g(0) = 0$, $g(-2\sqrt{3}) = -\frac{1}{2}\sqrt{3}$, $g(2\sqrt{3}) = \frac{1}{2}\sqrt{3}$.

7. Konvexität. Da $-2\sqrt{3}, 0, 2\sqrt{3}$ die einzigen Wendepunkte sind, hat man

   g ist streng konkav in $(-\infty, -2\sqrt{3}]$ und in $[0, 2\sqrt{3}]$,
   g ist streng konvex in $[-2\sqrt{3}, 0]$ und in $[2\sqrt{3}, \infty)$.

8. $\lim\limits_{x \downarrow -\infty} g(x) = \lim\limits_{x \to \infty} \dfrac{\frac{4}{x}}{\frac{4}{x^2}+1} = 0 = \lim\limits_{x \uparrow \infty} g(x)$.

9. Es ist $g(-2) = -1$ das Minimum und $g(2) = 1$ das Maximum von g.

10. Tabelle. Es ist $g(-x) = -g(x)$.

x	g(x)	x	g(x)
0	0	$2\sqrt{3} \approx 3{,}46$	$\frac{1}{2}\sqrt{3} \approx 0{,}87$
1	$\frac{4}{5} = 0{,}8$	4	$\frac{4}{5} = 0{,}8$
2	1	5	$\frac{20}{29} \approx 0{,}69$
3	$\frac{12}{13} \approx 0{,}92$	6	$\frac{3}{5} = 0{,}6$

11. Skizze.

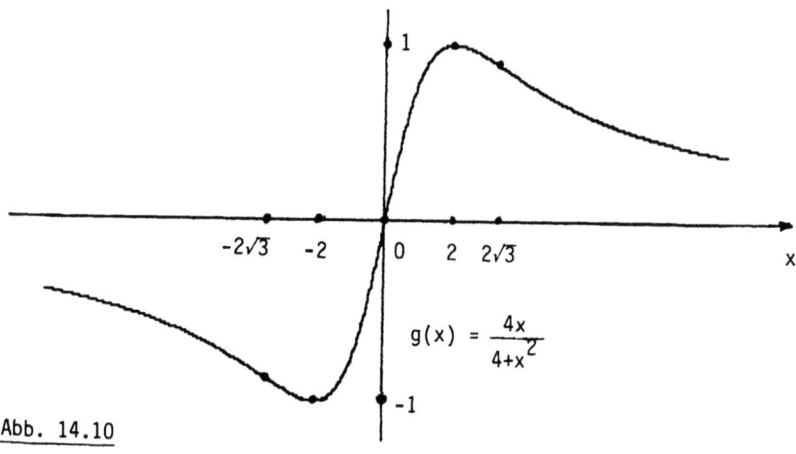

Abb. 14.10

14.24. Diskutiere die Funktion h mit

$$h(x) = \frac{x-9}{x-11} \quad (x \in \mathbb{R}, x \neq 11)$$

1. Es ist $D = \mathbb{R} \setminus \{11\}$ mit den Randpunkten $-\infty, 11, \infty$.

2. $h'(x) = \dfrac{-2}{(x-11)^2} \qquad h''(x) = \dfrac{4}{(x-11)^3}$

3. Nullstellen. $h(x) = 0 : x - 9 = 0$

   $x_1 = 9$ einzige Nullstelle.

4. und 5. Wegen $h'(x) < 0$ für alle $x \in D$ gibt es keine Hoch- und Tiefpunkte und h ist streng fallend in $(-\infty, 11)$ und in $(11, \infty)$ (h ist nicht fallend in D).

6. Wegen $h''(x) \neq 0$ $(x \in D)$ besitzt h keinen Wendepunkt.

7. Wegen $h''(x) > 0 \Leftrightarrow (x-11)^3 > 0 \Leftrightarrow x > 11$

   und $h''(x) < 0 \Leftrightarrow (x-11)^3 < 0 \Leftrightarrow x < 11$

   ist h streng konkav in $(-\infty, 11)$ und streng konvex in $(11, \infty)$.

8. $\lim\limits_{x \downarrow -\infty} \dfrac{x-9}{x-11} = 1 = \lim\limits_{x \uparrow \infty} \dfrac{x-9}{x-11}$;

   $\lim\limits_{x \uparrow 11} \dfrac{x-9}{x-11} = \lim\limits_{y \uparrow 0} \dfrac{y+2}{y} = \lim\limits_{y \uparrow 0} (1 + \dfrac{2}{y}) = -\infty$;

   $\lim\limits_{x \downarrow 11} \dfrac{x-9}{x-11} = \lim\limits_{y \downarrow 0} (1 + \dfrac{2}{y}) = \infty$.

9. Wegen 8. besitzt h kein Maximum und kein Minimum.

10.

x	h(x)
6	$\dfrac{3}{5} = 0{,}6$
9	0
10	-1
11-0	$-\infty$
11+0	∞
12	3
13	2
16	$\dfrac{7}{5} = 1{,}4$
$\pm\infty$	1

11. Skizze

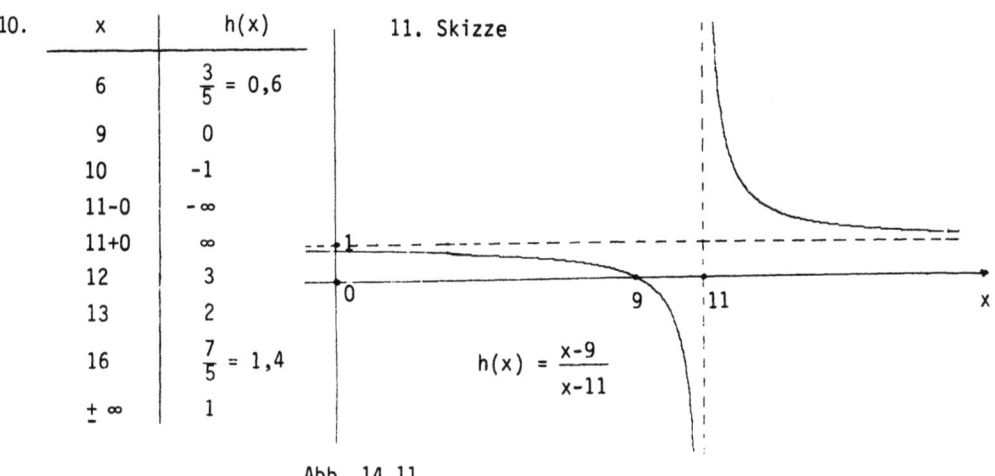

$h(x) = \dfrac{x-9}{x-11}$

Abb. 14.11

14.25. Diskutiere die Funktion f mit

$$f(x) = \begin{cases} \dfrac{4x}{4+x^2} & x < 6 \\[1ex] \dfrac{3}{5} & x = 6 \\[1ex] \dfrac{x-9}{x-11} & x > 6,\ x \neq 11 \end{cases}$$

Es ist $f(x) = g(x)$ für $x \leq 6$
         $f(x) = h(x)$ für $x \geq 6,\ x \neq 11$,
mit den Funktionen g und h aus 14.23 bzw. 14.24; insbesondere ist
$g(6) = h(6) = \dfrac{3}{5}$.

Ferner ist $g'(6) = -\dfrac{2}{25} = h'(6)$,

also ist f überall differenzierbar, insbesondere ist $f'(6) = -\dfrac{2}{25}$. f' ist zwar stetig, aber nicht differenzierbar in 6. Da g, also auch f, konvex in $[2\sqrt{3},6]$ und h, also auch f, konkav in [6,11) ist, ist 6 nach Satz 14.14 ein LR-Wendepunkt von f. Alle anderen Charakteristika von f ergeben sich aus der Diskussion von g und h.

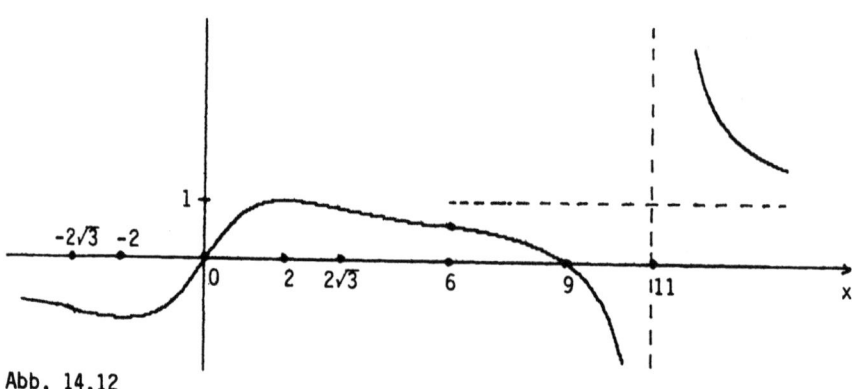

Abb. 14.12

14.26. Übungsaufgaben

1. Diskutieren Sie die Funktion f mit
   $$f(x) = x^4 - 8x^2 + 7 \quad (x \in \mathbb{R}).$$

2. Diskutieren Sie die Funktion f mit
   $$f(x) = x^4 + x^3 \quad (x \in \mathbb{R}).$$

3. Diskutieren Sie die Funktion f mit
   $$f(x) = x^4 - 14x^3 + 45x^2 \quad (x \in \mathbb{R}).$$

4. Diskutieren Sie die Funktion f mit
   $$f(x) = \frac{1}{1+x^2} \quad (x \in \mathbb{R}).$$

5. Diskutieren Sie die Funktion f mit
   $$f(x) = \frac{-x^2-2x+3}{x^2+2x} \quad (x \in \mathbb{R},\ x^2+2x \neq 0)$$

6. Diskutieren Sie die Funktion f mit
   $$f(x) = \frac{12x^2-27x+14}{(x-1)^2} \quad (x \in \mathbb{R},\ x \neq 1)$$

7. Bestimmen Sie das Maximum und das Minimum der Funktion
   $$f:[\alpha,\beta] \to \mathbb{R} \quad f(x) = 3x^4 - 28x^3 + 60x^2$$
   im Fall a) und im Fall b).

   a) $\alpha = -1$ b) $\alpha = 1$
       $\beta = 3$ $\beta = 6$

8. Bestimmen Sie das Maximum und das Minimum der Funktion
   $$f:[\alpha,\beta] \to \mathbb{R} \quad f(x) = x^3 + 6x^2 + 9x + 2$$
   in den Fällen a), b) und c).

   a) $\alpha = -5$ b) $\alpha = -4$ c) $\alpha = -\frac{7}{2}$
       $\beta = 1$ $\beta = 0$ $\beta = -\frac{1}{2}$

9. Bestimmen Sie die Intervalle in denen die Funktion
   $$f(x) = x^4 - 20x^3 + 7x + 5 \quad \text{konkav ist.}$$

§ 15 Ökonomische Anwendungen

15.a Der Marginalbegriff

15.1. Wir zitieren zwei unterschiedliche Definitionen von <u>Grenzkosten</u>, die in der untenstehenden Abbildung 15.1 veranschaulicht sind:

(1) "Die Grenzkosten irgendeines Ausbringungsniveaus x sind die zusätzlichen Kosten, die bei einer Produktionssteigerung um eine Mengeneinheit entstehen." (Lancaster, Moderne Mikroökonomie, Seite 154)

(2) Geometrisch betrachtet, werden die Grenzkosten durch die Steigung der Gesamtkostenkurve in dem dem jeweiligen Output entsprechenden Punkt gemessen." (Leftwich, Lehrbuch der Mikroökonomischen Theorie, Seite 126)

Ist $K(x)$ die Kostenfunktion, so liefert in unserer Notation (1) $\Delta K(x)$, Definition (2) $K'(x)$ als Grenzkosten.

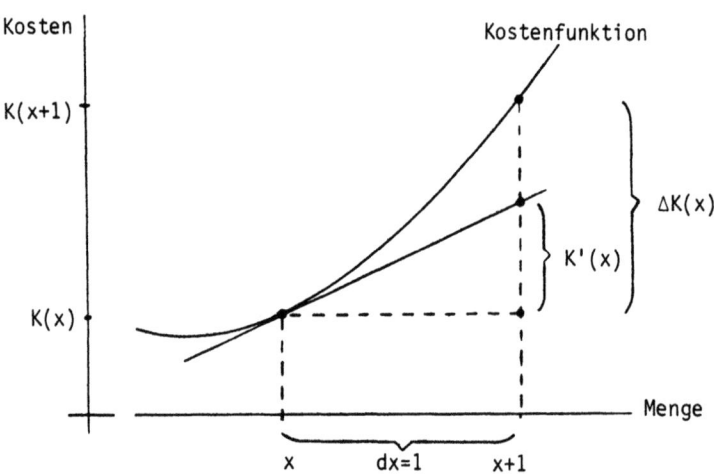

Abb. 15.1: Zwei unterschiedliche Definitionen von Grenzkosten

Abb. 15.1 macht deutlich, daß wegen $dx = 1$ $K'(x)$ mit dem in Abschnitt 13.e definierten Differential übereinstimmt. Ist die Mengeneinheit genügend klein, gilt

(*) $\Delta K(x) \approx K'(x)$.

Damit lassen sich die beiden Definitionen wie folgt zusammenbringen: Man definiert wie in (2) die Grenzkosten als erste Ableitung der Gesamtkosten. Wegen (*) entspricht dies in etwa der Definition (1), die leichter zu interpretieren ist.

15.2. Analog zur Situation bei der Kostenfunktion kann man Grenzgewinn, Grenzumsatz, Grenzsteuer etc. definieren. Man spricht dabei von der Marginalanalyse, d.h. man untersucht Veränderungen der Funktionswerte bei kleinen Änderungen der x-Werte.

Im Zuge der Steuerreformdiskussion spielt der Grenzsteuersatz eine wesentliche Rolle. Vgl. die folgende Abbildung:

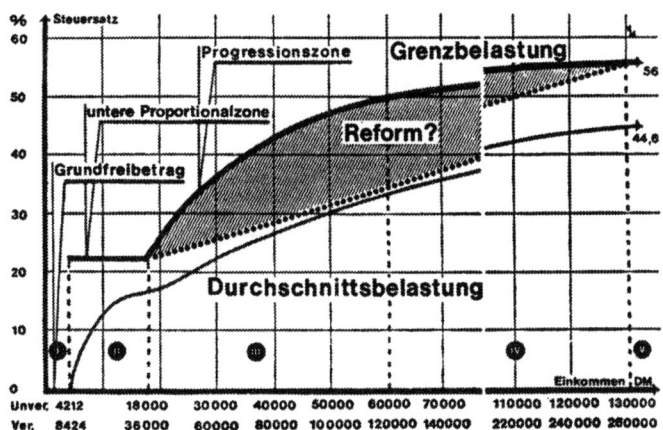

Der geltende Lohn- und Einkommensteuertarif mit seinen fünf Zonen: Der steuerfreie Grundfreibetrag (I), die untere Proportionalzone mit dem Einheitssatz 22 Prozent (II), der untere Progressionsbereich mit einem Anstieg des Grenzsteuersatzes bis auf 50 Prozent (III), die obere Progressionszone bis zum Spitzensteuersatz 56 Prozent (IV) und schließlich die obere Proportionalzone mit einheitlich 56 Prozent Steuer für alle zusätzlichen Einkommensteile (V). Welche Durchschnittsbelastungen sich aus dem Tarifverlauf ergeben, zeigt die untere Kurve. Die gepunktete Linie signalisiert die nach Bonner Kalkül „sauberste Lösung" einer Entschärfung der Progression: den linearen, gleichmäßigen Anstieg der Steuer für jede zusätzlich verdiente Mark. Die Unterschiede in der Grenzsteuerbelastung wären beträchtlich: Unverheiratete mit 50 000 und Verheiratete mit 100 000 Mark steuerpflichtigem Einkommen beispielsweise müßten für die erste Zusatz-Mark nicht mehr 47 Pfennige, sondern nur noch 31 Pfennige an den Fiskus abführen.

Abb. 15.2: Quelle: Frankfurter Rundschau vom 17.12.1983. Zu den Formeln für die Besteuerung vgl. EStG § 32 a.

15.b Wachstumsraten

15.3. Der Sachverständigenrat zur Begutachtung der wirtschaftlichen Entwicklung prognostizierte für 1985 ein Wachstum des Bruttosozialproduktes (BSP) der Bundesrepublik Deutschland um 3 %, d. h.:

$$\frac{BSP(1985) - BSP(1984)}{BSP(1984)} = 0.03 \ .$$

Um verschiedene Entwicklungen besser vergleichen zu können, bezieht man die Wachstumsrate auf einen einheitlichen Zeitraum, man berechnet also z. B. jährliche, monatliche..

Wachstumsraten.

15.4. Definition

Ist y eine Funktion der Zeit t, so messen wir Veränderungen von y im Zeitraum t bis $t+\Delta t$ durch die __diskrete Wachstumsrate__ von y:

$$\frac{y(t+\Delta t) - y(t)}{y(t) \cdot \Delta t} = \frac{\frac{\Delta y}{\Delta t}}{y(t)} \ .$$

Ist $y(t)$ nach t differenzierbar, so heißt

$$\lim_{\Delta t \to 0}\left[\frac{\Delta y}{\Delta t} \Big/ y(t)\right] = \frac{y'}{y} \ \left(= \frac{d\ell n \, |y(t)|}{dt}\right)$$

__stetige Wachstumsrate__ von y.

15.5. Beispiel

Ein Kapital K_0 wird angelegt und mit Jahreszinssatz p verzinst. Das Guthaben nach t Jahren ist dann:

(*) $K(t) = K_0 (1+p)^t .$

Bei halbjährlicher Verzinsung mit dem Zinssatz $\frac{p}{2}$ hat man nach t Jahren:

$$K(t) = K_0 (1 + \tfrac{p}{2})^{2t} \ .$$

Ist das Jahr in n Zinsperioden unterteilt, ergibt sich mit dem Zinssatz $\frac{p}{n}$ für eine Periode nach t Jahren:

$$K(t) = K_0 \left(1 + \tfrac{p}{n}\right)^{nt} .$$

Läßt man nun die Zahl der Perioden beliebig groß werden, $n \to \infty$, spricht man von __stetiger Verzinsung__. Dann ist

$$K(t) = \lim_{n \to \infty} K_0 \left(1 + \tfrac{p}{n}\right)^{nt} = K_0 \left[\lim_{n \to \infty} \left(1 + \tfrac{p}{n}\right)^n\right]^t$$

Der Ausdruck in der eckigen Klammer ist gleich e^p (s. a. § 12). Es gilt also bei stetiger Verzinsung:

(**) $K(t) = K_0 e^{pt} .$

Als stetige Wachstumsrate erhält man:

$$\frac{K'(t)}{K(t)} = \frac{p\,K_0 e^{pt}}{K_0 e^{pt}} = p.$$

Ein Vergleich von (*) und (**) zeigt, daß bei gleichem positivem Jahreszinssatz p das Kapital K(t) bei stetiger Verzinsung - abgesehen vom Anfangszeitpunkt 0 - stets größer ist als bei jährlicher Verzinsung, denn für die beiden Zinsfaktoren gilt: $e^p > 1 + p$ für $p > 0$.

15.c Elastizitäten

15.6. Bauer Klaasen vom Niederrhein möchte herausfinden, wie stark die Kundschaft auf Preisänderungen bei Kartoffeln reagiert. Nach langwierigen Versuchen auf dem Hinsbecker Wochenmarkt stellt er fest, daß das Verhalten der Kunden durch folgende Nachfragefunktion beschrieben werden kann:

$$q = 10 - p \quad 0 \leq p \leq 10$$

wobei q die an einem Tag nachgefragte Menge in kg, p der Preis in DM/kg ist.

Bauer Klaasen sucht also eine Maßzahl für die Reagibilität der Nachfrage q auf Preisänderungen und wählt hierfür zunächst die Steigung der Geraden, also

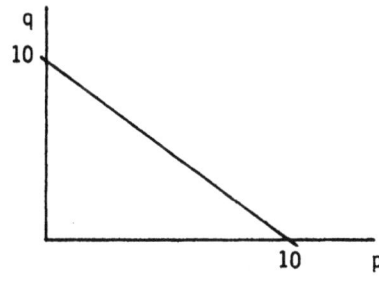

Abb. 15.3: q = 10 - p

$$q'(p) = -1.$$

Diese Wahl ist durchaus plausibel, denn je steiler eine Gerade

$$q = 10 - mp,$$

d. h. je größer m ist, umso stärker reagiert die Nachfrage auf eine Preisänderung. Bei Bauer Klaasens Nachfragefunktion bewirkt eine Preiserhöhung um 1 DM eine Senkung der Nachfrage um 1 kg; wäre der Anstieg der Nachfragefunktion jedoch -2 statt -1, wäre eine Senkung der Nachfrage um 2 kg, d. h. also eine doppelt so starke Raktion die Folge.

Gelegentlich hilft der Opa väterlicherseits auf dem Markt aus. Da dieser noch immer an der alten Auszeichnung nach ☞ (1 Pfund = 0,5 kg) festhält, rechnet ihm sein Sohn die Nachfragefunktion in Abhängigkeit von den Pfundpreisen aus:

$$\bar{p}\ [\text{DM/☞}] = \frac{1}{2} p\ [\text{DM/kg}]$$

$$\rightarrow q = 10 - 2\bar{p}.$$

Bauer Klaasen ist irritiert, denn die Steigung der Nachfragekurve ist nun -2, demnach zeigt sie eine doppelt so starke Nachfragereagibilität an wie die ursprüngliche Kurve, obwohl beide Beziehungen ein und denselben Sachverhalt charakterisieren.

In dieser Situation besucht ihn sein Standnachbar Orlowski vom Hinsbecker Wochenmarkt, der Gartenschläuche verkauft, und berichtet freudestrahlend, seine Nachfragefunktion sei

$$q^G = 100 - p^G,$$

die Steigung sei also auch -1, seine Kunden reagierten also in genau demselben Maße wie die von Bauer Klaasen auf Preisänderungen.

Bauer Klaasen versucht seine Verwirrung zu verbergen und murmelt etwas wie "... sind ja auch dieselben Kunden". Sobald er wieder allein ist, denkt er ausgiebig über das Problem nach. Als erstes stellt er fest: Bei beiden Ungereimtheiten, die aufgetreten sind, spielen die Einheiten in denen gemessen wird, eine wichtige Rolle.

Er notiert nun folgende Zahlenbeispiele für seine Nachfragefunktion:

	Kartoffelpreis (DM/kg) von	auf	Preisänderg. in %	Nachfrage (kg) bewirkt: von	auf	Mengenänderung in %
1	1	2	+ 100	9	8	-11.1
2	4	5	+ 25	6	5	-16 2/3

Dabei geht ihm auf: Eine Preiserhöhung um 1 DM hat eine viel größere Bedeutung, wenn sie eine Verdopplung des Preises bedeutet, als wenn sich der Preis dadurch nur um 25 % erhöht. Entsprechend hängt die Bedeutung einer Mengenänderung um 1 kg davon ab, wieviel vorher nachgefragt wurde. Also bedeutet eine Mengenänderung von 11,1 % bei einer Preisänderung von 100 % eine viel schwächere Reaktion als eine Mengenänderung von $16 \frac{2}{3}$ % bei einer Preisänderung von 25 %. Also legt Bauer Klaasen als Maßzahl fest:

$$\frac{\text{Mengenänderung in \%}}{\text{Preisänderung in \%}}$$

In seinen Beispielen ergibt sich: $\quad \dfrac{\frac{8-9}{9} \cdot 100}{\frac{2-1}{1} \cdot 100} = \dfrac{-11,1}{100} = -\dfrac{1}{9}$

$$\text{bzw.} \quad \frac{-16\frac{2}{3}}{25} = -\frac{2}{3}.$$

Außerdem registriert er erfreut: Seine Maßzahl ist dimensionslos - d.h. die o.a. Probleme, die durch unterschiedliche Einheiten hervorgerufen wurden, treten nicht mehr auf.

Hätte Bauer Klaasen die Vorlesungsunterlagen seines Sohnes zu Rate gezogen, der im siebenten Semester Wirtschaftswissenschaften studiert, hätte er sich viel Arbeit sparen können, denn er hätte dort folgendes gefunden:

15.7. Definition

Es sei $y = f(x)$. Ändert sich von x_0 ausgehend die unabhängige Variable x um Δx, so heißt mit $y_0 = f(x_0)$

$$\frac{\frac{\Delta y}{y_0}}{\frac{\Delta x}{x_0}} = \frac{\Delta y}{\Delta x} \cdot \frac{x_0}{y_0}$$

<u>Bogenelastizität</u> von y bezüglich x im Bereich $(x_0, x_0 + \Delta x)$.

Interpretation: Die Bogenelastizität ist ein Maß für die Reagibilität der abhängigen Variablen auf Veränderungen der unabhängigen Variablen; sie gibt an, um wieviel Prozent sich y ändert, wenn x sich um 1 % ändert. Betrachtet man die Reagibilität von y bzgl. x in einem <u>Punkt</u> x_0, so erhält man ein entsprechendes Maß durch den Grenzübergang $\Delta x \to 0$:

15.8. Definition

Es sei $y = f(x)$ eine in x_0 differenzierbare Funktion. Dann heißt

$$\varepsilon_{yx}(x_0) = f'(x_0) \cdot \frac{x_0}{y_0} .$$

<u>Elastizität</u> von y bzgl. x <u>im Punkte</u> x_0.

Ist f im ganzen Definitionsbereich differenzierbar so heißt $\varepsilon_{yx}(x) = \frac{y'}{y} \cdot x$
<u>Elastizität(sfunktion)</u> von y bzgl. x.

<u>Beispiel:</u>

$q = 10 - p$: $\varepsilon_{qp}(p) = \frac{-1}{q} \cdot p$

$\qquad\qquad\varepsilon_{qp}(1) = \frac{-1}{9} \cdot 1 = -\frac{1}{9}$

$\qquad\qquad\varepsilon_{qp}(4) = \frac{-1}{6} \cdot 4 = -\frac{2}{3} .$

Anmerkung: Bei Geraden stimmen die Werte der Bogenelastizitäten und der Punktelastizitäten in jedem Punkte überein, da in jedem Punkt der Geraden

$$\frac{\Delta y}{\Delta x} = \frac{dy}{dx} .$$

15.9. An unserem Beispiel können wir beobachten, daß sich die Elastizität entlang einer Geraden verändert. Allgemein erhält man für eine Gerade

$$y = ax + b , \quad a < 0, \quad b > 0$$

mit Definitionsbereich $D = [0, -\frac{b}{a}]$ die Elastizitätsfunktion

$$\varepsilon_{yx}(x) = \frac{y'}{y} \cdot x = \frac{ax}{ax+b} .$$

ε_{yx} ist für $x = -\frac{b}{a}$ nicht definiert, aber offensichtlich gilt:

$$\varepsilon_{yx} \longrightarrow -\infty \quad \text{für} \quad x \longrightarrow -\frac{b}{a} \quad \text{von links.}$$

Am linken Rand des Definitionsbereichs haben wir

$$\varepsilon_{yx} = \frac{ax}{ax+b} \longrightarrow 0 \quad \text{für} \quad x \longrightarrow 0 \quad \text{von rechts.}$$

Am rechten Rand des Definitionsbereiches verzeichnet man also eine sehr starke Reagibilität der Nachfrage, am linken Rand eine sehr schwache. Man sagt allgemein, ein Funktion $y = f(x)$ sei _elastisch_ in einem Punkt x_o, falls $|\varepsilon_{yx}(x_o)| > 1$, und sie sei _unelastisch_, falls $|\varepsilon_{yx}(x_o)| < 1$.

15.d Übungsaufgaben

1. Die Zeitreihe für das Volkseinkommen von 1960 bis 1970 lautet:

Jahr	1960	1961	1962	1963	1964	1965	1966	1967	1968	1969	1970
Volkseink. in Mrd. DM	235,7	258,0	277,5	295,8	324,3	355,3	377,1	375,1	415,8	458,5	523,0

a) Zeichnen Sie ein "Zeitreihendiagramm" für das Volkseinkommen, d. h. zeichnen Sie ein Koordinaten-Kreuz, in dem Sie auf der Abszisse die Jahre, auf der Ordinate das Volkseinkommen abtragen und zeichnen Sie die Punkte aus der obigen Tabelle in das Koordinatensystem ein.

b) Berechnen Sie die jährlichen Wachstumsraten in %.

c) Nehmen Sie an, das Volkseinkommen $Y(t)$ sei von 235.7 im Jahre 1960 auf 523.0 im Jahre 1970 stetig mit konstanter Wachstumsrate ω gestiegen. Wie groß wäre dann diese Wachstumsrate gewesen?

Zeichnen Sie die so erhaltene Funktion

$$Y(t) = Y(0)e^{\omega t}$$

in das Koordinatensystem von a).

2. Ermitteln Sie für folgende Funktionen jeweils die Elastizitäten und bestimmen Sie die Bereiche, in denen die Funktionen unelastisch bzw. elastisch sind:

a) $y = e^{2x+3}$

b) $y = ke^{cx}$ mit Konstanten $k, c \neq 0$

c) $y = kx^a$ mit Konstanten $k, a \neq 0$.

3. Die angebotene Menge eines Gutes (x) hänge wie folgt vom Preis (p) ab:

a) $x = 2p^3$

b) $x^2 = 2p^3$

Berechnen Sie jeweils die Bogenelastizität von x bezüglich p im Preisbereich (1,2) sowie die Preiselastizität des Angebotes für die Preise $p = 1$ und $p = 2$.

4. Aus dem Bundesgesetzblatt von 1981 stammten die folgenden Formeln zur Berechnung der Steuerschuld:

 1. für zu versteuernde Einkommen bis 4.212 Deutsche Mark (Grundfreibetrag): 0;
 2. für zu versteuernde Einkommen von 4.213 Deutsche Mark bis 18.000 Deutsche Mark: 0,22 x - 926;
 3. für zu versteuernde Einkommen von 18.001 Deutsche Mark bis 59.999 Deutsche Mark: (((3,05 y - 73,76) y + 695) y + 2.200) y + 3.034;
 4. für zu versteuernde Einkommen von 60.000 Deutsche Mark bis 129.999 Deutsche Mark: (((0,09 z - 5,45) z + 88,13) z + 5040) z + 20.018;
 5. für zu versteuernde Einkommen von 130.000 Deutsche Mark an: 0,56 x - 14.837.

Erläuterung:
"x" ist das abgerundete zu versteuernde Einkommen. "y" ist ein Zehntausendstel des 18.000 Deutsche Mark übersteigenden Teils des abgerundeten zu versteuernden Einkommens. "z" ist ein Zehntausendstel des 60.000 Deutsche Mark übersteigenden Teils des abgerundeten zu versteuernden Einkommens.

Berechnen Sie mit Hilfe dieses Tarifs den Grenzsteuersatz und die Durchschnittsbelastung für zu versteuernde Einkommen von

DM 2000, 18 000, 50 000, 70 000, 120 000

und vergleichen Sie Ihre Werte mit Abb. 15.2.

§ 16 Funktionen mehrerer Veränderlicher

16.1. Beim Studium ökonomischer Funktionen wird deutlich, daß meist mehrere Einflußgrößen den Verlauf einer Funktion bestimmen. Bei der Kostenfunktion könnten das z. B. Investitionen, Weltmarktpreise und Lohnniveau sein; bei der Konsumfunktion z. B. Volkseinkommen, Preisniveau und Zinsgröße.

Man kann solche Funktionen durchaus "1-dimensional" untersuchen, indem man nur eine Einflußgröße als Variable betrachtet und die anderen als Konstanten, und diese Untersuchung für jede Einflußgröße wiederholt. Für diese Untersuchungsmethode reichen die in § 13 und § 14 entwickelten Verfahren aus. Man erhält auf diese Weise oft schon genügend Auskunft über das Verhalten der untersuchten Funktionen.

In anderen Fällen ist diese Vorgehensweise unbefriedigend. Man benötigt neue Methoden zur Behandlung von Funktionen mit zwei und mehr Einflußvariablen; sie werden in diesem Abschnitt vorgestellt.

Der Fall zweier Einflußvariablen nimmt eine besondere Stellung ein. Einmal kann man eine Funktion $z = f(x,y)$ sehr schön als Fläche im 3-dimensionalen Raum darstellen und so das Verhalten der Funktion genau erkennen. Als Beispiel siehe Abb. 16.1 mit der Funktion $z = \frac{\sin x}{x} \cdot \frac{\sin y}{y}$.

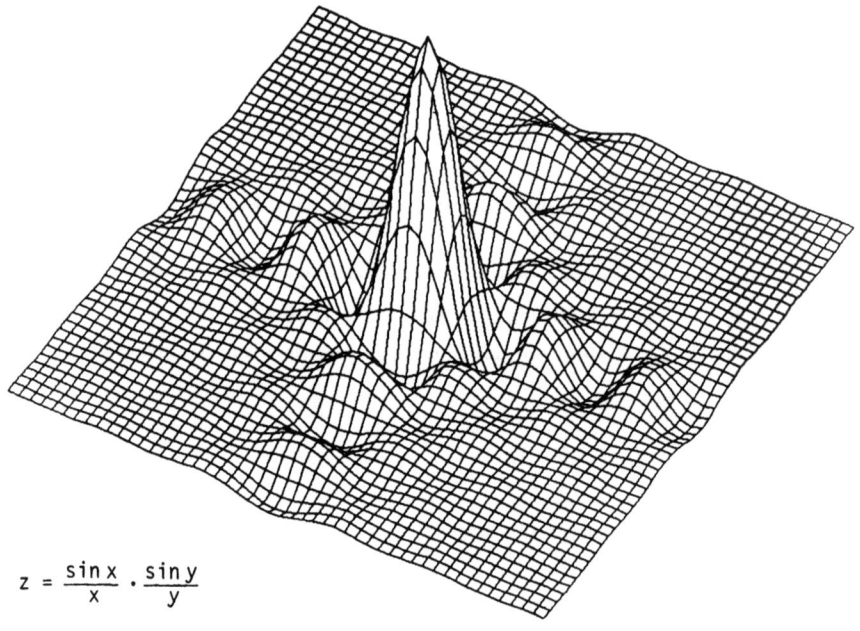

$z = \frac{\sin x}{x} \cdot \frac{\sin y}{y}$

Abb. 16.1

Zum anderen kann man die oben beschriebene Methode der 1-dimensionalen Untersuchung erweitern in eine 2-dimensionale Untersuchung, indem zwei der Einflußgrößen variable und die anderen konstant gehalten werden. Man gewinnt so, auch aufgrund der graphischen Darstellbarkeit, sehr häufig schon genügend Informationen über die Funktion. Aus diesem Grund heben wir den Fall zweier Einflußgrößen besonders hervor.

16.a   Partielle Ableitung

16.2. Definition

Ist $D \subset \mathbb{R}^2$, dann heißt eine Abbildung $f: D \to \mathbb{R}$ eine Funktion zweier Veränderlicher.

Beispiele:

$f(x,y) = x^2 + y^2 \qquad D = \mathbb{R}^2$

$g(x,y) = \dfrac{1}{x^2 - y^2} \qquad D = \{(x,y) \mid x,y \in \mathbb{R},\ y \neq x,\ y \neq -x\}$

$h(x,y) = \dfrac{x}{y} \qquad D = \{(x,y) \mid x,y \in \mathbb{R},\ y \neq 0\}$

Für x,y kann man auch x_1, x_2 oder u,v oder beliebige andere Variablenzeichen benutzen:

$k(r,t) = r \cdot \cos t \qquad D = \mathbb{R}^2$

$\ell(a,x) = \dfrac{a+x}{a-x} \qquad D = \{(a,x) \mid a,x \in \mathbb{R},\ a \neq x\}$

$m(x_1, x_2) = e^{-\frac{1}{x_1}} \cdot \sin x_2 \qquad D = \{(x_1, x_2) \mid x_1, x_2 \in \mathbb{R},\ x_1 \neq 0\}$

16.3. Definition

Sei $n \in \mathbb{N}$ eine natürliche Zahl.
Ist $D \subset \mathbb{R}^n$, dann heißt eine Abbildung $f: D \to \mathbb{R}$ eine Funktion mit n Veränderlichen.

Beispiele:

1. (n=3) $f(u,v,w) = \dfrac{u^2 - v^2}{w^2}$

   $D = \{(u,v,w) \mid u,v,w \in \mathbb{R}, w \neq 0\}$

2. (n=3) $g(x,y,z) = \dfrac{xyz}{\sqrt{x^2+y^2+z^2}}$

   $D = \{(x,y,z) \mid x,y,z \in \mathbb{R}, (x,y,z) \neq (0,0,0)\}$

3. (n=4) $f(x_1,x_2,x_3,x_4) = \sqrt{x_1^2+x_2^2+x_3^2+x_4^2}$

   $D = \mathbb{R}^4$

4. (n=4) $w(a,b,c,t) = \dfrac{c}{1+e^{a-bt}}$

   $D = \mathbb{R}^4$

5. (n=5) $Y(a,\alpha_1,\alpha_2,A,K) = a \cdot A^{\alpha_1} \cdot K^{\alpha_2}$

   $D = \{(a,\alpha_1,\alpha_2,A,K) \mid a,\alpha_1,\alpha_2,A,K \in \mathbb{R}, 0 < A,K\}$

Zur Schreibweise: Die Elemente (Punkte) des $\mathbb{R}^n$ werden im Gegensatz zu z. B. § 7 hier als Zeilenvektoren beschrieben, also $(x_1, x_2, \ldots, x_n)$ und $f(x_1, x_2, \ldots, x_n)$.

16.4. Definition

(a) Für zwei Punkte $a = (a_1, \ldots, a_n)$ und $b = (b_1, \ldots, b_n)$ des $\mathbb{R}^n$ heißt

$$d^*(a,b) = \sqrt{(b_1-a_1)^2 + (b_2-a_2)^2 + \ldots + (b_n-a_n)^2}$$

der euklidischen _Abstand_ von a und b.

(b) Der euklidische Abstand $\|a\|$ mit

$$\|a\| = d^*(a,0) = \sqrt{a_1^2 + a_2^2 + \ldots + a_n^2}$$

eines Punktes $a = (a_1, \ldots, a_n)$ des $\mathbb{R}^n$ vom Nullpunkt heißt die _Länge_ oder die _Norm von_ a.

(c) Eine Teilmenge $M \subset \mathbb{R}^n$ heißt _beschränkt_, wenn die Menge der Längen $\|a\|$ mit $a \in M$ beschränkt (in $\mathbb{R}$) ist, also wenn es eine Zahl (Schranke) $s \in \mathbb{R}$ gibt mit $\|a\| \leq s$ für alle $a \in M$.

Es gilt stets $d^*(a,b) = \|b-a\|$. Siehe auch Definition 6.6.

16.5. Definition

Für ein $a = (a_1, a_2, \ldots, a_n) \in \mathbb{R}^n$ und ein $\varepsilon \in \mathbb{R}$, $\varepsilon > 0$, heißt die Menge

$$U_\varepsilon(a) := \{x \in \mathbb{R}^n \mid \sqrt{(a_1-x_1)^2 + \ldots + (a_n-x_n)^2} < \varepsilon\} = \{x \in \mathbb{R}^n \mid d^*(a,x) < \varepsilon\}$$

eine <u>ε-Umgebung</u> des Punktes a.

Alle ε-Umgebungen sind beschränkte Mengen. Ist $M \subset \mathbb{R}^n$ beschränkt und s die Schranke aus Definition 16.4(c), so gilt: $M \subset U_\varepsilon(0)$ für alle $\varepsilon > s$. (In welchen Fällen ist $M \subset U_s(0)$ falsch?)

Die Definition 16.5 verallgemeinert die Definition 5.8 (n=1). Für n=2 ist die ε-Umgebung von a die Kreisscheibe um a mit dem Radius ε, ohne die Punkte der Kreislinie.

Für n=3 ist die ε-Umgebung von a die Vollkugel um a mit dem Radius ε, ohne die Punkte der Kugeloberfläche.

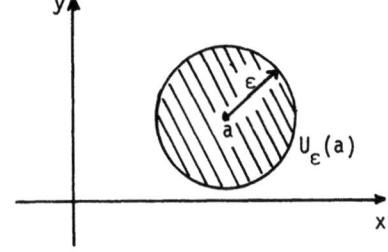

Abb. 16.2

16.6. Definition Sei $D \subset \mathbb{R}^n$

1. $a \in D$ heißt ein <u>innerer Punkt von D</u>, wenn eine (möglicherweise "sehr kleine") ε-Umgebung von a ganz in D liegt (d. h., wenn es ein $\varepsilon \in \mathbb{R}$, $\varepsilon > 0$, gibt mit $U_\varepsilon(a) \subset D$).

2. $a \in \mathbb{R}^n$ heißt ein <u>Randpunkt von D</u>, wenn a kein innerer Punkt von D ist, aber jede ε-Umgebung von a Punkte aus D enthält.

16.6 verallgemeinert Definition 14.2 (n=1).

Beispiele: (n=2)

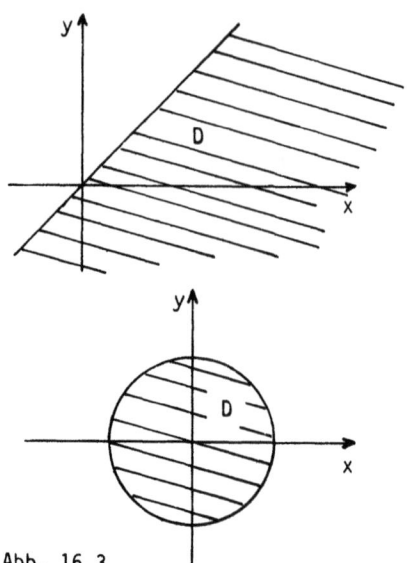

1. Sei $D = \{(x,y) | y < x\}$ die Menge aller Punkte unterhalb der Geraden $y=x$; alle Punkte aus D sind innere Punkte von D und die Randpunkte von D sind gerade die Punkte der Geraden $y=x$.

2. Sei $D = \{(x,y) | x^2+y^2 \leq 1\}$ die Kreisscheibe um den Nullpunkt mit dem Radius 1. Die Kreislinie $K = \{(x,y) | x^2+y^2 = 1\}$ enthält genau die Randpunkte von D; es ist $D = U_1(0,0) \cup K$ und die 1-Umgebung $U_1(0,0)$ des Nullpunktes enthält genau die inneren Punkte von D.

Abb. 16.3

16.7. Definition

Sei $x_1, x_2, x_3, \ldots, x_k, \ldots$ eine Folge von Punkten des $\mathbb{R}^n$, also

$$x_k = (x_{k1}, x_{k2}, \ldots, x_{kn}) \in \mathbb{R}^n \quad (k \in \mathbb{N}).$$

Man sagt: Die Folge $(x_k)_{k \in \mathbb{N}}$ konvergiert gegen den Punkt $a = (a_1, a_2, \ldots, a_n) \in \mathbb{R}^n$, wenn für die n Komponentenfolgen $(x_{k1})_{k \in \mathbb{N}}, (x_{k2})_{k \in \mathbb{N}}, \ldots, (x_{kn})_{k \in \mathbb{N}}$ gilt:

$$\lim_{k \to \infty} x_{k1} = a_1, \lim_{k \to \infty} x_{k2} = a_2, \ldots, \lim_{k \to \infty} x_{kn} = a_n;$$

Man schreibt dann: $\lim_{k \to \infty} x_k = a$.

Beispiele:

1. (n=2) Sei $x_k = \left(\frac{1}{1+k}, (-1)^k\right)$ ($k \in \mathbb{N}$). Die Folge $(x_k)_{k \in \mathbb{N}}$ konvergiert nicht.

2. (n=4) Sei $x_k = \left(\frac{1}{1+k}, \frac{k}{1+k}, \sum_{i=0}^{k} \frac{1}{i!}, \sum_{i=0}^{k} 2^{-i}\right)$ ($k \in \mathbb{N}$).
Die Folge $(x_k)_{k \in \mathbb{N}}$ konvergiert mit $\lim_{k \to \infty} x_k = (0, 1, e, 2)$.

16.8. Definition Sei $D \subset \mathbb{R}^n$ und $f: D \to \mathbb{R}$ eine Funktion.

1. $f: D \to \mathbb{R}$ heißt stetig im Punkt $a \in D$, wenn für jede Punktfolge $a_k \in D$ ($k \in \mathbb{N}$), die gegen a konvergiert, auch gilt $\lim_{k \to \infty} f(a_k) = f(a)$.

2. Die Funktion $f: D \to \mathbb{R}$ heißt stetig, wenn f in jedem Punkt $a \in D$ stetig ist.

Bemerkung:

Jede Funktion, die durch einen arithmetischen Ausdruck, der nur Variable und stetige Funktionen enthält, definiert werden kann, ist stetig. Damit sind praktisch alle Funktionen, die uns in diesem Buch begegnen, stetige Funktionen, mit Ausnahme von solchen Funktionen, wo die Unstetigkeit, wie bei einer Sprungfunktion (z. B. Zinsfunktion), ganz offensichtlich ist und nur isolierte Punkte betrifft. Auch kann Unstetigkeit bei einer Funktion in einem Punkt auftreten, in dem die Funktion singulär definiert ist. Zum Beispiel ist die durch

$$f(x,y) = \begin{cases} \frac{2xy}{x^2+y^2} & (x,y) \neq (0,0) \\ 0 & (x,y) = (0,0) \end{cases}$$

definierte Funktion $f: \mathbb{R}^2 \to \mathbb{R}$ in allen vom Nullpunkt $(0,0)$ verschiedenen Punkten stetig, in $(0,0)$ ist sie es nicht, denn für die Folgen $u_k = (0, \frac{1}{k})$ und $v_k = (\frac{1}{k}, \frac{1}{k})$ gilt:

$$\lim_{k \to \infty} u_k = (0,0) \qquad \lim_{k \to \infty} f(u_k) = 0$$

$$\lim_{k \to \infty} v_k = (0,0) \qquad \lim_{k \to \infty} f(v_k) = \lim_{k \to \infty} \frac{2 \cdot \frac{1}{k} \cdot \frac{1}{k}}{(\frac{1}{k})^2 + (\frac{1}{k})^2} = 1.$$

Daher kann f auch durch eine andere Definition im Punkt $(0,0)$ nicht stetig gemacht werden.

16.9. Wir betrachten nun die Funktion $f: \mathbb{R}^3 \to \mathbb{R}$ mit

$$f(x,y,z) = x^2 y^2 z^2 + x^2 + yz - z.$$

Dadurch, daß zwei der drei Veränderlichen x, y, z fest gelassen werden, entsteht eine Funktion einer Veränderlichen, und diese Funktion kann nach den Regeln aus § 13 differenziert werden:

1) Für zwei feste Zahlen $y, z \in \mathbb{R}$ erhält man die Funktion
$$g(x) = x^2 y^2 z^2 + x^2 + yz - z \quad (x \in \mathbb{R}) \quad \text{mit der Ableitung} \quad g'(x) = 2xy^2 z^2 + 2x.$$

2) Für zwei feste Zahlen $x, z \in \mathbb{R}$ erhält man die Funktion
$$h(y) = x^2 y^2 z^2 + x^2 + yz - z \quad (y \in \mathbb{R}) \quad \text{mit der Ableitung} \quad h'(y) = 2x^2 y z^2 + z.$$

3) Für zwei feste Zahlen $x, y \in \mathbb{R}$ erhält man die Funktion
$$k(z) = x^2 y^2 z^2 + x^2 + yz - z \quad (z \in \mathbb{R}) \quad \text{mit der Ableitung} \quad k'(z) = 2x^2 y^2 z + y - 1.$$

16.10. Definition Sei $D \subset \mathbb{R}^n$, $f: D \to \mathbb{R}$.

Sei $D \subset \mathbb{R}^n$, $f: D \to \mathbb{R}$ und $(x_1, x_2, \ldots, x_n) \in D$ ein innerer Punkt von D. Für ein i, $1 \leq i \leq n$, heißt der Grenzwert

$$\lim_{h \to 0} \frac{1}{h} \left[f(x_1, \ldots, x_{i-1}, x_i + h, x_{i+1}, \ldots, x_n) - f(x_1, \ldots, x_n) \right]$$

(falls er existiert) die i-te (oder x_i-te) <u>partielle Ableitung</u> der Funktion f im Punkt $(x_1, \ldots, x_n)$. Für diese Ableitung schreibt man auch

$$\frac{df}{dx_i}(x_1, \ldots, x_n) \quad \text{oder} \quad f'_{x_i}(x_1, \ldots, x_n).$$

Die Funktion $f: D \to \mathbb{R}$ heißt (1 mal) <u>partiell differenzierbar</u>, wenn D nur innere Punkte besitzt und wenn für jeden Punkt aus D alle diese n Ableitungen existieren.

<u>Beispiele:</u>

1. Für die in 16.9 betrachtete Funktion $f: \mathbb{R} \to \mathbb{R}, f(x,y,z) = x^2 y^2 z^2 + x^2 + yz - z$, ergeben sich drei partielle Ableitungen:

$$f'_x(x,y,z) = 2xy^2 z^2 + 2x$$
$$f'_y(x,y,z) = 2x^2 y z^2 + z$$
$$f'_z(x,y,z) = 2x^2 y^2 z + y - 1.$$

2. $h(x,y) = \frac{x}{y}$ $(y \neq 0)$: $\quad h'_x(x,y) = \frac{1}{y} \quad h'_y(x,y) = -\frac{x}{y^2}$.

3. $k(r,t) = r \cdot \cos t$, $D = \mathbb{R}^2$: $\quad k'_r(r,t) = \cos t \quad k'_t(r,t) = -r \cdot \sin t$.

4. $g(u,v,w) = \dfrac{u^2 - v^2}{w^2}$ $(w \neq 0)$:

$g'_u(u,v,w) = \dfrac{2u}{w^2}$ $g'_v(u,v,w) = -\dfrac{2v}{w^2}$ $g'_w(u,v,w) = -2\dfrac{u^2 - v^2}{w^3}$.

<u>16.11.</u> Eine partiell differenzierbare Funktion f mit n Veränderlichen besitzt n partielle Ableitungen. Jede dieser n partiellen Ableitungen ist wieder eine Funktion mit n Veränderlichen und kann ihrerseits partiell differenzierbar sein; im Falle der Differenzierbarkeit können dann die zweiten partiellen Ableitungen (oder die partiellen Ableitungen zweiter Ordnung) gebildet werden. Genauso werden die partiellen Ableitungen 3., 4., ... Ordnung gebildet.

Für $(f'_x)'_x$ schreibt man f''_{xx} usw.

$f''_{xx} = (f'_x)'_x$ $f''_{yx} = (f'_y)'_x$ $f'''_{xxx} = (f''_{xx})'_x$

$f''_{xy} = (f'_x)'_y$ $f''_{yy} = (f'_y)'_y$ ...

Andere Schreibweisen:

$\dfrac{d^2 f}{dx_1 dx_1} = f''_{x_1 x_1}$ $\dfrac{d^2 f}{dx_2 dx_1} = f''_{x_2 x_1}$ $\dfrac{d^3 f}{dx_1 dx_2 dx_3} = f'''_{x_1 x_2 x_3}$ usw.

<u>Beispiele:</u>

1. $f(x,y) = x^3 y + x^2 y^2$, $D = \mathbb{R}^2$.

$f'_x(x,y) = 3x^2 y + 2xy^2$ $\qquad\qquad\qquad\qquad f'_y(x,y) = x^3 + 2x^2 y$

$f''_{xx}(x,y) = 6xy + 2y^2$ $f''_{xy}(x,y) = 3x^2 + 4xy$ $f''_{yx}(x,y) = 3x^2 + 4xy$ $f''_{yy}(x,y) = 2x^2$

$f'''_{xxx}(x,y) = 6y$ $f'''_{xyx}(x,y) = 6x + 4y$ $f'''_{yxx}(x,y) = 6x + 4y$ $f'''_{yyx}(x,y) = 4x$

$f'''_{xxy}(x,y) = 6x + 4y$ $f'''_{xyy}(x,y) = 4x$ $f'''_{yxy}(x,y) = 4x$ $f'''_{yyy}(x,y) = 0$

2. $g(x,y,z) = x^2 y^3 z$, $D = \mathbb{R}^3$.

$g'_x(x,y,z) = 2xy^3 z$ $g'_y(x,y,z) = 3x^2 y^2 z$ $g'_z(x,y,z) = x^2 y^3$

$g''_{xx}(x,y,z) = 2y^3 z$ $g''_{yx}(x,y,z) = 6xy^2 z$ $g''_{zx}(x,y,z) = 2xy^3$

$g''_{xy}(x,y,z) = 6xy^2 z$ $g''_{yy}(x,y,z) = 6x^2 yz$ $g''_{zy}(x,y,z) = 3x^2 y^2$

$g''_{xz}(x,y,z) = 2xy^3$ $g''_{yz}(x,y,z) = 3x^2 y^2$ $g''_{zz}(x,y,z) = 0$

Im 1. Beispiel gelten die Gleichungen

$$f''_{xy} = f''_{yx} \qquad f'''_{xxy} = f'''_{xyx} = f'''_{yxx} \qquad f'''_{yyx} = f'''_{yxy} = f'''_{xyy} \,.$$

Im 2. Beispiel gelten

$$g''_{xy} = g''_{yx} \qquad g''_{yz} = g''_{zy} \qquad g''_{zx} = g''_{xz} \,.$$

Man überzeugt sich leicht, daß für die (27) dritten partiellen Ableitungen von g ähnliche Gleichungen gelten z. B.

$$g'''_{xxz} = g'''_{xzx} = f'''_{zxz} \quad \text{und} \quad g'''_{xyz} = g'''_{xzy} = g'''_{yzx} = g'''_{zxy} = g'''_{zyx} \,.$$

Dazu der folgende Satz.

16.12. Satz

Sei $D \subset \mathbb{R}^2$ und $f: D \to \mathbb{R}$ sei zweimal partiell differenzierbar. Sind die Ableitungen f''_{xy} und f''_{yx} stetige Funktionen, so gilt

$$f''_{xy}(x,y) = f''_{yx}(x,y) \quad \text{für alle} \quad (x,y) \in D$$

Hieraus folgt sofort: sind die partiellen Ableitungen der Funktion f mit n Veränderlichen alle stetig, so kann die Reihenfolge der partiellen Differentiation beliebig vertauscht werden.

16.b   Extremwerte bei Funktionen mehrerer Veränderlicher

16.13. Definition für $D \subset \mathbb{R}^n$ und $f: D \to \mathbb{R}$.

Ein Punkt $a \in D$ heißt ein <u>relativer Maximumpunkt</u> oder ein <u>Hochpunkt</u> von f mit dem <u>relativen Maximum</u> $f(a)$, wenn es eine ε-Umgebung U von a gibt mit $f(x) \leq f(a)$ für alle $x \in D \cap U$ [analog: relativer Minimumpunkt, Tiefpunkt, relatives Minimum].
Ein Punkt $a \in D$ heißt <u>(absoluter) Maximumpunkt</u> und $f(a)$ das <u>Maximum</u> von f wenn $f(x) \leq f(a)$ gilt für alle $x \in D$ [analog: (absoluter) Minimumpunkt, Minimum].

Ein relativer Extrempunkt ist entweder ein Hochpunkt oder ein Tiefpunkt.

16.14. Satz

Sei $D \subset \mathbb{R}^n$ eine beschränkte Menge, deren Randpunkte alle zu D gehören. Ist $f:D \to \mathbb{R}$ eine stetige Funktion, so besitzt f sowohl Maximum- wie Minimumpunkte.

Obwohl dieser recht abstrakte Satz nur eine reine Existenzaussage enthält, hilft er doch in manchen Fällen die Extrempunkte zu finden, z. B. in Verbindung mit Satz 16.21 (Multiplikatorregel von Lagrange), der nur die Existenz eines Extrempunktes voraussetzend, ein Verfahren beschreibt, solche Extrempunkte zu berechnen. Teilmengen D von $\mathbb{R}^n$, wie sie im obigen Satz beschrieben sind, treten recht häufig auf. Ist zum Beispiel $g: \mathbb{R}^n \to \mathbb{R}$ eine stetige Funktion, dann ist die Nullstellenmenge $D = \{x \in \mathbb{R}^n | g(x) = 0\}$ eine Menge, die alle ihre Randpunkte enthält. Diese Bemerkung ist für die Beispiele zu Satz 16.21 nützlich.

16.15. Satz (Notwendige Bedingung für einen relativen Extrempunkt)

Sei $D \subset \mathbb{R}^n$, $f:D \to \mathbb{R}$, $a \in D$ ein innerer Punkt von D und f partiell differenzierbar in a. Ist a ein Hoch- oder Tiefpunkt von f, dann gilt:

$$f'_{x_1}(a) = f'_{x_2}(a) = \ldots = f'_{x_n}(a) = 0 \ .$$

Beispiele:

1. $f(x,y) = x^2 + y^2$ $(x,y \in \mathbb{R})$.
   Es ist $f'_x(x,y) = 2x$ und $f'_y(x,y) = 2y$;
   Aus $f'_x(x,y) = 0 = f'_y(x,y)$ folgt:
   $x = y = 0$. Also, <u>wenn</u> f überhaupt einen
   relativen Extrempunkt besitzt, dann nur
   den einen Punkt $(0,0)$ mit $f(0,0) = 0$.
   Andererseits sieht man hier sofort
   $f(x,y) = x^2 + y^2 > 0$ für $(x,y) \neq (0,0)$
   ein, sodaß $(0,0)$ für f nicht nur ein
   relativer sondern auch ein absoluter
   Minimumpunkt ist.

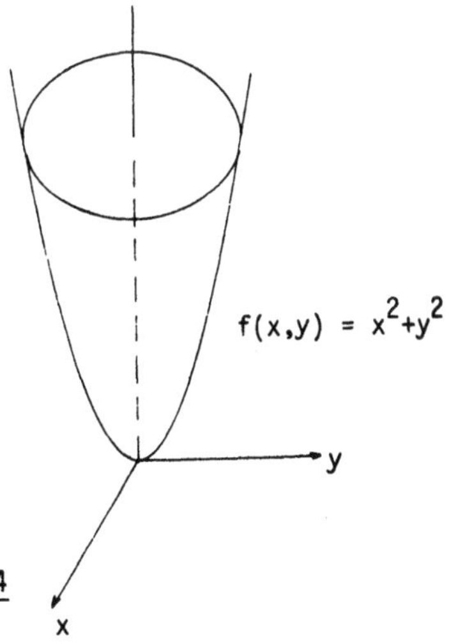

   Abb. 16.4

2. $f(x,y) = x^3 + y^3 - 6xy$ $(x,y \in \mathbb{R})$.
   Es ist $f'_x(x,y) = 3x^2 - 6y$ und $f'_y(x,y) = 3y^2 - 6x$.
   Die Bedingungen $f'_x(x,y) = 0 = f'_y(x,y)$ liefern die Gleichungen
   $3(x^2-2y) = 0 = 3(y^2-2x)$, woraus $x^2 = 2y$, $y^4 = 4x^2$ folgen und daher $y^4 = 8y$, also ist $y = 0$ oder $y^3 = 8$; aus $y^3 = 8$ folgt sofort $y = 2$.

Damit haben die obigen Gleichungen genau die beiden Lösungen $x_1 = 0$, $y_1 = 0$ und $x_2 = 2$, $y_2 = 2$. Also können höchstens die Punkte $(0,0)$ und $(2,2)$ relative Extrempunkte sein. Es wird sich nach Satz 16.18 zeigen: $(0,0)$ ist keiner, $(2,2)$ ist ein Tiefpunkt.

Zur Vereinfachung der Sprechweise stellen wir noch die folgende Definition zur Verfügung.

16.16. Definition

Für eine partiell differenzierbare Funktion $f: D \to \mathbb{R}$, $D \subset \mathbb{R}^n$, heißen die Lösungspunkte $x \in D$ von

$$f'_{x_1}(x) = f'_{x_2}(x) = \ldots = f'_{x_n}(x) = 0$$

die <u>kritischen Punkte</u> von f.

Satz 16.15 sagt also: relative Extrempunkte sind kritische Punkte; das Umgekehrte ist falsch, wie im obigen Beispiel angedeutet und nach Satz 16.18 gezeigt wird. $f(x,y) = x^2 + y^2$ hat nur den einen kritischen Punkt $(0,0)$; dagegen hat $f(x,y) = x^3 + y^3 - 6xy$ zwei kritische Punkte: $(0,0)$ und $(2,2)$.

Der folgende Satz stellt eine hinreichende Bedingung für relative Extrempunkte auf.

16.17. Satz (Hinreichende Bedingung für einen relativen Extrempunkt)

Sei $f: D \to \mathbb{R}$, $D \subset \mathbb{R}^n$, eine Funktion mit stetigen partiellen Ableitungen 2. Ordnung und a ein (innerer) Punkt von D.

Es gelte 1) $f'_{x_1}(a,b) = \ldots = f'_{x_n}(a,b) = 0$.

Gilt ferner 2a) $\begin{vmatrix} f''_{x_1 x_1}(a) & \ldots & f''_{x_1 x_i}(a) \\ \vdots & & \vdots \\ f''_{x_i x_1}(a) & \ldots & f''_{x_i x_i}(a) \end{vmatrix} > 0$ für alle $i = 1, \ldots, n$,

dann ist a ein Tiefpunkt von f;

gilt 2b) $(-1)^i \cdot \begin{vmatrix} f''_{x_1 x_1}(a) & \ldots & f''_{x_1 x_i}(a) \\ \vdots & & \vdots \\ f''_{x_i x_1}(a) & \ldots & f''_{x_i x_i}(a) \end{vmatrix} > 0$ für alle $i = 1, \ldots, n$,

dann ist a ein Hochpunkt von f.

Gilt dagegen 2c) $f''_{x_i x_i}(a) < 0 < f''_{x_j x_j}(a)$ für ein i und ein j, $1 \leq i, j \leq n$, dann ist a kein relativer Extrempunkt von f.

Die in Satz 16.17 eine wichtige Rolle spielende nxn-Matrix

$$H_f(a) = \begin{bmatrix} f''_{x_1 x_1}(a) & \cdots & f''_{x_1 x_n}(a) \\ \vdots & & \vdots \\ f''_{x_n x_1}(a) & \cdots & f''_{x_n x_n}(a) \end{bmatrix}$$

heißt die <u>Hesse-Matrix</u> von f im Punkt a. Ihre Determinante bezeichnen wir mit $\Delta_f(a)$:

$$\Delta_f(a) = \Delta(a) = \left| H_f(a) \right| .$$

Den besonders wichtigen Fall $n=2$ des Satzes 16.17 schreiben wir mit einer kleinen Ergänzung als eigenen Satz auf.

<u>16.18. Satz</u> (Hinreichende Bedingung für einen relativen Extrempunkt im Fall n=2)

Es sei $D \subset \mathbb{R}^2$, $f: D \to \mathbb{R}$ eine Funktion mit stetigen partiellen Ableitungen 2. Ordnung und $(a,b) \in D$ ein (innerer) Punkt von D.

Gilt dann 1. $f'_x(a,b) = 0 = f'_y(a,b)$

und 2. $\Delta_f(a,b) = f''_{xx}(a,b) \cdot f''_{yy}(a,b) - f''_{xy}(a,b)^2 > 0$,

dann ist (a,b) ein relativer Extrempunkt von f;

und zwar ist (a,b) ein Hochpunkt, wenn $f''_{xx}(a,b) < 0$

und ein Tiefpunkt, wenn $f''_{xx}(a,b) > 0$ ist.

Gilt dagegen 1. und 2. $\Delta_f(a,b) = f''_{xx}(a,b) \cdot f''_{yy}(a,b) - f''_{xy}(a,b)^2 < 0$,

dann ist (a,b) kein relativer Extrempunkt; man sagt dann: f besitzt in (a,b) einen <u>Sattelpunkt</u>.

<u>Beispiele:</u>

1. Für das obige Beispiel 16.15.2 mit $f(x,y) = x^3 + y^3 - 6xy$ hat man
   $f''_{xx}(x,y) = 6x$, $f''_{yy}(x,y) = 6y$, $f''_{xy}(x,y) = f''_{yx}(x,y) = -6$ und die kritischen Punkte $(0,0)$ und $(2,2)$. Zu untersuchen ist $\Delta(0,0)$ und $\Delta(2,2)$:
   Es ist $\Delta(x,y) = 6x \cdot 6y - (-6)^2 = 36(xy-1)$ also $\Delta(0,0) = -36 < 0$ und $\Delta(2,2) = 36(4-1) > 0$; ferner gilt $f''_{xx}(2,2) = 12 > 0$. Also ist $(0,0)$ ein Sattelpunkt und $(2,2)$ ein Tiefpunkt von f mit dem relativen Minimum $f(2,2) = 2^3 + 2^3 - 6 \cdot 2 \cdot 2 = -8$.

2. $f(x,y) = 3x^3 + xy^2 + 6xy \quad (x,y \in \mathbb{R})$.
   Untersuche $f'_x(x,y) = 9x^2 + y^2 + 6y = 0$ und $f'_y(x,y) = 2xy + 6x = 2x(y+3) = 0$.
   1. Fall $x = 0$: $0 = y^2 + 6y = y(y+6)$, also sind $x_1 = 0$, $y_1 = 0$ und $x_2 = 0$, $y_2 = -6$ die (einzigen) zwei Lösungen im Fall 1.

2. Fall $x \neq 0$: $y = -3$, $9x^2 + 9 - 6 \cdot 3 = 0$, also $x^2 = 1$:
$x_3 = 1$, $y_3 = -3$ und $x_4 = -1$, $y_4 = -3$.

f besitzt damit die 4 kritischen Punkte $(0,0)$, $(0,-6)$, $(1,-3)$, $(-1,-3)$.

Bilde nun

$f''_{xx}(x,y) = 18x$ $\quad [f''_{yx}(x,y) = 2y + 6]$

$f''_{xy}(x,y) = 2y + 6$ $\quad f''_{yy}(x,y) = 2x$

und untersuche $\Delta(x_i, y_i)$ für $i = 1,2,3,4$. Es ist $\Delta(x,y) = 36x^2 - (2y+6)^2$, also $\Delta(0,0) = -6^2 < 0$, $\Delta(0,-6) = -6^2 < 0$ und $\Delta(\pm 1,-3) = 36 - 0 > 0$; ferner gilt $f''_{xx}(1,-3) = 18 > 0$ und $f''_{xx}(-1,-3) = -18 < 0$. Also sind $(0,0)$ und $(0,-6)$ Sattelpunkte von f, $(1,-3)$ ist ein Tiefpunkt mit dem relativen Minimum $f(1,-3) = -6$ und $(-1,-3)$ ist ein Hochpunkt mit dem relativen Maximum $f(-1,-3) = 6$.

3. $f(x,y) = x^4 - y^4 - 14x^2 + 50y^2 - 2x^2y^2$ $\quad (x,y \in \mathbb{R})$.
Es ist $f'_x(x,y) = 4x(x^2 - y^2 - 7)$ und $f'_y(x,y) = -4y(x^2 + y^2 - 25)$.
Man erhält genau die neun kritischen Punkte $(0,0), (0,\pm 5), (\pm\sqrt{7},0), (\pm 4,\pm 3)$.

f hat 5 Sattelpunkte: $(0,0)$, $(\pm 4, \pm 3)$

   2 Hochpunkte: $(0, \pm 5)$

 und 2 Tiefpunkte: $(\pm\sqrt{7}, 0)$.

16.c   <u>Extremwerte mit Nebenbedingungen</u>

16.19. Häufig trifft man auf das Problem von einer Funktion $f: D \to \mathbb{R}$, $D \subset \mathbb{R}^n$, nicht einfach ein Maximum (Minimum) zu bestimmen, sondern für die gesuchten Extrempunkte noch gewisse (Neben-) Bedingungen zu verlangen.

Wir kennen diese Problemstellung schon von der linearen Optimierung her. Dort bestimmen die (Neben-) Bedingungen (lineare Ungleichungen) einen zulässigen Bereich $ZB \subset \mathbb{R}^n$ (ZB = Menge aller Punkte, für die alle Bedingungen erfüllt sind); eine lineare (Ziel-) Funktion $Q: \mathbb{R}^n \to \mathbb{R}$ wurde sodann nur auf diesem Bereich ZB auf ein Maximum (Minimum) untersucht.

Hier lassen wir nun ganz allgemein auch nicht lineare Funktionen zu (zu deren Untersuchung ja gerade die Methoden der Analysis entwickelt wurden), wir wollen allerdings nur solche Nebenbedingungen zulassen, die durch Gleichungen beschrieben werden können.

Zwei kleine Beispiele seien vorangestellt. Das erste steht in jedem Schulbuch: Minimiere das Material einer Konservendose von 1 Liter Inhalt, minimiere also die Oberfläche $O(r,h) = 2\pi r(r+h)$ eines Zylinders unter der (Neben-) Bedingung $V(r,h) = \pi r^2 h = 1000$.

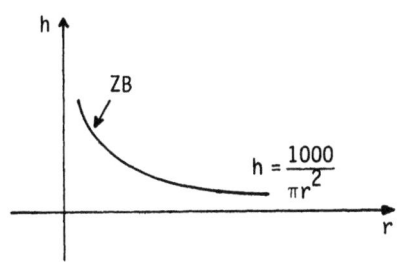
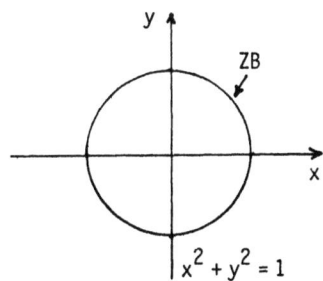

Abb. 16.5

Das zweite: Bestimme Maximum und Minimum von $f(x,y) = 2x^3 + y^2$ unter der Nebenbedingung $x^2 + y^2 = 1$.

Beidemale kann man durch die Nebenbedingung in der Zielfunktion eine Variable eleminieren und das Problem mit den Methoden für Funktionen einer Variablen lösen; wie das zweite Beispiel zeigt, muß man dabei aber sehr genau auf die "Randpunkte" (1,0) und (-1,0) achten, die hier gerade die gesuchten Extrempunkte sind (siehe Beispiel 4 nach Satz 16.21).

Eine allgemeine Methode Probleme dieser Art zu lösen ist die Multiplikatorregel von J.L. Lagrange.

16.20. Definition

Es seien gegeben die m Funktionen $g_1, g_2, \ldots, g_m : D \to \mathbb{R}$ ($D \subset \mathbb{R}^n$).

a) Es heißt die Nullstellenmenge $ZB = ZB(g_1, \ldots, g_m) = \{x \in D \mid g_1(x) = \ldots = g_m(x) = 0\}$ die <u>Menge der zulässigen Punkte</u> von $g_1, \ldots, g_m$.

b) Im Fall partiell differenzierbarer Funktionen $g_1, \ldots, g_m$ und $m < n$ heißt ein Punkt $a \in D$ regulär bzgl. $g_1, \ldots, g_m$, wenn die $m \times n$-Matrix

$$\begin{bmatrix} \frac{dg_1}{dx_1}(a) & \cdots & \frac{dg_1}{dx_n}(a) \\ \vdots & & \vdots \\ \frac{dg_m}{dx_1}(a) & \cdots & \frac{dg_m}{dx_n}(a) \end{bmatrix}$$

den (maximalen) Rang m besitzt.

c) Man sagt: Für die Funktion $f : D \to \mathbb{R}$ liegt ein <u>relatives Extremwertproblem bzgl.</u> (der Funktionen) der <u>Nebenbedingungen</u> $g_1, \ldots, g_m$ vor, wenn ein Punkt $a \in ZB$ gesucht wird, für den es eine ε-Umgebung U gibt, sodaß gilt $f(a) \geq f(x)$ für alle $x \in ZB \cap U$ oder $f(a) \leq f(x)$ für alle $x \in ZB \cap U$; im ersten (zweiten) Fall heißt dann a ein relativer Maximumpunkt oder Hochpunkt (Minimumpunkt, Tiefpunkt) von f bzgl. der Nebenbedingungen $g_1, \ldots, g_m$.

Der folgende Satz enthält eine notwendige Bedingung für relative Extrempunkte bzgl. Nebenbedingungen.

16.21. Satz (Multiplikatorregel von J.L. Lagrange)

Sei $D \subset \mathbb{R}^n$. Gegeben sei die Funktion

$$f: D \to \mathbb{R}$$

und die m Funktionen der Nebenbedingung

$$g_1, g_2, \ldots, g_m : D \to \mathbb{R};$$

es gelte $m < n$ und alle Funktionen $f, g_1, \ldots, g_m$ seien partiell differenzierbar mit stetigen partiellen Ableitungen 1. Ordnung.

Nun sei $a \in D$ ein innerer Punkt von D und regulär bzgl. $g_1, \ldots, g_m$; a sei ein relativer Extrempunkt bzgl. der Nebenbedingung

$$g_1(x) = g_2(x) = \ldots = g_m(x) = 0.$$

Bilde nun die (Lagrange-) Funktion

$$F(x_1, \ldots, x_n, \lambda_1, \ldots, \lambda_m) = f(x) + \lambda_1 \cdot g_1(x) + \ldots + \lambda_m \cdot g_m(x)$$

$$(x = (x_1, \ldots, x_n) \in D; \lambda_1, \ldots, \lambda_m \in \mathbb{R}).$$

Dann gilt:
Es gibt Zahlen $\lambda_1, \ldots, \lambda_m$ mit

$$(*) \begin{cases} F'_{x_1}(a, \lambda_1, \ldots, \lambda_m) & = 0 \\ \quad \vdots & \\ F'_{x_n}(a, \lambda_1, \ldots, \lambda_m) & = 0 \\ (F'_{\lambda_1}(a, \lambda_1, \ldots, \lambda_m) =) \quad g_1(a) & = 0 \\ \quad \vdots & \quad \vdots \\ (F'_{\lambda_m}(a, \lambda_1, \ldots, \lambda_m) =) \quad g_m(a) & = 0 \end{cases}$$

Um also bei einer Funktion $f: D \to \mathbb{R}$ die relativen Extrempunkte $a = (a_1, \ldots, a_n)$ unter der Nebenbedingung $g_1(a) = \ldots = g_m(a) = 0$ zu finden, ist also erstens die Lagrange-Funktion

$$F(x, \lambda_1, \ldots, \lambda_m) = f(x) + \lambda_1 \cdot g_1(x) + \ldots + \lambda \cdot g_m(x)$$

zu bilden und sind zweitens die $n+m$ Gleichungen $(*)$ nach den $n+m$ Unbekannten $a_1, \ldots, a_n, \lambda_1, \ldots, \lambda_m$ aufzulösen.

Das Gleichungssystem (*) liefert nur eine notwendige Bedingung für relative Extrempunkte von f bzgl. der Nebenbedingung $g_1,\ldots,g_m$; Lösungen von (*) sind nicht immer auch schon solche Extrempunkte. Aber: Alle solche Extrempunkte, die regulär sind, sind auch Lösungen von (*).

In fast allen Anwendungsfällen (in diesem Buch; alle), ist es so, daß schon alle zulässigen Punkte regulär sind, so daß auf eine gesonderte Untersuchung der singulären (= nicht regulären) zulässigen Punkte verzichtet werden kann.

<u>Beispiele</u>: Für alle Beispiele gilt m=1 und n=2 oder n=3.

1. Bestimme alle Maximum- und Minimumpunkte der Funktion

$$f(x,y,z) = 2x + 2y + z \quad ((x,y,z) \in D = \mathbb{R}^3)$$

unter der Nebenbedingung

$$x^2 + y^2 + z^2 = 1.$$

Zunächst: Alle Punkte von $D = \mathbb{R}^3$ sind innere Punkte.
Die Funktion der Nebenbedingung ist hier $g(x,y,z) = x^2 + y^2 + z^2 - 1$.
Die Menge ZB der zulässigen Punkte, also aller (x,y,z) mit $x^2 + y^2 + z^2 - 1 = 0$, ist die Oberfläche der Kugel um den Nullpunkt mit dem Radius 1. Das gestellte Problem kann auch so formuliert werden: Bestimme alle Maximum- und Minimumpunkte der Funktion $f: ZB \to \mathbb{R}$.

Satz 16.14 und ausschließende Bemerkung zeigen, daß Maximum- und Minimumpunkte auch tatsächlich existieren.
Zur Regularitätsbedingung: Es ist $g'_x(x,y,z) = 2x$, $g'_y(x,y,z) = 2y$, $g'_z(x,y,z) = 2z$ und die 1x3-Matrix $(2x\ 2y\ 2z)$ hat nur für den Nullpunkt $(x,y,z) = (0,0,0)$ nicht den Rang 1; $(0,0,0)$ aber gehört nicht zu ZB: Alle zulässigen Punkte sind also regulär. Satz 16.21 (Lagrangesche Multiplikatorregel) besagt nun: Alle relativen Extrempunkte unter der Nebenbedingung, also erst recht alle (absoluten) Extrempunkte unter der Nebenbedingung, sind Lösungen des Gleichungssystems (*). Bilde nun die Lagrangefunktion

$$F(x,y,z,\lambda) = f(x,y,z) + \lambda \cdot g(x,y,z) = 2x + 2y + z + \lambda(x^2+y^2+z^2-1)$$

und löse das Gleichungssystem

$$F'_x(x,y,z,\lambda) = 2 + 2\lambda x = 0$$
$$F'_y(x,y,z,\lambda) = 2 + 2\lambda y = 0$$
$$F'_z(x,y,z,\lambda) = 1 + 2\lambda z = 0$$
$$g(x) = x^2 + y^2 + z^2 - 1 = 0$$

Für jede Lösung (x,y,z,λ) dieses Gleichungssystems gilt nun:

$$\lambda \neq 0, x = -\frac{1}{\lambda}, y = -\frac{1}{\lambda}, z = -\frac{1}{2\lambda} \quad \text{und} \quad (-\frac{1}{\lambda})^2 + (-\frac{1}{\lambda})^2 + (-\frac{1}{2\lambda})^2 = 1,$$

woraus $\lambda^2 = \frac{9}{4}$ folgt. Damit haben wir zwei Lösungen gefunden:

$\lambda_1 = \frac{3}{2} \quad x_1 = -\frac{2}{3} \quad y_1 = -\frac{2}{3} \quad z_1 = -\frac{1}{3}$

$\lambda_2 = -\frac{3}{2} \quad x_2 = \frac{2}{3} \quad y_2 = \frac{2}{3} \quad z_2 = \frac{1}{3}$.

Einer der beiden Lösungspunkte $\pm(\frac{2}{3}, \frac{2}{3}, \frac{1}{3})$ muß nach unseren obigen Überlegungen ein Maximumpunkt, der andere ein Minimumpunkt (bzgl. der Nebenbedingung) sein. Es ist

$f(-\frac{2}{3}, -\frac{2}{3}, -\frac{1}{3}) = -3$ und $f(\frac{2}{3}, \frac{2}{3}, \frac{1}{3}) = 3$.

Also ist $(-\frac{2}{3}, -\frac{2}{3}, -\frac{1}{3})$ der (einzige) Minimumpunkt mit dem Minimum -3 und $(\frac{2}{3}, \frac{2}{3}, \frac{1}{3})$ der (einzige) Maximumpunkt mit dem Maximum 3.

2. Bestimme alle Maximum- und Minimumpunkte der Funktion

$f(x,y,z) = -4x + 2y^2 + 2z \quad (x,y,z \in \mathbb{R})$,

unter der Nebenbedingung

$4x^2 + 16y^2 + z^2 = 144$.

Wie im Beispiel 1 erhält man: Alle Punkte von $D = \mathbb{R}^3$ sind innere Punkte; alle zulässigen Punkte sind regulär; f besitzt unter der Nebenbedingung Maximum- und Minimumpunkte.

Bilde die Lagrange-Funktion

$F(x,y,z,\lambda) = -4x + 2y^2 + 2z + \lambda \cdot (4x^2 + 16y^2 + z^2 - 144)$

und löse das Gleichungssystem

I: $F'_x(x,y,z,\lambda) = -4 + 8\lambda x = 0$

II: $F'_y(x,y,z,\lambda) = 4y + 32\lambda y = 0$

III: $F'_z(x,y,z,\lambda) = 2 + 2\lambda z = 0$

IV: $4x^2 + 16y^2 + z^2 - 144 = 0$.

Es ist (I und III) $\lambda \neq 0$ und $x = \frac{1}{2\lambda}$, $z = -\frac{1}{\lambda}$. Mit II gilt $4y(1 + 8\lambda) = 0$, also $y = 0$ oder $1 + 8\lambda = 0$.
Fall $y = 0$: IV ergibt hier $4 \cdot \left(\frac{1}{2\lambda}\right)^2 + \left(-\frac{1}{\lambda}\right)^2 = 144$, also $\lambda^2 = \frac{1}{72}$. Damit ergeben sich in diesem Fall zwei Lösungen.

$\lambda_1 = -\frac{1}{6\sqrt{2}} \quad x_1 = -3\sqrt{2} \quad y_1 = 0 \quad z_1 = 6\sqrt{2}$

$\lambda_2 = \frac{1}{6\sqrt{2}} \quad x_2 = 3\sqrt{2} \quad y_2 = 0 \quad z_2 = -6\sqrt{2}$.

Fall $\lambda = -\frac{1}{8}$: Hier ist $x = -4$, $z = 8$ und $4 \cdot (-4)^2 + 16y^2 + 8^2 = 144$, also

$y^2 = 1$. Wir erhalten wieder zwei Lösungen:

$$\lambda_3 = -\tfrac{1}{8} \quad x_3 = -4 \quad y_3 = -1 \quad z_3 = 8$$

$$\lambda_4 = -\tfrac{1}{8} \quad x_4 = -4 \quad y_4 = 1 \quad z_4 = 8 \ .$$

Damit haben wir alle (vier) "kritischen" Punkte gefunden:
$\pm(-3\sqrt{2}, 0, 6\sqrt{2})$, $(-4, \mp 1, 8)$

mit $\quad f(-3\sqrt{2}, 0, 6\sqrt{2}) = 12\sqrt{2} + 12\sqrt{2} = 24\sqrt{2}$

$\qquad f(3\sqrt{2}, 0, -6\sqrt{2}) = -12\sqrt{2} - 12\sqrt{2} = -24\sqrt{2}$

$\qquad f(-4, \mp 1, 8) = 16 + 2 + 16 = 34 \ .$

Damit ist $-24\sqrt{2}$ das Minimum (unter der Nebenbedingung) mit dem einzigen Minimumpunkt $(3\sqrt{2}, 0, -6\sqrt{2})$. Was aber ist das Maximum? Ohne (!) Taschenrechner erhält man:

$$24\sqrt{2} < 34 \iff 12\cdot\sqrt{2} < 17 \iff (12\cdot\sqrt{2})^2 < 17^2 \iff 288 < 289.$$

Also ist 34 das gesuchte Maximum von f mit den beiden Maximumpunkten $(-4,-1,8)$ und $(-4,1,8)$.

3. Bestimme alle Minimum- und Maximumpunkte der Funktion

$$f(x,y,z) = -225x^2 + 7y^2 - 96yz \quad (x,y,z \in \mathbb{R})$$

unter der Nebenbedingung

$$25x^2 + y^2 + 16z^2 = 25 \ .$$

Auch hier gilt wieder: Alle Punkte von $D = \mathbb{R}^3$ sind innere Punkte; alle zulässigen Punkte sind regulär; f besitzt unter der Nebenbedingung Maximum- und Minimumpunkte.

Bilde die Lagrange-Funktion

$$F(x,y,z,\lambda) = -225x^2 + 7y^2 - 96yz + \lambda\cdot(25x^2 + y^2 + 16z^2 - 25)$$

und löse das Gleichungssystem

I: $\quad F'_x(x,y,z,\lambda) = -450x + 50\lambda x = 0$

II: $\quad F'_y(x,y,z,\lambda) = 14y - 96z + 2\lambda y = 0$

III: $\quad F'_z(x,y,z,\lambda) = -96y + 32\lambda z = 0$

IV: $\quad 25x^2 + y^2 + 16z^2 - 25 = 0$

Aus I erhält man $50x(-9+\lambda) = 0$, also ist $x = 0$ oder $\lambda = 9$. Aus III erhält man $y = \tfrac{\lambda}{3} z$ und daher mit II: $\tfrac{14}{3}\lambda z - 96z + \tfrac{2}{3}\lambda^2 z = \tfrac{2}{3} z(\lambda^2 + 7\lambda - 144) = 0$ und damit $z = 0$ oder $\lambda^2 + 7\lambda - 144 = 0$; die letzte Gleichung ist gleichwertig mit $\lambda = -16$ oder $\lambda = 9$.

Aus den Gleichungen I, II, III ergeben sich somit die folgenden Fälle:

Fall 1: $\lambda = -16$; $y = -\frac{16}{3}z$; $x = 0$

Fall 2: $\lambda = 9$; $y = 3z$

Fall 3: $\lambda \neq -16, 9$; $z = 0$; $y = 0$; $x = 0$

Im Fall 1 erhält man aus IV: $(-\frac{16}{3}z)^2 + 16z^2 = 25$, also $z^2 = \frac{9}{16}$

und zwei Lösungen: $\lambda_1 = -16 \quad x_1 = 0 \quad y_1 = 4 \quad z_1 = -\frac{3}{4}$

$\lambda_2 = -16 \quad x_2 = 0 \quad y_2 = -4 \quad z_2 = \frac{3}{4}$.

Fall 2: Hier erhält man: $25x^2 + (3z)^2 + 16z^2 = 25$; also $x^2 = 1 - z^2$.

Wir erhalten hier für jede Zahl a mit $-1 \leq a \leq 1$ zwei Lösungen:

$\lambda = 9 \quad x = \sqrt{1-a^2} \quad y = 3a \quad z = a \quad (-1 \leq a \leq 1)$

$\lambda = 9 \quad x = -\sqrt{1-a^2} \quad y = 3a \quad z = a \quad (-1 \leq a \leq 1)$.

Es gibt im Fall 2 unendlich viele Lösungen.

Im Fall 3 erhalten wir keine Lösung, weil der Punkt $(x,y,z) = (0,0,0)$ die Gleichung IV nicht erfüllt.

Wir haben damit die zwei "singulären" kritischen Punkte $\pm(0, 4, -\frac{3}{4})$ und eine ganze "Schar" von kritischen Punkten $(\pm\sqrt{1-a^2}, 3a, a)$ $(-1 \leq a \leq 1)$ erhalten. Es ist

$f(0, 4, -\frac{3}{4}) = 7 \cdot 16 + 96 \cdot 4 \cdot \frac{3}{4} = 400$

$f(0, -4, \frac{3}{4}) = 400$

$f(\pm\sqrt{1-a^2}, 3a, a) = -225(1-a^2) + 7(3a)^2 - 96(3a)a = -225$.

Also ist 400 das Maximum von f (unter der Nebenbedingung) mit den beiden Maximumpunkten $(0, 4, -\frac{3}{4})$ und $(0, -4, \frac{3}{4})$; -225 ist das Minimum von f (unter der Nebenbedingung) mit den unendlich vielen Minimumpunkten

$(\pm\sqrt{1-a^2}, 3a, a) \quad (-1 \leq a \leq 1)$.

4. (Siehe 2. Beispiel in 16.19) Bestimme alle Maximum- und Minimumpunkte der Funktion

$f(x,y) = 2x^3 + y^2 \quad (x,y \in \mathbb{R})$

unter der Nebenbedingung

$x^2 + y^2 = 1$.

Es ist $D = \mathbb{R}^2$, alle zulässigen Punkte sind regulär und f besitzt unter der Nebenbedingung Maximum- und Minimumpunkte.

Bilde die Lagrange-Funktion

$$F(x,y,\lambda) = 2x^3 + y^2 + \lambda(x^2 + y^2 - 1) .$$

Für das Gleichungssystem

$$F_x'(x,y,\lambda) = 6x^2 + 2\lambda x = 0$$
$$F_y'(x,y,\lambda) = 2y + 2\lambda y = 0$$
$$x^2 + y^2 - 1 = 0$$

erhält man die folgenden sechs Lösungen

$\lambda_1 = -1, \quad x_1 = \frac{1}{3}, \quad y_1 = \frac{2}{3}\sqrt{2}$

$\lambda_2 = -1, \quad x_2 = \frac{1}{3}, \quad y_2 = -\frac{2}{3}\sqrt{2}$
$\qquad\qquad\qquad\qquad\qquad\qquad f(\frac{1}{3}, \pm\frac{2}{3}\sqrt{2}) = \frac{26}{27}$

$\lambda_3 = -1, \quad x_3 = 0, \quad y_3 = 1$
$\qquad\qquad\qquad\qquad\qquad\qquad f(0, \pm 1) = 1$

$\lambda_4 = -1, \quad x_4 = 0, \quad y_4 = -1$

$\lambda_5 = -3, \quad x_5 = 1, \quad y_5 = 0 \qquad f(1,0) = 2$

$\lambda_6 = 3, \quad x_5 = -1, \quad y_6 = 0 \qquad f(-1,0) = -2 .$

Also ist $(1,0)$ der (einzige) Maximumpunkt mit dem Maximum 2 und $(-1,0)$ der (einzige) Minimumpunkt mit dem Minimum -2.

16.d Das Kleinstquadrate-Problem

16.22. Wir haben nun das mathematische Instrumentarium zur Verfügung, mit dem die Schätzung der Konsumfunktion (§ 12) hergeleitet wurde. Zunächst wird die auf Seite 5 angesprochene Zielfunktion festgelegt.

Es liegen n Beobachtungen der Variablen Y und C vor (n=23 in § 1) für jede Beobachtung erhalten Y und C einen Index i. Für eine Gerade $C = c_0 + cY$ schreibt man

(1) $\quad C_i = c_0 + cY_i + R_i, \quad (i=1,2,..,n),$

wobei R_i die Differenz zwischen C_i und dem entsprechenden Punkt auf der Geraden, $c_0 + cY_i$, ist. (vgl. Abb. 16.6)

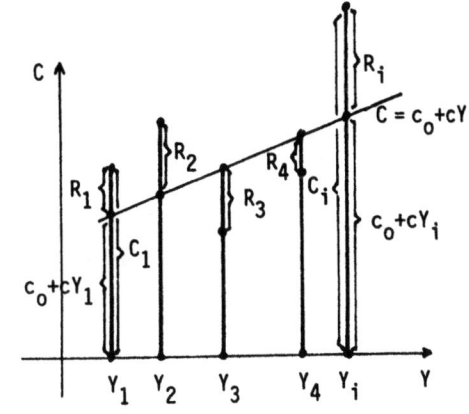

Abb. 16.6

In der Statistik hat sich durchgesetzt, die Gerade $C = c_0 + cY$, also c_0 und c, so zu wählen, daß die Summe der quadrierten Reste,

$$S = \sum_{i=1}^{n} R_i^2$$

möglichst klein wird (<u>Kleinstquadrate</u> (KQ-) <u>Kriterium</u>). Eine weitere Möglichkeit ist, als Zielfunktion $\Sigma |R_i|$ zu verwenden. (Warum ist es nicht sinnvoll ΣR_i zu minimieren?).

Die Wahl der Geraden nach dem KQ-Kriterium ist gleichbedeutend mit der Aufgabe:

Minimiere $S(c_0, c) = \sum_{i=1}^{n} (C_i - c_0 - cY_i)^2$ bzgl. c_0, c.

Die partiellen Ableitungen erster Ordnung sind:

(2) $\quad \dfrac{dS}{dc_0} = -2 \cdot \sum_{i=1}^{n} (C_i - c_0 - cY_i) \stackrel{!}{=} 0$

(3) $\quad \dfrac{dS}{dc} = -2 \cdot \sum_{i=1}^{n} (C_i - c_0 - cY_i) \cdot Y_i \stackrel{!}{=} 0$

Umformen von (2) erbibt

$$\sum_{i=1}^{n} C_i - nc_0 - c \sum_{i=1}^{n} Y_i = 0.$$

Mit $\bar{C} = \dfrac{1}{n} \cdot \sum_{i=1}^{n} C_i$ und $\bar{Y} = \dfrac{1}{n} \cdot \sum_{i=1}^{n} Y_i$ folgt daraus

(4) $\quad c_0 = \bar{C} - c\bar{Y}$.

Setzt man dieses c_0 in (3) ein und löst nach c auf, erhält man:

(5) $\quad c = \dfrac{\sum_{i=1}^{n} C_i Y_i - n \bar{C} \bar{Y}}{\sum_{i=1}^{n} Y_i^2 - n\bar{Y}^2}$.

Daß c_0 und c aus (4), (5) tatsächlich ein Mimimum von S liefern, stellen wir mit dem Kriterium aus Satz 16.18 anhand der Hesse-Matrix fest. Es ergibt sich:

$$H(c_0, c) = \begin{bmatrix} 2n & 2n\bar{Y} \\ 2n\bar{Y} & 2 \cdot \sum_{i=1}^{n} Y_i^2 \end{bmatrix}.$$

Also ist:

$$\Delta = |H| = 4n \left[\sum_{i=1}^{n} Y_i^2 - n\bar{Y}^2 \right] = 4n \sum_{i=1}^{n} (Y_i - \bar{Y})^2 .$$

Dabei überprüft man das zweite Gleichheitszeichen durch Ausmultiplizieren der rechten Seite. |H| ist damit positiv, wenn für mindestens ein i $Y_i \neq \bar{Y}$. (Was heißt $Y_i = \bar{Y}$ für i = 1,2,..., n graphisch?) Außerdem ist $S''_{c_o c_o}(c_o,c) = 2n > 0$, also liegt in c_o, c ein Minimum vor.

16.23. Der hier für eine Einflußvariable (Y) beschriebene Ansatz läßt sich mit Hilfe der Matrizen- und Vektorenschreibweise verallgemeinern auf den Fall von k Einflußvariablen. (Im Beispiel der Konsumfunktion könnten als weitere Einflußgrößen neben dem Volkseinkommen z. B. das Preisniveau oder eine Zinsgröße in Frage kommen.)

Wir werden im folgenden die Bezeichnung y_i für die i-te Beobachtung der abhängigen Variablen (oben: C_i) sowie $x_{i1},..., x_{ik}$ für die i-ten Beobachtungen der unabhängigen (Einfluß-) Variablen Nr. 1 bis k (oben: k=1, $x_{i1} = Y_i$), r_i sei die Restgröße der i-ten Beobachtung (oben: R_i). Dann lauten die (1) entsprechenden Gleichungen:

(6) $y_i = \beta_0 + \beta_1 x_{i1} + \beta_2 x_{i2} + \ldots + \beta_k x_{ik} + r_i$, i = 1, 2, ..., n,

und wir haben k+1 unbekannte "Parameter" $\beta_0, \beta_1,..., \beta_k$ zu bestimmen (oben: c_o, c). Die n Beziehungen (6) kann man schreiben als:

$$\underbrace{\begin{bmatrix} y_1 \\ y_2 \\ \vdots \\ y_n \end{bmatrix}}_{y} = \underbrace{\begin{bmatrix} 1 & x_{11} & \cdots & x_{1k} \\ 1 & x_{21} & \cdots & x_{2k} \\ \vdots & \vdots & & \\ 1 & x_{n1} & \cdots & x_{nk} \end{bmatrix}}_{X} \cdot \underbrace{\begin{bmatrix} \beta_0 \\ \beta_1 \\ \vdots \\ \beta_k \end{bmatrix}}_{\beta} + \underbrace{\begin{bmatrix} r_1 \\ r_2 \\ \vdots \\ r_n \end{bmatrix}}_{r} ,$$

also mit den nx1-Vektoren y und r, dem (k+1)x1-Vektor β und der nx(k+1) Matrix X als

(7) $y = X\beta + r$.

Die Minimierungsaufgabe lautet nun

(8)   Minimiere $S(\beta) = \sum_{i=1}^{n} r_i^2 = r'r = (y - X\beta)'(y - X\beta)$ bzgl. β.

Man kann nun S schreiben als

$$S(\beta_0, \beta_1,..., \beta_k) = \sum_{i=1}^{n} \left(y_i - \beta_0 - \sum_{j=1}^{k} x_{ij} \beta_j \right)^2$$

und durch partielles Ableiten das Minimum bestimmen. Man kann aber auch elementare Ableitungsregeln für die partiellen Ableitungen eines Produktes a'x und einer <u>quadratischen Form</u> x'Ax herleiten und dann auf (8) anwenden, was wir im folgenden tun werden.

Für eine partiell differenzierbare Funktion $f:D \to \mathbb{R}$, $D \subset \mathbb{R}^n$, definiere man:

$$\text{grad } f(x) = \begin{bmatrix} \frac{df}{dx_1}(x) \\ \vdots \\ \frac{df}{dx_n}(x) \end{bmatrix}.$$

Man berechnet für einen konstanten nx1-Vektor a und eine symmetrische nxn-Matrix A und dem nx1-Vektor x:

(9) $\quad$ grad(a'x) = a $\qquad$ (a)
$\quad\quad$ grad(x'Ax) = 2Ax . $\qquad$ (b)

(Nachprüfen!)

Wir multiplizieren die rechte Seite von (8) aus und erhalten:

(10) $\quad S(\beta) = y'y - y'X\beta - \beta'X'y + \beta'X'X\beta$
$\quad\quad S(\beta) \stackrel{!}{=} y'y - 2y'X\beta + \beta'X'X\beta$.

Der erste Ausdruck auf der rechten Seite von (10) ist konstant, also seine erste partielle Ableitung nach β gleich Null; auf $2y'X\beta$ wenden wir Regel (9.a) (β entspricht x!), auf $\beta'X'X\beta$ Regel (9.b) an:

$$\text{grad } S(\beta) = -2X'y + 2X'X\beta \stackrel{!}{=} 0$$

Also ist β mit

(11) $\quad X'X\beta = X'y$

stationärer Punkt. Dieses Gleichungssystem ist eindeutig lösbar, wenn rg X = k + 1 ist. Denn dann ist auch rg X'X = k+1 (!) und X'X ist invertierbar und man erhält aus (11) die Lösung

(12) $\quad \beta = (X'X)^{-1}X'y$.

Um rg X = k+1 zu erreichen muß man mindestens k+1 Beobachtungen ($n \geq k+1$) durchführen mit "unabhängig" gewählten Beobachtungspunkten x_{ij}.

Es genüge hier die Anmerkung, daß die Hesse-Matrix dergestalt ist, daß der in (12) **erhaltene** Vektor β ein Minimum von S definiert. (Multiplizieren Sie zur Übung die rechte Seite von (12) für den Fall k=1 aus und vergleichen Sie die so erhaltenen Formeln mit (4) und (5)!).

16.e Übungsaufgaben

1. Bilden Sie die partiellen Ableitungen von f und bestimmen Sie alle kritischen Punkte von f.

   a) $f(x) = x^3 + 3xy + x^3$ $\quad (x,y \in \mathbb{R})$

   b) $f(x) = \cos x + \cos y$ $\quad (x,y \in \mathbb{R})$

   c) $f(x) = xye^{xy}$ $\quad (x,y \in \mathbb{R})$

2. Bestimmen Sie von der Funktion f mit

   $$f(x,y) = -x^4 + y^4 - 8x^2y^2 + 14x^2 - 3y^2 \quad (x,y \in \mathbb{R})$$

   alle relativen Extrempunkte und Sattelpunkte, sowie die zugehörigen Funktionswerte.

3. Bestimmen Sie von der Funktion f mit

   $$f(x,y) = -14(x+y)^3 + 2x^2 + 2y^2 - 10xy \quad (x,y \in \mathbb{R})$$

   alle relativen Extrempunkte und Sattelpunkte, sowie die zugehörigen Funktionswerte.

4. Bestimmen Sie von der Funktion f mit

   $$f(x,y) = \frac{1}{3}x^3 - x^2 + y^3 - 12y \quad (x,y \in \mathbb{R})$$

   alle relativen Extrempunkte und Sattelpunkte, sowie die zugehörigen Funktionswerte.

5. Bestimmen Sie von der Funktion f mit

   $$f(x,y) = x^2y + 5xy^2 + 3xy \quad (x,y \in \mathbb{R})$$

   alle relativen Extrempunkte und Sattelpunkte, sowie die zugehörigen Funktionswerte.

6. Bestimmen Sie das Maximum, alle Minimumpunkte, das Minimum, alle Minimumpunkte der Funktion

   $$f(x,y) = 3x^3 + 4y^3 \quad (x,y \in \mathbb{R})$$

   unter der Nebenbedingung

   $$x^2 + y^2 = 1 .$$

7. Bestimmen Sie das Maximum, alle Maximumpunkte, das Minimum, alle Minimumpunkte der Funktion
$$f(x,y,z) = \tfrac{1}{3}x - y + 3z^2 \quad (x,y,z \in \mathbb{R})$$
unter der Nebenbedingung
$$\tfrac{1}{3}x^2 + 3y^2 + 48z^2 = 48.$$

8. Bestimmen Sie das Maximum, alle Maximumpunkte, das Minimum, alle Minimumpunkte der Funktion
$$f(x,y,z) = 6x - 13y^2 + 8z \quad (x,y,z \in \mathbb{R})$$
unter der Nebenbedingung
$$x^2 + y^2 + z^2 = 1.$$

9. Bestimmen Sie das Maximum, alle Maximumpunkte, das Minimum, alle Minimumpunkte der Funktion
$$f(x,y,z) = 8x + 6y - z^2 - 2z - 1 \quad (x,y,z \in \mathbb{R})$$
unter der Nebenbedingung
$$x^2 + y^2 + z^2 - 2z = 168.$$

10. Bestimmen Sie das Maximum, alle Maximumpunkte, das Minimum, alle Minimumpunkte der Funktion
$$f(x,y) = 2x^3 + 4x^2 + 4xy + y^2 \quad (x,y \in \mathbb{R})$$
unter der Nebenbedingung
$$5x^2 + 4xy + y^2 = 1.$$

§ 17   Integralrechnung

17.a   Das bestimmte Integral

<u>17.1.</u> Der Flächeninhalt einer ebenen Fläche soll berechnet werden. Wir kennen z. B. die Formel für die Fläche eines Rechtecks, eines Dreiecks oder eines Trapezes.

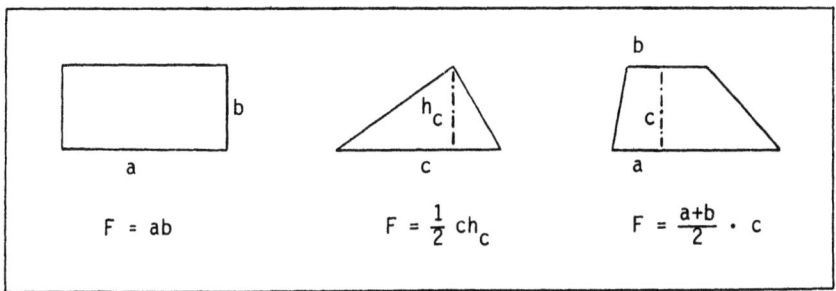

Abb. 17.1: Formeln zur Berechnung von Flächeninhalten

Mit diesen Formeln lassen sich auch Flächeninhalte von Figuren berechnen, die durch Polygonzüge begrenzt sind, indem man die Figuren entsprechend zerlegt, wie z. B. in Abb. 17.2.

Wir betrachten nun allgemein Figuren, die durch eine Kurve begrenzt sind; eine Zerlegung wie in Abb. 17.2 läßt sich dann in der Regel nicht mehr durchführen (s. Abb. 17.3). Wir gehen in diesem Fall folgendermaßen vor (s. Abb. 17.4):

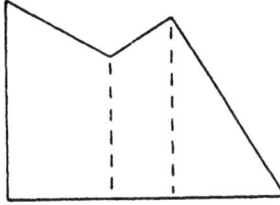

Abb. 17.2

Wir unterteilen das Intervall $[a,b]$ in n gleichgroße Teilintervalle und ersetzen jeden Streifen des Gebietes unter der Kurve durch ein Rechteck, dessen Höhe gleich der Höhe der Kurve am rechten Rand des Streifens ist.

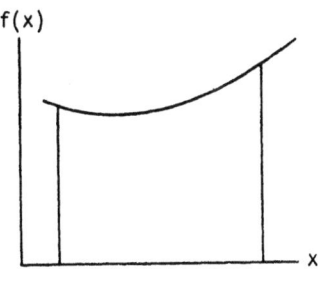

Abb. 17.3

Die Summe der Flächeninhalte dieser Rechtecke ergibt einen Näherungswert für die tatsächliche Fläche zwischen der Kurve und der x-Achse im Bereich zwischen $x = a$ und $x = b$. Die Annäherung wird dabei umso besser sein, je größer die Zahl n der Rechtecke sein wird. Die Summe der n Rechtecksflächen ist:

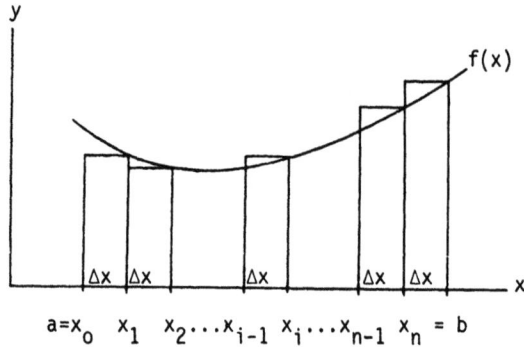

Abb. 17.4

$$S_n = f(x_1)\Delta x + f(x_2)\Delta x + \ldots + f(x_n)\Delta x = \sum_{i=1}^{n} f(x_i)\Delta x.$$

17.2. Definition

Das <u>bestimmte Integral</u> einer in $[a,b]$ stetigen Funktion $f(x)$ von a bis b ist:

$$\int_a^b f(x)\, dx := \lim_{n \to \infty} \sum_{i=1}^{n} f(x_i)\Delta x$$

mit den Bezeichnungen von oben.

Ohne Beweis notieren wir, daß der in dieser Definition benutzte Grenzwert für stetige Funktionen existiert.

Die von Leibniz stammende Bezeichnungsweise erklärt sich unmittelbar aus dieser Definition: Das Integralzeichen $\int$ ist ein stilisiertes S und die Differenz Δx, die beim Grenzübergang gegen 0 geht, wird wie in der Differentialrechnung durch dx ersetzt.

Es sei darauf hingewiesen, daß das bestimmte Integral allgemeiner definiert werden kann als in der obigen Definition. Z. B. könnte man in S_n die Differenz zwischen den x-Werten verschieden groß machen und könnte außerdem als Rechteckshöhe den Funktionswert an irgendeiner Stelle v_i aus dem Intervall $[x_{i-1}, x_i]$ wählen. Das bestimmte Integral von a bis b würde man dann festlegen als

$$\lim_{n \to \infty} \sum_{i=1}^{n} f(v_i)\Delta x_i \quad (v_i \in [x_{i-1}, x_i] \text{ für } i = 1, \ldots, n). \tag{17.1}$$

Für unsere Zwecke reicht Definition 17.2 jedoch aus; nur in § 17.i werden wir auf (17.1) zurückgreifen.

Die Voraussetzung, daß f im betrachteten Intervall stetig sei, ist weniger einschränkend, als das auf den ersten Blick erscheinen mag: Weist die Funktion Sprungstellen auf wie z. B. in Abb. 17.5, integriert man über die Teilintervalle und addiert dann.

Weitergehende Überlegungen sind allerdings erforderlich, wenn man eine Funktion mit einer Unendlichkeitsstelle integrieren will oder mindestens eine der beiden Integrationsgrenzen ∞ bzw. $-\infty$ ist. Hierzu vgl. § 17.f.

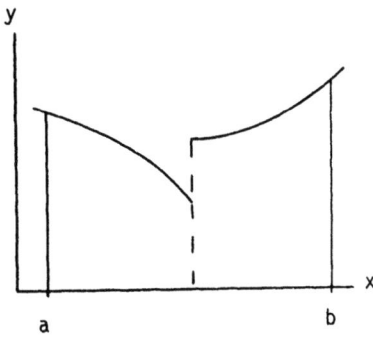

Abb. 17.5

17.3. Beispiele

Wir werden unten einfache Regeln kennenlernen, mit deren Hilfe Integrale berechnet werden können. Zum besseren Verständnis wollen wir zunächst einige einfache Integrale direkt berechnen, d. h. den Grenzprozeß direkt ausführen. Dabei sind die beiden ersten Beispiele derart, daß Sie das Ergebnis der Integration anhand einer der Formeln aus Abb. 17.1 überprüfen können.

(1) $\underline{f(x) = 2}$

Nach der Rechtecksformel erhalten wir: $F = 2(b-a)$.

Wir gehen nun nach Definition 17.2 vor und erhalten:

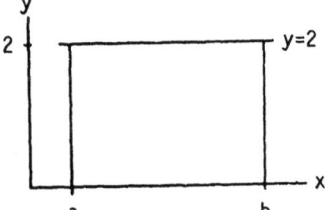

Abb. 17.6

$$S_n = \sum_{i=1}^{n} f(x_i)\Delta x = \sum_{i=1}^{n} 2\Delta x = 2 \sum_{i=1}^{n} \Delta x =$$

$$= 2(x_1-a+x_2-x_1+x_3-x_2+\ldots+x_{n-1}-x_{n-2}+b-x_{n-1}) = 2(b-a),$$

also:

$$\int_a^b 2\,dx = 2(b-a).$$

(2) $\underline{f(x) = x}$

Nach der Trapezformel erhalten wir:

$$F = (b-a) \cdot \frac{a+b}{2} = \frac{b^2-a^2}{2} \ .$$

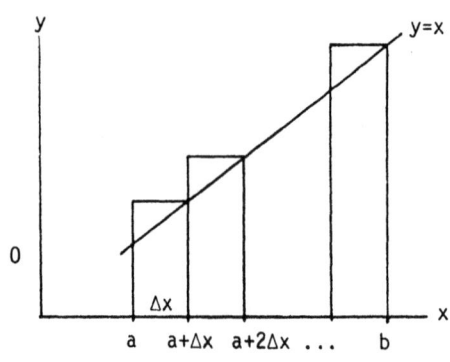

Abb. 17.7

Nach Definition 17.2 berechnen wir:

$$S_n = \sum_{i=1}^{n} f(x_i)\Delta x = \sum_{i=1}^{n} x_i \Delta x = \sum_{i=1}^{n} (a+i\Delta x)\Delta x$$

$$= \left(na + \left(\sum_{i=1}^{n} i\right) \Delta x\right)\Delta x = na\Delta x + \frac{n(n+1)}{2} (\Delta x)^2$$

Da $\Delta x = \frac{b-a}{n}$, erhalten wir:

$$S_n = a(b-a) + \frac{1}{2}(b-a)^2 + \frac{1}{2n} (b-a)^2$$

Dann ist:

$$\int_a^b x \, dx = \lim_{n \to \infty} S_n = a(b-a) + \frac{1}{2}(b-a)^2 = \frac{1}{2}(b^2-a^2).$$

(3) $\underline{f(x) = x^2}$

Der Einfachheit halber setzen wir $a = 0$

und berechnen: $\int_0^b x^2 \, dx$.

Zunächst berechnen wir:

$$S_n = \sum_{i=1}^{n} (i\Delta x)^2 \Delta x = \sum_{i=1}^{n} i^2 (\Delta x)^3$$

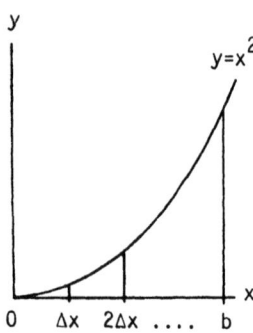

Mit $\sum_{i=1}^{n} i^2 = \frac{n(n+1)(2n+1)}{6}$ (vgl. § 3.3)

Abb. 17.8

und $\Delta x = \frac{b}{n}$ wird dies zu:

$$S_n = \frac{n(n+1)(2n+1)}{6} \cdot \frac{b^3}{n^3} = \frac{b^3}{6} (1 + \frac{1}{n})(2 + \frac{1}{n}).$$

Dann ist

$$\int_0^b x^2 \, dx = \lim_{n \to \infty} S_n = \frac{b^3}{3}.$$

Durch Subtraktion erhalten wir für $0 < a < b$

$$\int_a^b x^2 \, dx = \int_0^b x^2 \, dx - \int_0^a x^2 \, dx = \frac{b^3 - a^3}{3}.$$

Die Beispiele (1) bis (3) sind Spezialfälle der <u>allgemeinen Regel</u>:

$$\int_0^b x^n \, dx = \frac{b^{n+1}}{n+1} \qquad n \in \mathbb{N} \cup \{0\}.$$

<u>17.4.</u> Bei den bisherigen Überlegungen haben wir mehr oder weniger stillschweigend vorausgesetzt, daß $f(x)$ im betrachteten Intervall $[a,b]$ nichtnegativ ist. Dies ist für die formale Definition 17.2 keinesfalls erforderlich.

Wir betrachten $f(x)$ in Abb. 17.9. Wie in den obigen Beispielen ist

$$\int_a^b f(x) \, dx$$

gleich dem Inhalt der Fläche zwischen $f(x)$ und der x-Achse von $x = a$ bis $x = b$. Dagegen ist

$$\int_b^c f(x) \, dx$$

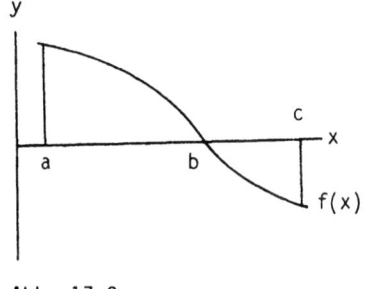

Abb. 17.9

das Negative des Inhaltes der Fläche zwischen Kurve und x-Achse von $x = b$ bis $x = c$. Der Grund dafür ist, daß in der Summe S_n, deren Grenzwert in Definition 17.2 gebildet wird, die $f(x_i)$ negativ sind.

Anhand der Abbildung 17.9 überlegt man sich auch, daß

(R1) $$\int_a^c f(x) \, dx = \int_a^b f(x) \, dx + \int_b^c f(x) \, dx$$

die <u>Differenz</u> der beiden soeben diskutierten Flächeninhalte ist. Im Unterschied dazu ist der gesamte Flächeninhalt zwischen Kurve und x-Achse von $x = a$ bis $x = b$:

$$\int_a^b f(x) \, dx - \int_b^c f(x) \, dx.$$

Will man allgemein den Inhalt der Fläche zwischen einer Kurve $f(x)$ und der x-Achse von $x = a$ bis $x = b$ berechnen, so geht man wie folgt vor:

- Bestimme die Nullstellen von $f(x)$ zwischen $x = a$ und $x = b$; diese seien $x_{o,1}$ bis $x_{o,n}$.
- Berechne die gesuchte Fläche als

$$\left| \int_a^{x_{o,1}} f(x)\, dx \right| + \left| \int_{x_{o,1}}^{x_{o,2}} f(x)\, dx \right| + \ldots + \left| \int_{x_{o,n}}^b f(x)\, dx \right|.$$

Die in (R1) charakterisierte Additivität des Integrals gilt allgemein, auch wenn b keine Nullstelle von $f(x)$ ist (Skizze!).

Wir notieren nun noch einige weitere allgemeine Regeln für die Berechnung bestimmter Integrale.

Ist in $\int_a^b f(x)\, dx$ $b < a$, so sind die Δx in Definition 17.2 negativ und man hat

(R2) $\quad \int_a^b f(x)\, dx = -\int_b^a f(x)\, dx$.

Unmittelbar aus der Definition 17.2 erhält man auch die Regeln (R3) - (R6):

(R3) $\quad \int_a^b kf(x)\, dx = k \int_a^b f(x)\, dx \quad \text{mit } k \in \mathbb{R}$,

(R4) $\quad \int_a^a f(x)\, dx = 0$,

(R5) $\quad \int_a^b (f(x) + g(x))\, dx = \int_a^b f(x)\, dx + \int_a^b g(x)\, dx$,

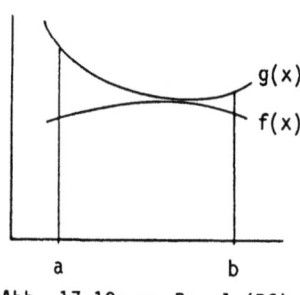

Abb. 17.10: zu Regel (R6)

(R6) $\quad f(x) \leq g(x) \quad \text{für } x \in [a,b] \Rightarrow \int_a^b f(x)\, dx \leq \int_a^b g(x)\, dx$.

Beispiele:

(1) $\quad \int_1^2 3x^2\, dx = 3 \int_1^2 x^2\, dx = 3 \cdot \frac{2^3 - 1^3}{3} = 7$

(2) $\quad \int_2^1 3x^2\, dx = 3 \cdot \frac{1^3 - 2^3}{3} = -7$

(3) $\quad \int_0^2 (3x^2 - x)\, dx = 3 \int_0^2 x^2\, dx - \int_0^2 x\, dx = 3 \cdot \frac{2^3 - 0^3}{3} - \frac{2^2 - 0^2}{2} = 6$

(4) $\int_{-1}^{0} x^3 \, dx = \frac{0^4 - (-1)^4}{4} = -\frac{1}{4}$.

Der Inhalt der Fläche zwischen $x = -1$, der Kurve und der x-Achse ist $\frac{1}{4}$.

(5) $\int_{-1}^{2} x \, dx = \frac{2^2 - (-1)^2}{2} = 1,5$

Die Fläche zwischen der Hauptwinkelhalbierenden und der x-Achse von $x = -1$ bis $x = 2$ ist:

$\left| \int_{-1}^{0} x \, dx \right| + \left| \int_{0}^{2} x \, dx \right| = \frac{1}{2} + 2 = 2,5$.

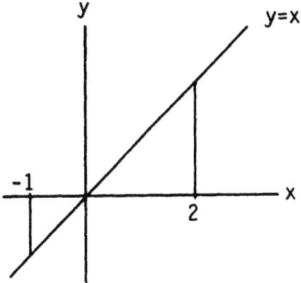

Abb. 17.11

17.5. Bemerkung: Die Bezeichnung der Integrationsvariablen spielt für den Wert eines bestimmten Integrals keine Rolle.

$$\int_a^b f(x) \, dx = \int_a^b f(u) \, du = \int_a^b f(t) \, dt = \ldots \ldots$$

Beispiel:

$$f(t) = t^2, \quad \int_a^b t^2 \, dt = \frac{b^3 - a^3}{3}.$$

Die Berechnung dieses Integrals erfolgt genauso wie in 17.3.(3); t übernimmt dabei die Rolle von x.

17.b Die Integralfunktion

17.6. Man kann das Integral

$$\int_a^b t^2 \, dt = \frac{b^3 - a^3}{3}$$

für jedes $b \in \mathbb{R}$ berechnen und erhält auf diese Weise eine neue Funktion. Um die obere Grenze leichter als unabhängige Variable identifizieren zu können, verwenden wir x statt b für die obere Integrationsgrenze:

$$\mathbb{R} \longrightarrow \mathbb{R}$$
$$x \longrightarrow \frac{x^3 - a^3}{3}$$

17.7. Definition

$f(x)$ sei eine in $[a,b]$ stetige Funktion, x_0 sei eine Konstante aus $[a,b]$. Dann heißt

$$I(x) = \int_{x_0}^{x} f(t)\, dt$$

__Integralfunktion__ zu $f(x)$.

Beispiele:

(1) $f(t) = t$: $I(x) = \int_{x_0}^{x} f(t)\, dt = \int_{x_0}^{x} t\, dt = \dfrac{x^2 - x_0^2}{2}$.

Es gilt: $\dfrac{dI}{dx} = x = f(x)$.

(2) $f(t) = t^2 + 1$: $I(x) = \int_{x_0}^{x} (t^2 + 1)\, dt = \dfrac{x^3 - x_0^3}{3} + x - x_0$

Es gilt: $\dfrac{dI}{dx} = x^2 + 1 = f(x)$.

Die in den beiden Beispielen gemachte Beobachtung

$$\frac{d}{dx}\left(\int_{x_0}^{x} f(t)\, dt \right) = f(x)$$

gilt allgemein. Als Vorbereitung für die Formulierung dieser Aussage im Hauptsatz der Differential- & Integralrechnung wird der folgende Satz benötigt.

17.8. Mittelwertsatz der Integralrechnung

$f(x)$ sei eine in $[a,b]$ stetige Funktion. Dann gibt es eine Zahl $x_1 \in [a,b]$ mit

$$\int_{a}^{b} f(x)\, dx = f(x_1)(b-a).$$

Satz 17.8 bedeutet, daß wir in [a,b] eine Zahl x_1 finden können derart, daß die Fläche des Rechteckes mit der Grundseite b-a und der Höhe $f(x_1)$ gleich groß ist wie die Fläche zwischen der Kurve und der x-Achse in [a,b].

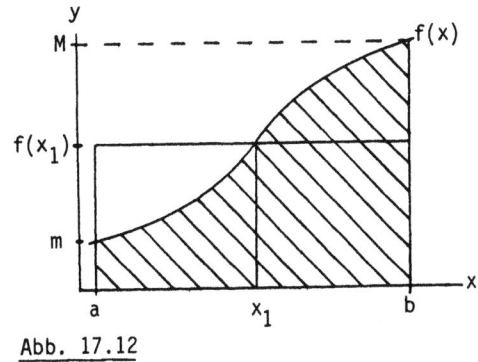

Abb. 17.12

Einsehen können wir diesen Satz wie folgt. Ist m der kleinste und M der größte Wert der Funktion f(x) in [a,b], dann ist

$$m \leq f(x) \leq M \qquad \forall\, x \in [a,b].$$

Damit ist nach der Regel (R6):

$$\int_a^b m\, dx \leq \int_a^b f(x)\, dx \leq \int_a^b M\, dx,$$

also

$$m(b-a) \leq \int_a^b f(x)\, dx \leq M(b-a)$$

D. h. es muß gelten

$$\int_a^b f(x)\, dx = \mu(b-a)$$

mit $m \leq \mu \leq M$. Da f stetig ist in [a,b], muß es eine Stelle x_1 geben, an der f diesen Wert annimmt, $f(x_1) = \mu$, also

$$\int_a^b f(x)\, dx = f(x_1)(b-a).$$

17.9. Hauptsatz der Differential- & Integralrechnung

f(x) sei eine in [a,b] stetige Funktion, x_0 sei eine Konstante aus [a,b]. Dann gilt für alle $x \in [a,b]$:

$$I'(x) = \frac{d}{dx}\left(\int_{x_0}^{x} f(t)\, dt \right) = f(x).$$

Zum Beweis:

$$I'(x) = \lim_{\Delta x \to 0} \frac{I(x+\Delta x)-I(x)}{\Delta x} = \lim_{\Delta x \to 0} \frac{1}{\Delta x} \left[\int_{x_0}^{x+\Delta x} f(t)\,dt - \int_{x_0}^{x} f(t)\,dt \right] =$$

$$= \lim_{\Delta x \to 0} \frac{1}{\Delta x} \left[\int_{x_0}^{x+\Delta x} f(t)\,dt + \int_{x}^{x_0} f(t)\,dt \right]$$

$$= \lim_{\Delta x \to 0} \frac{1}{\Delta x} \int_{x}^{x+\Delta x} f(t)\,dt$$

Nach Satz 17.8 gibt es ein $x_1 \in [x, x+\Delta x]$, so daß

$$\int_{x}^{x+\Delta x} f(t)\,dt = f(x_1)\,\Delta x.$$

Daraus ergibt sich

$$I'(x) = \lim_{\Delta x \to 0} f(x_1)\,.$$

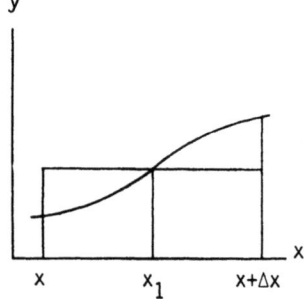

Abb. 17.13

Wenn Δx gegen 0 geht, muß x_1 gegen x gehen (vgl. Abb. 17.14) und damit wegen der Stetigkeit von f: $f(x_1) \to f(x)$. Insgesamt haben wir also:

$$I'(x) = f(x).$$

Die große Bedeutung des Satzes 17.9 besteht darin, daß er die Beziehung zwischen der Integralrechnung und der Differentialrechnung herstellt. Diese Beziehung wird uns später die Berechnung bestimmter Integrale erheblich erleichtern.

17.c   Stammfunktion und unbestimmtes Integral

17.10. Definition

$f(x)$ sei eine in D stetige Funktion. Eine Funktion $F(x)$ heißt **Stammfunktion** von $f(x)$, falls

$$F'(x) = f(x).$$

Beispiele:

(1) $F(x) = \frac{x^2}{2}$ ist Stammfunktion zu $f(x) = x$.

(2) $F(x) = \sin x$ ist Stammfunktion zu $f(x) = \cos x$.

(3) $F(x) = (\sin x) + 5$ ist Stammfunktion zu $f(x) = \cos x$.

17.11. Satz

Ist $F(x)$ eine Stammfunktion von $f(x)$, so erhält man die Gesamtheit aller Stammfunktionen durch Addition beliebiger Konstanten C zu $F(x)$.

Daß mit $F(x)$ auch $F(x) + C$ eine Stammfunktion ist, sieht man unmittelbar durch Ableiten.

Um Satz 17.11 zu beweisen, nehmen wir an, er sei falsch, genauer: wir nehmen an, $F_1(x)$ und $F_2(x)$ seien zwei Stammfunktionen, deren Differenz von x abhängt:

$$F_1(x) - F_2(x) = C(x)$$
$$\Rightarrow F_1'(x) - F_2'(x) = C'(x)$$
$$\Rightarrow f(x) - f(x) = C'(x)$$
$$\Rightarrow 0 = C'(x)$$

Dann muß aber $C(x)$ konstant sein.

17.12. Definition

Die Menge aller Stammfunktionen zu einer Funktion $f(x)$ heißt das <u>unbestimmte Integral</u> von $f(x)$ und wird mit

$$\int f(x)\,dx$$

bezeichnet. Dabei heißt $f(x)$ <u>Integrand</u>, x <u>Integrationsvariable</u>.

Ist $F(x)$ Stammfunktion von $f(x)$, dann gilt also:

$$\int f(x)\,dx = F(x) + C,$$

C heißt Integrationskonstante.

Beispiele:

(1) $\int x \, dx = \frac{x^2}{2} + C$

(2) $\int \cos x \, dx = \sin x + C$

(3) $\int (6x^2+1) \, dx = 2x^3 + x + C$

Als unmittelbare Folgerung aus dem Hauptsatz der Differential- und Integralrechnung ergibt sich:

17.13. Satz

Jede Integralfunktion $I(x)$ einer stetigen Funktion $f(x)$ ist zugleich eine Stammfunktion von $f(x)$. Da zu jeder in $[a,b]$ stetigen Funktion $f(x)$ eine Integralfunktion angegeben werden kann, existiert daher zu jeder stetigen Funktion eine Stammfunktion.

17.14. Wir fassen zusammen. Wir haben uns mit zwei – zunächst voneinander unabhängigen – Problemen befaßt:

1. der Berechnung bestimmter Integrale,

2. dem Problem, zu einer Funktion $f(x)$ das unbestimmte Integral, d. h. diejenigen Funktionen zu finden, deren Ableitung $f(x)$ ergibt.

Mit 2. wird die Integration als inverse Operation zur Differentiation eingeführt:

$$f(x) \xrightarrow{\text{Integration}} F(x) + C \xrightarrow{\text{Differentiation}} f(x)$$

z. B.: $x^2 \longrightarrow \frac{x^3}{3} + C \longrightarrow x^2$.

Im folgenden Abschnitt wird nun der Hauptsatz der Differential- & Integralrechnung zur Berechnung bestimmter Integrale ausgenutzt.

17.d Berechnung bestimmter Integrale mit Hilfe einer Stammfunktion

17.15. Wegen Satz 17.13 können wir schreiben:

$$I(x) = \int_{x_0}^{x} f(t) \, dt = F(x) + C \qquad (17.2)$$

wobei $I(x)$ eine Integralfunktion, $F(x)$ eine Stammfunktion der stetigen Funktion f(x) und C eine geeignete Konstante ist.

Daraus ergibt sich:

$$I(x_0) = 0 = F(x_0) + C,$$

also $\quad C = -F(x_0)$. Damit wird (17.2) zu

$$\int_{x_0}^{x} f(t)\, dt = F(x) - F(x_0).$$

Damit hat man:

17.16. Satz

Mit einer beliebigen Stammfunktion $F(x)$ von $f(x)$ gilt:

$$\int_{a}^{b} f(t)\, dt = F(b) - F(a).$$

Man schreibt auch:

$$\int_{a}^{b} f(t)\, dt = F(t)\Big|_{a}^{b} = [F(t)]_{a}^{b}$$

Beispiele:

(1) $\quad \int_{1}^{2} x\, dx = \dfrac{x^2}{2}\Big|_{1}^{2} = 2 - \dfrac{1}{2} = 1.5$

(2) $\quad \int_{0}^{\pi/2} \cos x\, dx = \sin x \Big|_{0}^{\pi/2} = 1 - 0 = 1$

(3) $\quad \int_{-1}^{2} (6x^2+1)\, dx = 2x^3 + x \Big|_{-1}^{2} = 18 - (-3) = 21$.

17.e Zur Technik des Integrierens

17.17. Einige einfache Integrationsregeln und bestimmte Integrale erhält man direkt aus entsprechenden Ableitungsregeln.

(1) $\quad \int f(x) \pm g(x))\, dx = \int f(x)\, dx \pm \int g(x)\, dx$

(2) $\quad \int c f(x)\, dx = c \int f(x)\, dx$

(3) $\int x^\alpha \, dx = \frac{1}{\alpha+1} x^{\alpha+1} + C \quad$ für $\alpha \in \mathbb{R}\setminus\{-1\}$

denn: $\left(\frac{1}{\alpha+1} x^{\alpha+1} + C\right)' = x^\alpha$

(4) $\int \frac{1}{x} \, dx = \ln|x| + C$

denn: $(\ln|x| + C)' = \frac{1}{x}$

(5) $\int e^x \, dx = e^x + C$

Beispiele:

(1) $\int x^5 \, dx = \frac{x^6}{6} + C$

(2) $\int (2x^3 - 2x + 1) \, dx = \frac{x^4}{2} - x^2 + x + C$

(3) $(D = \mathbb{R}_{++})$: $\int \frac{x^2 + \sqrt{x}}{2x^{2/3}} \, dx = \int \frac{x^{4/3}}{2} \, dx + \int \frac{1}{2x^{1/6}} \, dx =$

$$= \frac{x^{7/3}}{14/3} + \frac{x^{5/6}}{5/3} + C = 3 \left(\frac{x^{7/3}}{14} + \frac{x^{5/6}}{5} \right) + C.$$

Oft kommt man durch wiederholtes Probieren, wobei man das Ergebnis jeweils durch Differenzieren überprüft, zum Ziel.

Beispiele:

(4) $\int e^{2x} \, dx$

Man weiß: $\int e^x \, dx = e^x + C$

1. Versuch: $\int e^{2x} \, dx \stackrel{?}{=} e^{2x} + C$

Probe: $(e^{2x} + C)' = 2e^{2x}$

2. Versuch: $\int e^{2x} \, dx \stackrel{?}{=} \frac{1}{2} e^{2x} + C$

Probe: $(\frac{1}{2} e^{2x} + C)' = e^{2x}$, also $\int e^{2x} \, dx = \frac{1}{2} e^{2x} + C$.

(5) $\int \sin ax \, dx = -\frac{1}{a} \cos ax + C \quad a \neq 0$

(6) $\int (3x+1)^3 \, dx$

    1. Versuch: $\int (3x+1)^3 \, dx \stackrel{?}{=} \frac{(3x+1)^4}{4} + C$

    Probe: $\left(\frac{(3x+1)^4}{4} + C\right)' = \frac{4(3x+1)^3}{4} \cdot 3 = 3(3x+1)^3$

    2. Versuch: $\int (3x+1)^3 \, dx = \frac{1}{3} \cdot \frac{(3x+1)^4}{4} + C$

    Probe: $\left(\frac{(3x+1)^4}{12} + C\right)' = \frac{4(3x+1)^3}{12} \cdot 3 = (3x+1)^3$, also

$$\int (3x+1)^3 \, dx = \frac{(3x+1)^4}{12} + C$$

Die hier verwendete einfache Technik führt in vielen Fällen nicht zum Ziel. Wir benötigen weitere Integrationstechniken.

<u>17.18.</u> Bei den Integralen

(1) $\int \frac{6x+2}{3x^2+2x} \, dx$

(2) $\int \tan x \, dx = \int \frac{\sin x}{\cos x} \, dx = - \int \frac{-\sin x}{\cos x} \, dx$

steht jeweils im Zähler des Integranden die Ableitung des Nenners. Wir erinnern uns an die logarithmische Differentiation:

$$(\ln|f(x)|)' = \frac{f'(x)}{f(x)} \, .$$

D. h.:

$$\boxed{\int \frac{f'(x)}{f(x)} \, dx = \ln|f(x)| + C.}$$

Damit ergibt sich in den obigen Beispielen:

(1) $\int \frac{6x+2}{3x^2+2x} \, dx = \ln|3x^2 + 2x| + C$

(2) $\int \tan x \, dx = -\ln|\cos x| + C$

17.19. Integration durch Substitution

Beispiel 6 aus 17.17,

$$\int (3x+1)^3 \, dx = \frac{1}{3} \cdot \frac{(3x+1)^4}{4} + C$$

läßt sich verallgemeinern. Wir haben die Lösung gefunden, indem wir die bekannte Regel

$$\int x^3 \, dx = \frac{x^4}{4} + C,$$

$$\int f(x) \, dx = F(x) + C$$

verwendeten. x war durch die lineare Funktion

$$u(x) = 3x + 1$$

ersetzt: $\quad \int f(u(x)) \, dx = \frac{1}{3} F(u(x)) + C.$

Wir betrachten nun Integrale der folgenden Art:

$$\int f(u(x)) \cdot u'(x) \, dx$$

Es gilt: $\quad \int f(u(x)) \, u'(x) \, dx = F(u(x)) + C,$

wobei F eine Stammfunktion von f ist.

Beweis: $\quad \frac{d}{dx}(F(u(x)) + C) = F'(u) \cdot u'(x) = f(u) \cdot u'(x)$

Es gilt also die Substitutionsregel:

$$\boxed{\begin{array}{ll} \int f(u(x)) \cdot u'(x) \, dx = F(u(x)) + C & \text{(a)} \\ \int f(u) u' dx = \int f(u) \, du = F(u) + C & \text{(b)} \end{array}} \quad (17.3)$$

D. h.: Ist ein Integrand das Produkt einer zusammengesetzten Funktion f(u(x)) und der inneren Ableitung derselben, so berechnet man $\int f(u(x)) \cdot u'(x) \, dx$, indem man $\int f(u) \, du = F(u) + C$ berechnet und dann $u = u(x)$ in F(u) einsetzt.

Beispiele:

(1) $\int 3x^2 e^{x^3} dx = e^{x^3} + C$

$$f(u) = e^u, \; F(u) = e^u$$

$$u(x) = x^3, \; u'(x) = 3x^2$$

Probe: $(e^{x^3} + C)' = e^{x^3} \cdot 3x^2$

Erleichterung bringt die Schreibweise (17.3.b), in der die Tatsache zum Ausdruck kommt, daß wir mit den Integrationssymbolen du und dx wie mit Zahlen rechnen dürfen. Denn (17.3.b) sagt: $u'dx = du$, also $dx = \frac{du}{u'}$. Dies machen wir uns im folgenden zunutze:

(2) $\int \frac{x^2}{\sqrt{1+x^3}} dx = \int \frac{x^2}{\sqrt{1+x^3}} \frac{du}{3x^2} = \int \frac{1}{3\sqrt{u}} du = \int \frac{1}{3} u^{-\frac{1}{2}} du = \frac{2}{3} u^{\frac{1}{2}} + C = \frac{2}{3} \sqrt{1+x^3} + C$

$$\left[\begin{array}{l} u = 1 + x^3 \\ \frac{du}{dx} = 3x^2 \;\Rightarrow\; dx = \frac{du}{3x^2} \end{array}\right]$$

(3) $\int x \sqrt{1-x^2} \, dx = \int x \sqrt{1-x^2} \frac{du}{-2x} = -\frac{1}{2} \int \sqrt{u} \, du = -\frac{1}{2} u^{\frac{3}{2}} \cdot \frac{2}{3} + C = -\frac{1}{3} \sqrt{(1-x^2)^3} + C$

$$\left[\begin{array}{l} u = 1 - x^2 \\ \frac{du}{dx} = -2x \;\Rightarrow\; dx = \frac{du}{-2x} \end{array}\right]$$

(4) $x > 0$: $\int \frac{\ln|x|}{x} dx \underset{u=\ln|x|}{=} \int u \, du = \frac{1}{2} \ln^2|x| + C$

(5) $\int \frac{\sin x \cos x}{1+\sin^2 x} dx = \frac{1}{2} \ln(1+\sin^2 x) + C$.

Will man ein bestimmtes Integral mit Hilfe der Substitutionsregel berechnen, so hat man auch bei den Integrationsgrenzen die Substitutionen zu berücksichtigen. Man kann dies auf zwei Arten tun - vergleichen Sie das folgende Beispiel:

(6a) $\int_1^2 (2x+2)^2 \, dx = \int_4^6 \frac{u^2}{2} \, du = \frac{u^3}{6} \Big|_4^6 = \frac{216 - 64}{6} = \frac{76}{3}$

$$\left[\begin{array}{l} u = 2x + 2 \\ \frac{du}{dx} = 2 \Rightarrow dx = \frac{du}{2} \\ \underline{\text{Grenzen:}} \; x \longmapsto u \\ \qquad\qquad 2 \longmapsto 6 \\ \qquad\qquad 1 \longmapsto 4 \end{array} \right]$$

(6b) $\int_1^2 (2x+2)^2 \, dx = \int_{x=1}^{x=2} \frac{u^2}{2} \, du = \frac{u^3}{6} \Big|_{x=1}^{x=2} = \frac{(2x+2)^3}{6} \Big|_1^2 = \frac{216 - 64}{6} = \frac{76}{3}$

17.20. Partielle Integration

Z. B. bei $\int xe^x \, dx$ führt keine der bisher benutzten Techniken zum Ziel. Aus der Produktregel für die Differentiation erhält man jedoch:

$$(uv)' = u'v + uv'$$

$\Rightarrow \int (uv)' \, dx = \int u'v \, dx + \int uv' \, dx$
$\qquad \underset{uv}{\underline{}}$

D. h.: $\boxed{\int u'v \, dx = uv - \int uv' \, dx}$

D. h. ist das Integral eines Produktes von Funktionen gesucht, interpretieren wir dieses Produkt als $u'v$, bestimmen u und v' und benutzen dann die obige Regel. Dabei ist darauf zu achten, daß $\int uv' \, dx$ "einfacher" ist als $\int u'v \, dx$. Im Beispiel:

(1) $\int xe^x \, dx = xe^x - \int e^x \, dx = xe^x - e^x + C$.

$$\left[\begin{array}{ll} u = e^x & v = x \\ u' = e^x & v' = 1 \end{array} \right]$$

Eine ungünstige Wahl wäre $u = e^x$, $v' = x$ gewesen.

(2) $\int \ln x \, dx = x \ln x - \int x \frac{1}{x} dx = x \ln x - x + C.$

$\begin{bmatrix} u = x & v = \ln x \\ u' = 1 & v' = \frac{1}{x} \end{bmatrix}$

(3) $\int x^2 e^x \, dx = x^2 e^x - \int 2xe^x \, dx = x^2 e^x - (2xe^x - \int 2e^x dx) = e^x(x^2 - 2x + 2) + C$

$\begin{bmatrix} u = x^2 & v = e^x \\ u' = 2x & v' = e^x \end{bmatrix} \quad \begin{bmatrix} u_1 = 2x & v_1 = e^x \\ u_1' = 2 & v_1' = e^x \end{bmatrix}$

(4) $\int \cos^2 x \, dx = \sin x \cos x - \int -\sin^2 x \, dx$

$\begin{bmatrix} u = \cos x & v = \sin x \\ u' = -\sin x & v' = \cos x \end{bmatrix}$

$\int \cos^2 x \, dx = \sin x \cos x + \int 1 - \cos^2 x \, dx = \sin x \cos x + x - \int \cos^2 x \, dx$

$\Rightarrow \int \cos^2 x \, dx = \frac{1}{2}(\sin x \cos x + x) + C \; (= \frac{1}{2}(x + \frac{1}{2} \sin 2x) + C)$

17.f. Uneigentliche Integrale

17.21. Wir betrachten zunächst die Reihe $\sum_{n=1}^{\infty} \frac{1}{n^2}$, von der wir wissen, daß sie konvergiert. Der Wert dieser unendlichen Reihe läßt sich als Flächeninhalt interpretieren (vgl. nebenstehende Abbildung). Als stetiges Analogon zur Folge $\frac{1}{n^2}$ haben wir die Funktion $\frac{1}{x^2}$, und die Reihe $\sum_{n=1}^{\infty} \frac{1}{n^2}$ entspricht der Fläche zwischen dieser Kurve und der x-Achse von $x = 1$ bis $x = \infty$. Wir erinnern uns an die Definition einer unendlichen Reihe als Grenzwert der Folge der Partialsummen:

$\sum_{n=1}^{\infty} \frac{1}{n^2} := \lim_{m \to \infty} \sum_{n=1}^{m} \frac{1}{n^2}.$

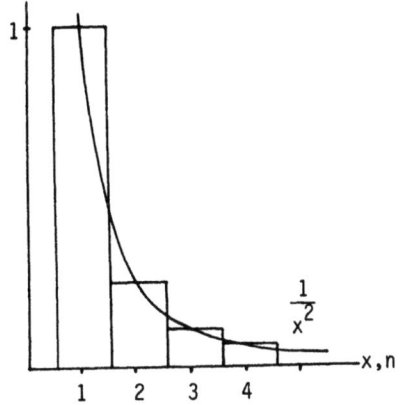

Abb. 17.14.

Analog definieren wir

$$\int_1^\infty \frac{1}{x^2} := \lim_{b\to\infty} \int_1^b \frac{1}{x^2}\,dx = \lim_{b\to\infty}\left[\frac{-1}{x}\right]_1^b = \lim_{b\to\infty}\left[\frac{-1}{b}+1\right]$$

Dieser Grenzwert existiert offensichtlich und ist gleich 1.

Von der Analogie zu Reihen würden wir erwarten, daß $\int_1^\infty \frac{1}{x}\,dx$ divergiert, und dies ist auch der Fall:

$$\int_1^\infty \frac{1}{x}\,dx = \lim_{b\to\infty}\left[\ln|x|\right]_1^b = \lim_{b\to\infty}\ln|b| = \infty.$$

17.22. Definition

a) $f(x)$ sei eine in $[a,\infty)$ (bzw. in $(-\infty,b]$) stetige Funktion. Existiert der Grenzwert

$$\lim_{b\to\infty}\int_a^b f(x)\,dx =: \int_a^\infty f(x)\,dx \quad (\text{bzw. } \lim_{a\to-\infty}\int_a^b f(x)\,dx =: \int_{-\infty}^b f(x)\,dx),$$

so heißt er konvergentes <u>uneigentliches Integral</u> von $f(x)$ (über $[a,\infty)$ bzw. $(-\infty,b]$), im anderen Falle divergentes uneigentliches Integral.

b) $f(x)$ sei eine in $(a,b]$ (bzw. $[a,b)$) stetige Funktion und für $x \to a_+$ (bzw. $x \to b_-$) nicht beschränkt. Existiert der Grenzwert

$$\lim_{u\to a_+}\int_u^b f(x)\,dx =: \int_a^b f(x)\,dx \quad (\text{bzw. } \lim_{c\to b_-}\int_a^c f(x)\,dx =: \int_a^b f(x)\,dx),$$

so heißt er konvergentes uneigentliches Integral von $f(x)$ über $[a,b]$, im anderen Falle divergentes uneigentliches Integral.

<u>Beispiele:</u>

(1) $\int_{-\infty}^0 e^x\,dx = \lim_{a\to-\infty}\int_a^0 e^x\,dx = \lim_{a\to-\infty}\left(e^x\Big|_a^0\right) = \lim_{a\to-\infty}(e^0 - e^a) = 1$

(2) $\int_0^\infty e^x\,dx = \lim_{b\to\infty}\int_0^b e^x\,dx = \lim_{b\to\infty}\left(e^x\Big|_0^b\right) = \lim_{b\to\infty}\left(e^b - e^0\right) = \infty$

(3) $\int_{-\infty}^{b} xe^{-x^2} dx = \int_{x=-\infty}^{x=b} e^u \frac{du}{2} = \lim_{a \to -\infty} \left(-\frac{1}{2} e^{-x^2} \Big|_a^b \right) = -\frac{1}{2} e^{-b^2} + \frac{1}{2} \lim_{a \to -\infty} e^{-a^2} = -\frac{e^{-b^2}}{2}$

$$\left[\begin{array}{l} u = -x^2 \\ \Rightarrow \frac{du}{dx} = -2x, \quad dx = -\frac{du}{2x} \end{array} \right]$$

(4) $\int_0^{\infty} \sin x \, dx$ existiert nicht

(5) $n \neq 1$: $\lim_{b \to \infty} \int_1^b \frac{1}{x^n} dx = \lim_{b \to \infty} \int_1^b x^{-n} dx = \lim_{b \to \infty} \left(\frac{1}{-n+1} x^{-n+1} \Big|_1^b \right) =$

$= \lim_{b \to \infty} \left(\frac{b^{1-n}}{1-n} - \frac{1}{1-n} \right) = \begin{cases} \frac{1}{n-1} & n > 1 \\ \infty & n < 1 \end{cases}$

(6) $\int_0^1 \frac{1}{\sqrt{x}} dx = \lim_{a \to 0_+} \int_a^1 \frac{1}{\sqrt{x}} dx$ und $\frac{1}{\sqrt{x}} \to \infty$ für $x \to 0_+$

Für $a > 0$ gilt:

$\int_a^1 x^{-\frac{1}{2}} dx = 2x^{\frac{1}{2}} \Big|_a^1 = 2(1 - \sqrt{a})$

Also: $\int_0^1 \frac{1}{\sqrt{x}} dx = \lim_{a \to 0_+} 2(1 - \sqrt{a}) = 2$

17.g Ökonomische Anwendungen der Integralrechnung

17.23. Gegeben sei eine Grenzkostenfunktion $K'(x)$. Dann ist die Gesamtkostenfunktion $K(x)$ eine Stammfunktion von $K'(x)$; $K(x)$ ist also bis auf eine Konstante bekannt.

$K(x) = \int K'(x) \, dx + C.$

C sind die fixen Kosten.

Man kann die variablen Kosten $K_V(x)$ für die Menge x wie folgt interpretieren:

$K_V(x) = K(x) - K(0) = K(t) \Big|_0^x = \int_0^x K'(t) dt.$

D. h. die variablen Kosten sind die Fläche zwischen Grenzkostenkurve und x-Achse. Beachten Sie auch hier wieder die Analogie zwischen Summe und Integral: Mißt man stückweise und nicht in stetigen Maßeinheiten wie z. B. Kilogramm, Liter usw. so erhält man als variable Kosten bei der Menge x die bis einschließlich x aufsummierten Grenzkosten (vgl. Abb. 17.15).

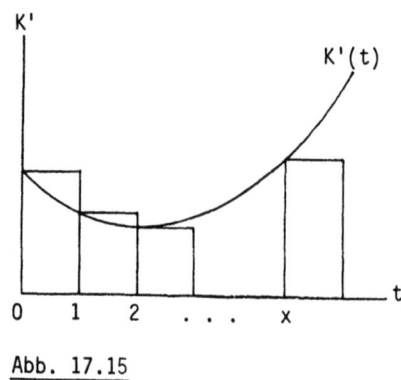

Abb. 17.15

17.24. Für ein Unternehmen sei die Preisabsatzfunktion

$$p = f(x)$$

sowie die Grenzumsatzfunktion $U'(x)$ bekannt. Aus der Grenzumsatzfunktion erhalten wir die Gesamtumsatzfunktion:

$$U(x) = \int_0^x U'(t)\,dt,$$

dies entspricht der schraffierten Fläche in Abb. 17.16. Andererseits ist

$$U(x) = x \cdot f(x),$$

also ist der Gesamtumsatz auch gleich dem Flächeninhalt des Rechtecks in Abb. 17.16.

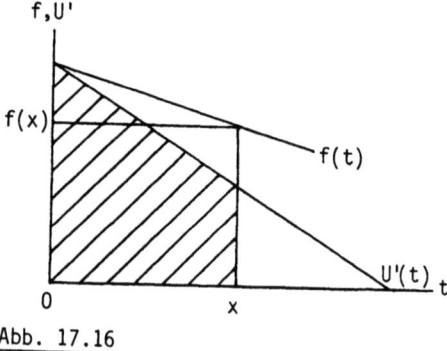

Abb. 17.16

17.25. Es fließe ein periodischer (z. B. jährlicher) Einkommensstrom über n Perioden; das Einkommen wird auf ein Konto eingezahlt und periodisch verzinst mit einem Zinssatz von 100p %. Für den Fall, daß die Einzahlungen nachschüssig geleistet werden und in jeder Periode gleich hoch sind (= R), haben wir unter 11.26 den Kontostand am Ende des n-ten Jahres, oder: den Endwert des Einkommensstromes berechnet:

$$K_n = \sum_{t=0}^{n-1} R \cdot (1+p)^t.$$

Entsprechend erhält man bei vorschüssiger Zahlungsweise:

$$K_n = \sum_{t=1}^{n} R(1+p)^t.$$

Der Einkommensstrom soll nun über die Zeit variieren dürfen; die Einzahlungen seien $R_0, R_1, \ldots, R_{n-1}$. Dann ergibt sich:

$$K_n = \sum_{t=0}^{n-1} R_t(1+p)^{n-t} = (1+p)^n \sum_{t=0}^{n-1} R_t(1+p)^{-t}.$$

Der <u>Gegenwartswert</u> oder <u>Barwert</u> dieses Einkommensstromes zum Zeitpunkt 0 ($=:B_0$) ist die Geldmenge, die mit Zinssatz $100 \cdot p$ % angelegt nach n Jahren denselben Endwert K_n erbringt. D. h. wir suchen B_0, so daß $K_n = B_0(1+p)^n$. Damit erhält man:

$$B_0 = \frac{K_n}{(1+p)^n} = \sum_{t=0}^{n-1} R_t(1+p)^{-t} = \sum_{t=0}^{n-1} \frac{R_t}{(1+p)^t}.$$

$\frac{1}{(1+p)^t}$ heißt Abzinsungsfaktor oder Diskontierungsfaktor für die Periode t.

Wir wollen nun Formeln für den Endwert $K(n)$ und den Barwert $B(o)$ eines <u>stetigen</u> Einkommensstromes herleiten. Hierfür lassen wir die Anzahl der Zeitpunkte m, zu denen Einkommen fließt, immer größer werden; die dazwischen liegenden Perioden werden dabei immer kürzer (oben ist $m = n$). Man kann sich die Sachlage am Zahlenstrahl klarmachen (0 und n sind fest):

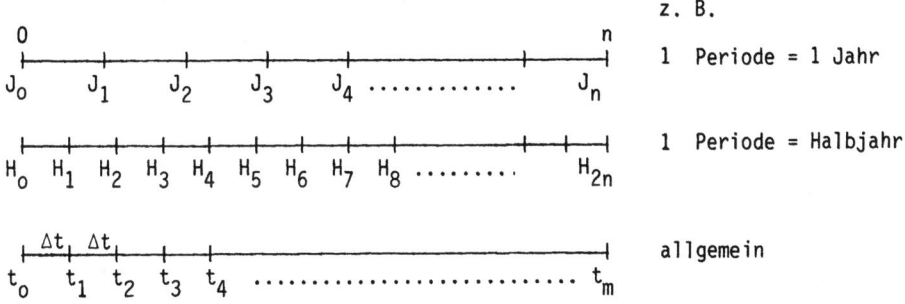

Natürlich fließt in jeder Periode immer weniger Einkommen, je kürzer die Perioden werden. Um dies in unserer Formel berücksichtigen zu können, bezeichnen wir das Einkommen vom Anfangszeitpunkt 0 bis zu einem aktuellen Zeitpunkt t mit $E(t)$. $E'(t)$ ist dann das Grenzeinkommen (der stetige Ertragsstrom) und das Einkommen in der Periode $(t_i, t_i + \Delta t]$ ist:

$$E(t_i + \Delta t) - E(t_i) \approx E'(t_i) \Delta t$$

(tatsächliche Differenz $\approx$ Differential).

Für jede Periode $(t_i, t_i + \Delta t]$ hat man mit stetiger Verzinsung (vgl. § 15.5) bis zum Zeitpunkt n also ein verzinstes Einkommen von

$$E'(t_i) \cdot \Delta t \cdot e^{p(n-(t_i+\Delta t))}$$

Wenn wir dies für alle Teilintervalle aufsummieren, erhalten wir als Kontostand nach n Jahren:

$$\sum_{i=0}^{m-1} E'(t_i) \cdot \Delta t \cdot e^{p(n-(t_i+\Delta t))}$$

$$= e^{-p\Delta t} \sum_{i=0}^{m-1} E'(t_i) \cdot e^{p(n-t_i)} \cdot \Delta t$$

Daraus ergibt sich als Endwert des gesamten Einkommensstromes in $[o,n]$:

$$K(n) = \lim_{m\to\infty} \left[e^{-p\Delta t} \sum_{i=0}^{m-1} E'(t_i) \cdot e^{p(n-t_i)} \cdot \Delta t \right]$$

$$= \underbrace{\left[\lim_{\Delta t \to 0} e^{-p\Delta t} \right]}_{= 1} \cdot \underbrace{\left[\lim_{m\to\infty} \sum_{i=0}^{m-1} E'(t_i) e^{p(n-t_i)} \cdot \Delta t \right]}_{= \int_0^n E'(t) e^{p(n-t)} dt}$$

Der zweite Grenzwert auf der rechten Seite ergibt sich direkt aus Definition 17.2 mit t statt s als Integrationsvariable und $f(t) = E'(t) e^{p(n-t)}$. Wir haben also als <u>Endwert des Einkommensstromes</u> im stetigen Fall:

$$\boxed{K(n) = e^{pn} \int_0^n E'(t) e^{-pt} dt \ .}$$

Für den <u>Gegenwartswert</u> dieses Einkommensstromes haben wir nun mit dem stetigen Zinsfaktor zu diskontieren:

$$B(o) = \frac{K(n)}{e^{pn}} = \int_0^n E'(t) e^{-pt} dt.$$

<u>Beispiele:</u>

(1) $E'(t) = t + 1$, $p = 0.05$

$$B(o) = \int_0^n (t+1) e^{-0.05t} dt, \quad K(n) = e^{0.05n} B(o)$$

Wir setzen im Integranden: $u = t + 1$, $u' = 1$

$$v' = e^{-0.05t}, \quad v = -20 \cdot e^{-0.05t}$$

und erhalten mit Hilfe partieller Integration:

$$\int (t+1) e^{-0.05t} dt = -20(t+1) e^{-0.05t} + 20 \int e^{-0.05t} dt$$

$$= -20(t+1) e^{-0.05t} - 400 e^{-0.05t} + C$$

$$= -20(t+21) e^{-0.05t} + C$$

Damit ist

$$B(0) = -20(t+21) e^{-0.05t} \Big|_0^n = -20(n+21) e^{-0.05n} + 420$$

also z. B. für $n = 10$: $B(0) = 43.95$
$K(10) = 72.46$.

(2) $E'(t) = 1$, $p = 0.05$:

$$B(0) = \int_0^n e^{-0.05t} dt = -20 e^{-0.05t} \Big|_0^n = 20(1 - e^{-0.05n})$$

also z. B. für $u = 10$: $B(0) = 7.87$
$K(10) = 12.97$

(3) E' wachse stetig mit Wachstumsrate p, d. h. (vgl. § 15.5):

$$E'(t) = E'(0) e^{pt} .$$

Die Verzinsung erfolgt mit der Rate p. Setzen wir dies in die Formel für $B(0)$ ein, ergibt sich:

$$B(0) = \int_0^n E'(0) dt = n E'(0) .$$

17.h Beispiele aus der Statistik: Dichte- und Verteilungsfunktionen

In der Statistik spielen Integrale eine große Rolle. Von besonderer Bedeutung sind dabei sogenannte Dichte- und Verteilungsfunktionen. Solche Funktionen sind durch formale Eigenschaften charakterisiert, die in der folgenden Definition 17.26 u. a. angegeben werden. Wir interessieren uns im folgenden nur für den formalen mathematischen Aspekt dieser Konstrukte. Dessen Verständnis ist für die inhaltliche Interpretation, wie sie dann in der Statistik vorgenommen wird, allerdings unabdingbar.

17.26. Definition

a) Eine Funktion $f: \mathbb{R} \to \mathbb{R}_+$ heißt <u>Dichtefunktion</u>, wenn

   (1) $f(x) \geq 0$ für alle $x \in \mathbb{R}$

   (2) $\int_{-\infty}^{\infty} f(x)\, dx = 1$

b) Ist $f(x)$ eine Dichtefunktion, so heißt

   $F(x) = \int_{-\infty}^{x} f(t)\, dt$ <u>Verteilungsfunktion</u>

   $E_f = \int_{-\infty}^{\infty} x f(x)\, dx$ <u>Erwartungswert</u>

   $V_f = \int_{-\infty}^{\infty} (x - E_f)^2 f(x)\, dx$ <u>Varianz</u>.

17.26. <u>Gleichverteilung</u> auf (0,1)

Dichtefunktion:
$$f(x) = \begin{cases} 1 & x \in (0,1) \\ 0 & \text{sonst} \end{cases}$$

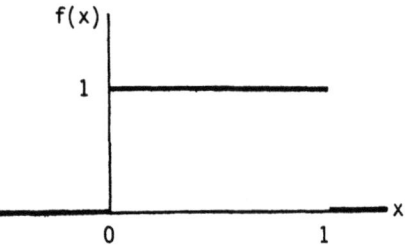

Abb. 17.17: Gleichverteilung auf (0,1)

Verteilungsfunktion:

$$F(x) = \int_{-\infty}^{x} f(t)\, dt = \begin{cases} 0 & x \leq 0 \\ \int_0^x 1\, dt = t\big|_0^x = x & 0 < x < 1 \\ 1 & x \geq 1 \end{cases}$$

$E_f = \frac{1}{2}$, $V_f = \frac{1}{12}$ (Übungsaufgabe 10)

17.28. <u>Exponentialverteilung</u>

Dichtefunktion:
$$f(x) = \begin{cases} \lambda e^{-\lambda x} & x \geq 0 \quad (\lambda > 0) \\ 0 & \text{sonst} \end{cases}$$

Daraus ergibt sich folgende Verteilungsfunktion:

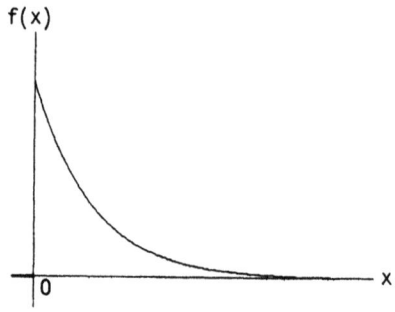

Abb. 17.18: Exponentialverteilung ($\lambda = 1$)

$$F(x) = \begin{cases} 0 & x \leq 0 \\ \int_{-\infty}^{x} f(t)\, dt = \lambda \int_{0}^{x} e^{-\lambda t}\, dt = -e^{-\lambda t}\Big|_{0}^{x} \\ \qquad = -e^{\lambda x} - (-e^{0}) = 1 - e^{-\lambda x} \quad (x > 0) \end{cases}$$

$F(\infty) = 1$.

$E_f = \dfrac{1}{\lambda}$, $V_f = \dfrac{1}{\lambda^2}$ (Übungsaufgabe 10)

17.29. Standardnormalverteilung

Wegen der großen Bedeutung der Standardnormalverteilung wird die Dichtefunktion üblicherweise mit einem speziellen Buchstaben bezeichnet, nämlich mit φ. Entsprechend erhält die Verteilungsfunktion den Namen Φ.

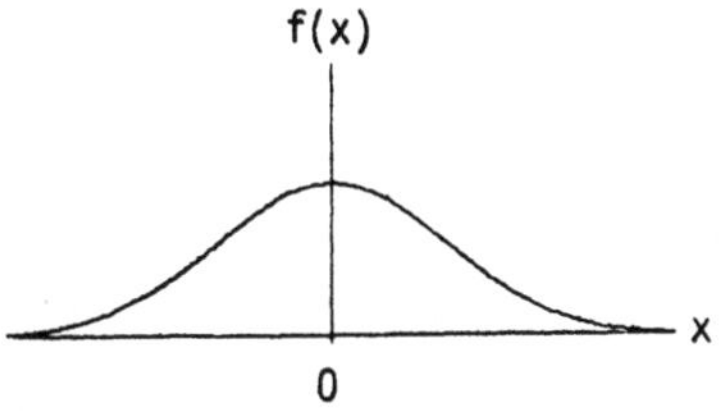

Abb. 17.19: Standard-Normalverteilung

$$\varphi(x) = \frac{1}{\sqrt{2\pi}}\, e^{-\frac{x^2}{2}}$$

Das Integral $\dfrac{1}{\sqrt{2\pi}} \int_{a}^{b} e^{-\frac{x^2}{2}}\, dx$ läßt sich nicht in geschlossener Form darstellen. Ohne Beweis notieren wir

$$\int_{-\infty}^{\infty} e^{-\frac{x^2}{2}}\, dx = \sqrt{2\pi} , \qquad (17.4)$$

was φ als Dichtefunktion ausweist.

Erwartungswert:

$$E_\varphi = \frac{1}{\sqrt{2\pi}} \int_{-\infty}^{\infty} x e^{-\frac{x^2}{2}}\, dx = -\frac{1}{\sqrt{2\pi}} \int_{x=-\infty}^{x=\infty} du = -\frac{1}{\sqrt{2\pi}} u \Big|_{x=-\infty}^{x=\infty} = \frac{1}{\sqrt{2\pi}} e^{-\frac{x^2}{2}} \Big|_{-\infty}^{\infty} = 0$$

$$\left[\begin{array}{l} u = e^{-\frac{x^2}{2}} \\ \dfrac{du}{dx} = -x e^{-\frac{x^2}{2}} \\ dx = du \Big/ \left(-x e^{-\frac{x^2}{2}}\right) \end{array} \right]$$

Varianz:

$$V_\varphi = \frac{1}{\sqrt{2\pi}} \int_{-\infty}^{\infty} x^2 e^{-\frac{x^2}{2}} dx = \frac{1}{\sqrt{2\pi}} xe^{-\frac{x^2}{2}}\Big|_{-\infty}^{+\infty} + \frac{1}{\sqrt{2\pi}} \int_{-\infty}^{\infty} e^{-\frac{x^2}{2}} dx$$

$$\begin{bmatrix} u = x & v = -e^{-\frac{x^2}{2}} \\ u' = 1 & v' = xe^{-\frac{x^2}{2}} \end{bmatrix}$$

$$= 0 + \frac{1}{\sqrt{2\pi}} \sqrt{2\pi} \quad \text{wegen} \quad (17.4)$$

$$= 1 \; .$$

Durch gliedweises Differenzieren sieht man, daß

$$\Phi(x) = \frac{1}{\sqrt{2\pi}} (x - \frac{x^3}{1!2^1 \cdot 3} + \frac{x^5}{2!2^2 \cdot 5} - \frac{x^7}{3!2^3 \cdot 7} + \ldots) \tag{17.5}$$

Stammfunktion von $\varphi(x)$ ist. Denn:

$$\Phi'(x) = \frac{1}{\sqrt{2\pi}} (1 - \frac{x^2}{1!2^1} + \frac{x^4}{2!2^2} + \frac{x^6}{2!2^2} + \ldots)$$

Wegen $e^x = \sum_{i=0}^{\infty} \frac{x^i}{i!}$ ist der Klammerausdruck in der vorigen Zeile gerade $e^{-\frac{x^2}{2}}$.

Allerdings eignet sich (17.5) nicht zur Berechnung der Werte der Verteilungsfunktion, da die Reihe nur langsam konvergiert. (Überprüfen Sie dies, indem Sie (17.5) programmieren!).

Es gibt eine Reihe von Vorschlägen zur Berechnung der Werte von $\Phi(x) = \frac{1}{\sqrt{2\pi}} \int_{-\infty}^{x} e^{-\frac{t^2}{2}} dt$; unter anderem kann man Dichte und Verteilungsfunktion durch Polynome approximieren. Eine einfache Berechnungsart, die allgemein anwendbar ist für bestimmte Integrale, die sich nicht in geschlossener Form darstellen lassen, wird im folgenden Abschnitt 17.i vorgeführt.

Im übrigen sind die Werte von Φ vertafelt; die hier angegebene Tabelle 17.1 ist entnommen aus Kendall M./A. Stuart, 1977, The Advanced Theory of Statistics vol. 1, 4th edition (Griffin, London), Seite 430.

Die Tabelle gibt unter Vernachlässigung der Dezimalpunkte an: $\int_{-\infty}^{z} \frac{1}{\sqrt{2\pi}} \exp(-\frac{1}{2}x^2) dx$, das ist die Fläche unter der Dichtefunktion bis zu dem aus der ersten Zeile und der ersten Spalte zusammengesetzten z-Wert. Z. B. ist diese Fläche für z = 1.96 = 1.5 + 0.46 = 0.9750. Vor den Zahlen in der Tabelle ist also jeweils "0" zu setzen. Wiederholungen der 9 sind durch Hochzahlen angezeigt. $9^2 861$ heißt also 99861.

Deviate	0·0 +	0·5 +	1·0 +	1·5 +	2·0 +	2·5 +	3·0 +	3·5 +
0·00	5000	6915	8413	9332	9772	9²379	9²865	9³77
0·01	5040	6950	8438	9345	9778	9²396	9²869	9³78
0·02	5080	6985	8461	9357	9783	9²413	9²874	9³78
0·03	5120	7019	8485	9370	9788	9²430	9²878	9³79
0·04	5160	7054	8508	9382	9793	9²446	9²882	9³80
0·05	5199	7088	8531	9394	9798	9²461	9²886	9³81
0·06	5239	7123	8554	9406	9803	9²477	9²889	9³81
0·07	5279	7157	8577	9418	9808	9²492	9²893	9³82
0·08	5319	7190	8599	9429	9812	9²506	9²897	9³83
0·09	5359	7224	8621	9441	9817	9²520	9²900	9³83
0·10	5398	7257	8643	9452	9821	9²534	9³03	9³84
0·11	5438	7291	8665	9463	9826	9²547	9³06	9³85
0·12	5478	7324	8686	9474	9830	9²560	9³10	9³85
0·13	5517	7357	8708	9484	9834	9²573	9³13	9³86
0·14	5557	7389	8729	9495	9838	9²585	9³16	9³86
0·15	5596	7422	8749	9505	9842	9²598	9³18	9³87
0·16	5636	7454	8770	9515	9846	9²609	9³21	9³87
0·17	5675	7486	8790	9525	9850	9²621	9³24	9³88
0·18	5714	7517	8810	9535	9854	9²632	9³26	9³88
0·19	5753	7549	8830	9545	9857	9²643	9³29	9³89
0·20	5793	7580	8849	9554	9861	9²653	9³31	9³89
0·21	5832	7611	8869	9564	9864	9²664	9³34	9³90
0·22	5871	7642	8888	9573	9868	9²674	9³36	9³90
0·23	5910	7673	8907	9582	9871	9²683	9³38	9⁴04
0·24	5948	7704	8925	9591	9875	9²693	9³40	9⁴08
0·25	5987	7738	8944	9599	9878	9²702	9³42	9⁴12
0·26	6026	7764	8962	9608	9881	9²711	9³44	9⁴15
0·27	6064	7794	8980	9616	9884	9²720	9³46	9⁴18
0·28	6103	7823	8997	9625	9887	9²728	9³48	9⁴22
0·29	6141	7852	9015	9633	9890	9²736	9³50	9⁴25
0·30	6179	7881	9032	9641	9893	9²744	9³52	9⁴28
0·31	6217	7910	9049	9649	9896	9²752	9³53	9⁴31
0·32	6255	7939	9066	9656	9898	9²760	9³55	9⁴33
0·33	6293	7967	9082	9664	9901	9²767	9³57	9⁴36
0·34	6331	7995	9099	9671	9904	9²774	9³58	9⁴39
0·35	6368	8023	9115	9678	9906	9²781	9³60	9⁴41
0·36	6406	8051	9131	9686	9909	9²788	9³61	9⁴43
0·37	6443	8078	9147	9693	9911	9²795	9³62	9⁴46
0·38	6480	8106	9162	9699	9913	9²801	9³64	9⁴48
0·39	6517	8133	9177	9706	9916	9²807	9³65	9⁴50
0·40	6554	8159	9192	9713	9918	9²813	9³66	9⁴52
0·41	6591	8186	9207	9719	9920	9²819	9³68	9⁴54
0·42	6628	8212	9222	9726	9922	9²825	9³69	9⁴56
0·43	6664	8238	9236	9732	9925	9²831	9³70	9⁴58
0·44	6700	8264	9251	9738	9927	9²836	9³71	9⁴59
0·45	6736	8289	9265	9744	9929	9²841	9³72	9⁴61
0·46	6772	8315	9279	9750	9931	9²846	9³73	9⁴63
0·47	6808	8340	9292	9756	9932	9²851	9³74	9⁴64
0·48	6844	8365	9306	9761	9934	9²856	9³75	9⁴66
0·49	6879	8389	9319	9767	9936	9²861	9³76	9⁴67

Quelle: Kendall/Stuart 1977, S. 430; Erläuterung s. vorhergehende Seite.

Tabelle 17.1: Verteilungsfunktion der Standardnormalverteilung

17.j Numerische Integration

17.30. Wir haben gesehen, daß es für die Dichte der Standardnormalverteilung keine elementare Stammfunktion gibt. Neben der Normalverteilung gibt es weitere nicht geschlossen darstellbare Integrale.

Die oben besprochenen Integrationstechniken führen aber auch dann nicht zum Ziel, wenn man statt einer Funktionsgleichung eine Wertetabelle vorliegen hat. In vielen Fällen sind analytische Methoden zu aufwendig.

Eine Lösung dieser Probleme bietet die <u>numerische Integration</u>. Darunter versteht man die Berechnung eines bestimmten Integrals

$$\int_a^b f(x)\,dx$$

mit Hilfe numerischer Methoden, wobei man die Fläche unter $f(x)$ möglichst gut approximiert. Wir werden hier einige einfache Verfahren kennenlernen.

17.31. Die Rechtecksregel

Wie bei der Herleitung des bestimmten Integrals nähern wir die Fläche unter der Kurve durch Rechtecke an, wobei wir (17.1) verwenden mit $\Delta x_i = \Delta x$ konstant und den Intervallmitten v_i. Damit ergibt sich:

$$\int_a^b f(x)\,dx \approx \Delta x \sum_{i=1}^{n} f(v_i).$$

(Benutzen Sie zum Vergleich auch Definition 17.2)

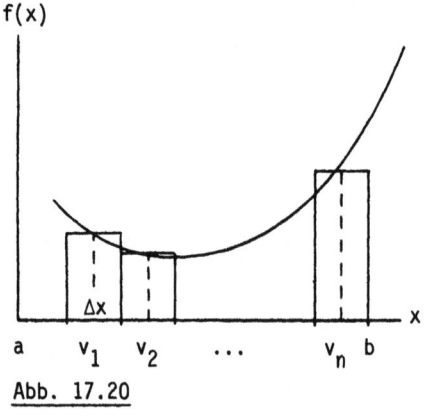

Abb. 17.20

Das untenstehende BASIC-Programm verlangt die Eingabe der Intervallgrenzen a und b sowie der Anzahl n der Intervalle, über die die Genauigkeit der Berechnung gesteuert werden kann. Als zu integrierende Funktion findet sich in Zeile 100 die Dichte der Standardnormalverteilung.

```
10:  "A": CLEAR
20:  INPUT "A="; A
30:  INPUT "B="; B
40:  INPUT "INTERVALLE="; N
50:  D = (B-A)/N
```

```
55: C = SQR(2 * PI)
60: FOR I = 1 TO N
70: X = A + (I - .5)*D
80: GOSUB 100
90: S = S + F
92: NEXT I
94: PRINT S*D
96: END
100: F = EXP(-X^2/2)/C
102: RETURN
```

Als Beispiel berechnen wir drei Werte für unterschiedliche Anzahlen von Intervallen.

	n						Wert aus Tab. 17.1
x	1	5	10	20	40	80	
1	0,3521	0,3417	0,3414	0,3414	0,3414	0,3413	0,3413
2	0,4839	0,4780	0,4774	0,4773	0,4773	0,4773	0,4772
3	0,38855	0,49884	0,49867	0,49866	0,49865	0,49865	0,49865
RZ*	< 1	5	9,5	19	38	76	

<u>Tabelle 17.2.</u>: $\frac{1}{\sqrt{2\pi}} \int_0^x e^{-\frac{t^2}{2}} dt$ mit Hilfe der Rechtecksregel

*Rechenzeit in sec. auf Taschenrechner Sharp PC-1245

Man sieht, daß der Preis für die höhere Genauigkeit eine erhöhte Rechenzeit ist; letztere hängt linear ab von der Zahl der Teilintervalle.

17.32. Die Sehnen-Trapez-Regel

Die folgende Abb. 17.21 zeigt eine andere Möglichkeit, die Fläche zwischen Kurve und x-Achse anzunähern: Statt aus Rechtecken setzt man die Fläche aus Trapezen zusammen.

Allerdings geht aus Abb. 17.21 auch hervor, daß die Sehnentrapeze die betreffende Fläche unter der Kurve prinzipiell überschätzen, wenn die Kurve konvex ist, entsprechend unterschätzen sie die Fläche, wenn die Kurve konkav ist.

Die Annäherung ist:

$$\int_a^b f(x)\,dx \approx \Delta x \cdot \sum_{i=1}^{n} \tfrac{1}{2}(f(x_i) + f(x_{i-1}))$$

$$= \Delta x \left[\sum_{i=1}^{n-1} f(x_i) + \tfrac{1}{2}(f(a) + f(b)) \right] =: S_n$$

Das folgende Programm setzt diese Formel für den Rechner um:

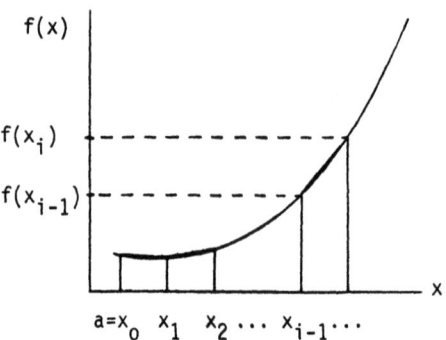

Abb. 17.21: Sehnentrapeze

```
 10:   "A": CLEAR
 20:   INPUT "A="; A
 30:   INPUT "B="; B
 40:   INPUT "ANZ. INTERVALLE="; N
 50:   D = (B - A)/N
 60:   C = SQR(2*PI)
 70:   FOR I = 1 TO N - 1
 80:   X = A + D*I
 90:   GOSUB 200
100:   S = S + F
110:   NEXT I
120:   X = A
130:   GOSUB 200
140:   S = S + .5*F
150:   X = B
160:   GOSUB 200
170:   S = S + .5*F
180:   PRINT S*D
190:   END
200:   F = EXP(-X ∧ 2)/2)/C
202:   RETURN
```

Der Rechenaufwand für die beiden Verfahren unterscheidet sich nur unwesentlich; als Beispiel für die Anwendung der Sehnentrapezregel geben wir in Tabelle 17.3. einige Werte für Flächen unter der Dichte der Standardnormalverteilung.

	n			Wert aus
x	5	10	20	Tab. 17.1
1	.3405	.3411	.3413	.3413
2	.4758	.4769	.4772	.4772
3	.49827	.49855	.49863	.49865

Tabelle 17.3.: $\frac{1}{\sqrt{2\pi}} \int_0^x e^{-\frac{t^2}{2}} dt$ mit Hilfe der Sehnentrapezregel

17.33. Die Tangenten-Trapez-Regel

Anstatt an Sehnentrapeze könnte man auch an Tangententrapeze denken. In Abb. 17.22 ist ein solches Tangententrapez exemplarisch dargestellt. Beim Betrachten der Abbildung sieht man, daß der Flächeninhalt des dort eingezeichneten Trapezes identisch ist mit dem Inhalt der Fläche des Rechteckes mit Grundseite $2\Delta x$ und Höhe $f(x_i)$. Wählt man eine gerade Anzahl Intervalle, so erhält man damit:

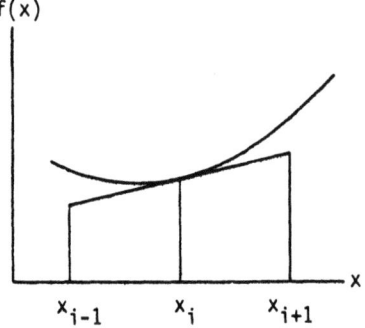

Abb. 17.22: Tangententrapez

$$\int_a^b f(x)\, dx \approx 2\Delta x \sum_{i=1}^{\frac{n}{2}} f(x_{2i-1}) =: T_n$$

Diese Berechnungsart wird bei gleichem n der Rechtecksregel aus 17.31 unterlegen sein. An Abb. 17.23 sieht man jedoch folgendes. Während im Beispiel mit der Sehnentrapezregel (Trapez $Dx_{i-1} x_{i+1} C$) die zu berechnende Fläche überschätzt wird, wird sie mit der Tangententrapezregel (Trapez $Ax_{i-1} x_{i+1} B$) unterschätzt. Es liegt daher nahe, die beiden Werte zu mitteln und dabei die Sehnentrapezregel schwerer zu gewichten, da sie die n Stützstellen besser ausnutzt. Dies geschieht in der Simpsonregel.

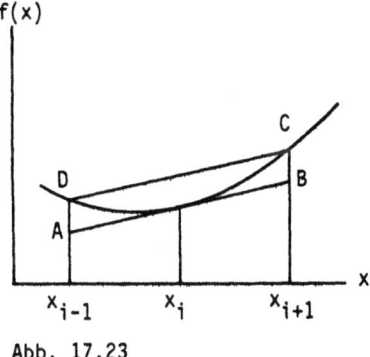

Abb. 17.23

17.34. Die Simpsonregel

$$\int_a^b f(x)\, dx = \frac{1}{3} T_n + \frac{2}{3} S_n =: Si_n$$

In unserem Beispiel (vgl. Tabellen 17.2-3) erhalten wir mit der Simpsonregel für n = 10 die Werte in Tabelle 17.1.

Will man T_n und S_n nicht explizit berechnen, so läßt sich die Simpsonregel mit weniger Aufwand programmieren. Man hat (n gerade!):

$$Si_n = \frac{1}{3} T_n + \frac{2}{3} S_n = \frac{2}{3} \Delta x \left(\sum_{i=1}^{n/2} f(x_{2i-1}) + \sum_{i=1}^{n-1} f(x_i) + \frac{1}{2} f(a) + \frac{1}{2} f(b) \right)$$

$$\boxed{Si_n = \frac{1}{3} \Delta x (f(a) + 4 f(x_1) + 2 f(x_2) + 4 f(x_3) + 2 f(x_4) + \ldots + 2 f(x_{n-2}) + 4 f(x_{n-1}) + f(b))}$$

Die oben gegebene Rechtfertigung für die Simpsonregel war heuristischer Art. Eine mathematisch elegantere Begründung ist die folgende.

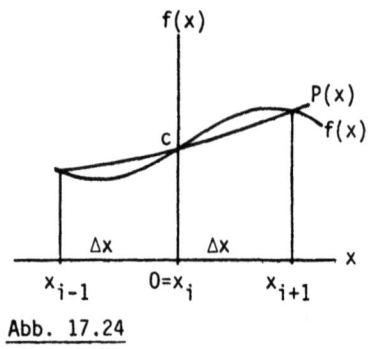

Abb. 17.24

Ersetze zunächst f(x) stückweise durch quadratische Funktionen; genauer: fasse jeweils drei aufeinanderfolgende Stellen x_{i-1}, x_i, x_{i+1} zusammen und lege eine quadratische Funktion durch die Punkte $(x_{i-1}, f(x_{i-1}))$, $(x_i, f(x_i))$, $(x_{i+1}, f(x_{i+1}))$. Diese ist durch drei Punkte eindeutig bestimmt. Graphisch ist dies in Abb. 17.24 dargestellt. Dabei wurde $x_i = 0$ gewählt, was das Rechnen erleichtert, aber keine Einschränkung der Allgemeinheit bedeutet: Ist $x_i \neq 0$, verschiebt man die Kurve parallel zur x-Achse bis x = 0 - dabei wird der in Frage stehende Flächeninhalt nicht verändert.

Die approximierende Parabel ist

$$y = p(x) = ax^2 + bx + c,$$

wobei wir nun a, b und c zu bestimmen haben. Es muß gelten:

$$f(x_i) = c \qquad (a)$$
$$f(x_{i-1}) = a(-\Delta x)^2 - b\Delta x + c \qquad (b) \qquad (17.6)$$
$$f(x_{i+1}) = a(\Delta x)^2 + b\Delta x + c \qquad (c)$$

Addition von (b) und (c) ergibt:

$$f(x_{i-1}) + f(x_{i+1}) = 2a(\Delta x)^2 + 2c,$$

also:
$$a = \frac{f(x_{i-1}) - 2f(x_i) + f(x_{i+1})}{2(\Delta x)^2} \qquad (a) \qquad (17.7)$$

$$c = f(x_i) \qquad (b)$$

Im nächsten Schritt wird nun die <u>Parabel integriert</u> - der dabei berechnete Flächeninhalt wird als Annäherung an den Flächeninhalt zwischen $f(x)$ und der x-Achse verwendet. (Dabei stellt sich auch heraus, daß b nicht berechnet zu werden braucht).

$$I = \int_{-\Delta x}^{\Delta x} (ax^2 + bx + c)\, dx = \left. \frac{ax^3}{3} + \frac{bx^2}{2} + cx \right|_{-\Delta x}^{\Delta x}$$

$$= \frac{2a(\Delta x)^3}{3} + 2c\Delta x$$

a und c aus (17.7) eingesetzt ergibt:

$$I = \frac{2}{3} \frac{f(x_{i-1}) - 2f(x_i) + f(x_{i+1})}{2(\Delta x)^2} (\Delta x)^3 + 2f(x_i)\, \Delta x$$

$$= \frac{1}{3}\left(f(x_{i-1}) - 2f(x_i) + f(x_{i+1})\right) \Delta x + 2f(x_i)\, \Delta x$$

$$I = \frac{\Delta x}{3}\left((f(x_{i-1}) + 4f(x_i) + f(x_{i+1})\right) \qquad (17.8)$$

Wir nehmen nun an, n sei gerade und addieren die einzelnen Segmente aus (17.8) auf:

$$\int_a^b f(x)\, dx \approx \frac{\Delta x}{3}\Big(f(a) + 4f(x_1) + f(x_2) + f(x_2) + 4f(x_3) + \qquad (17.9)$$
$$f(x_4) + f(x_4) + \ldots + f(x_{n-2}) + 4f(x_{n-1}) + f(b)\Big)$$
$$= \frac{\Delta x}{3}\Big(f(a) + 4f(x_1) + 2f(x_2) + \ldots + 2f(x_{n-2}) + 4f(x_{n-1}) + f(b)\Big)$$

17.35. Beispiel:

(1) Wir suchen die Fläche, die zwischen den Kurven

$$y_1 = (x-1)(x-3) \quad \text{und} \quad y_2 = (x-1)(3-x)x$$

eingeschlossen ist.

Die Kurven schneiden sich in $x = 3$ und $x = 1$. Gesucht ist also

$$\int_1^3 (y_2 - y_1) \, dx.$$

Wir setzen $n = 2$ und berechnen für $x_0 = 1$, $x_1 = 2$, $x_2 = 3$ jeweils $y_2 - y_1$:

x	1	2	3
y_1	0	-1	0
y_2	0	2	0
$y_2 - y_1$	0	3	0

Die drei Werte in der letzten Zeile dieser Tabelle setzen wir zusammen mit $\Delta x = 1$ in (17.9) ein, um die Annäherung an den gesuchten Flächeninhalt zu erhalten:

$$\int_1^3 (y_2 - y_1) \, dx = \frac{1}{3} \cdot 1 (0 + 4 \cdot 3 + 0) = 4.$$

Zum Vergleich berechnen wir die gesuchte Fläche genau:

$$\int_1^3 (y_2 - y_1) \, dx = \int_1^3 (-x^3 + 4x^2 - 3x - (x^2 - 4x + 3)) \, dx$$

$$= \int_1^3 (-x^3 + 3x^2 + x - 3) \, dx$$

$$= \left[\frac{-x^4}{4} + x^3 + \frac{x^2}{2} - 3x \right]_1^3 = \frac{-81}{4} + 27 + \frac{18}{4} - 9 + \frac{1}{4} - 1 - \frac{2}{4} + 3$$

$$= -16 + 20 = 4$$

Daß die Simpsonregel in diesem Falle den exakten Flächeninhalt liefert, rührt daher, daß der Flächeninhalt unter einer kubischen Funktion angenähert wird und man die Simpsonregel auch damit begründen kann, daß man anstatt einer quadratischen eine kubische Funktion durch je drei Punkte legt.

17.j Übungsaufgaben

1. Bestimmen Sie die folgenden bestimmten Integrale

    a. $\int (x^4 - 3x^2)\, dx$ d. $\int \sqrt{t\sqrt{t}}\, dt$

    b. $\int \dfrac{1}{2\sqrt{x}}\, dx$ e. $\int \sqrt[m]{u^n}\, du$

    c. $\int (2\cos x + e^x)\, dx$ f. $\int \dfrac{5}{x}\, dx$

2. Berechnen Sie den Inhalt der vollständig von den Kurven

    $f(x) = x^2 - 3x + 1$
    und
    $g(x) = -x^2 + 5x - 5$

    eingeschlossenen Fläche.

3. Berechnen Sie den Inhalt der Fläche, die im Bereich $0 \leq x \leq 3\pi/2$ von den Kurven $y = 2x$ und $y = 2x - \sin x$ eingeschlossen wird.

4. Geben Sie die Integralfunktion $I(x)$ zu folgenden Funktionen an:

    a. $f(t) = t^2$ a1) $x_0 = -1$

                              a2) $x_0 = 3$

    b. $f(t) = 2t + 5$ b1) $x_0 = -1$

                                   b2) $x_0 = 2$

    c. $f: [0,1] \longrightarrow \mathbb{R}$, $x_0 = 0$

        $t \longmapsto 1$

5. Berechnen Sie die folgenden Integrale mit Hilfe der Substitutionsregel:

    a. $\int (x - 3)^4\, dx$ d. $\int\limits_1^e \dfrac{(\ln x)^2}{x}\, dx$

    b. $\int (2x + 1)^3\, dx$ e. $\int\limits_{-1}^{1} \dfrac{3x^2}{(x^3-3)^2}\, dx$

    c. $\int (ax + b)^n\, dx$ f. $\int\limits_0^{\pi/2} \cos x \sin^7 x\, dx$

6. Berechnen Sie die folgenden Integrale durch partielle Integration:

   a. $\int x^2 \ln(x^2)\, dx$
   b. $\int x \sin x\, dx$
   c. $\int x\, e^{2x+3}\, dx$
   d. $\int_{e^2}^{1} \frac{\ln x}{x}\, dx$
   e. $\int_0^\pi \sin x \cos x\, dx$
   f. $\int_0^{2\pi} \sin^2 x\, dx$

7. Berechnen Sie die folgenden Integrale:

   a. $\int \frac{x}{\sqrt{x-2}}\, dx$
   b. $\int \sin^3 x\, dx$
   c. $\int \frac{\sin x}{1+\cos x}\, dx$
   d. $\int_{-1}^{1} |x|\, dx$
   e. $\int_0^{\ln 2} \frac{4 - e^x}{4 + e^x}\, dx$
   f. $\int (\sin at)(\cos t\, dt)$

8. Berechnen Sie im Falle der Existenz die folgenden uneigentlichen Integrale:

   a. $\int_3^\infty \frac{2}{x}\, dx$
   b. $\int_0^\infty a e^{-ax}\, dx\ (a>0)$
   c. $\int_1^0 \ln x\, dx$

9. a. Wie muß man die Konstante k wählen, damit

   $$f(x) = \begin{cases} \dfrac{k}{x^2} & x \leq 2 \\ 0 & x < 2 \end{cases}$$

   eine Dichtefunktion ist?

   b. Berechnen Sie den Erwartungswert für die Dichte aus a.

   c. Berechnen Sie die zugehörige Verteilungsfunktion.

10. Berechnen Sie Erwartungswert und Varianz für die

    a. Gleichverteilung auf $(0,1)$
    b. Exponentialverteilung.

11. Programmieren Sie die Tangenten-Trapezregel und die Simpsonregel.

12. Zeigen Sie: $x - \frac{x^2}{2} < \ln(1+x) < x$ für $x > 0$. Nutzen Sie dabei die folgenden Hinweise aus:

    (1) Drücken Sie $\ln(1 + x)$ als bestimmtes Integral aus.

    (2) $1 - u < \frac{1}{1+u}$ für $u > 0$.

Literatur

BRONSTEIN, I.N., SEMENDJAJEW, K.A.: Taschenbuch der Mathematik; 19. Auflage; Harri Deutsch, Frankfurt a. M. (1980)

DANTZIG, G.B.: Lineare Programmierung und Erweiterungen; Springer, Berlin (1966)

COURANT, R.: Vorlesung über Differential- und Integralrechnung 1, 4. Auflage; Springer, Berlin (1971)

COURANT, R.: Vorlesung über Differential- und Integralrechnung 2, 4. Auflage; Springer, Berlin (1972)

COURANT, R., ROBBINS, H.: Was ist Mathematik? Springer, Berlin (1973)

DÜCK, W., KÖRTH, H., RUNGE, W., WUNDERLICH, L.: Mathematik für Ökonomen, Band 1; Harri Deutsch, Frankfurt a. M. (1980)

GAL, T., KRUSE, H-J., WOLF, H., VOGLER, B.: Mathematik für Wirtschaftswissenschaftler I; Springer, Berlin (1983)

GAL, T., KRUSE, H-J., PIEHLER, G., WOLF, H., VOGLER, B.: Mathematik für Wirtschaftswissenschaftler II; Springer, Berlin (1983)

GAL, T.: Mathematik für Wirtschaftswissenschaftler III; Springer, Berlin (1983)

GAL, T., GAL, J.: Mathematik für Wirtschaftswissenschaftler: Aufgabensammlung; Springer, Berlin (1986)

HADLEY, G.: Linear Programming; Addison-Wesley, Reading/Maas (1962)

HALMOS, P.R.: Naive Mengenlehre; 2. Auflage; Vandenhoeck und Ruprecht, Göttingen (1969)

JENSEN, U., SANDAU, K.: Aufgabensammlung zur Grundausbildung in Mathematik; E. Ulmer, Stuttgart (1982)

KALL, P.: Analysis für Ökonomen; Teubner, Stuttgart (1982)

KALL, P.: Lineare Algebra für Ökonomen; Teubner, Stuttgart (1984)

KRAUTWALD, W.: Mathematik für Wirtschaftswissenschaftler; Vorlesungsskript; Universität Konstanz (1982)

LANCASTER, K.: Moderne Mikroökonomie; Campus, Frankfurt a. M. (1981)

LEFTWICH, R.H.: Lehrbuch der Mikroökonomischen Theorie; G. Fischer, Stuttgart (1972)

OTTO, A.: Analysis mit dem Computer; Teubner, Stuttgart (1985)

PFUFF, F.: Mathematik für Wirtschaftswissenschaftler 1: Grundzüge der Analysis, Funktionen einer Variablen; 2. Auflage; Vieweg, Braunschweig (1981)

PFUFF, F.: Mathematik für Wirtschaftswissenschaftler 2: Lineare Algebra, Funktionen mehrerer Variablen; 2. Auflage; Vieweg, Braunschweig (1982)

PFUFF, F.: Mathematik für Wirtschaftswissenschaftler 3: Klausur- und Übungsaufgaben; Vieweg, Braunschweig (1980)

RICHTER, R., SCHLIEPER, U., FRIEDMANN, W.: Makroökonomik: Eine Einführung; 4. Auflage; Springer, Berlin (1981)

SACHVERSTÄNDIGENRAT zur Begutachtung der gesamtwirtschaftlichen Entwicklung; Jahresgutachten 1985/86: Auf dem Weg zu mehr Beschäftigung; Kohlhammer, Stuttgart (1986)

SCHWARZE, J.: Mathematik für Wirtschaftswissenschaftler, Bände 1 - 3; 5. Auflage; Verlag Neue Wirtschaftsbriefe, Herne (1981)

WATSON, W.A., PHILIPSON, T., OATES, P.J.: Numerical Analysis - the mathematics of computing; 2nd edition; Edward Arnold, London (1981)

Schlagwortverzeichnis

Abbildungen 22ff
Ableitung 246
  -Höhere A. 257
Ableitung
  -Partielle A. 297, 302f
Ableitungsregeln 249
Abstand
  -Euklidischer A. 52, 55, 298
Addition
  -A. von Vektoren 78
Additionsregel 251
Adjungierte Matrix 129
Assoziativität
  -A. von Mengen 13
Ausnahmepunkte 256

Basisvariable 163
Basiswechsel 165
Bereich
  -Zulässiger B. 156, 309
Beschränktheit 40, 298
  -B. von Folgen 180
  -B. von Funktionen 211
Betrag 37
Bijektiv 27
Bild
  -Bildmenge 26
  -Bildmenge 23
  -Urbild 26
Bisektionsverfahren 242
Bogenelastizität 293
Bogenmaß 223

Cramersche Regel 146ff

De Morgansche Gesetze 13
De l'Hospital
  -Regel von de l'H. 258
Definitionsbereich 23
Determinante 125ff
Diagonalmatrix 99
Diagramme
  -Euler-Venn-D. 10
Dichtefunktion 345ff
Differential
  -Totales D. 260
Differentiationsregeln 249ff
Differenzierbarkeit 245ff
  -Partielle D. 302
Dimension 87ff
  -D. einer Matrix 137

Distributivität
  -D. von Mengen 13
Dreiecksmatrix 99
Dreiecksgleichung 37

Ebenengleichung
  -Allgemeine Form 54
  -E. im Raum 54
Eckpunkte 159ff
Einheitskreis 223
Eiheitsmatrix 99
Einheitsvektor 99
Einsetzbarkeit 28
Elastizität 291ff
  -Bogene. 293
  -Elastizitätsfunktion 293
  -E. in einem Punkt 293
Elemente
  -E. einer Menge 7
Ergänzung
  -Stetige E. 239
Erwartungswert 346
Euklidischer Abstand 52, 55, 298
Eulersche Zahl 189
Exponentialfunktion
  -Allgemeine E. 221
  -Spezielle E. 219
Exponentialverteilung 346
Extrempunkt 266
  -Relativer E. 304ff
Extremwerte
  -E. von Funkt. mehrerer Veränd. 304
Extremwertproblem
  -Relatives E. 309

Falksche Anordnung 105
Folgen 175ff
  -Alternierende F. 179
  -Arithmetische F. 183
  -Geometrische F. 183
  -Grenzwert von F. 187
  -Konstante F. 179
  -Konvergenz von F. 184, 199
  -Nullf. 185, 189
  -Teilf. 184
Form
  -Kanonische F. 164
Funktionen 23
  -Beschränktheit von F. 211
  -Dichtef. 345ff
  -Elastische F. 294
  -F. einer unabh.

Veränderlichen 208ff
-F. mehrerer Veränderlicher 296
-Ganze rationale F. 216
-Gebrochen rationale F. 218
-Grenzwerte von F. 227
-Integralf. 327
-Konkavität von F. 214
-Konvexität von F. 214, 272f
-Monotonie von F. 270f
-Periodische F. 224
-Pole von F. 218
-Steigung von F. 245
-Stetigkeit von F. 227,238,241,301
-Trigonometrische F. 223ff
-Umkehrf. 30, 252
-Unelastische F. 294
-Verteilungsf. 345ff

Gauß-Algorithmus 58ff, 115, 139, 141
Geradengleichung
-Allgemeine Form 49
-G. in der Ebene 49
-Homogene Form 51
-Zweipunktform 3
Gesamtkostenfunktion 341
Gleichungssystem
-Homogenes G. 67, 74
-Lineares G. 49, 67, 74, 136ff
-Normalform 140
Gleichverteilung 346
Grenzen
-G. von Intervallen 40
Grenzkosten 288
Grenzkostenfunktion 341
Grenzprozeß 323
Grenzwert
-G. einer Folge 187
-G. von Funktionen 227, 238, 241
-Uneigentlicher G. 232

Häufungspunkt 188
Hauptdiagonale
-H. einer Matrix 98
Hauptsatz der Differential- und
  Integralrechnung 329f
Hebung 208
Hesse-Matrix 307
Hochpunkt 266, 304

Induktion
-Induktionsanfang 19
-Induktionsbehauptung 19
-Induktionsschluß 19
-Induktionsverankerung 19
-Induktionsvoraussetzung 19
-Vollständige I. 17ff
Infimum 40
Injektiv 27
Innerer Punkt 264, 299

Inputkoeffizienten 123
Input-Output-Analyse 122
Input-Output-Tabelle 93
Integrale
-Additivität des I. 325
-Bestimmtes I. 321ff, 326
-Unbestimmtes I. 331
-Uneigentliches I. 339f
Integralfunktion 327f, 332
Integralrechnung 321ff
-Hauptsatz der Differential- und
  Integralrechnung 329f
-Mittelwertsatz der I. 328
Integralzeichen 322
Integrand 331
Integration
-I. durch Substitution 336f
-Numerische I. 350
-Partielle I. 338f
Integrationsgrenzen 337f
Integrationskonstante 331
Integrationsregeln 333ff
Integrationsvariable 327, 331
Intervalle 38
-Beschränkte I. 40
-Triviale I. 40
-Unbeschränkte I. 40
Inverse
-Leontief-I. 124
Invertierbarkeit
-I. von Matrizen 117, 145

Kanonische Form 164
Kettenregel 252
Klasseneinteilung 9
Kleinst-Quadrate-Problem 315
Koeffizientenmatrix 136
Kofaktor 126
Kommutativität
-K. von Mengen 13
Komplement 9, 12
Konkavität 214
Konstantenregel 251
Konsumfunktion 1ff, 315f
Konsumquote
-Durchschnittliche K. 2
-Marginale K. 2
Konvergenz 184, 199, 300
Konvexität 214
-K. von Funktionen 272f
-K. von Mengen 45
Konvexkombination 45
Koordinaten
-K. eines n-Tupels 14
Koordinatensystem
-Cartesisches K. 15
Kosinusfunktion 224
Kostenfunktion 209f, 288
Kotangensfunktion 225
Kritische Punkte 306
Kurvendiskussion 264ff, 279

Lagrange-Funktion 310
Lagrange'sche Multiplikatorregel 310
Laufindex 96
Leibnizkriterium 199
Leontief-Inverse 124
Leontief-Modell 122
Lineare Gleichungssysteme 49
Lineare Optimierung 151
Lineare Räume 77
Lineare Unabhängigkeit 85ff
Lineares Optimierungsproblem 156
Linearkombination 57, 82ff
Logarithmische Skala 243
Logarithmusfunktion
  -Allgemeine L. 221
  -Natürliche L. 220, 222
L'Hospital
  -Regel von de l'H. 258

Majorantenkriterium 199
Marginalanalyse 289
Marginalbegriffe 288
Matrix 91ff
  -Addition von Matrizen 101f
  -Adjungierte M. 129
  -Diagonalm. 99
  -Dimension der M. 93
  -Dreiecksm. 99
  -Einheitsm. 99
  -Elementare Umformungen 111, 141
  -Gleichheit von Matrizen 98
  -Hesse-M. 307
  -Inverse M. 116ff, 145
  -Koeffizientenm. 136
  -Multiplikation mit Skalaren 103
  -Multiplikation von M. 104
  -Multiplikationsregeln 109
  -Nullm. 98
  -Ordnung der M. 93
  -Rang einer M. 110, 115
  -Reguläre M. 116
  -Singuläre M. 116
  -Skalare M. 99
  -Subtraktion von Matrizen 101f
  -Symmetrische M. 100
  -Transponierte M. 100
Maximierungsproblem 153, 156
Maximum 40, 266, 304
  -Relatives M. 304
Maximumpunkt 156, 266, 304
  -Relativer M. 304
Mehrfachsummen 98
Menge 7ff
  -M. der zulässigen Punkte 156, 309
Mengen
  -Assoziativität von M. 13
  -Beschränkte M. 34
  -Differenzm. 9, 11
  -Disjunkte M. 9, 13
  -Distributivität von M. 13

  -Durchschnittsm. 9, 11
  -Kommutativität von M. 13
  -Konvexe M. 45
  -Leere M. 8
  -Potenzm. 9, 11
  -Produkte von M. 14ff
  -Vereinigungsm. 9, 11
  -(echte) Teilm. 9, 10
Mengenoperationen 9
Minimierungsproblem 155
Minimum 40, 266, 304
Minimumpunkt 156, 266, 304
  -Relativer M. 304
Mittelwertsatz 261
  -M. der Integralrechnung 328
Monotonie
  -M. von Folgen 180
  -M. von Funktionen 212, 270f
Multiplikation
  -M. von Vektoren 79
Multiplikator 6
Multiplikatorregel 310

Nachfragefunktion 210
Nebenbedingungen 152
  -N. bei Extremwerten 308
Nichtbasisvariable 163
Normalform
  -N. eines Gleichungssystems 140
Nullmatrix 98
Nullpunkt 77
Nullraum 80
Nullstelle 216, 265
Nullvektor 77
Numerische Integration 350

Operationen
  -Einstellig 34
  -Zweistellig 34
Optimierung
  -Lineare O. 151

Parallelität
  -P. von Ebenen 55
  -P. von Geraden 52
Partialsumme 195
Partielle Ableitung 297, 302f
Partielle Differenzierbarkeit 302
Partielle Integration 338f
Partition 9, 13
Periodizität
  -P. von Funktionen 224f
Pivot 166
Pivotspalte 166
Pivotzeile 166
Pol 218
Polynom 216
Prämultiplikation 117

Produkt
  -Cartesisches P. 14
Produktregel 251
Punkt
  -Kritische Punkte 306
  -Menge der zulässigen Punkte 156, 309
  -Sattelpunkt 307
Punktelastizität 293f

Quotientenkriterium 199
Quotientenregel 250

Räume
  -Lineare R. 77
  -Lineare Unterr. 80
Randpunkte 264, 299
Rang
  -R. einer Matrix 110, 115
Reagibilität 291, 293
Rechtecksformel 323
Rechtecksregel 350
Reihen 175, 194ff
  -Arithmetische R. 195ff
  -Geometrische R. 195ff
  -Harmonische R. 198
  -Unendliche R. 195
Relation 24
Restriktionen 152, 155
Restriktionsgeraden 153
Restriktionsmenge 156

Sarrus
  -Regel von S. 125
Sattelpunkt 307
Schlupfvariablen 162
Schnittpunkt
  -S. zweier Geraden 56
Schranken
  -S. von Intervallen 40
Schweinezyklus 202
Sehnen-Trapez-Regel 351
Simplex-Algorithmus 170ff
Simplex-Verfahren 161ff, 170
Simpsonregel 354
Sinusfunktion 224
Skalar 95
Skalarprodukt
  -S. von Vektoren 92, 103f
Spaltenindex 93
Spaltenrang 110
  -Voller S. 116
Spaltenvektor 95
Stammfunktion 330f
Standardnormalverteilung 347
Steigung 245
  -S. einer Geraden 49, 208
Stetige Ergänzung 239

Stetigkeit
  -S. von Funktionen 227, 238
  -S. von Funktionen mehrerer
    Veränderlicher 301
Streudiagramm 4
Substitution
  -Integration durch S. 336f
Substitutionsregel 336
Summenzeichen 96
Supremum 40
Surjektiv 27

Tangensfunktion 225
Tangente 245
Tangenten-Trapez-Regel 353
Tiefpunkt 266, 304
Totales Differential 260
Transponierte (Matrix) 100
Trapezformel 324
Tupel
  -n-Tupel 14

Umgebung 37, 229, 299
Umkehrabbildung 30
Umkehrbarkeit 29, 254
Umkehrfunktion 252f
  -Differentiation der U. 254
Ungleichungen 34, 41
Unterdeterminante 126
Unterräume 80
Urbild 26

Variable
  -Abhängige V. 209
  -Unabhängige V. 209
Varianz 346
Vektor 77
  -Einheitsv. 99
  -Nullv. 77
  -Spaltenv. 95
  -Zeilenv. 95
Vektorraum
  -n-dimensionaler V. 77
Verteilungsfunktion 345ff

Wachstumsrate 289
  -Diskrete W. 289
  -Stetige W. 289
Wendepunkt 274ff
Wertebereich 23
Wertetabelle 208

Zahlen
  -Inverse Z. 34
  -Menge der ganzen Z. 8, 34
  -Menge der natürlichen Z. 8, 34

-Menge der rationalen Z. 8, 34
-Menge der reellen Z. 8, 34
Zahlenfolge
 -Reelle Z. 176
Zahlengerade 34
Zeilenindex 93
Zeilenrang 110
 -Voller Z. 116
Zeilenvektor 95
Zeitreihe 178
Zielfunktion 5, 156
Zulässiger Bereich 156, 309
Zwischenwertsatz 241

T. Gal, H.-J. Kruse, B. Vogeler, H. Wolf

Mathematik für Wirtschaftswissenschaftler I

Lineare Algebra

2., durchgesehene Auflage. 1987. 59 Abbildungen. XIV, 298 Seiten. (Heidelberger Lehrtexte Wirtschaftswissenschaften). Broschiert DM 38,-. ISBN 3-540-17995-X

Inhaltsübersicht: Einleitung. - Vektorrechnung. - Geometrie im $\mathbb{R}^n$. - Matrizenrechnung. - Lineare Gleichungssysteme. - Lineare Ungleichungssysteme und konvexe Polyeder. - Lösungen zu den Übungsaufgaben. - Algorithmen mit Flußdiagrammen. - Literaturverzeichnis. - Sachverzeichnis.

T. Gal, H.-J. Kruse, G. Piehler, B. Vogeler, H. Wolf

Mathematik für Wirtschaftswissenschatler II

Analysis

1983. 103 Abbildungen. XX, 383 Seiten. (Heidelberger Lehrtexte Wirtschaftswissenschaften). Broschiert DM 49,50.
ISBN 3-540-12566-3

Inhaltsübersicht: Einleitung. - Funktionen einer Variablen. - Differentialrechnung für Funktionen einer Variablen. - Differentialrechnung für Funktionen meherer Variablen. - Extrema bei Funktionen mehrerer Variablen. - Integralrechnung. - Differentialgleichungen. - Lösungen zu den Übungsaufgaben. - Algorithmus zur Bestimmung von lokalen Extrema und Sattelpunkten. - Literaturverzeichnis. - Sachverzeichnis.

T. Gal

Mathematik für Wirtschaftswissenschaftler III

Lineare Optimierung

1983. 12 Abbildungen. XVI, 106 Seiten. (Heidelbergher Lehrtexte Wirtschaftswissenschaften). Broschiert DM 22,-.
ISBN 3-540-12662-7

Inhaltsübersicht: Einleitung. - Lineare Programmierung Teil 1. - Lineare Programmierung Teil 2. - Lösungen zu den Übungsaufgaben. - Algorithmen und Flußdiagramme. - Literaturverzeichnis. - Sachverzeichnis.

T. Gal, J. Gal

Mathematik für Wirtschaftswissenschaftler

Aufgabensammlung

1986. 72 Abbildungen, 42 Tabellen. XI, 160 Seiten. (Heidelberger Lehrtexte Wirtschaftswissenschaften). Broschiert DM 28,-.
ISBN 3-540-16381-6

Inhaltsübersicht: Lineare Algebra: Vektorrechnung. Geometrie im $\mathbb{R}^n$. Matrizenrechnung. Lineare Gleichungssysteme. Lineare Ungleichungssysteme und konvexe Polyeder. - Analysis: Funktionen einer Variablen. Differentialrechnung für Funktionen einer Variablen. Funktionen mehrerer Variablen. Extrema im $\mathbb{R}^n$. Integrale. Differentialgleichungen. - Lineare Programmierung: Lineare Optimierung.

Springer-Verlag
Berlin Heidelberg New York
London Paris Tokyo

H. Lampert

Lehrbuch der Sozialpolitik

1985. XXIV, 371 Seiten. Broschiert DM 49,80. ISBN 3-540-15823-5

Inhaltsübersicht: Einführung. Wissenschaftstheoretische, wissenschaftsprogrammatische und wissenschaftssystematische Grundlegung. - Geschichte der deutschen staatlichen Sozialpolitik: Die Arbeiterfrage des 19. Jahrhunderts als Ursache neuzeitlicher staatlicher Sozialpolitik. Triebkräfte der sozialen und sozialpolitischen Entwicklung. Geschichte der sozialpolitischen Gesetzgebung in Deutschland. Entwicklungstendenzen, Hauptergebnisse und Bestimmungsgründe staatlicher Sozialpolitik. - Systematische Darstellung der Bereiche sozialpolitischen Handelns: Der Arbeitnehmerschutz. Das System der sozialen Sicherung. Arbeitsmarktpolitik. Die Mitbestimmung der Arbeitnehmer. Wohnungspolitik. Familienpolitik, Jugendhilfe und Altenhilfe. Sozialhilfe. Mittelstandsorientierte Sozialpolitik. Vermögenspolitik. Das System der staatlichen Sozialpolitik im Überblick: Ziele, Prinzipien, Träger und Ergebnisse. - Literaturverzeichnis. - Personenverzeichnis. - Sachverzeichnis.

Sektorale Wirtschaftspolitik

Von **B. Külp, N. Berthold, E. Knappe, U. Roppel, T. Rüdel, R. Wolters**

1984. 38 Diagramme, 9 Tabellen. IX, 216 Seiten. (Heidelberger Lehrtexte Wirtschaftswissenschaften). Broschiert DM 34,80. ISBN 3-540-13654-1

Inhaltsübersicht: Einführung. - Rechtfertigungsgründe für politische Eingriffe: Unbefriedigende Allokationsergebnisse des Marktes. - Rechtfertigungsgründe für politische Eingriffe: Unbefriedigende Verteilungsergebnisse des Maktes. - Zur Frage der Überlegenheit politischer Systeme. - Die marktteilnehmende Intervention des Staates. - Angebotsbezogene finanzielle Anreize. - Die Konzertierte Aktion. - Auflagen. - Die Verstaatlichung. - Krisenkartelle. - Quantitative und qualitative Zugangsbeschränkungen. - Literaturverzeichnis. - Sachverzeichnis.

O. Šik

Ein Wirtschaftssystem der Zukunft

1985. VIII, 202 Seiten. Broschiert DM 36,-. ISBN 3-540-15137-0

Springer-Verlag
Berlin Heidelberg New York
London Paris Tokyo

Inhaltsübersicht: Einleitung. - Bedürfnisse und Interessen. - Notwendigkeit der Wirtschaftsdemokratisierung. - Mitarbeitergesellschaften und Unternehmerinitiative. - Makroökonomische Verteilungsplanung. - Der regulierte Markt.

If you have any concerns about our products,
you can contact us on
ProductSafety@springernature.com

In case Publisher is established outside the EU,
the EU authorized representative is:
**Springer Nature Customer Service Center GmbH
Europaplatz 3, 69115 Heidelberg, Germany**

Printed by Libri Plureos GmbH
in Hamburg, Germany